中国法律史学文丛

五服制度与传统法律

丁凌华　著

2019年·北京

图书在版编目(CIP)数据

五服制度与传统法律/丁凌华著.—北京:商务印书馆,2013(2019.9重印)
(中国法律史学文丛)
ISBN 978-7-100-09279-1

Ⅰ.①五… Ⅱ.①丁… Ⅲ.①葬礼—服饰—研究—中国—古代②法制史—研究—中国—古代 Ⅳ.①K892.23②D929.2

中国版本图书馆 CIP 数据核字(2012)第 141057 号

权利保留,侵权必究。

上海市人文社科基地华东政法大学外国法与比较法研究建设项目
(基地编号:SJ0709)
国家重点学科华东政法大学法律史学科建设项目
(学科代码:030102)

中国法律史学文丛
五服制度与传统法律
丁凌华 著

商 务 印 书 馆 出 版
(北京王府井大街36号 邮政编码100710)
商 务 印 书 馆 发 行
北 京 新 华 印 刷 有 限 公 司 印 刷
ISBN 978-7-100-09279-1

| 2013年2月第1版 | 开本880×1230 1/32 |
| 2019年9月北京第2次印刷 | 印张12½ |

定价:49.00元

总　　序

　　随着中国的崛起,中华民族的伟大复兴也正由梦想变为现实。然而,源远者流长,根深者叶茂。奠定和确立民族复兴的牢固学术根基,乃当代中国学人之责无旁贷。中国法律史学,追根溯源于数千年华夏法制文明,凝聚百余年来中外学人的智慧结晶,寻觅法治中国固有之经验,发掘传统中华法系之精髓,以弘扬近代中国优秀的法治文化,亦是当代中国探寻政治文明的必由之路。中国法律史学的深入拓展可为国家长治久安提供镜鉴,并为部门法学研究在方法论上拾遗补缺。

　　自改革开放以来,中国法律史学在老一辈法学家的引领下,在诸多中青年学者的不懈努力下,这片荒芜的土地上拓荒、垦殖,已历30年,不论在学科建设还是在新史料的挖掘整理上,通史、专题史等诸多方面均取得了引人注目的成果。但是,目前中国法律史研究距社会转型大潮应承载的学术使命并不相契,甚至落后于政治社会实践的发展,有待法律界共同努力开创中国法律研究的新天地。

　　创立已逾百年的商务印书馆,以传承中西优秀文化为己任,影响达致几代中国知识分子及普通百姓。社会虽几度变迁,世事人非,然而,百年磨砺、大浪淘沙,前辈擎立的商务旗帜,遵循独立的出版品格,不媚俗、不盲从,严谨于文化的传承与普及,保持与学界顶尖团队的真诚合作始终是他们追求的目标。遥想当年,清末民国有张元济(1867—1959)、王云五(1888—1979)等大师,他们周围云集一批仁人志士与知识分子,通过精诚合作、务实创新,把商务做成享誉世界的中国品牌。

抗战风烟使之几遭灭顶,商务人上下斡旋,辗转跋涉到重庆、沪上,艰难困苦中还不断推出各个学科的著述,中国近代出版的一面旗帜就此屹立不败。

近年来,商务印书馆在法律类图书的出版上,致力于《法学文库》丛书和法律文献史料的校勘整理。《法学文库》已纳入出版优秀原创著作十余部,涵盖法史、法理、民法、宪法等部门法学。2008年推出了十一卷本《新译日本法规大全》点校本,重现百年前近代中国在移植外国法方面的宏大气势与务实作为。2010年陆续推出《大清新法令》(1901—1911)点校本,全面梳理清末法律改革的立法成果,为当代中国法制发展断裂的学术脉络接续前弦,为现代中国的法制文明溯源探路,为21世纪中国法治国家理想追寻近代蓝本,并试图发扬光大。

现在呈现于读者面前的《中国法律史学文丛》,拟收入法律通史、各部门法专史、断代法史方面的精品图书,通过结集成套出版,推崇用历史、社会的方法研究中国法律,以期拓展法学规范研究的多元路径,提升中国法律学术的整体理论水准。在法学方法上致力于实证研究,避免宏大叙事与纯粹演绎的范式,以及简单拿来主义而不顾中国固有文化的媚外作品,使中国法律学术回归本土法的精神。

何 勤 华

2010年6月22日于上海

目 录

绪 论 ··· 1

第一章 五服服饰制度 ··· 9
　第一节 男子五服成服服饰 ··· 12
　　一、斩衰服饰 ··· 12
　　　（一）斩衰衣裳 ·· 13
　　　（二）斩衰冠 ··· 29
　　　（三）斩衰绖、带（首绖、腰绖、绞带） ·························· 32
　　　（四）斩衰菅屦 ·· 40
　　　（五）斩衰苴杖 ·· 42
　　二、齐衰服饰 ··· 45
　　　（一）齐衰衣裳 ·· 47
　　　（二）齐衰冠 ··· 48
　　　（三）齐衰绖、带（首绖、腰绖、布带） ·························· 50
　　　（四）齐衰三屦（疏屦、麻屦、绳屦） ····························· 53
　　　（五）齐衰削杖（桐杖） ·· 55
　　三、大功服饰 ··· 57
　　　（一）大功殇九月服饰 ··· 58
　　　（二）大功殇七月服饰 ··· 59
　　　（三）大功成人九月服饰 ·· 59
　　四、繐衰服饰 ··· 62

五、小功服饰 …………………………………………… 64
　　（一）小功殇五月服饰 ……………………………… 65
　　（二）小功成人五月服饰 …………………………… 66
六、缌麻服饰 …………………………………………… 68
七、五服以外之丧服服饰 ……………………………… 73
　　（一）公子为其母、妻服饰 ………………………… 73
　　（二）朋友麻 ………………………………………… 74
　　（三）锡衰 …………………………………………… 74
　　（四）袒免 …………………………………………… 74

第二节　女子五服成服服饰 ……………………………… 74
一、女子衰服 …………………………………………… 76
二、女子首服（总、笄、髽） …………………………… 78
　　（一）未成服之髽 …………………………………… 79
　　（二）成服之髽 ……………………………………… 79
三、女子用杖 …………………………………………… 82

第三节　五服服饰变除（受服） …………………………… 83
一、斩衰服饰之变除 …………………………………… 87
　　（一）既虞、卒哭后斩衰服饰之变除 ……………… 87
　　（二）小祥后斩衰服饰之变除 ……………………… 88
　　（三）大祥后斩衰服饰之变除 ……………………… 88
　　（四）禫祭后斩衰服饰之变除 ……………………… 89
二、齐衰服饰之变除 …………………………………… 89
　　（一）齐衰降服服饰之变除 ………………………… 89
　　（二）齐衰正服服饰之变除 ………………………… 90
　　（三）齐衰义服服饰之变除 ………………………… 91
三、大功服饰之变除 …………………………………… 91
　　（一）大功成人降服服饰之变除 …………………… 91

（二）大功成人正服服饰之变除 ……………………………… 92
　　（三）大功成人义服服饰之变除 ……………………………… 92
　四、小功服饰之变除 ……………………………………………… 92
　　（一）小功成人降服服饰之变除 ……………………………… 92
　　（二）小功成人正服服饰之变除 ……………………………… 92
　　（三）小功成人义服服饰之变除 ……………………………… 93
　五、缌麻服饰之变除 ……………………………………………… 94
第四节　历代五服服饰制度之演变 ………………………………… 94
　一、西周春秋战国时期 …………………………………………… 94
　二、两汉魏晋南北朝时期 ………………………………………… 97
　　（一）五服服饰等级细密化 …………………………………… 97
　　（二）主丧原则的确立及其与杖、禫服之关系 …………… 100
　三、唐宋元明清时期 …………………………………………… 102
　　（一）唐《开元礼》之变化 ………………………………… 102
　　（二）宋司马光《书仪》与朱熹《家礼》之改革 ………… 104
　　（三）明清五服服饰之简化 ………………………………… 107

第二章　五服服叙制度 ……………………………………………… 110
第一节　传统亲属分类与亲属称谓 ……………………………… 111
　一、传统亲属分类 ……………………………………………… 111
　　（一）亲属基本分类——宗亲、外亲、妻亲、三父八母 … 111
　　（二）亲属特殊分类 ………………………………………… 117
　二、传统亲属称谓 ……………………………………………… 127
第二节　先秦经典服叙制度 ……………………………………… 134
　一、先秦服叙之起源 …………………………………………… 134
　二、先秦服叙之等级 …………………………………………… 136
　　（一）斩衰服叙 ……………………………………………… 137

（二）齐衰四级服叙 …………………………………………… 138
　　（三）大功三级服叙 …………………………………………… 140
　　（四）小功两级服叙 …………………………………………… 142
　　（五）缌麻两级服叙 …………………………………………… 143
　　（六）袒免与无服服叙 ………………………………………… 144
　三、先秦服叙之原则 ……………………………………………… 146
　　（一）中西亲等计算法之比较 ………………………………… 146
　　（二）先秦服叙原则 …………………………………………… 149
第三节　两汉至明清服叙制度之流变 …………………………… 156
　一、两汉服叙之流变 ……………………………………………… 157
　　（一）两汉服叙概况 …………………………………………… 157
　　（二）两汉服叙流变 …………………………………………… 159
　二、魏晋南北朝服叙之流变 ……………………………………… 161
　　（一）"丧服学"热潮之兴起 …………………………………… 161
　　（二）中央与地方服叙审议制度及机构之形成 ……………… 163
　　（三）"心丧"范围之扩大 ……………………………………… 165
　三、唐代服叙之流变 ……………………………………………… 166
　　（一）唐太宗对服叙之改革 …………………………………… 167
　　（二）高宗时武则天对服叙之改革 …………………………… 169
　　（三）唐玄宗对服叙之改革 …………………………………… 172
　四、五代、宋服叙之流变 ………………………………………… 174
　五、元代服叙之流变 ……………………………………………… 176
　六、明代服叙之流变 ……………………………………………… 178
　　（一）明初服叙变革之成因 …………………………………… 178
　　（二）明代服叙变革之内容 …………………………………… 180
　七、清代服叙之流变 ……………………………………………… 185

第三章 服叙制度在传统法律上之适用 …… 190

第一节 先秦两汉时期的家族主义法 …… 191
一、先秦家族主义法渊源 …… 191
二、秦汉家族主义法流变 …… 192

第二节 魏晋南北朝时期"准五服制罪"原则的初步确立 …… 198
一、魏晋"准五服制罪"原则的提出 …… 198
二、晋及南朝"准五服制罪"原则之适用 …… 202
（一）亲属株连 …… 202
（二）亲属相犯 …… 205
三、北朝"准五服制罪"原则之适用 …… 207
（一）亲属株连 …… 207
（二）亲属相犯 …… 209

第三节 《唐律疏议》中"准五服制罪"原则的发展 …… 212
一、《唐律疏议》是"准五服制罪"原则的最好模本 …… 212
二、《唐律疏议》中亲等与服叙等级之差异及补救 …… 214
三、《唐律疏议》中服叙法之适用 …… 217
（一）《唐律疏议》中家族主义法、服叙法条文及比例统计 …… 217
（二）服叙法之适用 …… 219

第四节 宋以后服叙制度在民事法规中之适用 …… 224
一、死商财物继承问题 …… 225
二、遗嘱继承问题 …… 225
三、无子立嗣顺序问题 …… 226
四、亲属先买权问题 …… 227

第四章 守丧制度 …… 231
第一节 先秦时期——从习俗到礼教 …… 232

一、《礼记》《仪礼》中的守丧内容 ··· 232
　　二、先秦时守丧实例及诸子关于三年丧的辩论 ···················· 235
第二节　秦汉魏晋南北朝时期——从礼教向法律的过渡 ········ 237
　　一、国恤与家丧 ··· 237
　　二、两汉守丧制度 ··· 241
　　　（一）汉武帝以来对诸侯王的守丧强制 ······························ 241
　　　（二）两汉官僚士大夫的守丧时尚 ···································· 242
　　　（三）两汉守丧诏令 ··· 244
　　　（四）金革夺丧与夺情起复 ·· 245
　　三、两晋守丧制度 ··· 247
　　　（一）两晋对官僚士大夫守丧违制之处罚 ······················· 247
　　　（二）两晋民间的守丧风气 ·· 250
　　四、南北朝守丧制度 ·· 251
　　　（一）南北朝守丧制度的发展 ·· 251
　　　（二）南朝与北朝守丧制度及实践之差异 ······················· 254
第三节　唐宋时期——守丧制度的全面法律化 ······················· 258
　　一、官吏守丧之保证——解官与给假制度 ························ 260
　　二、唐律中违犯守丧制度的罪名 ····································· 261
　　　（一）匿丧 ··· 261
　　　（二）居丧释服从吉 ··· 262
　　　（三）居丧作乐、杂戏 ··· 263
　　　（四）居丧参与吉席 ··· 264
　　　（五）居丧嫁娶 ··· 265
　　　（六）居父母丧生子 ··· 266
　　　（七）居父母丧别籍异财 ··· 266
　　　（八）居父母丧求仕 ··· 266
　　　（九）父母死诈言余丧不解官及诈称亲死 ······················· 267

三、法律规范与礼教规范之差异 ………………………………… 268

　　四、唐代守丧实践与夺情起复 …………………………………… 269

　　五、宋代对官吏守丧违法处罚力度之加强 ……………………… 270

　　六、宋代守丧实践 ………………………………………………… 273

　　七、宋代夺情起复与史嵩之事件 ………………………………… 274

第四节　辽金元时期——守丧法之式微 ………………………………… 276

　　一、守丧之制仅适用于汉族 ……………………………………… 276

　　二、元代守丧法述略 ……………………………………………… 277

第五节　明清时期——守丧法之复苏 …………………………………… 278

　　一、明清律中守丧法之调整 ……………………………………… 278

　　　（一）匿丧 ……………………………………………………… 279

　　　（二）居丧释服从吉 …………………………………………… 279

　　　（三）居丧作乐 ………………………………………………… 280

　　　（四）居丧参与筵宴 …………………………………………… 280

　　　（五）删除居丧生子条 ………………………………………… 281

　　　（六）居父母丧别籍异财 ……………………………………… 281

　　　（七）诈称父母丧 ……………………………………………… 281

　　　（八）居丧嫁娶 ………………………………………………… 282

　　　（九）居父母丧从仕 …………………………………………… 283

　　二、明清守丧实践 ………………………………………………… 283

　　三、明清官吏守丧解职制度 ……………………………………… 284

　　　（一）关于丁忧程序 …………………………………………… 284

　　　（二）关于丁忧限制 …………………………………………… 285

　　　（三）关于夺情起复 …………………………………………… 285

第六节　关于守丧制度的思考 …………………………………………… 287

尾声 ……………………………………………………………… 291
附录一　《仪礼·丧服》经、传、记文 …………………… 293
附录二　笔者相关论文四篇 ………………………………… 305
　[论文一]宗祧继承论 ………………………………………… 305
　[论文二]"礼"与"亲亲、尊尊"原则 ……………………… 320
　[论文三]西汉石渠阁会议考论 ……………………………… 337
　[论文四]律学两大流派与唐律渊源 ………………………… 368

参考书目 ……………………………………………………… 374
后记一 ………………………………………………………… 376
后记二 ………………………………………………………… 379

附图、表目录

图1　宋《新定三礼图》斩衰衣裳图 …………………………… 24
图2　元《五服图解》斩衰衣裳图 ……………………………… 26
图3　明《御制孝慈录》斩衰衣裳图 …………………………… 27
图4　笔者按比例自绘斩衰衣图 ………………………………… 29
图5　宋《新定三礼图》斩衰冠图 ……………………………… 33
图6　元《五服图解》斩衰冠图 ………………………………… 33
图7　明《御制孝慈录》斩衰冠图 ……………………………… 33
图8　宋《新定三礼图》斩衰绖、带图 ………………………… 38
图9　元《五服图解》斩衰绖、带图 …………………………… 38
图10　明《三礼图》斩衰绖、带图 ……………………………… 39
图11　明《御制孝慈录》斩衰绖、带图 ………………………… 39
图12　宋《新定三礼图》斩衰菅屦图 …………………………… 41
图13　明《三礼图》斩衰菅屦图 ………………………………… 42
图14　明《御制孝慈录》斩衰菅屦图 …………………………… 42
图15　宋《新定三礼图》斩衰苴杖图 …………………………… 44
图16　明《三礼图》斩衰苴杖图 ………………………………… 44
图17　明《御制孝慈录》斩衰苴杖图 …………………………… 44
图18　明《御制孝慈录》斩衰全服图 …………………………… 45
图19　宋《新定三礼图》齐衰衣裳图 …………………………… 48
图20　明《御制孝慈录》齐衰衣裳图 …………………………… 49

图 21　宋《新定三礼图》齐衰冠布缨图（无冠梁） ·················· 50
图 22　元《五服图解》齐衰冠图 ······································ 50
图 23　明《御制孝慈录》齐衰冠图 ···································· 50
图 24　宋《新定三礼图》齐衰绖、带图 ······························ 52
图 25　元《五服图解》齐衰绖、带图 ·································· 52
图 26　明《御制孝慈录》齐衰绖、带图 ······························ 53
图 27　明《三礼图》齐衰绖、带图 ···································· 53
图 28　宋《新定三礼图》齐衰疏屦图 ·································· 55
图 29　明《御制孝慈录》齐衰疏屦图 ·································· 55
图 30　明《三礼图》齐衰疏屦图 ······································ 55
图 31　宋《新定三礼图》齐衰削杖图 ·································· 56
图 32　明《御制孝慈录》齐衰削杖图 ·································· 56
图 33　明《三礼图》齐衰削杖图 ······································ 56
图 34　明《御制孝慈录》齐衰全服图 ·································· 57
图 35　宋《新定三礼图》大功服饰图 ·································· 60
图 36　明《御制孝慈录》大功服饰图 ·································· 61
图 37　明《御制孝慈录》大功全服图 ·································· 61
图 38　宋《新定三礼图》缌衰衣裳图 ·································· 64
图 39　明《御制孝慈录》小功服饰图 ·································· 67
图 40　明《御制孝慈录》小功全服图 ·································· 67
图 41　宋《新定三礼图》缌麻冠图 ···································· 71
图 42　明《御制孝慈录》缌麻服饰图 ·································· 72
图 43　明《御制孝慈录》缌麻全服图 ·································· 72
图 44　深衣图 ·· 76
图 45　宋《新定三礼图》女子衰服图 ·································· 77
图 46　明《三礼图》女子衰服图 ······································ 78

图 47　宋《礼书》女子首服布总、丧笄图 ………………… 81
图 48　明《三礼图》女子丧笄图 ……………………………… 81
图 49　宋《新定三礼图》丧服变除图 ………………………… 93

表 1　五服首绖、腰绖径围（截面）尺度表 ………………… 36
表 2　五服降、正、义服衰冠升数表 ………………………… 99
表 3　《大清律例》丧服总图 ………………………………… 108
表 4　本宗九族五服图 ………………………………………… 118
表 5　外亲服图 ………………………………………………… 120
表 6　妻亲服图 ………………………………………………… 121
表 7　三父八母图 ……………………………………………… 122
表 8　出嫁女为本宗降服图 …………………………………… 123
表 9　妻为夫族服图 …………………………………………… 124
表 10　妾为家长族服图 ……………………………………… 126
表 11　为人后者为本宗九族降服图 ………………………… 128
表 12　殇服降服表 …………………………………………… 141
表 13　中西亲等计算法比较表 ……………………………… 147
表 14　汉王章九族"鸡笼图" ………………………………… 158
表 15　历代服叙等级损益沿革表 …………………………… 185
表 16　《唐律疏议》家族主义法、服叙法条文及比例统计表 ……… 218
表 17　古代九族图 …………………………………………… 331

绪 论

一

五服制度亦名丧服制度,是传统儒家文化的主要标志之一。

中国传统文化,从操作层面上言,可以分为正统文化与俗文化两大类。操作层面上的正统文化是指历代统治阶级所颁行的各项制度规范,如礼仪制度、法律制度、政治制度、经济制度、军事制度等等,因此也可称之为制度文化。操作层面上的俗文化则是指民间的风俗流习。相对而言,正统文化比较固定守成,而俗文化则比较流动易变。从历史发展的漫长过程观察,两者之间互有沟通:俗文化往往受到正统文化的影响与制约,其对正统文化的背离一般也局限在正统文化所许可的一定范围之内;而正统文化的演变也往往受到俗文化的潜移默化与冲击,甚至某些正统文化直接来源于俗文化。但在某个特定的历史时期内,正统文化与俗文化之间有着明确的界定,两者不容混淆。这是学者治史所应该注意到的。

本书研究的"五服制度"属于正统文化即制度文化的范畴。

二

何谓"五服制度"? 正本清源,首先要了解何谓"凶礼",何谓"丧礼"?

中国古代礼制,传统上分为吉礼、凶礼、宾礼、军礼、嘉礼五大类,统称"五礼"。按照《周礼》的解释,吉礼是指祭祀天地鬼神之礼,"五礼莫重于祭",故列为首;宾礼是指诸侯朝觐天子及邦国间的外交礼节;军礼是指征集、调动、检阅军队及役使民众之礼;嘉礼是指冠婚、燕饮、庆贺等喜庆之礼。再来看五礼中位居第二的凶礼,《周礼》中将凶礼分解为丧、荒、吊、桧、恤五个方面,都是指诸侯国之间遇天灾人祸相互哀悼、慰问及救助之事。秦汉中央集权制建立以后,邦国消失(仅汉初之封国尚有一定势力,景帝后封国名存实亡),荒、吊、桧、恤逐步合并为中央统一的赈抚灾荒之事,原有的礼制功能单一化了。而涉及宗族血统的丧礼则日趋复杂完备,以至于后世礼典中凶礼内容几乎完全为丧礼所囊括,如《通典》所记唐以前历代凶礼均为丧礼,唐时《开元礼类纂要》载凶礼二百多条,其中仅三条涉及赈灾,余均为丧礼。因此习惯上"丧礼"也就成了"凶礼"的代名词。

古代丧礼主要包括丧、葬、祭三大部分内容。通俗而言,"丧"是规定活人即死者亲属在丧期内的行为规范,"葬"是规定死者的应享待遇,"祭"是规定丧期内活人与死者之间联系的中介仪式。三者之中,"丧"是丧礼的核心内容。

先简要介绍"葬"与"祭"的内涵。

所谓"葬",大致可以分解为葬式制度与墓式制度。前者指死者之服饰、明器、棺椁及葬礼仪式等;后者指陵、墓之规格,如占地面积、高度、形制及墓前神道、石刻等,杨宽先生所著《中国古代陵寝制度史研究》即属帝王墓式制度之范畴。

所谓"祭",是指丧礼之祭,即丧期内之祭祀(丧期结束后之祭祀属于五礼中之吉礼范畴),具体又可分解为丧祭与吉祭(非吉礼之祭祀)。前者指百日卒哭内(从死亡到下葬,以及死者神主移至宗庙)之祭祀,如虞祭(包括初虞、再虞、三虞三次祭祀)、卒哭祭等;后者指卒哭祭后至丧期期满之前的祭祀,如小祥祭、大祥祭、禫祭等。丧礼之吉祭与吉礼之祭祀在形式上的一个重要区别,就是前者是专门针对死者一人的祭祀,后者则是对全体祖先的祭祀。丧期内之祭祀也是五服服饰变除的标志线。

再来看"丧"的内涵。

所谓"丧",即五服制度,或称丧服制度,这是丧礼的核心内容,也是本书将要研究的范畴。

五服制度简称"服制",是规定中国古代亲属关系的等级规范,具体又可分解为服饰制度、服叙制度与守丧制度。服饰制度是亲属关系等级的外在符号标志,也是五服制度命名之发轫;服叙制度是亲属关系的内在等级序列,也是五服制度的主干部分;守丧制度是亲属关系等级的外在行为规范,也是五服制度的伦理目标。

五服制度与丧礼、凶礼等五礼的关系列简表如下:

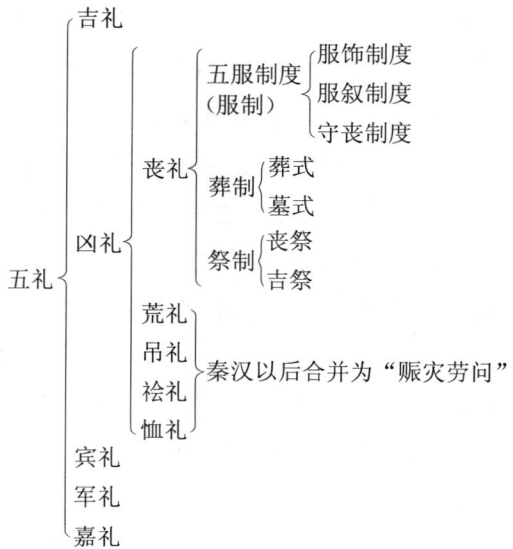

三

先秦迄于清末民初,两千多年的中国社会,始终对五服制度予以高度的关注。

在五服制度变革史上起过重大的关键性作用的帝王,均为历代声名显赫的君主。著名的"汉文帝遗诏"是对守丧制度的第一次大改革。"罢黜百家,独尊儒术"的汉武帝首次将守丧制度作为皇室、诸侯的强制性规范。由于昌邑王守丧违制被废黜帝位、因而得以登上皇帝宝座的汉宣帝,在甘露三年(前51年)于未央宫亲自召开由儒生参加的石渠阁会议,是封建统治思想进一步儒家化的标志性事件,据《通典》所记,讨论五服服叙制度即是石渠阁会议的核心内容之一(参见附录二相关论文)。曹操为魏王时制定的《魏科》,首次将服叙制度载入法律,对晋武帝司马炎制定的《晋律》"准五服制罪"原则起了导向性作用。北魏时提倡汉化改革的孝文帝元宏曾亲自在清徽堂为群臣讲解五服制度。领导唐代三次服叙改革的,正是有唐一代三个最有作为的君主。贞观十四年(640年),唐太宗亲自指示魏徵等改革五服服叙中"亲重而服轻"的不合理之处。武则天在上元元年(674年)上表要求改革为母服叙,并在其登基后正式实施,这一被崔东壁称为"古今变革之尤大者"的服叙改革,也被后世责为武则天篡逆的信号。唐玄宗开元二十年(732年)制定《开元礼》,也对服叙制度有多处增补。宋太祖赵匡胤时也对妇为舅姑、子为养母服叙进行了改革。明太祖朱元璋洪武七年(1374年)制定《孝慈录》(也称《御制孝慈录》),对五服制度在服叙、守丧、服饰三个方面均作了大刀阔斧的调整,并亲自撰写《御制孝慈录序》,宣称"礼乐制度出自天子"。历史上改革五服制度的统治者,均是有为之君,这种现象,是绝非"巧合"一词所能解释得通的。

历代的学者名流也极为重视五服制度。《晋书·礼志》称《仪礼·丧服》篇为"世之要用"。章太炎《国学概论》也指出:"《仪礼·丧服》是当时所实用的,从汉末至唐,研究的人很多并且很精。"当过北京政府总统的徐世昌也在《唐明律合编序》中说:"三礼丧服之学盛于唐初,故《唐律》一准于礼而得古今之平。"东汉魏晋以来,专门研究五服的著作纷纷问世,因研究五服而成为名家者代不乏人,"丧服学"成为一门专门学问而受世人注目。历代著名学者如马融、郑玄、王肃、杜预、葛洪、裴松之、庾蔚之、雷次宗、聂崇义、司马光、朱熹、敖继公、顾炎武、阎若璩、程瑶田、胡培翚、崔述、徐乾学、俞樾等均有丧服学著作传世。唐杜佑《通典》200卷,其中礼典占半数为100卷,礼典中凶礼为34卷,而凶礼中五服制度不下于30卷,也就是说,整部《通典》中五服制度的内容占到七分之一。近代以来,沈家本、章太炎、胡适、钱穆等也都有专论涉及服制。

自魏晋"准五服制罪"以来,五服制度在法律上的作用日趋重要。以《唐律疏议》为例,在总数502条中,直接以五服服叙等级(期亲、大功、小功、缌麻、袒免)表述者达81条,加上虽不以服叙等级表述但涉及亲属关系而量刑不同者,共为154条。也就是说,《唐律疏议》中涉及家族主义法的条文占全律总条数的31%,而直接涉及服叙法(涉及服叙等级者)的条文则占全律总条数的16%。这样的比例,足以引起历史学、法制史学乃至社会学的学者对于服叙法乃至家族主义法研究的重视。

四

五服制度是中国古代等级制度的一个缩影,并由于其涉及宗法血缘等级与政治等级两大范畴,而极具有代表性。

在等级制社会中,等级制度是维持社会稳定与发展的必备因素,等级制的严密与完备,曾经是社会进步的体现。欧洲中世纪的等级制度远未达到同时期中国等级制度之严密,因为在领主制下,国王无权干预领主的管辖区域,"我的仆人的仆人不是我的仆人"。因此在类似西方领主制的西周分封制社会中,也不可能产生一个从上至下的严密的等级网络,这种严密的等级网络只能产生于中央集权制、官僚制确立以后。就五服制度而言,其理论产生于中央集权与大一统观念开始萌芽的春秋战国时期(如《仪礼·丧服》与《礼记》),而其真正实行则始于两汉。五服制度源于西周的粗疏的服丧礼,经过孔子的系统加工,特别是发明了"三年丧"的内容后,才形成一套严密的宗法等级系统,并被此后两千多年的封建社会奉为经典,说明秦汉以后的中央集权制的等级社会需要较周代分封制的等级社会更为严密完备的等级制度。《唐律》是第一部将五服制度系统法律化的法典,也正是这部法典对保障唐代的社会安定与封建盛世的创立起了重要作用。

等级制度并不是一成不变的,而是随时代的发展不断进行局部的调整甚至全局性的改革。汉时实行五服制度,发现在西周大宗法制与分封制下形成的五服制度理论与秦汉以来的小宗法制与中央集权制的社会情况有颇多牴牾之处,于是导致了五服制度的第一次大规模修正。唐宋时期的统治者注重于塑造一个慎终追远、亲族和睦的社会氛围,将五服制度从礼制全面移向法制,其适用范畴从贵族官僚阶层扩大至普通民众,经过唐太宗、武则天、唐玄宗、宋太祖、司马光、朱熹等人的不懈努力,基本完成了五服制度的平民化改革。明初朱元璋更是不循传统,对五服制度中举凡"不顺人情"、"妨务害理"之处均进行了大刀阔斧的修正。五服制度的改革虽然缓慢,但每一次改革都向相对平等性方面迈出了一步。对传统等级制度的改革是需要非常的胆识与勇气的,这就是为什么在五服制度的改革历程中扮演主要角色的多为著名帝王与儒学思想的杰出代表人物。这也说明五服制度在传统等级制度中的重要地位。

　　包括五服制度在内的古代等级制度的负面效应也是显而易见的。等级制度阻碍了经济的发展,生产与消费明显受到等级制的限制,科技的发明也因触犯等级制度而被压制。等级制度导致了政治上的官本位与特权观念,也构成了法律上的特权法、家族主义法、义务本位。等级制度甚至影响了民族的性格,等级制度的严密细致(譬如五服服饰在细节上的区分是何等细密)使得人们要时时注意自己的行为是否合乎规范,从而养成性格上的谨小慎微及对于细节的过分重视(如传统的建筑、园林、家具等都是大局雷同,细节雕琢)。而在诸多等级制度中,五服制度由于其划分宗法血缘等级的特殊性,是每一个人自幼耳濡目染从而视之为天经地义的无形的教育,这种教育的力量是极其巨大的。即使消灭了封建政体,废除了等级制度,但等级观念在人们的潜意识中、在民族的深层次思维中是绝不会轻易消失的。

　　等级制度不是一个抽象的概念,而是由具体的、琐碎的、细密的人为规范的差别所组成的。包容在古代典籍中的等级制度,以礼制与法制的"库容量"为最大,但近代以来很少有学者认真发掘过这些方面的材料。而如果不能详尽地占有材料,没有对于等级制度的直观的认识,任何理论上的"深刻"必定是空乏苍白的。

五

　　五服制度横跨古代礼制与法制两大领域,也就是说,五服制度在中国古代实际存在两个形态,一是礼制形态,一是法制形态。而礼制形态又是法制形态的前提,故研究五服制度的法制形态就不能不研究其礼制形态。古代横跨礼、法两大领域的制度并不仅仅只有五服制度,但就礼制对法制的影响力而言(特别是对古代法制中的主要形式——律的影响力而言),笔者以为五服制度是第一位的。可以说,五服制度是研究古代礼法关系的最好的切入口。

本书着重从法律文化的角度,阐述了五服制度在等级制社会中的支柱作用(传统等级制度包括政治等级与宗法血缘关系等级,而后者的等级规范主要从五服制度中得以体现),论证了其礼制形态与法制形态二者之异同。一般来说,礼制形态是道德层面上的最高目标,法制形态则是法律层面上的最低目标;礼制形态体现了封建统治理想性的一面,法制形态则体现了其实用性的一面。

从广义法制史而言,礼制与法制均属于法制史的研究范畴。礼制一经颁布,就体现了国家意志,具有了国家强制力的性质。也就是说,中国古代举凡属于正统文化,能够真正称之为"制度"者,都属于广义法制史的研究范畴。就五服制度而言,汉以前大致属于儒家学派的理论范畴。经汉文帝遗诏及汉宣帝石渠阁会议以后,已基本上升为国家意志。经魏晋时期的"准五服制罪"及唐律中的全面铺陈之后,礼制全面影响于法制,五服制度的礼制与法制两种形态均衡制约、相互影响。五服制度的礼制形态是其法制形态的基础,故本书用了不少篇幅详尽描绘其礼制形态的等级特征,第一章服饰制度、第二章服叙制度尤为如此,第三、四章则主要叙述其法制形态。

本书是对传统五服制度的初步研究,注重于其自身的等级架构及其发展演变的成因,笔力未逮之处,还望读者诸君赐教匡谬。

第一章　五服服饰制度

在中国古代等级制社会中,服饰历来被看作是区别尊卑等级的重要标志。清代雷镦、雷学淇父子的《古经服纬》一书开宗明义地说明了服饰制度在古代礼制中的重要地位:"礼别尊卑、严内外、别亲疏,莫详于服。而僭妄者,亦于是兆端焉。故古经之义,服为尤重。"①

中国古代服饰,大体可分为两大类:

一是吉服类。这是服饰的主体部分,包括礼服与常服,吉服是其通称。上自帝王、下至百姓的日常穿着与喜庆礼服等均属吉服。甚至死者大殓时所着服饰也是与其生前地位相称之吉服,这就为通过考古发掘取得直观服饰资料从而研究古代吉服服饰提供了极大的便利,如迄今出版的多部古代服饰史著作均大量利用了考古成果。

二是丧服类,即五服服饰。这类服饰仅限于生者为死者守丧所着,因此试图通过考古发掘而发现古代丧服服饰实物的可能性几乎等于零。②虽有古代文献之记载,但其中脱漏讹误、相互牴牾之处甚多,加之文字古奥诘屈,释义难通,又相互转抄,少见新发,几乎一直停留在汉时郑玄、唐时贾公彦的水平上。现存古籍中之个别五服服饰图示均为宋以后人揣摩经典所作(如《新三礼图》中之五服服饰图录),而且线条简疏,比例失误,无立体感,复原不易。由于以上这些原因,给研究古代

---

① 雷镦述,雷学淇释,"丛书集成初编"本。
② 考古发掘中可能发现五服服饰资料,如1949年后在武威汉墓出土的竹简《丧服》,木简《服传》,马王堆汉墓出土的丧服图绢本。但五服服饰实物的发现几乎没有可能。

五服服饰带来相当大的困难,历来学者视为畏途。

五服服饰作为丧服制度的外在符号标志,其主要功用有二:一是表示亲属血缘关系的亲疏等级。服饰上依宗法血缘亲疏,划分为斩衰、齐衰、大功、小功、缌麻五大等级。如子为父、妻为夫着斩衰服;子为母、孙为祖父母、为兄弟、为伯叔父母等着齐衰服;为堂兄弟、为出嫁姊妹等着大功服;为再从兄弟、为外祖父母等着小功服;为三从兄弟、为岳父母等着缌麻服。同一等级服饰中,也可能因服丧对象之不同而有一些服饰细节上之不同,如齐衰服饰中,为母服与为兄弟服就有细节上之区别。二是表示单向的政治等级关系。这种等级关系的五服服饰一般仅限于斩衰、齐衰两大等级,如臣为君着斩衰服,民为君着齐衰服,而且在政治关系中的着丧服是一种没有反馈的单向的着服行为,即没有君为臣(除君为贵臣外)、君为民的回报行为。

从外观上言,五服服饰是从头到脚的全身包装,不仅包括衣、裳,还包括冠、带、屦、杖等。在五服制度中,五服服饰的变化是全方位的:从横向看,五服服饰划分为斩衰、齐衰、大功、小功、缌麻五大等级,其每一等级的衣、裳、冠、带、屦、杖均各自不同;从纵向看,每一等级(除缌麻外)的服饰在守丧过程中均发生变化,逐步由重服向轻服过渡,称为变除,如斩衰服饰须经卒哭、小祥、大祥三次变除,齐衰、大功、小功服饰各须经一至三次变除,每一次变除衣、裳、冠、带、屦、杖等几乎均须变更。五服等级与五服变除再加上男女五服服饰之不同,构成了极为复杂的五服服饰系统。

从文献上言,最早记载五服服饰制度的是《仪礼·丧服》及《礼记》,此后从秦汉至清末,一直被历代统治者与儒家学者尊为经典五服服饰,列入正统文化范畴。但由于经典本身文字的模糊性与矛盾性(如《仪礼》与《礼记》就有不一致之处),两千年来争讼纷纭,莫衷一是,今存宋、元、明历代五服服饰图即有不少径庭之处,不过大的原则还是基本一致的。另外,历代由于受到客观条件的约束(如丧服用麻布的升数问题)及俗文化的冲击,出现了五服服饰简化与用丧范围缩小的趋势,也是值得注意的。可惜这方面的资料不易搜集,只能概而论之了。

在整个五服制度系统中,五服服饰只是一种符号标志,其重要性远不如服叙与守丧,在法律上也无严格的模式规定。本书之所以在第一章中详细介绍五服服饰制度,是基于以下几方面的考虑:

第一,从本书的系统性言,五服服饰是整个五服制度系统中不可或缺的一环,也可以说是五服制度系统的第一环,服叙制度与守丧制度均发轫于此,而且"五服制度"之命名、五服(斩衰、齐衰、大功、小功、缌麻)之名称也都直接起源于服饰。因此了解五服制度必从服饰入门。

第二,从政治文化意义言,五服服饰的复杂化反映了中国古代等级制度的严密性与细致性,这种严密与细致的等级性正是封建正统文化的主要特征之一。

第三,从服饰史研究角度言,既称服饰史,就不仅应该了解古代的吉服服饰文化,也应该了解古代的丧服服饰文化,后者是古代服饰文化的一个重要分支。在中国古代,五服服饰的地位远较今天为重要,一般说来,每个人的一生至少要着两次各长达三年之服(即为父斩衰三年,为母齐衰三年,如遇长孙承重或妇为舅姑,则不止两次),再加上齐衰、大功、小功、缌麻的不同之服,则保守估计,一生中约有十年是穿丧服度过的,以古人平均寿命 50 岁计,可以说是一个非常惊人的比例。何况这种五服服饰几乎是两千年一贯制,基本模式大体上没有改变,甚至在今天的中原内陆及港、台地区仍有遗存,可见其生命力远比吉服服饰强盛。这样一种独特的文化现象难道不值得引起注意与了解吗?

第一节　男子五服成服服饰

成年男子成服服饰是五服服饰制度的主干部分。需要说明几点：

第一，五服服饰依服丧对象可分为成年男子与妇女儿童两大类，本节介绍五服服饰均为成年男子服用，妇女及儿童五服服饰将在第二节专门介绍。

第二，成年男子五服服饰依守丧时间可划分为未成服服饰、成服服饰、受服服饰三个阶段。未成服服饰指丧事前三日（始死至大殓）的简易服饰，因丧事仓促之间，服饰尚未齐备，故主要以绖带（首绖、腰绖、绞带）成服，由于绖带在成服服饰中有专门介绍，故未成服服饰本书不再专述。成服服饰的穿着时间从丧事第四日（大殓的第二日）至既葬、卒哭祭，共三月约百日内，这一时期是守丧实践的最主要阶段。受服服饰是指卒哭祭后之服饰变除，将在本章第三节中专文介绍。

第三，本节与第二、三节主要介绍经典五服服饰，即儒家经典《仪礼》、《礼记》中所记载之五服服饰，以及历代注家如郑玄、贾公彦、胡培翚等的诠解。至于两汉以来五服服饰之演变，将在本章第四节中详述。

为便于形象说明五服服饰式样，本节选录了数十幅历代学者绘制的具有代表性的五服服饰图谱，并附有笔者绘制的比例图，以供读者参考。

一、斩衰服饰

五服制度（包括五服服饰）在文献上首见于《仪礼·丧服》篇。《丧服》篇是今存《仪礼》十七篇之一，与其余十六篇不同的是，《丧服》篇除"经"文、"记"文外，还有释经的"传"文。历代学者研究经典五服均以《仪礼·丧服》为本，而《丧服》经、记、传所云五服服饰多为男子成服饰。

先介绍有关斩衰服饰的内容,斩衰服饰是五服服饰的最重要部分。《丧服》经文谈及斩衰服饰仅一句:"丧服斩衰裳,苴绖、杖、绞带,冠绳缨,菅屦者。"包括了斩衰服的五种服饰:第一,衰裳,即上下衣裳;第二,苴绖、绞带,即内外腰带;第三,冠绳缨,即丧帽;第四,菅屦,即丧鞋;第五,杖,即手持之哭丧棒。

《丧服》传文:"传曰:斩者何?不缉也。苴绖者,麻之有蕡者也,苴绖大搹,左本在下,去五分之一以为带。……苴杖,竹也。绞带者,绳带也。冠绳缨,条属右缝,冠六升,外毕,锻而勿灰。衰三升。菅屦者,菅,菲也,外纳。"传文显然是对经文的注释。

《丧服》记文:"凡衰外削幅,裳内削幅,幅三袧。若齐,裳内衰外。负广出于适寸,适博四寸出于衰,衰长六寸博四寸,衣带下尺,衽二尺有五寸,袂属幅,衣二尺有二寸,袪尺二寸。衰三升、三升有半,其冠六升,以其冠为受,受冠七升。"可见记文是对经文的补充,是有关衰、裳、冠的质料、式样、尺寸的说明。

《丧服》经、记、传文关于斩衰服饰总共不过150余字,且文字古奥佶屈,非借助历代学者之注释,不能读通。

斩衰服饰按类可分为衣裳、冠、绖带、屦、杖五个部分,下面分别作介绍。

(一)斩衰衣裳

斩衰之"斩"有两个意思:一是指裁割,斩截布断之。不言裁割而言斩,取痛甚之意。二是不缉,即丧服不缝边,包括衰、适、负版、带下、裳下五部分不缝边。(详见下文"斩衰制式")。丧服不缝边,是斩衰服区别于齐衰以下服的主要特点之一。

斩衰之"衰"(音 cuī 崔)指"衰裳"而言。古代男子五服分为衰、裳两部分:上身丧服称为"衰"("衰"之本义是指垂缀于丧服胸前的一块麻布,引申用于通指上身丧服),以与平时吉服之"衣"相区别。《古经服纬》:"衰者,丧服上衣之统称,因当心有布曰衰,长六寸,博四寸,以见服此者,皆有哀摧之心焉。故因以为名。"下身丧服类似于今之裙,称为"裳",与吉服之下身服饰名同。古代女子五服则上、下身连为一体,类似于今之连衣裙,通称"衰"(详见本章第二节)。

1. 斩衰衣裳麻布质地。古代五服均以麻布制作,元代以后大功以下改以棉布制作,斩衰、齐衰则仍以麻布,所谓"披麻戴孝",就是指服斩衰、齐衰的重孝。这里所介绍的斩衰衣裳麻布的升数、原料、色泽等,实际也是整个五服服饰系统的基本问题,故齐衰以下服饰就不再作重复介绍。

(1)麻布升数问题。《丧服》记文:"(斩)衰三升、三升有半。"就是指的斩衰衣裳的麻布升数。子为父、妻为夫、父为长子服斩衰,麻布为三升;诸侯为天子也服斩衰,麻布为三升半。

所谓"升"数,是指在一定宽度布幅内麻缕的股数。显而易见,在一定宽度布幅内,麻缕数越少或者说"升"数越少,则麻缕越粗,布质越粗;麻缕数越多或者说"升"数越多,则麻缕越细,布质越细。古代以麻缕80股为一升,斩衰服的三升麻布即为240股经线,三升半即为280股经线。

古代的布幅有多宽呢?大约周代的布幅以二尺二寸为标准。《礼记·王制》:"布帛精粗不中数,幅广狭不中量,不粥(鬻)于市。"孔颖达疏:"广狭者,布广二尺二寸。"可见周时对布幅宽度(幅广狭)、布缕升数(精粗)都是有明确规定的,不符合规定的不准在市场上出售。据梁方仲《中国历代户口、田地、田赋统计》[①]一书中的"中国历代度量衡变迁表",周代之一尺相当于今23厘米,则二尺二寸之布幅约合50厘米,相当于今市尺一尺半。斩衰三升、三升半就是在50厘米宽的布幅上排列

---

① 梁方仲:《中国历代户口、田地、田赋统计》,上海人民出版社1980年版。

经线240股或280股麻缕,这是史料记载中古代最为粗厚之布了。

"升"在汉代称为"稷"(音 zōng 宗),也作"缌"。《居延汉简》:"广汉八缌布。"《汉书·王莽传》:"一月之禄,十稷布二匹。"又《史记·孝景本纪》:"后二年……令徒隶衣七缌布。"唐司马贞《史记索隐》:"七缌,盖今七升布,言其粗,故令衣之也。"可见唐时仍称"升"。

唐代对布幅宽度仍有规定,《唐律·杂律》:"诸造器用之物及绢布之属,有行滥、短狭而卖者,各杖六十。"疏议曰:"短狭,谓绢匹不充四十尺,布端不满五十尺,幅阔不充一尺八寸之属而卖。"以布幅宽不足一尺八寸为犯罪。唐时一尺,据上引梁方仲书表,相当于今之30厘米,则一尺八寸布幅约合54厘米,当今之市尺一尺六寸,与周代布幅基本接近。

汉代以来,市场上虽仍以"升"(缌)数作为布质精粗的计算单位,但法律上并无明确的精粗标准。随着商品经济和纺织业的发展,原有的升数模式与布幅标准不能适应市场需要而逐步模糊化,因此五服服饰以升数作为等级标准的模式至晚在北宋时已被淘汰。宋司马光《书仪》云:"故《间传》曰斩齐衰、大小功、缌麻,盖当时有织此布,以供丧用者。布之不论升数久矣。"故明清五服服饰等级不以升数为标准。

(2)麻布原料问题。《丧服》传文:"苴绖者,麻之有蕡者也。"这里提到麻布原料问题。苴(音 jū 居),意谓粗恶,指苴麻即雌麻,粗恶之麻(苴绖,苴麻所制之经带,斩衰服饰之一种);蕡,果实、种子,"麻之有蕡者",指有子之麻,即雌麻。斩衰服饰中之斩衰衣裳、经带均以苴麻即雌麻制作。

先秦时期的衣着质料,大抵可分为丝织品、毛织品、麻织品三大类。丝织品以蚕丝织成,以加工方法的不同可分为绫、罗、锦、缎、绢、绮等,华丽轻柔,用于高档衣着,一般为上层社会所服。毛织品以羊毛、兔毛、驼毛或其他兽毛织成,主要通用于边疆游牧民族。麻织品古也称"布",

其时尚未有棉织品,"布"皆指麻织品而言,即麻、苎、葛等草本植物茎皮纤维的织品,是古代一般民众穿着之物。苎与葛纤维质地较细,尤其是葛往往用于做夏季服饰。一般所称之"麻",则指大麻,大麻粗衣是普通民众的主要衣着。

大麻(国际上也称"汉麻")是一年生草本植物,对土壤与气候之适应性很强,故种植区域极广,叶为互生掌状复叶,茎有沟轮,夏季开黄绿色小花,高约2米左右。大麻与雌雄同株的苎麻不同,是雌雄异株,雌麻又称苴麻、牝麻,雄麻又称枲(音 xǐ 喜)麻、牡麻。元代龚端礼《五服图解》"苴、枲二麻有子无子释疑"条认为,大麻按收获季节不同可分为春麻、夏麻、寒麻等品种:春麻为早春种,四五月收,其麻短细皮薄。夏麻为晚春种,五六月收,其麻长大皮壮。寒麻七至九月收,其雌雄株的收获时间也不同,雄株(枲麻)开花而不结子,七月收;雌株(苴麻)结子,九月收,麻皮最为粗恶。收获时将麻株连根拔起,水浸取皮(大麻用水浸是为了脱胶,使纤维分离更为精细,水温与大麻脱胶关系极大)。[1]龚端礼认为,麻之成熟、收获期之早晚象征守丧期之短长:春麻最早收获,可为缌麻之服;夏麻其次,可为大功、小功之服;寒麻中之雄麻再次,为齐衰之服;而寒麻中之雌麻成熟期最长、收获期最晚,则为斩衰之服。这是圣人规定五服服饰之深意所在。龚端礼指出:"切详五等丧服,谓如斩衰十分,齐衰九分,大功七分,小功五分,缌麻三分,渐渐减轻,以别亲疏之义,盖圣人用此连根带子恶色之老麻立名曰'苴',以为头等斩衰之服,可见父丧之重也。"

这里可以看到古代五服等级在服饰原料上的体现,即崇尚粗恶、原始的原则,原料愈是粗恶,表示丧服愈重,等级愈高。首先,在各类衣着原料(丝、毛、麻)中取较为粗劣之麻织品;其次,在麻织品类别(苎麻、

---

[1] 参见吴淑生、田自秉:《中国染织史》,上海人民出版社1986年版。

葛麻、大麻)中取最为粗劣之大麻织品(大麻之适应性强、种植区域广也是原因之一,使之作为五服原料在各地均易得之);再次,在大麻类别(春麻、夏麻、寒麻)中以成熟期短者为轻服原料,成熟期长者为重服原料,成熟期最长之寒麻中又以最为粗劣的雌麻为最重的斩衰服之原料。

元代以后,棉花种植渐趋普及,棉布在明清时已逐步取代麻织品成为一般民众的主要衣着原料,五服中的轻服原料也随之以棉布代麻布(大功用粗熟棉布,小功用稍粗熟棉布,缌麻用稍细熟棉布),重服(斩衰、齐衰)原料之要求也相应放松(斩衰用至粗麻布,齐衰用稍粗麻布),不再坚持雌麻、雄麻之区别,但重服原料崇尚粗恶的原则仍未改变。

五服原料崇尚粗恶,五服色彩则崇尚原始,故各等五服均不染色,保持麻之原始本色(本白色),这也是丧服与吉服的一大区别。如以丧服颜色作为丧文化之标志,则中国古代既与西方之黑色丧文化有别,也不能简单命名为白色丧文化,准确地说,应称之为本色丧文化。

2. 斩衰衣裳制式。斩衰衣裳之制式,首见于上引《丧服》记文:"凡衰外削幅,裳内削幅,幅三袧。若齐,裳内衰外。负广出于适寸,适博四寸出于衰,衰长六寸博四寸,衣带下尺,衽二尺有五寸,袂属幅,衣二尺有二寸,袪尺二寸。"这段经典引文规定了斩衰衣裳的尺寸与样式。

引文中涉及斩衰衣裳制式中一系列专有名词:衰(衣)、裳、适、负、衰(布)、衣带下、衽、袂、袪。其中除"裳"以外,均为斩衰服上衣各部位的名称。以下容逐一介绍(参见图1至图4)。

衰(衣)。《丧服》记文中,共出现四个"衰"字,其含义前后不同:前两个"衰"字为丧服上衣之统称,即衰衣;后两个"衰"字仅指斩衰服、齐衰服上衣胸前所缀的一块麻布,即衰布。

斩衰服不同于齐衰以下服的主要特点是:一在五服质料上,以三升及三升半苴麻为之。二在缝纫方法上,"不缉"。《丧服》传文云:"斩者何? 不缉也。"胡培翚《仪礼正义》引贾疏:"缉,今人谓之为缏,缏与缉同义,谓斩布为衰裳,而其边侧不缝也。"不缉即不缏(音 pián 骈;又音 biàn 变),不用针缝缉衣边。缉、缏,今称为缲(音 qiāo 敲),《现代汉语词典》解释为:"缲,缝纫方法,做衣服边或带子时把布边往里头卷进去,然后藏着针脚缝。"俗称缲边。不缉,即斩衰服之麻布边均不缲边(齐衰以下服则均缲边)。这两个特点,都体现了五服服饰以粗糙、原始为重服的原则。

上自斩衰服上衣,下至缌麻服上衣,在缝纫方法上均有一个区别于吉服的共同特点——"外削幅"。《丧服》记文说:"凡衰外削幅"。凡衰,即指所有丧服上衣而言。削幅,指裁好的布幅经缝合后,原布幅被减削部分或者说边幅被缝合部分,称为削幅。将缝合部分内藏内翻以使服饰美观,称为"内削幅",如吉服即是,五服下裳即丧裙也为内削幅。将缝合部分外露外翻以使服饰外观粗恶,称为"外削幅",凡五服上衣均为外削幅,以区别于吉服上衣。东汉郑玄注《仪礼·丧服》认为,太古时候人们的衣服都是"外削幅"以应实用,后来才改为"内削幅"以增美观,于是圣人将"外削幅"定为丧服以别于吉服。这个推测有一定的道理。

上引《丧服》记文:"衣二尺有二寸",衣指五服上衣,也称衰(衣)。"二尺有二寸",据郑玄注,指五服上衣自领至腰为二尺二寸。二尺二寸正是古之布幅宽度,故襟至袖以一幅布连成。五服上衣腰以下部分为衣带下及衽。

裳(音 cháng 常)。即五服下着之服,古人下服男女皆着裙,称为裳,此指丧裙。上引《丧服》记文关于"裳"称:"裳内削幅,幅三袧。若齐,裳内衰外。"内削幅,上文已说明,即将布幅缝合部分内藏如吉服。《仪礼正义》引敖继公云:"衰外削幅者,所以别于吉服之制……裳幅不变者,衣重而裳轻,变其重者以示异足矣。故裳不必变也。"①古人在五服服饰中,重上衣而轻下裳,故以上衣别于吉服,而下裳则同于吉服"内削幅"。

丧裙(裳)虽在"内削幅"上与吉服相同,但仍有不同于吉服的两个特点:一是在丧裙质料上。自斩衰至缌麻丧裙在原料上均与丧服上衣同,较吉服粗恶,且不染色,如上文所述。二是"幅三袧"。袧(音 kōu 抠),即裳幅在裳腰处所打的褶裥。古时服饰褶裥通称辟积(辟音 bì,也作襞积、襞褶、素积),袧是丧裙褶裥之专称。"幅三袧",即每幅麻布打三个褶裥。郑玄注称:古时无论祭服、朝服、丧服,凡裳皆为前三幅后四幅,共七幅布组成;但祭服、朝服之每幅褶裥数无明确规定,"辟积无数",丧裙则每幅三辟积,以别于吉服。②《仪礼正义》引贾公彦疏说,之所以吉服、丧服裳均为前三幅、后四幅,是合于阴阳之数。③ 三为阳数,四为阴数,故称合于阴阳之数。胡培翚按:麻布每幅二尺二寸,在接缝处两边各去一寸为削幅,每幅尚余二尺,七幅即为十四尺。如不辟积,则腰中太宽,但三辟积究竟折进多少,则视人之腰身粗细而定。④ 按前文的比例来估算,周时一尺相当于今之 23 厘米,则胡培翚所说十四尺即为 322 厘米,一般成年男子腰围不超过 100 厘米,则此丧裙辟积后如三层重叠于身。

同为五服之裳,斩衰服之裳与齐衰以下服之裳的不同在于:第一,麻布质料不同,前者为三升苴麻,后者则为五升、九升、十一升、十五升等枲麻。第二,缝纫方法上,缉与不缉,即缲边与不缲边。斩衰服之裳不缲边,齐衰以下服之裳则均缲边。"若齐,裳内衰外",就是指齐衰以

---

① 胡培翚:《仪礼正义·丧服》。
② 《仪礼注疏·丧服》,郑玄注,贾公彦疏,《十三经注疏》本,下同。
③ 《仪礼正义·丧服》。
④ 《仪礼正义·丧服》。

下服的缲边方法。郑玄注云:"齐,缉也。凡五服之衰,一斩四缉。缉裳者内展之,缉衰者外展之。"①意思是说,五服中仅斩衰服不缲边,其余四等丧服均缲边;缲边时应注意,上衣是外削幅,缲边时应先转其边于外,再以针线缝之;裳是内削幅,缲边时应先转其边于内,再以针线缝之。

衰(布)、适、负。《丧服》记文:"负广出于适寸,适博四寸出于衰,衰长六寸博四寸。"三者是子为父母服丧(斩衰三年、齐衰三年、齐衰杖期)所特有之服饰,故在此合并言之。此三种特有服饰之含义,郑玄注:"前有衰,后有负版(即负),左右有辟领(即适),孝子哀戚无所不在。"②《仪礼正义》引李氏疏:"衰表其哀摧之心,负言负其悲哀,适言主于念亲,不及他事。"

衰(布)之本义是指缀于胸前的一块麻布,表明子丧父母有摧心之痛,后引申用于泛指五服之上衣,如斩衰、齐衰、功衰、缌衰等。这一含义的引申曾引起历代不少《丧服》注家之误解,如元代敖继公《仪礼集说》就认为凡五服均有胸前的这块衰布。胡培翚《仪礼正义》已指出其误。为清晰起见,本书以"衰"字后括号内之"布"或"衣"区别之。"衰长六寸博四寸",即指此块麻布的大小尺寸为长六寸、宽四寸,即长约13.8厘米、宽约9.2厘米。衰(布)所缝缀位置,据郑玄注谓"当心"。何谓"当心"?后世文字、图绘均出现两种解释,一是上衣左胸心脏位置处,一是上衣胸部正中处。如元代龚端礼《五服图解》取前者,今人杨天宇《仪礼译注》取后者。从《丧服》记文"适博四寸出于衰"推断似应为后者,但从实际丧服之裁制看,因丧服前襟由正中分为左右两片,衰(布)如在正中则无法缝缀,故笔者手绘图取前者位置。

---

① 《仪礼注疏·丧服》。
② 《仪礼注疏·丧服》。

适，又称"辟领"，是斩衰、齐衰即子为父母丧服从领口翻向左右两肩的麻布。丧服上衣有前、后襟，在衣领正中往下剪四寸，再向左右两侧各横剪四寸，以所剪部位麻布向外翻折覆盖于肩，即是辟领。这样，前、后襟左、右两边肩部各覆有一块边长四寸（"适博四寸"）的正方形麻布，前襟左、右肩各一，后襟左、右肩各一，共四块辟领。因裁制辟领翻折后出现的领部空缺部位，称"阙中"，又称"阔中"，前、后襟阙中各长八寸、宽四寸。另用一块长一尺六寸、宽八寸的麻布裁制"加领"，塞入阙中缝制为领口（辟领与加领之裁制见图4-3及图4-4）。

负，又称"负版"，丧亲之痛负于背上之意。后襟阙中长八寸，两肩处辟领各长四寸，加在一起共横向长一尺六寸，"负广出于适寸"，即指负版边长两边各较适再长出一寸，故负版边长为一尺八寸。负版麻布质地与衰衣同，上端缝制于辟领之下，下端垂放不缝。

衰（布）、适、负是子为父母丧服的特有服饰，也是重服的主要标志之一。衰（布）、适、负用于子为父（斩衰服）与子为母（齐衰服）的主要不同处在于：第一，麻布质地不同，斩衰三升，齐衰四升，各与其衰衣质地同。第二，缝纫方法有别，斩衰服之衰（布）、适、负用麻布均"不缉"，即不缲边，齐衰服三者均"缉之"，即缲边。

袂、袪。袂（音 mèi 媚），为衣袖的统称；袪（音 qū 区），指袖口。《丧服》记文："袂属幅……袪尺二寸。"属，即连；幅，即布幅。"袂属幅"，即五服衣袖以二尺二寸宽的整幅布连成。五服上衣衣襟因自肩至腰为二尺二寸，因此前、后襟无法连幅，必须分为两幅，在肩部缝缀而成；袂则以整幅布围绕前、后襟缝成一体，仅袖之腋下部至袖口缝缀一条即可，这与现代中、西式服装衣袖缝制原理是一致的。可见不论服丧者人体之高矮肥瘦，丧服衣袖之长度均为二尺二寸，衣袖宽度因受衣襟自肩至腰二尺二寸的约束，也是统一的二尺二寸。人体肥瘦主要靠衣襟（两袖之间的）宽度来调节，人体高矮则靠丧裙之长短来调节。

"袪尺二寸",指袖口宽度为一尺二寸。上文已交代,衣袖在腋下处宽度为二尺二寸,而袖口宽度仅一尺二寸,其间的过渡因《丧服》经、传、记及东汉郑玄注均未说明,故后人著作中就有两种理解:一种认为衣袖长宽成正方形,在袖口一尺二寸下缝合一尺即可,如龚端礼《五服图解》、明代《孝慈录》即是。另一种认为应从腋下向袖口作圆弧形裁制,如《仪礼正义》卷二五引李氏云:"袂中二尺二寸,自掖(腋)下微圆裁之,至袪口而狭,止阔尺二寸。"笔者手绘图采后者说(见图4-1)。

五服各等级中,袂、袪在形制尺寸上并无区别,缝纫方法上也均为"外削幅"以区别于吉服。袂、袪在五服各等中的区别仅在于:第一,五服麻布之粗细质料。第二,缝纫方法上斩衰服"不缉"(不缲边)而齐衰以下服均"缉之"(缲边)。

衣带下、衽。两者皆为五服上衣腰以下部位之服饰,两者的主要作用在于遮掩裳(丧裙)。衣带下遮掩裳之腰际部位,衽遮掩裳之两侧部位。《丧服》记文:"衣带下尺,衽二尺有五寸。"衣带下之名,是指五服上衣门襟仅至腰际,故在上衣腰际相当于束带之下缝缀一块上下宽一尺之布,称衣带下,以遮掩裳之上际。衣带下直接缝于门襟之下,前后各一块(前襟之衣带下又分为左、右两片),横向长度依人体肥瘦及门襟宽度而定。衣带下左右两侧与衽相接。

衽缝接于五服上衣两侧,以遮掩裳(丧裙)之两旁。上文已说明裳由前三幅、后四幅麻布组成,但前三幅与后四幅之间不相缝连,仅腰部将裳之前后幅连为一体,故裳之两旁不相连合,两腿之外侧是暴露的,因此以衽遮掩之。据胡培翚《仪礼正义》卷二五,朝服、祭服之裳也为前三幅、后四幅,旁侧不连,以衽掩之,与五服同。衽的尺寸及裁制方法,郑玄注:"衽,所以掩裳际也,二尺五寸……上正一尺,燕尾一尺五寸,凡用布三尺五寸。"意思是说,衽有左右两条,各长二尺五寸。裁制之法,是以长三尺五寸、宽二尺二寸(古代布幅之宽度)的麻布一幅,对裁成两片似 L 形的相同布幅,其长边长二尺五寸,短边长一尺,然后分别对折,缝缀垂放于五服上衣之两侧,即为左、右衽。从形状上看,衽之前部长仅一尺,后部则长二尺五寸,在一尺往下处逐步斜削,形似燕尾(见图 4-5)。

衣带下、衽是古代男子五服独有之服饰,女子五服形如深衣,上下服连为一体,故无衣带下、衽。

衣带下、衽的形制与尺寸在五服中是统一的,缝纫方法也为"外削幅"以区别于朝服、祭服等吉服。在五服各等级中,衣带下、衽的主要区别与上述袂、袪同,即一在于麻布质料之粗细不等,二则缝纫方法上斩衰服不缉边而齐衰以下服皆缉边。

综上所述,在介绍斩衰衣裳的同时不同程度地涉及了男子其他等级的衰裳。概括言之,与其他等级相比较,斩衰衣裳服饰的主要特点在于:第一,原料上,麻布质地最粗(三升、三升半)。第二,缝纫方法上,所用麻布一律"不缉"即不缲边。齐衰以下则一律缲边。第三,服饰饰件上,衰(布)、负、适三者是子为父母服特有之饰件,在五服等级上,除用于为父斩衰服外,也用于为母齐衰三年服或齐衰杖期服。

图 1-1

图 1-2　　　　　　　　　图 1-3

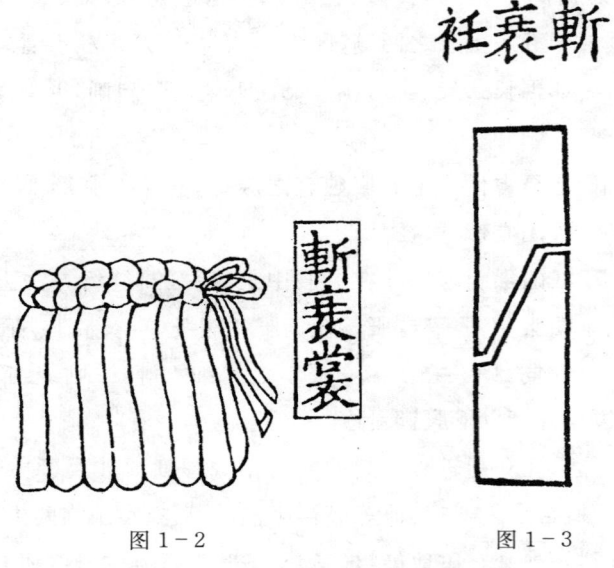

图 1　宋《新定三礼图》斩衰衣裳图

注：

　　1.本书共收图四十九，收录形式有一图一幅式，也有一图多幅式。一般以一书一类为一图，即该(古籍)书该类仅有一幅图者，则收一幅；有多幅图者，则收多幅，并以分序号标示。如图 1 收录宋《新定三礼图》斩衰衣裳图，包括斩衰衣、斩衰裳、斩衰衽三幅图，则以三幅为一图，并以分序号图 1-1、图 1-2、图 1-3 等分别标示。又如图 16 收录明《三礼图》斩衰苴杖图，仅有图一幅，则以一幅为一图，并只标总序号(图 16)，不标分序号。

　　2.本书所收之图除图 4、图 44 外，均为宋、元、明古籍所载之图，为了保持古籍图版的"原汁原味"，均依原图复印制版。这些古籍原图文字有三个特点：第一，文字均为繁体字；第二，书写格式均从右向左；第三，可能出现某些异体字，如"腰"为"䏮"，"要"，"葬"为"塟"等，仍保留不予改动，以尽可能保持古籍图式原貌。古籍原图外之图序、图名，仍依现行文字及格式。

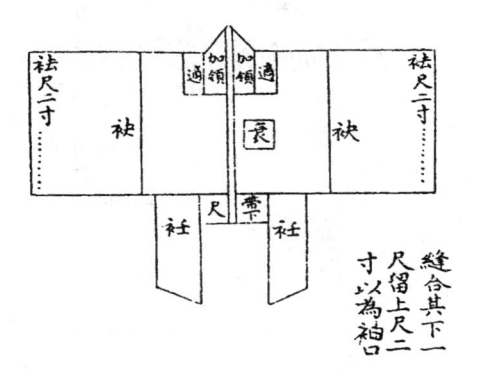

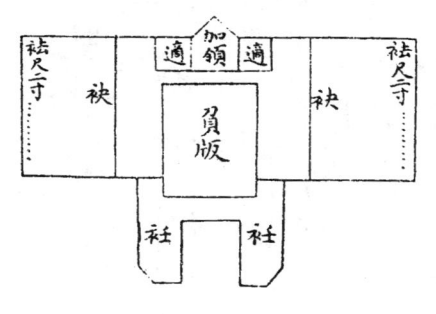

图 2-1 斩衰衣

图 2-2 裁衽

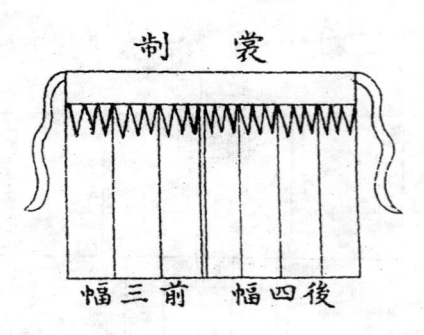

图 2-3 斩衰裳

图 2 元《五服图解》斩衰衣裳图

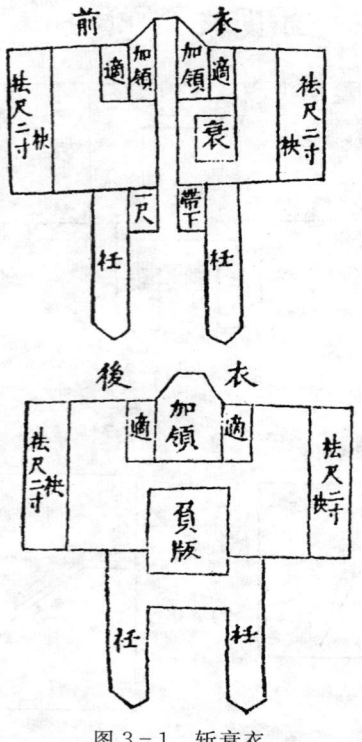

图 3-1 斩衰衣

图 3-2 斩衰裳

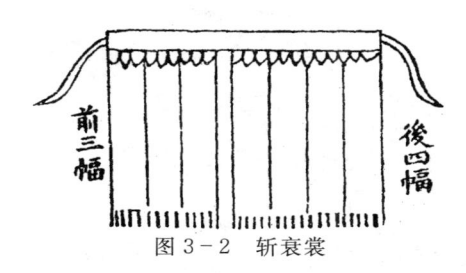

图 3　明《御制孝慈录》斩衰衣裳图

单位：周寸（1寸≈2.3厘米）

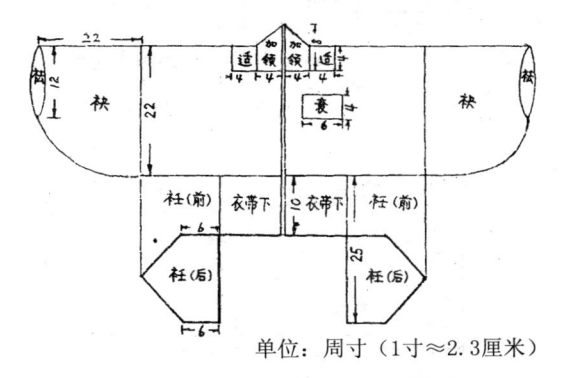

图 4-1　斩衰衣正面图

单位：周寸（1寸≈2.3厘米）

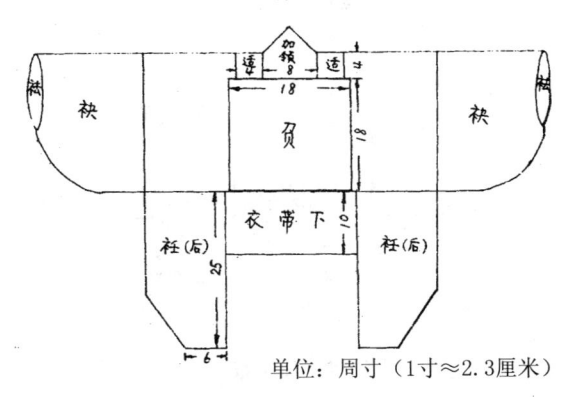

图 4-2　斩衰衣背面图

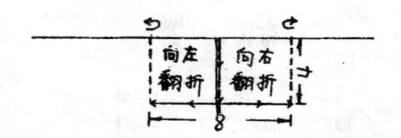

衣前、后双层布重叠裁割
⟶沿箭头裁割
----沿虚线向两边翻折

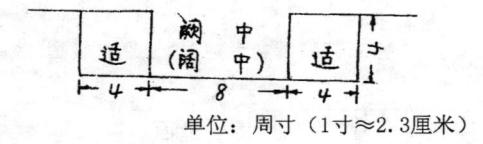

单位：周寸（1寸≈2.3厘米）

图4-3 适（辟领）裁制图

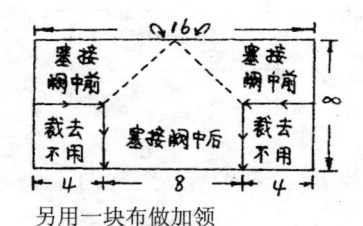

另用一块布做加领
⟶沿箭头裁去
----沿虚线向前翻折

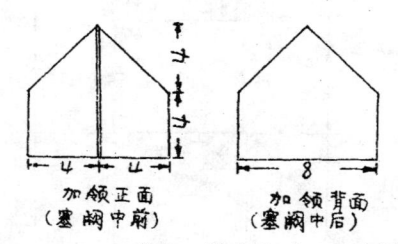

单位：周寸（1寸≈2.3厘米）

图4-4 加领裁制图

（注：唯为父母服有适，须裁制加领。）

单位：周寸（1寸≈2.3厘米）

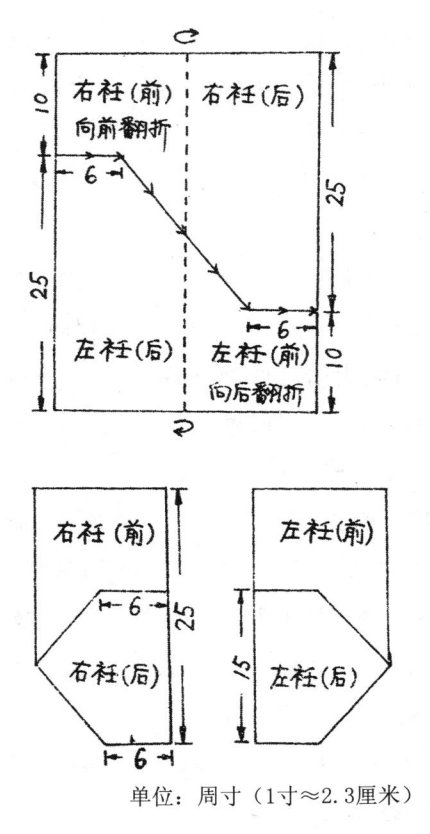

图 4-5 衽裁制图

图 4 笔者按比例自绘斩衰衣图

(二)斩衰冠

斩衰冠即指斩衰服饰中之丧帽。《丧服》经文："(斩衰)冠绳缨。"传文："冠绳缨条属,右缝。冠六升,外毕,锻而勿灰。"

五服之冠基本由三部分组成：冠、武、缨。各等级之丧冠在材料质地与缝纫方法上有所差异。这里先介绍斩衰冠之制法。

1.冠。冠也称冠梁、冠顶,是帽的主体部分,故也作为帽之统称。

斩衰冠之冠梁由六升麻布（480缕）制成，麻布上有三条向右折叠的纵向褶裥，称为"三辟积"。辟（音 bì 避）即折，积即叠，折而相叠谓之辟积，也称襞襀、素积。三辟积依次向右叠压相缝，称为"右缝"。《仪礼正义》卷二一："右缝者，右辟而缝之。小功以下左（缝），左辟象吉（冠），轻也。""吉冠则襵上辟缝向左，左为阳，阳，吉也。凶冠缕向右，右为阴，阴，丧所尚也。小功以下轻，故缝同吉（冠）向左也。"这里说明了两层意思：第一，吉服之冠辟积向左缝，五服之冠辟积向右缝，因为左阳右阴，阳吉阴凶，是符合自然阴阳之理的。第二，五服之冠中，斩衰、齐衰、大功等较重之服为右缝，小功、缌麻等轻服之冠则同吉冠左缝，以区分丧冠之重轻。右缝重于左缝，与先秦两汉尚右的习俗有关。

三辟积之宽度，《丧服》正文及东汉郑玄注皆未谈及，首见于唐贾公彦疏："冠广二寸。"[①]宋代《新定三礼图》、明代《御制孝慈录》则称"冠广三寸"。清代《仪礼正义》引江永说："梁之广，无正文。丧冠广二寸，则吉冠当亦如之，非若后世之帽，尽举头而蒙之也。"江永认为古之丧冠、吉冠之冠梁宽度均为二寸，不像后世之帽将额头之上全部覆盖。二寸宽度，相当于今之4.6厘米。

2. 武。武即冠圈（帽圈），"冠圈谓之武"。斩衰冠之武是以枲麻绞成的麻绳为之，故也称绳武。武的用途在于固定冠梁，冠梁两头一前一后与武之固定缝接处，称为"毕"。毕之缝纫方法可分为"内毕"与"外毕"，吉冠内毕；丧冠外毕。上引贾公彦疏云："冠广二寸，落项前后，两头皆在武下向外反屈之，缝于武而为之，两头缝毕向外，故云外毕。"江永则指出内毕与外毕的不同："吉冠之梁，两头皆在武上从外向内反屈而缝之，不见其毕。丧冠外毕，前后两头皆在武下自（向）外出反屈而缝

---

① 《仪礼注疏·丧服》。

之，见其毕，谓之压冠也。"① 简言之，吉冠冠梁两头自冠圈外向圈内翻折而缝之，故外观上看不见毕，称为内毕；丧冠冠梁两头自冠圈内向圈外翻折而缝之，故外观可见毕，称为外毕。与丧衣外削幅一样，丧冠外毕也是丧服崇尚粗陋原则的反映。

丧冠也称压冠，就是由其外毕的特点而得名。《礼记·曲礼》载："压冠不入公门。"即穿戴丧冠、丧服不得进入公府之门。郑玄注："压犹伏也，丧冠压伏，是五服同名，由在武下反屈之，故得压伏之名。"

3. 缨。缨即系冠带。斩衰冠之缨与武为同一条麻绳，围圈为武，垂下为缨，因此斩衰冠之缨也称为"绳缨"。就是《丧服》传文中所谓"冠绳缨条属"。郑玄注："条属者，通屈一条绳为武，垂下为缨，属之冠。"即一条麻绳既为武又为缨，再与冠梁连属，是为"条属"。从宋以后所绘丧冠图看，是以一条绳从前额绕到项后，再交叉而过，向前回绕至当耳之处并缝缀住，所余部分垂下即为缨，用以结于颐下。缨与武同材，是丧冠区别于吉冠的地方，"吉冠不条属也，吉冠则缨、武异材"。② 丧冠都有武、缨，但以麻绳为之唯斩衰冠，齐衰以下武、缨以麻布、澡布为之。

这里还要解释一下《丧服》传文中"锻而勿灰"的意思。唐贾公彦疏："锻而勿灰者，以冠为首饰，布倍衰裳而用六升，又加以水濯，勿用灰而已。冠六升勿灰……则七升已上皆用灰也。"③ 清胡培翚则指出："《广雅》云：'锻，椎也。'盖椎治之使略成熟。以冠在首，尊之，但色不须白，故勿加灰也。敖氏云：'言锻而勿灰者，嫌当异于衣也，故以明之。凡五服之布皆不加灰。《杂记》曰，加灰，锡也。'其说是已。"④ 这里胡培翚实际上纠正了贾公彦的两个错误：第一，锻是椎治（捶打），而不是水

---

① 《仪礼正义·丧服》。
② 《仪礼正义·丧服》。
③ 《仪礼注疏》卷二八。
④ 《仪礼正义·丧服》。

濯(水氿)。第二，五服皆不加灰，仅锡衰(君为臣服)加灰，而不是七升以上皆用灰。因此"锻而勿灰"的意思应该是：丧冠因戴在头部，不宜粗硬，故所用麻应经过捶打使之柔软，但不必用石灰、草木灰等煮炼脱胶使之色白，凡五服用麻皆以本色而不必灰治。贾公彦所说的"水濯"是"澡治"而非"灰治"（"澡治"与"灰治"的作用与区别参见本节"缌麻服饰"部分）。

五服各等丧冠之区别，黄榦认为："五服之丧冠，其制之异者有四：升数之不同，一也；绳缨之与布缨、澡缨，二也；右缩之与左缝，三也；勿灰之与灰，四也。"①具体而言，第一，麻布质地不同，斩衰冠六升，齐衰冠至缌麻冠则分别为七升至十五升不等。第二，武、缨条属，各等所用麻之加工及编织方法不同，有麻绳、麻布、澡布之分。第三，冠梁缝纫方法不同，斩衰、齐衰、大功右缝，小功、缌麻左缝。至于第四点区别，胡培翚已指出其谬："又黄氏以勿灰与灰为异，仍贾疏七升以上灰之说也。"②

五服各等丧冠之相同特点，黄榦指出："其制之同者亦四：条属，一也；外毕，二也；辟积之数，三也；广狭之制，四也。"具体言之，第一，武、缨共用同一条麻绳或麻布，所谓条属。第二，冠梁与武固定处，缝纫方法均为外毕。第三，丧冠冠梁均为三辟积。第四，三辟积之总宽度均为二寸。

(三)斩衰绖、带(首绖、腰绖、绞带)

《丧服》传文对斩衰绖(音 dié 蝶)、带是这样介绍的："苴(音 jū 居)绖者，麻之有蕡(音 fén 焚)者也。苴绖大搹(音 è 饿)，左本在下，去五分之一以为带。……绞带者，绳带也。"

1.斩衰首绖。传文介绍了斩衰首绖的原料、粗细尺寸、制作方法。

---

① 《仪礼正义·丧服》引。
② 《仪礼正义·丧服》。

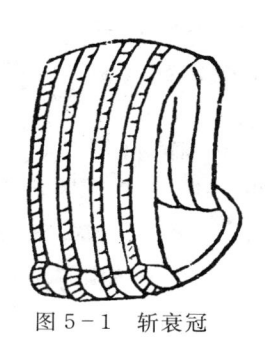

第一章　五服服饰制度　33

图 5-1　斩衰冠 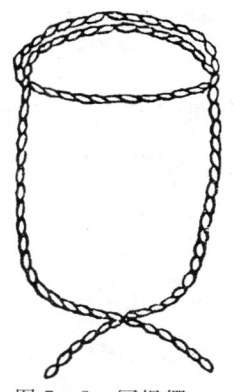　　　　图 5-2　冠绳缨

图 5　宋《新定三礼图》斩衰冠图

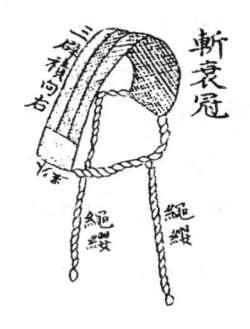

图 6　元《五服图解》斩衰冠图 　　图 7　明《御制孝慈录》斩衰冠图

（注：上录三图，以《五服图解》最合古制。《新定三礼图》冠与绳缨分离，且冠梁为四辟积，有违古制。《御制孝慈录》冠梁三辟积过宽，也与古制不合，只能看作是后世之变礼。）

（1）首绖原料。"苴绖"，即以苴麻制作之首绖。苴麻，即雌麻，麻之有子者（蒉即麻子）。元敖继公说："麻有蒉则老而粗恶矣，故以为斩衰之绖。"[1]

---

[1]　《仪礼正义·丧服》。

首绖,是服丧时系于额部之麻带。苴绖,即斩衰服饰中之首绖,以苴麻制成。

(2)首绖粗细尺寸。"苴绖大搹",是指斩衰首绖之粗细,郑玄注:"盈手曰搹,搹,扼也。中人之扼,围(周长)九寸。"①清段玉裁注:"此言中人满手把之,其围九寸,则其径(直径)约计三寸。"②搹也作"搤",《仪礼正义》引朱子云:"首绖大一搹,只是拇指与第二指一围。"综合上述,都认为斩衰首绖之粗细大致相当于普通人之一握(中人之扼),或拇指与二指围圆之粗细,周长约九寸,直径不到三寸。如按周时一寸约等于今之2.3厘米计算,斩衰首绖粗细周长应为20.7厘米,直径应为6.6厘米。笔者以今之中等身材成年男子(中人)拇指与二指围圆周长测量,约为16厘米,直径则为5厘米。二者之差异,暂且存疑。所谓"大搹",是说斩衰首绖为丧服首绖之最粗者。

(3)首绖制作方法。"左本在下",本,即麻根;下,指内,上,则指外,"本在下",即麻根在内,麻梢(也称麻尾)搭在麻根之外。斩衰首绖之制作,以两股连根带梢之苴麻散麻纠合成周长九寸之麻带,以麻根置左耳处,麻梢从额前绕右耳、项后回至左耳处,缀束之,多余之麻以麻梢在外、麻根在内的方式垂于左耳之际。

斩衰以至整个五服服饰系统中,本已有冠,以绳武为冠圈,以绳缨为系带,头部服饰已够复杂,而且通过梁、武、缨的原料、缝纫方法等不同本已构成不同等级之差别,为何还要设首绖以画蛇添足呢?这个问题,也是颇使历代经学家难以圆说的难题。元人敖继公根据《周礼·春官·司服》:"凡吊事,弁绖服"(即吊唁时素冠上加首绖),提出了一个比较合理的看法:"古未有丧服时,但加此绖以表哀戚。后圣因而不去,且

---

① 《仪礼注疏·丧服》。
② 段玉裁:《说文解字注》。

异其大小之制，以为轻重。"他认为首绖是丧服系统中最古老的服饰，最初也没有等级差别，在丧服衰、裳、冠等制度出现以后，首绖被后人保留了下来，并以粗细、制法等划分轻重等级，以适应丧服等级制度的需要。这种推论虽无实证，但有其合理性，因此胡培翚也认为："是说得之。"①

斩衰首绖与齐衰以下首绖之不同处在于：第一，原材料不同。斩衰首绖以苴麻为材料，齐衰以下首绖则以枲麻(牡麻)为材料。第二，首绖之径围粗细不同。斩衰首绖周长9寸，齐衰以下首绖周长依次递减五分之一，至缌麻首绖仅为3寸5分。第三，制作方法不同。斩衰首绖"左本在下"，《仪礼·士丧礼》称"苴绖大鬲(鬲即搹)，下本在左"，其义与《丧服》"左本在下"同，即麻梢压麻根垂左耳处；齐衰、大功首绖则"牡麻绖，右本在上"，即麻根压麻梢置右耳处。东汉郑玄解释"左"、"右"之义说，斩衰为父，父是阳，"左"也是阳，故本在左；齐衰为母，母是阴，"右"也是阴，故本在右。古代社会等级差别之细微周致，由此可见。

2. 斩衰腰绖。《丧服》传文云："苴绖……去五分之一以为带"，胡培翚说："带，谓斩衰之要绖也。"要通腰，要绖即腰绖。斩衰腰绖与首绖的材料同，也为苴麻；制作方法也基本与首绖同，也为两股散麻纠合成麻带，缠于腰间，多余部分散而下垂三尺，也称散带。腰绖与首绖之主要不同在于径围粗细，腰绖细于首绖，《丧服》传文称："苴绖……去五分之一以为带。齐衰之绖，斩衰之带也，去五分之一以为带。大功之绖，齐衰之带也，去五分之一以为带。小功之绖，大功之带也，去五分之一以为带。缌麻之绖，小功之带也，去五分之一以为带。"

这段传文说明了下列几点：第一，斩衰至缌麻五服内均服首绖与腰绖；第二，同一等级内(如斩衰服)腰绖均较首绖细五分之一围长，即腰绖径围周长相当于首绖的五分之四；第三，上一等级之腰绖粗细与下一

---

① 《仪礼正义·丧服》。

等级首绖之粗细同,斩衰腰绖与齐衰首绖同,齐衰腰绖与大功首绖同,大功腰绖与小功首绖同,小功腰绖与缌麻首绖同。但应注意的是,上一等级腰绖与下一等级首绖之材料可能不同,如斩衰为苴麻,齐衰、大功为牡麻,小功、缌麻为澡麻。兹绘"五服首绖、腰绖径围尺度表"如下。

表1　五服首绖、腰绖径围(截面)尺度表

五服等级	材料	首绖周长	直径推算	直径折合今制	腰绖周长	直径推算	直径折合今制
斩衰	苴麻	9寸	2.86寸	6.59厘米	7.2寸	2.29寸	5.27厘米
齐衰	牡麻	7.2寸	2.29寸	5.27厘米	5.76寸	1.83寸	4.22厘米
大功	牡麻	5.76寸	1.83寸	4.22厘米	4.61寸	1.47寸	3.38厘米
小功	澡麻	4.61寸	1.47寸	3.38厘米	3.69寸	1.17寸	2.70厘米
缌麻	澡麻	3.69寸	1.17寸	2.70厘米	2.95寸	0.94寸	2.16厘米

(注:表中"寸"为晚周及秦汉时尺度,1寸约当今2.3厘米)

应该说明的是,本表只是试图给读者一个直观的印象,这只是理论数字,事实上由于麻的软性材料性质,加之测量工具的简陋,绝对不可能达到如此的精确度。封建等级制度的很多方面在理论、立法与实施上存在很大的差距,统治者所追求的并不是实施的精确度,而是等级观念的宣传。以绖、带为例,统治者所要宣传的就是渐次递减的级差观念,而不是每次是否都递减五分之一的精确度。

3.斩衰绞带。《丧服》传文:"绞带者,绳带也。"斩衰绞带与腰绖类似而又有区别,两者的相同处在于:同以苴麻为材料,同为束于腰间之带。两者的区别在于:

第一,制作或编结方法不同。腰绖(首绖也是)是由两股散麻绞合而成,结构松散,缀束后多余之麻散垂之;绞带则先由散麻绞合成细股,再由细股多股编而成绳,结构紧密,故又称绳带。

第二,形状不同。历代注家认为,腰绖、绞带的用途类似于祭服之大带、革带,因此其形状也与大带、革带类似。革带用以系佩韨(音 fú 浮,祭祀时跪拜所用的皮制蔽膝),故革带一头有𬭎子(𬭎音 kōu 抠,勾环、小圈),以另一头穿过𬭎子而束紧之;绞带形同革带(参见图9-3)。大带加于革带之上,以丝织品制成,缀束后两头长垂下;腰绖形同大带。

第三,粗细不同。斩衰绞带较腰绖为细,截面直径如革带约为2寸。

第四,等差递减方式不同。腰绖五服等差以材料及粗细的不同相区别,绞带则以材料、制作方法及升数的不同表示等级差别。斩衰腰绖以苴麻为材料,齐衰以下则以枲麻或澡麻为之;斩衰绞带以麻绞股成绳为之,又称绳带,齐衰以下则以麻布为带,故称布带;齐衰以下至缌麻之麻布带以升数多少为等差,与衰裳之原理同。

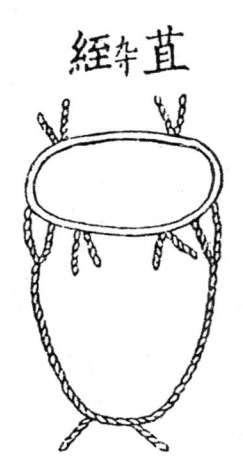

图8-1 斩衰首绖

38　五服制度与传统法律

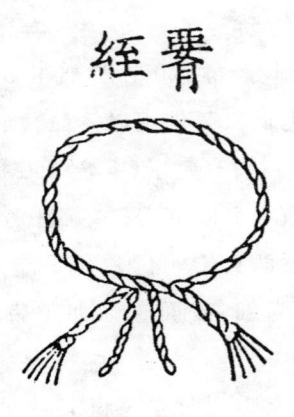

経腰

图 8-2　斩衰腰绖

絞帶

图 8-3　斩衰绞带

图 8　宋《新定三礼图》斩衰绖、带图

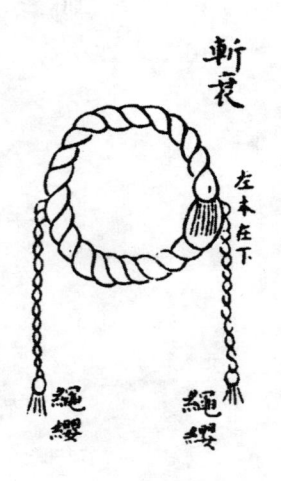

斩衰

左本在下

繩纓　繩纓

图 9-1　斩衰首绖

斩衰至大功初皆散垂至成服乃绞

其交结处两旁各缀细绳繋之

散垂　散垂

图 9-2　斩衰腰绖

斩衰用麻

图 9-3　斩衰绞带

图 9　元《五服图解》斩衰绖、带图

第一章 五服服饰制度 39

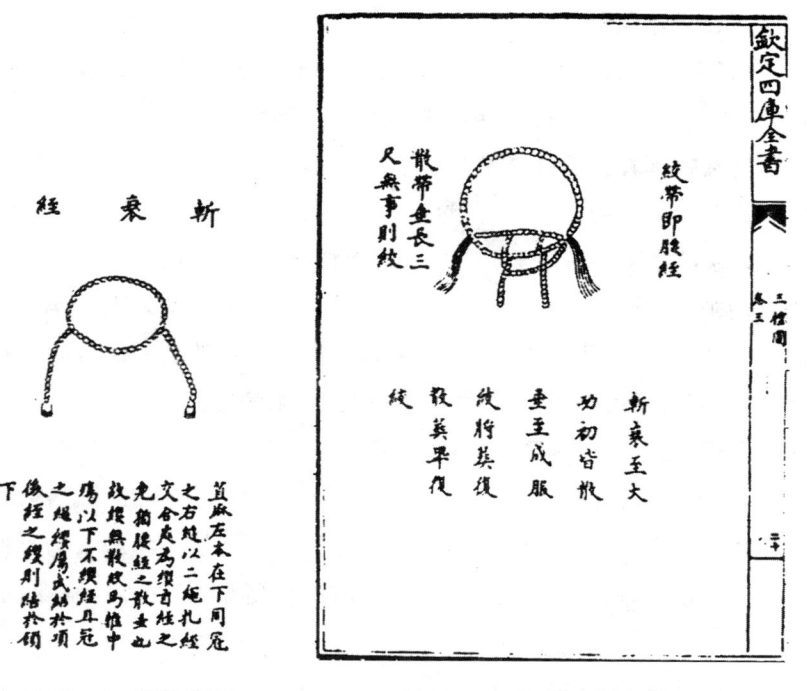

图 10-1 斩衰首绖　　　图 10-2 斩衰绞带即腰绖
图 10　明《三礼图》斩衰绖、带图

（注：明刘绩撰《三礼图》，《四库全书总目》称其采宋宣和时《博古图》甚多，后者大半揣摩无据，如图 10-2"斩衰绞带即腰绖"。今录以备一家之说。）

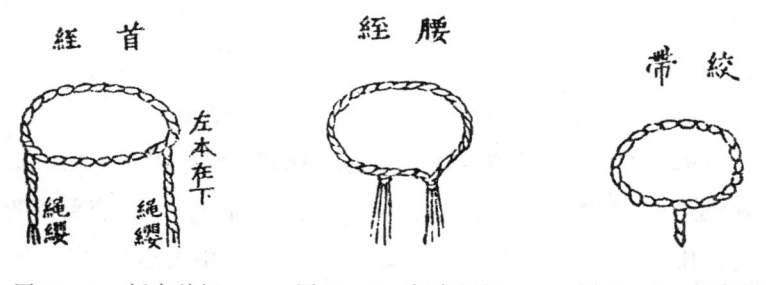

图 11-1 斩衰首绖　　图 11-2 斩衰腰绖　　图 11-3 斩衰绞带
图 11　明《御制孝慈录》斩衰绖、带图

(四)斩衰菅屦

《丧服》经文:"斩衰……菅屦(音 jù,巨)者。"传文:"菅屦者,菅菲也。外纳。"说的是斩衰丧所着鞋的材料以及制作方法。

斩衰丧所着鞋的材料是"菅(音 jiān 间)",何谓"菅"?《诗经·小雅·白华》:"白华菅兮,白茅束兮。"毛亨传云:"白华,野菅也,已沤为菅。"郑玄笺注:"白华于野,已沤名之为菅,菅柔忍中用矣。"又《诗经·陈风·东门之池》:"东门之池,可以沤菅。"郑玄笺注:"人刈白华于野,已沤名之为菅,然则菅者已沤之名,未沤则但名为茅也。"陆机(玑)疏:"菅似茅而滑泽无毛,根下五寸中有白粉者,柔韧宜为索,沤乃尤善矣。"综合上说,白华是一种野生茅草,也称野菅、菅茅等。其纤维坚韧,可作绳索,割下以水沤之,使之脱胶减弱脆性,更为柔韧,便于编织。水沤后的白华即称为菅。以水沤法使植物茎皮脱胶柔韧易于编织衣物器皿,是我们的祖先早已发明的方法,大麻加工中所谓"澡麻"的原理也是如此。

菅屦,即已沤之菅草所编之草鞋,作为斩衰服饰之一部分。清胡培翚则认为:"此以菅为丧屦,宜取粗恶,不必为已沤之菅也。"①认为根据丧服重服尚粗恶的原则,应直接以野生白华为材料,更为原始。言下之意,以白华为斩衰屦材料,菅草因已有加工痕迹,则可作为齐衰屦材料,这样丧屦之等级便可更为细致。这是深得等级制度之精髓的观点。

菅菲,即菅屦。唐贾公彦疏云:"周公时谓之屦,子夏时谓之菲。"意即《丧服》经文产生于西周,时称为"屦",春秋战国之际子夏作《丧服》传文时已改称为"菲",故子夏以"菅菲"释"菅屦"。春秋战国时称鞋为"菲",确是当时通例,如《礼记·曾子问》:"曾子问曰:'女未庙见而死则如之何?'孔子曰:'……婿不杖、不菲、不次。'"唐孔颖达疏:"菲,草屦

---

① 《仪礼正义·丧服》。

也。"清段玉裁《说文解字注》说:"晋蔡谟曰:'今时所谓履者,自汉以前皆名屦。'"清朱骏声《说文通训定声》也说:"古曰屦,汉以后曰履,今曰鞋。"

斩衰菅屦"外纳",是其制作方法上的特点。《仪礼·既夕礼》:"屦外纳。"东汉郑玄注:"纳,收余也。"唐贾公彦疏:"云外纳者,谓收余末向外为之,取丑恶不事饰故也。"《仪礼正义·丧服》引张尔岐云:"外纳,谓编屦毕,以其余头向外结之是也。"宋聂崇义《新定三礼图·丧服图》注:"外纳者,外其饰也,谓向外编之也。"可见所谓"外纳",即以菅草编丧鞋时,将菅草之结头、余头向外编结,使之外露呈粗疏丑恶之状,与普通草鞋结头、余头向内的编结法相反。这种制作方法之目的,与衰衣"外削幅"制作方法的意图是相同的,体现了五服服饰以粗恶原始为重的原则。

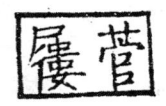

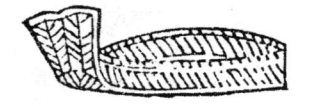

图12　宋《新定三礼图》斩衰菅屦图

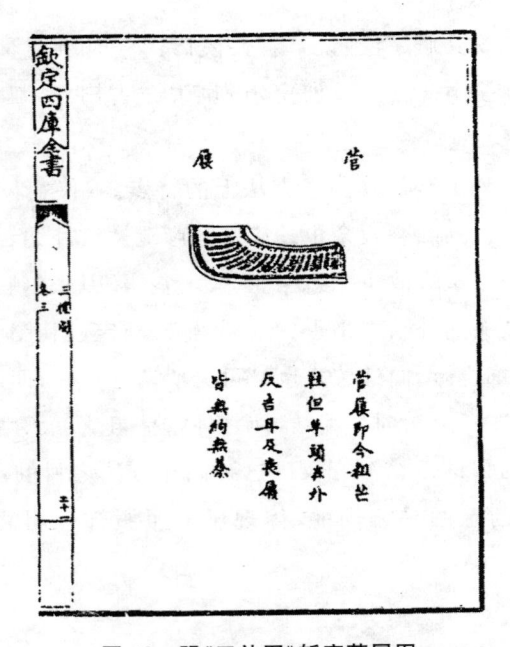

图 13　明《三礼图》斩衰菅屦图

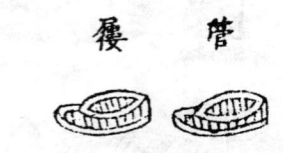

图 14　明《御制孝慈录》斩衰菅屦图

(五)斩衰苴杖

杖,本不属于服饰,但在五服中,其与服饰密不可分,是表示五服等级的主要外形标志之一,实际上成为五服服饰制度的重要组成部分,故一并列于本章中叙述。

《丧服》传文:"苴杖,竹也;削杖,桐也。杖各齐心,皆下本。杖者何?爵也。无爵而杖者何?担主也。非主而杖者何?辅病也。童子何以不杖?不能病也。妇人何以不杖?亦不能病也。"这段传文分两部分：从"苴杖"至"皆下本"说明杖之材料与形状，从"杖者何"至"亦不能病也"则说明用杖之对象。

苴杖的外形特征有四：第一，以竹为材料。因为取竹之天然形状，不经劈削加工，不事雕饰，也表明了尚粗恶之意，故称"苴杖"。第二，苴杖之粗细与斩衰腰绖同，其周长也为 7.2 寸。第三，苴杖之高度与心口齐，表明孝子内心哀痛，不能自持，需以杖支撑病体。第四，手持方式"皆下本"，"本"即根，即竹根向下。普通手杖（吉杖）为稳重、坚固起见，均以细头向下，粗头执于手，如以竹制则竹梢部向下，竹根部执于手。苴杖则"皆下本"，以竹根向下，竹梢执于手。这是苴杖区别于普通竹杖的最鲜明标志。五服服饰在尽可能的地方，均有与吉服服饰反向而行之标志，这也是《丧服》经传作者之周密处。

五服之杖只有两种，斩衰用苴杖，齐衰用桐杖（即削杖。削者，以刀切削加工之意也）。在先秦五服理论中，服斩衰者只有未成年男女不能用杖（贾公彦、孔颖达均指出诸经如《礼记》等皆有妇人杖明文，因此《丧服》中"妇人"应指未成年女子），因其不能哀痛致病，故不需杖"辅病"。举凡子女为父、妻为夫、妾为君（即夫）、父为长子、诸侯为天子、臣为国君（即诸侯）等均可用苴杖，或因有"爵"，或因"担主"（担任丧主），或因"辅病"。元敖继公认为："此杖初为有爵者居重丧而设，所以优贵者也，其后才生担主、辅病之意焉。"[①]是由"贵贵"而及"亲亲"。秦汉以后，由于"大一统"理论的影响，杖仅为主丧者之用，一丧无二杖。顾炎武指出："古之为杖，但以辅病而已，其后以杖为主丧者之用，丧无二主，则无二杖。"[②]一般情况下，父死长子为丧主，用苴杖；母死长子为丧主，用削杖（削杖形状见"齐衰服饰"）。因此，后世经学家解释"苴杖"、"削杖"

---

① 引自《仪礼正义·丧服》。
② 顾炎武：《日知录》卷六。

时,都是围绕"子为父"、"子为母"的特定范围而言,不涉及为天子、为国君、为长子、为夫、为君等范围。

为何斩衰用竹杖,齐衰用桐杖?其理论依据可以归纳为:第一,从阴阳理论上解释,竹阳桐阴,与父阳母阴正好相配。汉《白虎通义》:"父以竹、母以桐何?竹者阳也,桐者阴也。竹何以为阳?竹断而用之质,故为阳。桐削而用之,加人功文,故为阴也。"竹未经加工而用,是阳;桐须削劈加工,是阴。阳重于阴,故竹杖重于桐杖。第二,从自然生态解释。贾公彦疏:"竹能贯四时而不变,子之为父哀痛亦经寒温而不改,故用竹也。为母杖桐者,欲取桐之言同,内心同之于父。"竹四时常绿,如孝子哀痛四季不变;为母以桐木为杖,只是因桐字音"同",孝子为母哀痛之心同于为父而已。

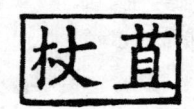

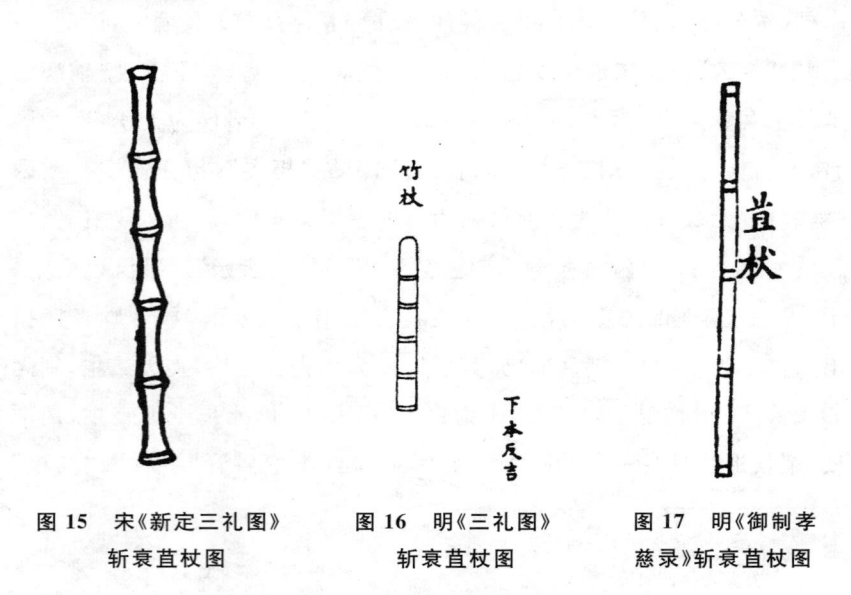

图 15 宋《新定三礼图》斩衰苴杖图

图 16 明《三礼图》斩衰苴杖图

图 17 明《御制孝慈录》斩衰苴杖图

图 18　明《御制孝慈录》斩衰全服图

二、齐衰服饰

齐（音 zī 资）衰（音 cuī 崔）以下之服饰，以斩衰服饰为粗恶标准，在材料、制作方法等方面逐步向精细化发展。简言之，五服等级越低即亲属关系越疏远，服饰就越精细，越接近于日常穿着，人为加工的痕迹越明显。

在先秦五服制度中,作为第二等的齐衰服叙又划分为三年、杖期、不杖期、三月共四级。因此在齐衰服饰中,各级之间也有些微的差别。

以下是《丧服》经、传、记中有关齐衰服饰的原文。

齐衰三年服饰 经文:"疏衰裳,齐,牡麻绖,冠布缨,削杖,布带,疏屦,三年者。"传文:"齐者何?缉也。牡麻者,枲麻也,牡麻绖右本在上。冠者,沽功也。疏屦者,藨(音 biāo 标)蒯(音 kuǎi)之菲也。"记文:"齐衰四升,其冠七升。"

齐衰杖期服饰 经文:"疏衰裳,齐,牡麻绖,冠布缨,削杖,布带,疏屦,期者。"

齐衰不杖期服饰 经文:"不杖,麻屦者。"

齐衰三月服饰 经文:"疏衰裳,齐,牡麻绖,无受者。"①《礼记·丧服小记》:"齐衰三月与大功同者,绳屦。"

以上可见齐衰四级服饰在主要服饰上有其一致性:第一,衰裳,均为"疏衰裳,齐"。第二,绖带,均为"牡麻绖"、"布带"。第三,冠,均为"冠布缨"。

齐衰四级服饰之差别体现在:第一,杖之有无。三年、杖期均有削杖(为母服),不杖期、三月则无杖。第二,丧屦材料不同。三年、杖期为疏屦,不杖期为麻屦,三月为绳屦。第三,齐衰三年、杖期中为母之服,上衣前有衰(布),后有负版,领有左右适,其裁制法如同为父斩衰服。齐衰中非为母之服则无衰(布)、负、适之制,如齐衰三年中母为长子、齐衰杖期中夫为妻、齐衰不杖期及齐衰三月均无衰(布)、负、适之制。

齐衰服饰与斩衰服饰之区别是全方位的,包括每一件单项服饰,举凡齐衰衣、裳、冠、首绖、腰绖、布带、屦、杖等无一件与斩衰服饰重复,而

---

① 无受者,受即变服,无受指丧期仅三月,不必变服。参见本章第三节"五服服饰变除(受服)"。

且每件服饰的细节之处也注意与上下等级作出区别,体现了古人对等级制度的极度重视。

(一)齐衰衣裳

根据《丧服》记载,齐衰衣裳相对斩衰主要有三点区别:

第一,材料不同。斩衰衣裳以苴麻为材料,齐衰衣裳则以牡麻为材料。《丧服》传文:"牡麻者,枲麻也。"即无子之雄麻。元人龚端礼说:"枲麻……俗云雄麻,不生子却开花,开了结做勃蕾头,名曰花麻是也。"[①]枲麻因不能留种,七月收,故麻皮稍细,作为丧服中第二等齐衰之服。

第二,麻布升数不同。斩衰衣裳以苴麻织成三升或三升半麻布为之,每升为麻缕 80 股,即在二尺二寸布幅(约合今 50 厘米)上排列经线 240 股或 280 股麻缕,为古代最为粗厚之布。齐衰衣裳则以枲麻织成四升麻布为之(记文:"齐衰四升"),即在二尺二寸布幅上排列经线 320 股麻缕,其麻布质地略细薄于苴麻布。"疏衰裳",疏即粗,即相比大功以下麻缕粗而少,仍为粗麻布。

第三,缝纫方法上不同。斩衰衣裳均不缲边,即不以针缝缉衣边,"斩者何?不缉也。"齐衰衣裳则均缲边,"齐者何?缉也。"即将衰衣之布边往外卷上去缝住,"外削幅";将裳之布边向里卷进去缝住,"内削幅"。丧服五等,除斩衰不缉边外,齐衰以下四等均缉边,故也称"一斩四缉"。

从图 19 与图 20 可以看到,同为齐衰衣裳图,图 19 宋《新定三礼图》齐衰衣裳并非为母服图,而是用于母为长子齐衰三年、夫为妻齐衰杖期、齐衰不杖期及齐衰三月;图 20 明《御制孝慈录》齐衰衣裳图中虽未标明各部位细节名称,但可清楚地看出前衰(布)、后负版、适、加领等

---

① 《五服图解》"苴、枲二麻有子无子释疑"条。

部位,无疑是为母齐衰三年或杖期之服。

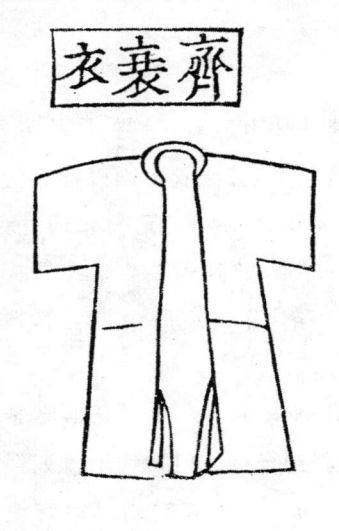

图 19-1　齐衰衣　　　　图 19-2　齐衰裳

图 19　宋《新定三礼图》齐衰衣裳图

(二)齐衰冠

《丧服》经、传、记中都有关于齐衰冠的记载,经文:"冠布缨。"传文:"冠者,沽功也。"记文:"其冠七升。"可以看出齐衰冠与斩衰冠之不同在于:

第一,冠之麻布升数不同。斩衰冠用六升枲麻(二尺二寸布幅上排列 480 股麻缕),齐衰冠用七升枲麻(同样布幅上排列 560 股麻缕)。由于大功衣裳之麻布也为七升,故《丧服》传文称齐衰冠"冠者,沽功也"。据郑玄注,沽即粗,沽功即粗功,粗功即功服中之粗者,也即大功。传文所称说明齐衰冠麻布升数与大功衣裳同。需要说明的是,此处所说的"冠"是指冠梁(冠顶),也即"三辟积"部分。

第二,武、缨材料不同。这是斩衰冠与齐衰冠的最大区别。武即冠圈,缨即冠带,丧冠均武、缨同材"条属",即一条麻绳或麻布既为武又为

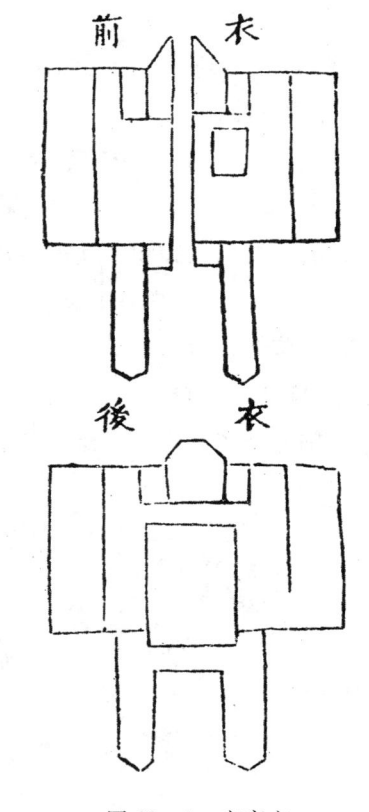

图 20-1 齐衰衣

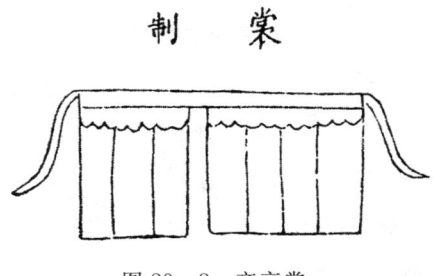

图 20-2 齐衰裳

图 20 明《御制孝慈录》齐衰衣裳图

缨,再与冠梁以"外毕"方式连属。斩衰冠武、缨以枲麻绞成的麻绳为之,故称绳武、绳缨;齐衰冠武、缨则以一条七升枲麻布带为之,也称布武、布缨,故经文云:"冠布缨。"

尚有几点须说明:其一,齐衰冠梁、武缨所用麻布均须经过锻打(椎治)使之柔软,与斩衰冠同。其二,齐衰冠梁(三辟积)与武连接处以"外毕"方式缝纫,与斩衰冠同。其三,三辟积之宽度与斩衰冠同。其四,三辟积"右缝",与斩衰冠同。上列几点,详见上文"斩衰冠"之说明。

(三)齐衰绖、带(首绖、腰绖、布带)

《丧服》经文:齐衰"牡麻绖……布带"。传文:"牡麻者,枲麻也。牡麻绖,右本在上。"下面分别介绍齐衰首绖、腰绖、布带。

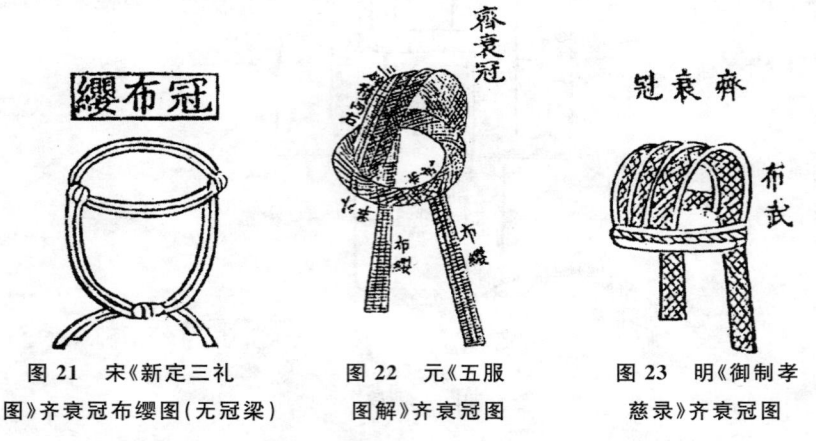

图 21 宋《新定三礼图》齐衰冠布缨图(无冠梁)　　图 22 元《五服图解》齐衰冠图　　图 23 明《御制孝慈录》齐衰冠图

1.齐衰首绖。《丧服》传文中"牡麻绖,右本在上"即指齐衰首绖。据说是朱熹所作的《家礼》称:"首绖右本在上者,齐衰绖之制。以麻根处著头右边,而从额前向左围向头后,却就右边无麻根处相接,以麻尾藏在麻根之下,麻根搭在麻尾之上。有缨者,以其加于冠外,须著缨,方不脱落也。"[①]大致说明了齐衰首绖的特点。

---

① 转引自龚端礼:《五服图解》。

齐衰首绖不同于斩衰首绖处在于：第一，所用材料不同。斩衰首绖用苴麻，齐衰首绖用牡麻。第二，粗细不同。斩衰首绖截面周长为9寸；齐衰首绖截面粗细较斩衰减五分之一，即周长7寸2分，相当于斩衰腰绖之粗细，即《丧服》传文所谓"齐衰之绖，斩衰之带也"。第三，制作方法不同。斩衰首绖"左，本在下"，即麻梢（麻尾）搭在麻根之上垂左耳处；齐衰首绖则"右，本在上"，即麻根搭在麻梢之上垂右耳处。

有一点须要提出讨论，即首绖缨的问题。在《丧服》中，无论经、传、记文，均未提到首绖是否有缨。郑玄注："首绖象缁布冠之缺项。"贾公彦疏："首绖象頍项（頍，音 kuǐ 傀，古代固定头发的饰物）。"两者都是将首绖看作是丧冠的附属物。《仪礼正义》引吴绂说驳斥了这一说法，敖继公也认为首绖之出现早于丧冠。宋以来的丧服服饰图有一点是统一的，即均将首绖加上缨，用以系于颐下，认为不如此就无法固定首绖（所谓"左，本在下"、"右，本在上"只是指搭在耳旁的麻绳连接处，非指缨），如上引《家礼》："有缨者，以其加于冠外，须著缨，方不脱落也。"但缨之材料众说不一，如图24-1宋《新定三礼图》所绘齐衰首绖显以麻绳为缨；图25-1元《五服图解》、图26-1明《御制孝慈录》所绘齐衰首绖则以麻布带为缨，使之在外形上明显区别于斩衰首绖。我们可以将这一变化视作古代经学家们为完善等级制度所作的努力。

2. 齐衰腰绖。齐衰腰绖与斩衰腰绖之不同在于：第一，所用材料不同。斩衰腰绖用苴麻，齐衰腰绖用牡麻。第二，粗细不同。斩衰腰绖截面周长为7寸2分，相当于齐衰首绖；齐衰腰绖截面周长较斩衰腰绖减五分之一，即为5寸7分6厘，相当于大功之首绖。第三，制作方法不同。斩衰腰绖以两股散麻根梢交叉绞合而成，多余部分散而下垂，称为"散本（本即麻根）"；齐衰腰绖也以散麻绞合而成，但多余部分不散垂，也呈绳状绞合而下垂，叫做"结本"。斩衰与齐衰腰绖在制作方法上的这一区分，《丧服》经、传、记中也未提及，自然也是后世经学家们的"发明"。

3. 齐衰布带。齐衰布带之作用如同斩衰绞带，二者主要的区别是：斩衰绞带以苴麻散麻绞合成细股，再以多股细股编成麻绳为之，故称绞带，又称绳带；齐衰布带则以4升枲麻布为之，故称布带。形状上，齐衰布带与斩衰绞带相同，布带之一头做成纨子，以另一头穿过纨子而束紧之。齐衰以下至缌麻布带均以麻布为之，其区别在于升数不同而已。

图 24-1 齐衰首绖　　图 24-2 齐衰腰绖、布带

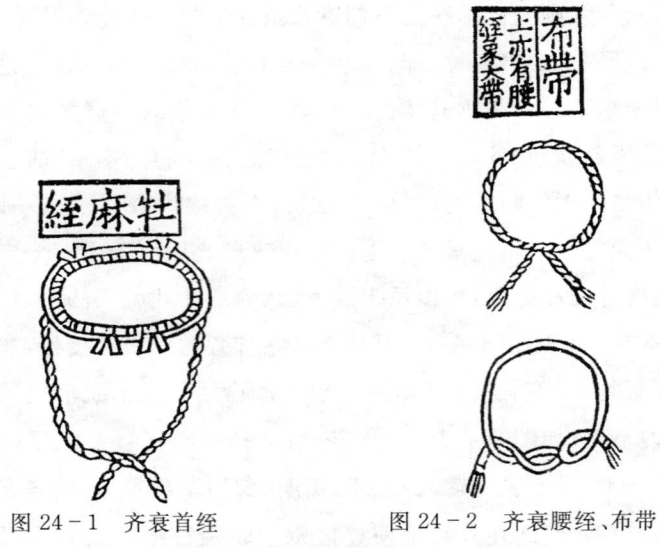

图 24　宋《新定三礼图》齐衰绖、带图

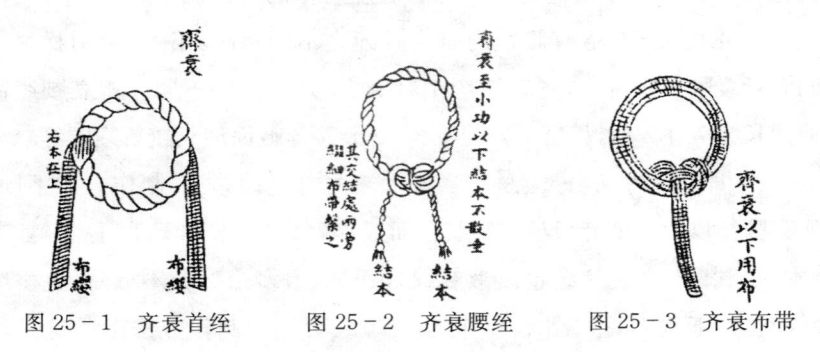

图 25-1 齐衰首绖　图 25-2 齐衰腰绖　图 25-3 齐衰布带

图 25　元《五服图解》齐衰绖、带图

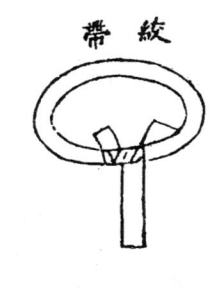

图 26-1　齐衰首绖　　　图 26-2　齐衰腰绖　　　图 26-3　齐衰布带
（图中"绞带"为刊印讹误）

图 26　明《御制孝慈录》齐衰绖、带图

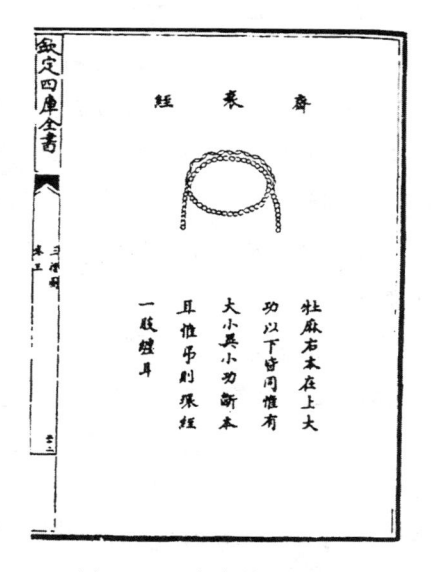

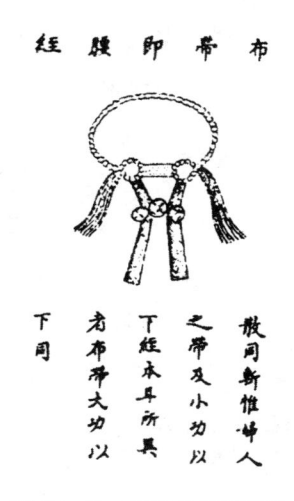

图 27-1　齐衰首绖　　　　　　　图 27-2　齐衰布带即腰绖

图 27　明《三礼图》齐衰绖、带图

注：此图与他书齐衰腰绖、布带图不同，认为腰绖、布带实为一物。参见图 10 注。

（四）齐衰三屦（疏屦、麻屦、绳屦）

齐衰丧屦依丧期之长短分为三种：齐衰三年、齐衰杖期，用疏屦；齐衰不杖期,用麻屦;齐衰三月,用绳屦。丧屦是齐衰服饰中最能反映丧期特点的饰物。

1.齐衰疏屦。《丧服》经文:"疏衰裳,齐。……疏屦,三年者。""疏屦,期者。"传文:"疏屦者,藨蒯之属也。"以上引文说明两点:第一,疏屦是用于齐衰三年与齐衰杖期的服饰。第二,疏屦即粗屦,是用藨、蒯之类草茎编织的。

《广雅·释草》:"藨,鹿藿(音 huò 或)也。"据《辞源》,鹿藿又名鹿豆、䝁(音 láo 劳)豆、野绿豆,叶似大豆,根黄而香。晋崔豹《古今注》下:"䝁豆,一名治䝁,叶似葛而实长尺余,可蒸食,一名䝁莜。"《玉篇》:"藨,蒯属,可为席。"可见藨是一种豆科类草本植物,茎可用于编织。蒯,《现代汉语词典》称:"蒯草,多年生草本植物,叶子条形,花褐色。生长在水边或阴湿的地方。茎可用来编席,也可造纸。"《左传》成公九年引逸《诗》:"虽有丝麻,无弃菅蒯。"以菅、蒯对丝、麻,说明其贱陋。《仪礼正义·丧服》引郝敬说:"藨、蒯皆草,而较细于菅。"可见因菅草粗于藨、蒯,故用于斩衰服;藨、蒯较细于菅,故用于齐衰服。野草之粗细,居然也有等级,古人之用心于等级制度,可谓无所不及矣。

2.齐衰麻屦。《丧服》经文:"不杖,麻屦者。"可见麻屦用于齐衰不杖期。麻屦,即以牡麻散麻编结之鞋,以区别于绳屦。

3.齐衰绳屦。《礼记·丧服小记》:"齐衰三月与大功同者,绳屦。"可见绳屦用于齐衰三月与大功丧。

绳屦也以麻编,其与麻屦之主要不同,在于后者以散麻编成,绳屦则先以散麻绞股成绳,再编成丧鞋。

绳屦也是古时田夫力役之人常穿之鞋,可见绳屦已近于吉屦(非丧所穿之鞋),故等级上低于散编之麻屦。

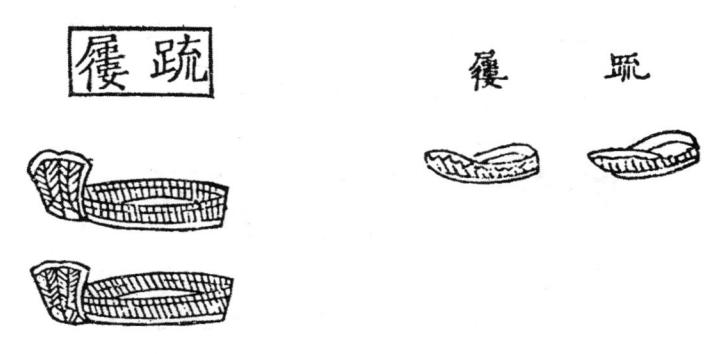

图 28　宋《新定三礼图》齐衰疏屦图　　图 29　明《御制孝慈录》齐衰疏屦图

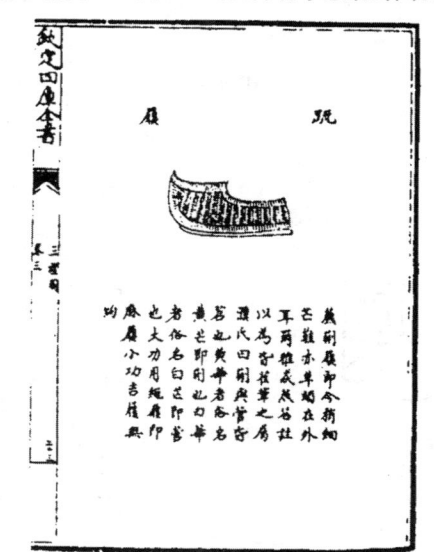

注：齐衰麻屦参见大功服饰图，齐衰绳屦参见缌麻服饰图。

图 30　明《三礼图》齐衰疏屦图

以上齐衰三屦都有一个丧屦的共同特征：外纳。即以所编草或麻之结头、余头向外翻露，以此区别于吉屦。

(五)齐衰削杖(桐杖)

《丧服》经文："疏衰裳，齐……削杖……三年者。""疏衰裳，齐……期者。"传文："削杖，桐也。"可见削杖用于齐衰三年、齐衰杖期，削杖以桐木制作，故也称桐杖。

外形特征方面，齐衰削杖在高度（齐心）、手持方式（"下本"，即根部向下）上与斩衰苴杖同，二者之区别在于：第一，苴杖以竹为材料；削杖则以桐木为材料，取其音"同"，表明为母哀痛之心同于为父。第二，制作方式上，苴杖取竹之天然形状，不作人为加工；削杖则须劈削加工，上半部为圆形，下半部削为方形，故称"削"杖。根据父天母地、天圆地方的理论，竹圆像天，故为父竹杖；削杖则上半部圆形像天，仍代表父亲，下半部方形像地，代表母亲，表示为母服丧之时仍不能忘记父尊高于母尊的伦理原则。由于削杖下半部劈削方形不能以空心之竹，故其材料取木为之。第三，杖之粗细同于腰绖，故竹杖同于斩衰腰绖为截面周长7.2寸，桐杖同于齐衰腰绖为截面周长约5.76寸。

在先秦五服理论中，杖用于辅病，除未成年男女外，凡服齐衰三年、齐衰杖期者均可用削杖，因此父卒为母、父在为母、母为长子、夫为妻等

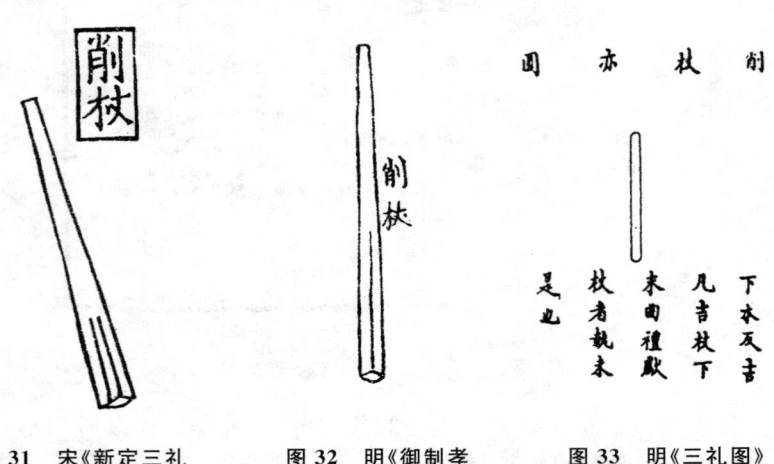

图 31 宋《新定三礼图》齐衰削杖图

图 32 明《御制孝慈录》齐衰削杖图

图 33 明《三礼图》齐衰削杖图

（注：明刘绩《三礼图》认为削杖上下均为圆形，非上圆下方。可备一说。）

图 34　明《御制孝慈录》齐衰全服图

均用削杖。秦汉以后,杖成为主丧者之特权,丧无二主,则无二杖。参见本章第四节"历代五服服饰制度之演变"。

三、大功服饰

《丧服》中记载大功服饰的文字大致可分为三部分：

第一部分记大功殇九月、七月服。经文："大功布衰裳,牡麻绖,无受者。"传文："何以无受也？丧成人者其文缛,丧未成人者其文不缛,故殇之绖不樛(音 jiū 纠)垂。"经文："其长殇皆九月,缨绖；其中殇七月,不缨绖。"

第二部分记大功成人九月服。经文："大功布衰裳,牡麻绖,缨,布带,三月受以小功衰,即葛,九月者。"传文："大功布九升。"

第三部分记大功衰裳各级的升数。记文："大功八升若九升。"又《礼记·间传》："大功七升、八升、九升。"

从以上引文可以看到,大功服饰实际上分为三级,即大功殇九月服、大功殇七月服、大功成人九月服。"大功"之名,历来解释比较牵强,清人胡培翚称:"斩衰、疏衰(齐衰)不言功与布者,以不加人功,未成布也。此(大功)则稍加以人功,而其锻治之功粗略,故谓之大功布也。若小功则功差(略)细密矣。"[①]认为斩衰、齐衰未加人功,大功则略加人功,而较小功粗略,故称大功。所谓"人功",指"锻治之功",即麻经人工捶打(也称椎治)使之柔软。在斩衰、齐衰服饰中,仅冠梁所用麻布须经锻治;大功服饰所用麻布均须锻治;小功、缌麻服饰所用麻布则涉及"澡治"(即水沤)问题。

以下分别叙述大功三级服饰:

(一)大功殇九月服饰

殇,指未成年而亡,古以20岁为成年,凡未满20岁而夭亡者均称为殇。殇又分长殇(16—19岁)、中殇(12—15岁)、下殇(8—11岁)、无服之殇(3月—7岁)四等。殇服,即为未成年人之服,均依原服叙降等服。原服齐衰不杖期以上之长殇,降服大功九月,如父为长子、母为长子、为兄弟、为叔父、为众子之服,原为斩衰、齐衰三年或齐衰不杖期,现为长殇者均服大功九月。大功殇九月服为殇服最高之服。参见本书表12殇服降服表。

大功殇九月服饰具有如下特征:第一,以七升枲麻布为衰裳,较大功成人九月服为重。第二,"缨绖"即首绖有缨,较大功殇七月服为重。第三,腰绖"不樛垂",这是殇服服饰的主要特点。绖、带在丧服中有特别的意义,从人死到第四天成服前,死者亲属之五服服饰只有绖、带,其中腰绖系束腰间后,多余之麻散而下垂。第四天成服,穿上衰裳等一应服饰后,腰绖也应将散垂之麻绞束起来,叫做"樛(也作摎)垂"。但殇服腰绖在成服后也不绞束,故称"不樛垂"。其原因,据《丧服》传文解释:

---

① 《仪礼正义·丧服》。

为成人服丧礼数繁琐（"文缛"），而为未成年人服丧礼数简化；为成人服丧要由重到轻更换服饰（"受服"），为未成年人服丧则中途不变服，一服至终（"无受"）。因此腰绖始终"不樛垂"，成为殇服的最大特点。

（二）大功殇七月服饰

大功殇七月服之对象与殇九月服大致同，区别仅在于殇者是年龄在 12—15 岁之中殇者。

大功殇七月服之服饰也大致与上述大功殇九月服同，区别仅在于首绖无缨（"不缨绖"）。

（三）大功成人九月服饰

大功成人九月服饰与齐衰服相比较，有如下区别：第一，衰裳麻布升数为七升（降服）、八升（正服）、九升（义服）。① 即每幅麻布麻缕分别为 560 股、640 股、720 股，可见麻布质地进一步细密。第二，首绖、腰绖截面周长较齐衰服为短（参见表 1）。第三，布带所用麻布升数也同于衰裳为七、八、九升，较齐衰服为细密。第四，冠之麻布也较齐衰服细密。衰裳七、八升者，冠为十升（麻缕 800 股）；衰裳九升者，冠为十一升（麻缕 880 股）。

丧屦同于齐衰三月，为绳屦（一说为"麻屦"）。

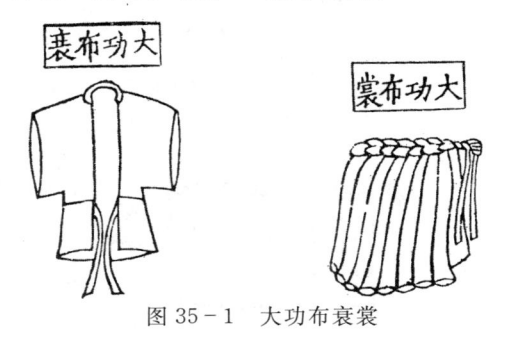

图 35-1　大功布衰裳

---

① 降服、正服、义服的含义见本章第四节。

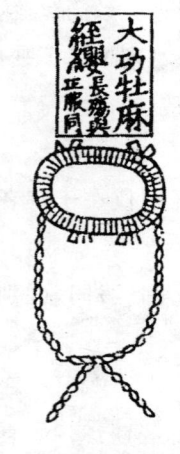

图 35-2　大功牡麻绖缨　　　　图 35-3　大功牡麻绖（无缨）

图 35　宋《新定三礼图》大功服饰图

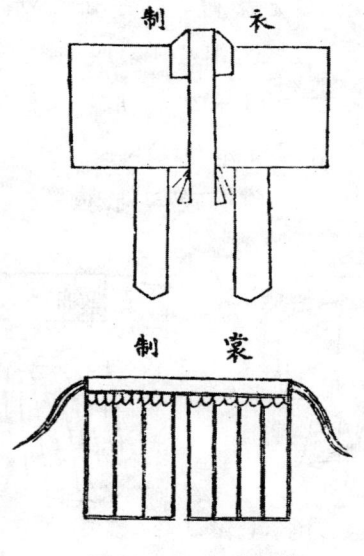

图 36-1　大功衰裳

第一章 五服服饰制度 61

图36-2 大功麻屦　　图36-3 大功冠

图36-4 大功首绖 　　图36-5 大功腰绖 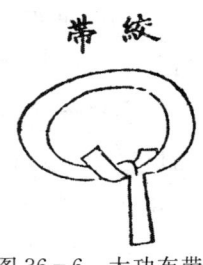　　图36-6 大功布带（注：图中"绞带"为刊印讹误）

图36 明《御制孝慈录》大功服饰图

图37 明《御制孝慈录》大功全服图

四、缌衰服饰

缌（音 suì 穗）衰服饰是先秦经典中记载的一种特殊的丧服服饰，秦汉以后五服中无缌衰。《丧服》传文："缌衰者……诸侯之大夫为天子。"诸侯之大夫，也称"陪臣"，所谓"陪臣执国命"，即指大夫篡夺诸侯之位。陪臣与天子，是一种间接的尊卑关系，正如西谚所云："我的仆人的仆人，不是我的仆人。"对陪臣而言，天子至尊而恩轻，故服缌衰。秦汉以后行中央集权制，无天子与陪臣关系，故无缌衰服。

在《丧服》经、传中，缌衰服在大功置于小功之间。贾公彦疏："此缌衰是诸侯之臣为天子，在大功下、小功上者，以其天子七月葬，既葬，除。故在大功九月下，小功五月上。"看来经、传是根据守丧期限（七月）来确定缌衰低于大功、高于小功的位置的。但在《丧服》记文中提到缌衰则是在齐衰与大功之间，因为记文是根据缌衰麻布之升数（四升半）来确定其低于齐衰、高于大功的位置的。

缌衰服饰的内容，据《丧服》经文："缌衰裳，牡麻绖，既葬除之者。"传文："缌衰者何？以小功之缌也。"记文："缌衰四升有半，其冠八升。"郑玄注经文："此不言带、屦者，以其《传》云：'小功之缌也'，则带、屦也同小功可知。"据上引，我们就可了解缌衰服饰的大致内容：第一，衰裳麻布四升半（麻缕 360 股）。第二，冠用麻布为八升（麻缕 640 股）。第三，首绖、腰绖用牡麻，大致同于大功服。第四，布带、丧屦同于小功服（参见"小功服饰"）。可见缌衰服饰兼有齐衰、大功、小功服饰之特点。

问题在于，既然说"缌衰四升有半"，又为何称"以小功之缌"？郑玄注："治其缕如小功而成布四升半。细其缕者，以恩轻也；升数少者，以服至尊也。凡布细而疏者谓之缌，今南阳有邓缌。"清人程瑶田说："其布之成也，不同小功之十升、十一升，而但为四升半。故其布虽细而疏于小功,名之曰缌衰之布,即较之大功衰布亦犹粗也。"①《说文》:"缌,细疏布也。"段玉裁也认为:"案小功十升若十一升成布,而此用小功之缕,四升半成布,是为缕细而布疏。其名曰缌者,布本有一种细而疏者曰缌,但不若缌衰之大疏。"又指出:"缌,惠也。齐人谓凉为惠,言服之轻细凉惠也,盖缕细而布疏,故轻凉。"②

详引上文,是为了说明缌衰服饰所用麻布的特殊性,即以小功布缕之粗细,织四升半之布。小功麻缕十升、十一升,以十升计,即为800股麻缕;而缌衰之布仅四升半,即360股麻缕。这就是说,要在二尺二寸宽的布幅上,用小功麻缕之粗细,但仅用360股,减去440股即一半以上,这样织出来的布当然又细又疏,类似如今之纱布。之所以升数类似齐衰用四升半,是因为天子的地位至上,不能不尊;之所以布缕细如小功,是因为诸侯之臣与天子关系较为疏远。五服服饰中,与缌衰布相似的是缌麻布(参见"缌麻服饰")。

《丧服》中缌衰仅诸侯之臣为天子服,但在春秋时期五服服饰与服叙并无严格规定,《仪礼》在当时只是一家之说,并非官定法律。在春秋时期的贵族服丧中,缌衰是当时最常用的丧服服饰之一。胡培翚称:"春秋时凡期、功之丧皆服之。"即齐衰、大功、小功丧均可服缌衰。如《左传》襄公二十七年:"卫献公丧弟鱄,如税服终身。"杜预注:"税即缌也。"《丧服》中兄为弟应服齐衰不杖期,而卫献公服缌衰。又如《礼记·檀弓下》载:叔子柳之父叔仲皮死,子柳请教老师叔仲衍,自己的妻子为舅(即夫之父,古称公婆为舅姑)应持何服?"叔仲衍以告,请缌衰而环绖"。《丧服》中妇为舅姑应服齐衰不杖期,而叔仲衍认为应服缌衰。郑玄注:"缌衰,小功之缕而四升半之衰;环绖,吊服之绖。时妇人好轻细

---

① 引自《仪礼正义·丧服》。
② 引自《仪礼正义·丧服》。

而多服者。衍即不知礼之本,子柳亦以为然,而请于衍,使其妻为舅服之。""时妇人好轻细而多服者"一语,说明"缌"这种布由于其织法细疏、质地轻凉而受到当时妇女的喜好,是吉服中常用之布。改成丧服用布,区别也许就在于吉服染色而丧服本色而已。

秦汉以后未见缌衰之实施,《通典·礼典》"凶礼"篇中也不载缌衰。宋聂崇义《新定三礼图》中绘有"緫衰衣裳"图("緫衰"为"缌衰"之误,非指缌麻),录之如下。

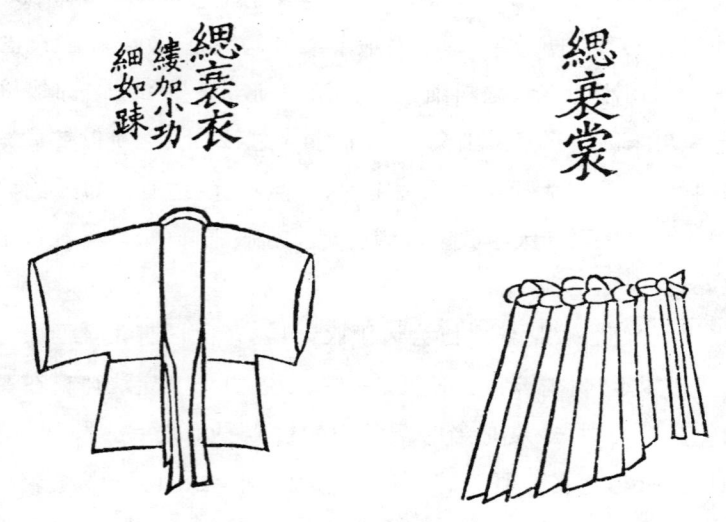

緫衰衣 缕加小功 细如踩

緫衰裳

图 38　宋《新定三礼图》缌衰衣裳图

五、小功服饰

与大功相类,《丧服》中记载小功服饰的文字也可分为三部分:

第一部分记小功殇服。经文:"小功布衰裳,澡麻带、绖,五月者。"

第二部分记小功成人服。经文:"小功布衰裳,牡麻绖,即葛,五月者。"

第三部分记小功衰裳升数。记文:"小功十升若十一升。"又《礼记·

间传》:"小功十升、十一升、十二升。"

从引文看,小功服饰大致可分为两级:小功殇服、小功成人服,丧期均为五月。"小功"之名,是指所加人功(锻治之功)较大功更为细密一些。以下分别介绍小功两级服饰:

(一)小功殇五月服饰

小功殇服包括两类对象,即原服斩衰、齐衰对象之下殇(8—11岁),原服大功对象之长殇。无中殇。胡培翚指出:"此殇小功章在成人小功之上者,以其中有下殇小功,系本齐、斩之亲,降而在此,故列成人小功之前,以见其亲重也。"①

小功殇服饰之特征在于:

第一,衰裳用十升麻布,即麻缕800股。

第二,"澡麻带、绖"。以上斩衰、齐衰、大功的经文中,都是先言绖(首绖),后言带(腰绖),为何唯独此处先言带,后言绖? 唐贾公彦认为:一般来说,大功以上首绖、腰绖有本(本即根,即连根之麻),小功以下首绖、腰绖断本(去根之麻),但此小功殇服有下殇这样的亲重之服,因此腰绖不绝本而首绖绝本,这是不同于小功成人服的重要标志(后者绖、带均绝本),故在小功殇服饰中带(腰绖)重于绖(首绖)。② 这样的解释真有《公羊传》阐发《春秋》微言大义之遗风。何谓澡麻? 郑玄注云:"澡者,治去莩垢。"胡培翚说:"莩垢谓麻皮之污垢,濯治之使略洁白也。"③ 这样的解释容易使人以为"澡麻"就是将麻放在水里洗去污垢,而大功以上麻则满是污垢。事实上,"澡麻"是将麻浸在水中沤渍脱胶,使之柔和洁白而纤维易分离,也称"澡治"。大功以上麻不用澡治故麻粗硬,符合丧服尚粗恶的原则,小功以下则渐趋细柔,接近吉服。另外,小功服

---

① 《仪礼正义·丧服》。
② 《仪礼注疏·丧服》。
③ 《仪礼正义·丧服》。

饰首绖无缨;小功殇腰绖与大功殇同,也"不樛垂",即系腰后,多余之麻散而下垂,不绞束。

第三,小功殇冠与衰裳同,也为十升。冠梁三辟积向左缝,与大功以上向右缝不同,参见"斩衰冠"。布带升数同。丧屦,小功殇服饰与成人服饰,缌麻殇服饰与成人服饰,均为"吉屦无絇(音 qú 渠)"(一说绳屦)。吉屦,即平常所穿之鞋。絇,是古代鞋头上的一种装饰,与穿系鞋带有关,《仪礼·士冠礼》郑玄注:"絇……状如刀衣鼻,在屦头繶(繶,饰鞋的圆丝带)缝中。"吉屦无絇,即无鞋头装饰(可能是不系鞋带)的普通鞋。

(二)小功成人五月服饰

小功成人服饰与小功殇服饰的主要区别在于:第一,小功成人五月服饰至三月后变服,小功殇不变服。第二,衰裳升数,小功殇为十升,小功成人服饰则根据降、正、义服而分为十升、十一升、十二升三级。冠与衰裳升数同。第三,小功殇腰绖"不樛垂",小功成人腰绖则成服后"樛垂",即将散垂之麻绞束之。

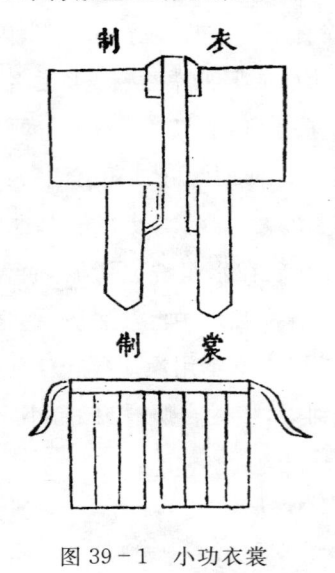

图39-1 小功衣裳

图39-2 小功冠

图39-3 小功殇首绖

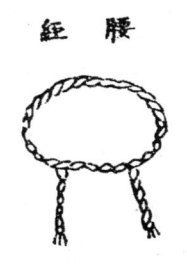

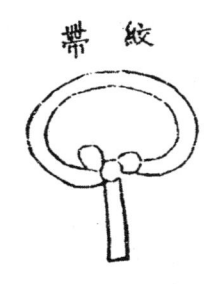

图 39-4　小功腰绖　　图 39-5　小功布带　　图 39-6　小功绳屦
　　　　　　　　　（图中"绞带"为刊印讹误）　（一说吉屦无绚）

图 39　明《御制孝慈录》小功服饰图

图 40　明《御制孝慈录》小功全服图

　　小功成人服饰与大功成人服饰相比较，其不同简要概括之：第一，衰裳、冠、布带所用麻布升数不同。第二，大功以上冠梁三辟积右缝，小功以下三辟积左缝。第三，首绖、腰绖粗细不同。第四，小功成人服饰首绖无缨，这是与大功成人服饰在外观上之最显明区别。第五，大功用

"椎治"（人工捶打）之麻，小功用"澡治"（水沤）之麻。第六，丧屦不同，大功为绳屦，小功为吉屦无绚。一说大功为麻屦，小功为绳屦。

六、缌麻服饰

《丧服》文字的详略，也与丧服等级有关，等级愈低，文字愈略。元敖继公说："齐衰三月不言绳屦，大功不言冠布缨，小功不言布带，缌麻不言衰绖，服弥轻则文弥略也。"①

《丧服》经文："缌麻三月者。"无一字涉及具体服饰。传文："缌者，十五升抽其半，有事其缕，无事其布曰缌。"仅十余字，而且只涉及缌麻布之质地，但这是缌麻服饰的主要特征。

"十五升抽其半"是指缌麻布之织法，与缌衰布很接近，只是较后者布缕更细。缌衰布以小功麻缕（十或十一升）之粗细，织四升半麻缕之数；缌麻布则是以十五升麻缕之粗细，织七升半麻缕之数。一升为80股，十五升为1200股，抽其半为600股，因此缌麻布之细疏轻凉又过于缌衰布。据朱轼说，古之织机上打纬部件称为"筬"（音 kòu 寇），长方形，有齿，经线即从筬齿穿过，每齿两股经线，每40齿即80股为一升，"抽其半"即每齿只穿1股，这样十五升1200股就只剩600股了，但布缕之粗细与十五升同。② 古之丝织朝服升数，即为十五升，可见缌麻布缕之细。所以郑玄说："谓其缌者，治其缕细如丝也。"③可见"缌"通"丝"。

五服之麻布，有布缕粗细之别，又有升数之别。一般来说，布缕越粗，升数越少，标志丧服等级越高，亲属关系越近。但遇缌衰和缌麻这样的特殊情况，布缕与升数就不统一了。缌衰缕细如小功，升数却如齐

---

① 引自《仪礼正义·丧服》。
② 引自《仪礼正义·丧服》。
③ 《仪礼注疏·丧服》。

衰（四升半）；缌麻缕较小功为细，升数却如大功（七升半）。丧服等级的排列原则，是以麻缕之粗细为主要标准；在同等粗细的情况下，则视升数多少排列。正如元人敖继公所指出的："凡五服之布皆以缕之粗细为序，其粗者则重，细者则轻。故升数虽多而缕粗犹居于前，如大功在缌衰之上是也；升数虽少而缕细犹居于后，如缌麻在小功之下是也。"①从中我们也许能够悟出等级制排列原则的某些规律。

何谓"有事其缕，无事其布"？要说明这一问题，我们不妨先与《丧服》记文及传文中提到的"锡衰"服用布作一对照："大夫吊于命妇，锡衰；命妇吊于大夫，亦锡衰。传曰：锡者何也？麻之有锡者也。锡者，十五升抽其半，无事其缕，有事其布曰锡。"锡衰是五服之外的吊唁之服，大夫或其妻（命妇）死，其他大夫或命妇来吊唁时就着锡衰服。锡，通"緆"（音 xì 细）。《文选》司马相如《子虚赋》"被阿緆，揄纻缟"注："緆，细布也。"《仪礼·燕礼》郑玄注："今文锡作'緆'。緆，易也，治其布使滑易也。"我们发现，缌麻布与锡衰布之升数均为"十五升抽其半"，不同处在于，缌麻布是"有事其缕，无事其布"，锡衰布是"无事其缕，有事其布"。何谓"事"？事即治，处理之意。胡培翚解释说："有事其缕，谓澡治之使细；无事其布，谓不加灰治之使滑易也。盖加灰治其布使滑易则是锡矣。……所谓有事其缕也，盖治之则缕细如丝，故取此义，名为缌也。"②

"有事其缕"，就是在纺织之前将枲麻沤入水中脱胶，使纤维分离更为精细，也即"澡治"。以水沤麻，掌握好水温是保证质量的关键，其次是水质、水量。沤麻多在水塘、水池等处，水温无法人为控制，因此必须懂得最适合沤麻的季节气温。古人很早就注意到这一问题，汉代农书

---

① 引自《仪礼正义·丧服》。
② 《仪礼正义·丧服》。

《氾胜之书·枲篇》说:"夏至后二十日沤枲,柔和如丝。"北魏农书《齐民要术》卷二"种麻"条说得更为详尽:"获欲净（原注:有叶者喜烂）,沤欲清水,生熟合宜（原注:浊水则麻黑,水少则麻脆。生则难剥,太烂则不任挽。暖泉不冰冻,冬日沤者,最为柔韧也）。"

这里提出了"澡治"即沤麻的几个要点:一是水温,以冬天温泉或夏至后20天最佳;二是水清,以保持麻之洁白,不发黑;三是水宜多,水少所沤麻易发脆不柔韧;四是时间适度,沤的时间太短纤维难剥,时间太长则纤维易烂断。经过"澡治"后的枲麻才能织出洁白柔和的细布。

"有事其布",就是在麻纺织成布之后以石灰、草木灰等碱性物质进行煮炼脱胶,使麻布表面平整滑爽,也即"灰治"。经灰治之布为熟布,未灰治之布为生布。简言之,澡治是物理脱胶的方法,灰治是化学脱胶的方法。"有事其缕,无事其布",纺织前澡治,成布后不灰治,是缌麻布的特点。"无事其缕,有事其布",纺织前不澡治,成布后灰治,是锡衰布的特点。

下面我们结合前文,再来归纳一下缌麻服饰的基本特征:第一,以澡治之麻织成十五升去其半之麻布,为衰裳、冠梁、布带之材料。第二,缌麻冠梁三辟积左缝,与小功冠同。第三,以澡治之麻为首绖、腰绖,首绖截面周长约3.69寸,腰绖截面周长约2.95寸。第四,丧屦同于小功为吉屦无绚,一说为绳屦。

缌麻服之对象也如小功包括两类,即殇服（原服大功之中殇、下殇,原服小功之长殇）与成人服,两者服饰上的区别有二:第一,缌麻殇服腰绖"不樛垂",缌麻成人服腰绖则成服后将散垂之麻绞束之。第二,缌麻殇服首绖有缨,缌麻成人服首绖无缨。缌麻殇服与成人服因丧期均为三月,故均"无受",即无变服,一服到底,三月既葬除服。

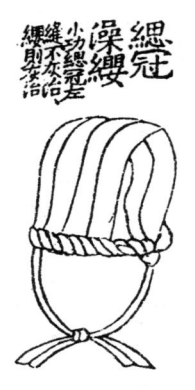

图 41　宋《新定三礼图》缌麻冠图

（注：《礼记·杂记》："缌冠澡缨。"孔颖达疏认为，缌麻冠梁以澡治之麻为之。武缨则既澡治又灰治。）

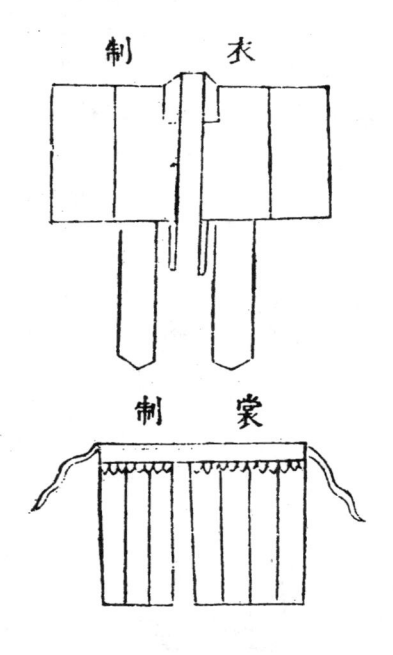

图 42-1　缌麻衣裳

72　五服制度与传统法律

图 42-2　缌麻冠

图 42-3　缌麻殇服首绖

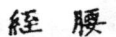

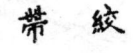

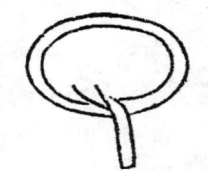

图 42-4　缌麻腰绖　图 42-5　缌麻布带（图中"绞带"为刊印讹误）　图 42-6　缌麻绳屦（一说吉屦无絇）

图 42　明《御制孝慈录》缌麻服饰图

缌麻三月

图 43　明《御制孝慈录》缌麻全服图

七、五服以外之丧服服饰

除上述五服服饰外,《丧服》记文中还提到下列几种五服以外的丧服服饰:[①]

(一)公子为其母、妻服饰

"公子为其母,练冠,麻,麻衣縓(音 quàn 劝)缘;为其妻,縓冠,葛经带,麻衣縓缘。皆既葬除之。"公子,诸侯之妾子;其母,诸侯之妾;其妻,庶子之妇。诸侯为嫡妻、嫡妇(嫡子之妻)有服,而为妾、庶妇无服。诸侯不服,公子也不敢服,这在五服服叙中称为"压降服"。但母是亲生之母,妻是正妻,不服于情理难通,因此只能在五服之外寻找变通之服。这就是这段文字的由来。下面分别叙述为母、为妻服饰。

1.公子为母服饰。练,即煮至熟,此指经灰治处理过之麻布,也称熟布。练冠,即熟麻布所制之丧冠,体现了五服外服饰之特点,五服内服饰均不用灰治之熟麻布。麻,郑玄注认为指麻经带,粗细规格同于缌麻经带。麻衣,以小功麻布所做之深衣,深衣形制不同于丧服,衣裳连为一体,是古代贵族之便服、庶人之礼服(见图44)。此以麻布制深衣,已不同于丝帛所制之吉服深衣。縓,浅红色,《仪礼·既夕礼》注:"一染谓之縓,今红也。"只染一次色,故色浅;缘,衣服镶边。麻衣縓缘,即以小功麻布做成深衣形制,再以浅红色布镶边。这种吉凶混合服饰,正是五服外之丧服服饰的特点。为何这一服饰经带粗细同于缌麻,而麻衣升数却同于小功呢?因为小功服饰升数是五服中最多的(十至十二升),而缌麻升数实际只有七升半。

2.公子为妻服饰。虽是五服外服饰,母、妻之间仍要分出亲疏,故公子为妻服饰进一步轻于为母服饰。縓冠,大约以浅红色布为冠武,轻

[①] 《丧服》记文相当于丧服总则部分,规定丧服加服、降服原则与变通之服。

于练冠;葛绖带,葛在丧服中一般用作受服(变服),也较麻绖带为轻;麻衣縓缘同于为母服饰。

后世妾子为生母、庶子为妻服均在五服以内,故此服渐泯。

(二)朋友麻

"朋友麻",这是指朋友之间的吊唁之服。郑玄注:"朋友虽无亲,有同道之恩,相为服缌之绖、带。""朋友麻"服饰是在吊唁朋友之丧时仅着缌麻服之首绖、腰绖,吊唁完毕即脱下。

(三)锡衰

"大夫吊于命妇","命妇吊于大夫"的"锡衰"本节六"缌麻服饰"已作论述。锡衰是士大夫之间的吊唁之服,以未经澡治、已经灰治的升数为十五升抽其半的细疏滑易之熟麻布为丧服,进门吊唁时穿着在身,出门脱下。"有事其布"即"灰治"之布作为丧服之材料,是五服外丧服服饰的特点。

(四)袒免

"朋友皆在他邦,袒免(音 wèn 问),归则已。"指客死他乡者,无亲属为之主理丧事,那么代主丧事的朋友可以"朋友麻"吊唁之服加一等而服代表亲属的"袒免"服,一直到死者遗体送归故乡,由其亲属主理时止。《丧服》中"袒免"仅此一见,《礼记·大传》云:"五世袒免,杀同姓也。"则正式服"袒免"者应为同姓五世亲。袒免服饰,袒,指解衣袒露左臂;免,指去冠系免。免,是用一条宽一寸的麻带,从项后绕至前额,交叉后,再向后回至发髻处束之。如《礼记·檀弓上》云:"公仪仲子之丧,檀弓免焉。"《左传》哀公十四年也云:"孟懿子卒,成人奔丧,弗内(纳),袒免哭于衢。"免也是男子未成服戴丧冠前用以括发之服饰。

第二节 女子五服成服服饰

上节所述为男子五服成服服饰,至于女子五服成服服饰,先秦经典与历代礼典中另有规定。

《丧服》中有关女子五服成服服饰的叙述如下：

经文："妻为夫，妾为君，女子子在室为父，布总、箭笄（音 jī 机）、髽（音 zhuā 抓）、衰，三年。"传文："总六升，长六寸。箭笄长尺，吉笄尺二寸。"君，妾称丈夫为君。女子子在室，指未嫁女子和或因夫死、或离婚而返回娘家之女子，后世称前一类为在室女，后一类为归宗女。这是叙述女子为夫、为父斩衰三年服服饰。

记文："女子子适人者为其父母，妇为舅姑，恶笄有首以髽。卒哭，子折笄首以笄，布总。"传文："笄有首者，恶笄之有首也。恶笄者，栉笄也。折笄首者，折吉笄之首也。吉笄者，象笄也。何以言子折笄首而不言妇？终之也。"女子子适人者，指已出嫁女子。舅姑，指公婆。这是叙述已婚女子为父母及公婆齐衰不杖期之服饰。

记文："妾为女君、君之长子，恶笄有首，布总。"女君，正妻。君之长子，夫之继承人，一般指正妻所生嫡长子。这是叙述妾为正妻（齐衰不杖期）、妾为嫡长子（《丧服》中未记此服叙，根据"母为长子"服，妾为嫡长子或许也为齐衰三年）之服饰。

综合《丧服》中上述记载，女子五服服饰区别于男子者主要有四：第一，总。用以束发之绢帕，平时以丝帛为材料，丧服服饰中则以麻布为材料，故称布总。第二，笄。固定发髻（音 jì 计）之簪，平时以象骨或玉为材料，丧服服饰中分为箭笄、恶笄、吉笄折首三种。第三，髽。平时女子以丝帛罩住发髻，守丧时则除去，露出发髻，称为髽。第四，衰。男子衰、裳分离，女子五服服饰则上下连为一体，无单独下体所着之裳，故称衰服，不称衰裳。

《仪礼正义·丧服》引李氏云："绖、杖、带、屦，妇人同于男子。其异者，总、笄、髽，以易男子之冠缨；衰则连裳为之，故别见此四者也。"女子五服服饰在四方面与男子之不同，概括起来，其实只有两点区别：一是衰服不同,女子衰服连裳;二是首服(头部服饰)不同,男子首服为冠、武、缨,女子首服则为总、笄、髽。下面分别介绍。

一、女子衰服

女子衰服,《丧服》经文仅有"衰"一字,记文与传文也均未提到女子衰服式样。东汉郑玄注:"凡服上曰衰,下曰裳。此但言衰,不言裳,妇人不殊裳。衰如男子衰,下如深衣,深衣则衰无带下,又无衽。"唐贾公彦疏过于繁琐,仅录其一节:"云'下如深衣'者,如深衣六幅,破为十二,阔头向下,狭头向上缝,齐(下缘)倍腰也。"①

归纳起来,女子衰服的特征在于:

第一,男子衰、裳分制,女子则裳连于衰,故无裳之名,总名衰或衰服。

第二,女子衰服的上半部分同于男子衰衣,因此经典中提到的男子衰衣特征也适用于女子衰服。如为父母之服前有衰(布),后有负版,领有适,衰外削幅,衣边缉与不缉等。女子五服各等级的麻布升数、麻缕粗细也同于男子。

第三,女子衰服下半部分如深衣。《礼记·深衣》郑玄注:"名曰深衣者,谓连衣裳而纯(音 zhǔn准,镶边)之于采(彩条)也。"孔颖达疏:"凡深衣皆用诸侯、大夫、士夕时(晚间家居)所著之服,故《玉藻》云:'朝玄端(贵族白天所穿朝服、祭服),夕深衣。'庶人吉服亦深衣。"可见深衣是衣裳相连,用于贵族家居之服、平民礼服(深衣式样,见图44)。女子衰服下部虽如深衣式样,但所用材料则与上

图 44 深衣图
(录自《辞源》)

---

① 《仪礼注疏·丧服》。

部同,也为麻布,且不镶边。男子丧裳用料为前三幅、后四幅,共七幅,女子衰服下部如深衣,据上引贾公彦疏,用料为六幅,破为十二片,腰部打褶裥,形成上狭下宽的式样,衰服下缘部分的周长约是腰部周长的两倍("齐倍腰也")。

第四,女子衰服无衣带下与衽。男子衰、裳分制,故需衣带下以遮掩裳之上际,以免腰部束带外露;女子衰服上下相连,腰际不露,故无需衣带下以遮腰。男子裳前后幅分开,两腿外侧处内裤易暴露,故裳之两侧须以衽遮掩;女子衰服下部如深衣成筒形,前后缝合,无暴露之虑,故无须以衽遮掩腿部两侧。

宋聂崇义《新定三礼图》绘有女子衰服图一幅,今录之以供参考(见图 45)。明《三礼图》也绘有简略的女子衰服图,上身似改为右侧掩襟(见图 46)。

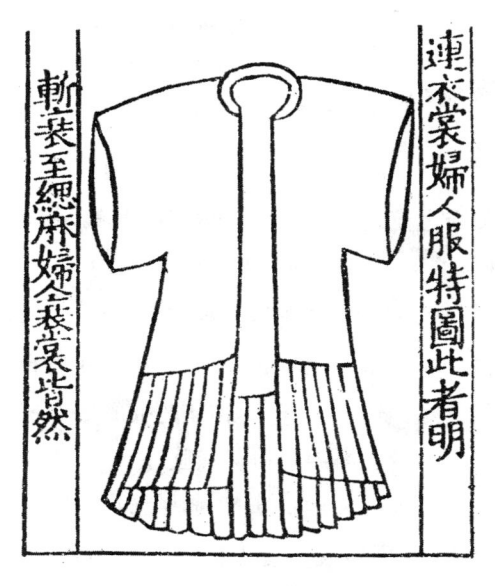

图 45　宋《新定三礼图》女子衰服图

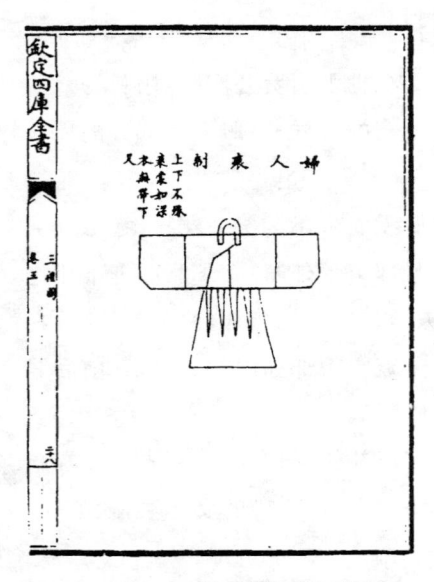

图 46　明《三礼图》女子衰服图

二、女子首服（总、笄、髽）

古时女子15岁行笄礼（成人礼）后，即可加以头饰。据《礼记·内则》，一般吉服头饰之梳理过程，大致可分四步：第一步，栉（音 zhì 制）。栉，梳、篦之统称，借指梳发。即以榵（音 shàn 善）木（亦称白理木）所制梳、篦梳理出发髻（亦写作"纷"）。第二步，纚（音 xǐ 喜）。纚，也作"缡"，古时罩发之帛，借指罩发。即以丝帛套罩住发髻，这样平时之发髻均包在帛内而不露。这是女子吉服与丧服的一个大区别。第三步，笄。笄，发簪，借指簪发。笄一般以象骨或玉为之，长一尺二寸，如长针状。笄之一端雕刻成吉祥物状以为装饰，称为笄首；另一端呈尖锥状。在用纚包住发髻后，将笄插入头发以固定发髻与纚。第四步，总。总，束发之绢帕，借指束发。即以绢帕在发髻近发根处束结，使发髻进一步牢固而发丝不致飞蓬，绢帕之多余部分垂下为饰（一般约垂下一尺二寸长)。以上栉、纚、笄、总四步即梳发、罩发、簪发、束发,是古时女子梳理头发的一般过程。① 女子丧服首服,是在此基础上略加变化而成。

在女子五服中,首服之核心是露出发髻,称为"髽",即"露髻"。这是女子丧服与吉服在首服上的最大区别。由于女子五服服饰主要特征一为衰服,一为髽,因此女子五服服饰也统称为"髽衰"。

女子五服服饰与男子一样,大致分为未成服服饰、成服服饰、受服(变除)服饰三个阶段。因此女子首服"髽"也可分为未成服之髽、成服之髽、受服之髽三个阶段,受服之髽将在下节一并介绍,下面介绍女子首服的前两个阶段。

(一)未成服之髽

也称去笄之髽。即从亲死至第四日成服的前三天内的女子首服,其程序是:第一,除去罩发之纚(缡),露出发髻。第二,除去象笄或玉笄,三日内不用笄。第三,除去束发之绢帕(总)。第四,麻髽或布髽。以一束散麻或一条麻布自项而前相交于额上,再回绕于发髻处束结,但不可覆住发髻,必须露髻,其状类似男子未成服时括发之"免"。斩衰用散麻,齐衰以下用麻布,故在女子未成服之髽中,斩衰服也称麻髽,齐衰服以下也称布髽。

(二)成服之髽

也称着笄之髽。第四日成服以后,男子首服去免着丧冠,女子首服则着丧笄、丧总。成服之髽的程序是:第一,除去麻髽或布髽。第二,着丧总。丧总以麻布为材料,故也称布总。麻布之升数同于男子冠梁之升数,斩衰总六升,齐衰总八升,大功总十升,小功总、缌麻总十二升。布总仅束住发髻而不罩住发髻。束后垂下之麻布长度也有固定标准,斩衰总垂六寸,齐衰、大功总垂八寸,小功、缌麻总垂一尺,长度均短于

---

① 《礼记·内则》:"鸡初鸣,咸盥漱,栉、纚、笄、总。"

吉总的一尺二寸。第三,着笄。丧笄分两种:一为箭笄,即以篠(音xiǎo小)竹为笄,长一尺,较象笄、玉笄等吉笄的一尺二寸短二寸。篠即小竹,可为箭,故以此作笄,称箭笄。二为恶笄,也称榛笄,以榛木或柞木制成,长度也为一尺。两种丧笄的使用对象,箭笄用于女子子在室为父、妻为夫、妾为君等斩衰服,恶笄用于女子出嫁后为父母、为舅姑、女子子在室为母等齐衰服。斩衰箭笄用竹,齐衰恶笄用木,这与用竹杖、桐杖的道理是相通的。

女子成服之髽中,斩衰首服为布总、箭笄之髽,相当于男子斩衰首服之冠绳缨;齐衰首服为布总、榛笄之髽,相当于男子齐衰首服之冠布缨。

《丧服》记文:"女子子适人者为其父母,妇为舅姑,恶笄有首以髽。卒哭,子折笄首以笄,布总。"记传:"笄有首者,恶笄之有首也。恶笄者,栉笄也。折笄首者,折吉笄之首也。言笄者,象笄也。何以言子折笄首而不言妇?终之也。"这里主要涉及女儿出嫁后为父母之五服服饰,在娘家与婆家丧笄有何变化的问题。

《丧服》记、传的大意是说:女儿出嫁后为父母降服齐衰不杖期,媳妇为公婆也服齐衰不杖期,因此首服都是着恶笄并露出发髻。恶笄即栉笄,以柞木所制,柞木粗恶,故称。已出嫁的女儿为父母服,百日卒哭祭之后须返回婆家,①怕仍着恶笄使公婆忌讳厌嫌,以为不吉之物,因此摘弃恶笄而改用吉笄。但吉笄之首有镂刻纹案部分必须折去,以区别于寻常吉笄,吉笄长一尺二寸,折去笄首二寸,余长一尺,正好与恶笄长度同。至于束发之麻布总仍不变,保持至服丧期满。为什么记文中说"子折笄首"而不说"妇折笄首"呢?因为女子对父母称"子",对公婆称

---

① 《礼记·丧大记》的记载与《仪礼·丧服》不同,认为:"妇人丧父母,既练而归(夫家)。"练,即小祥祭,在成服后第十一个月时。

"妇","子折笄首"是指为父母丧百日卒哭祭后回婆家的变化,至于妇为公婆服丧,则不必中途改恶笄为吉笄折首,而是用恶笄保持至丧期终了。

至于出嫁女子为父母服丧百日卒哭祭后返归夫家,衰服及绖、带、屦是否保留的问题,经典及后世经学家并未言及。但从恶笄尚须改为吉笄折首的情况看,衰服等服饰相比恶笄目标更大、更显眼,更为婆家所不容。故出嫁女子为父母服丧期间返归夫家后,除布总、吉笄折首外,其余五服服饰均须去除,当是可以确定的。

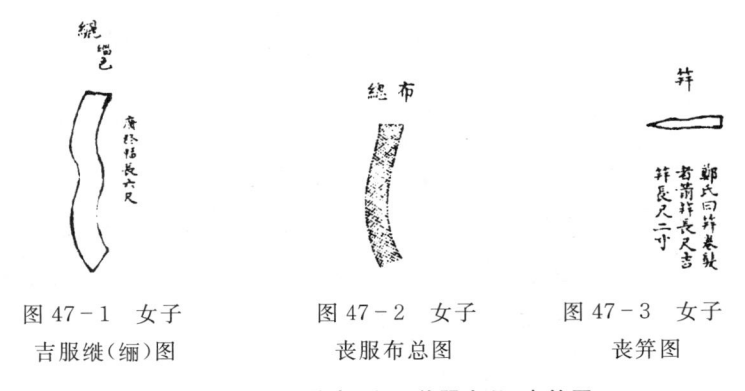

图47-1 女子吉服继(缡)图

图47-2 女子丧服布总图

图47-3 女子丧笄图

图47 宋《礼书》女子首服布总、丧笄图

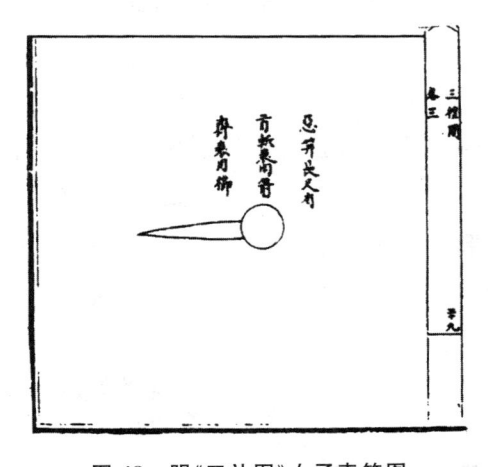

图48 明《三礼图》女子丧笄图

三、女子用杖

女子是否用杖,如何用杖,是历代经学家们一直争议不休的问题。问题起源于《丧服》经文与传文自身的矛盾。这一点,沈文倬先生有过专门的论述,兹录如下:

> 妇人用杖的问题。斩衰三年章"斩衰裳、苴绖杖、绞带、冠绳缨、菅屦者",在下列服丧之人中,有"妻为夫"、"妾为君"、"女子子在室为父"、"子嫁反在父之室"等,均是妇人。妇人丧服与男子不同处,经(文)补充章首云"布总箭笄髽衰三年",所异在首服,没有提及用杖与否,承上文则妇人亦用杖可知。我师曹元弼先生《礼经校释》云:"杖是丧礼之大者,妇人果或不杖,经必明著之矣。齐衰期以杖不杖分轻重,三年之丧无有不杖者。不杖乃未成人之不备礼也。"在经文,这本来是没有疑义的。可是,《服传》(即《丧服》传文)云:"杖者何也,爵也。无爵而杖者何也,担主也。非主而杖者何也?辅病也。童子何以不杖也,不能病也。妇人何以不杖也,亦不能病也。"……以为凡妇人而非命妇,或非嫡妇为丧祭之主者,均不得用杖。显然与经文原意相违反的。在《礼记》里,《丧大记》云"妇人皆杖",与经合。《丧服小记》云"女子子在室为父母,其主丧者不杖则子一人杖",郑注:"无男昆弟,使同姓为摄主不杖,则子一人杖,谓长女也。"就是说父母死无子,使同姓代为丧主,代为丧主不得用杖,于是长女可以用杖。反过来说,有昆弟为丧主,女子子未嫁者不得用杖。这种说法显然与经意不符。可见《服传》是从记(即《礼记》)而违经(即《仪礼·丧服》经文)的。[①]

沈文揭示了在女子用杖这个问题上《丧服》经文与传文、《礼记》之间

---

① 沈文倬:《汉简"服传"考》(下),《文史》第 25 辑。

的矛盾。经文中,凡成年女子三年服均可用杖;而在传文及《礼记》中,女子只有在特殊情况下才可用杖。如父母死而有女无子,由族中男子代为主丧,长女方可用杖。笔者以为,包括《丧服》经文在内的《仪礼》作于春秋时,而传文及《礼记》则作于战国时,其间相隔数百年,很多观点自然不同。虽仅女子用杖这样一个小问题,但也能从中得到某些启发:

第一,春秋时成年女子均可用杖,战国时已严格限制妇女的用杖权,秦汉以后甚至男子中也仅主丧者一人用杖,实际上反映了分封制向中央集权制过渡、大宗法制向小宗法制过渡阶段中一系列具体制度与理论观点的相应变化,妇女用杖权问题只是其中的一环。

第二,在《丧服》经文中,并未将用杖作为重要的等级标志,但在传文与《礼记》中,则明显突出了杖的区分等级的作用,说明在分封制向中央集权制转化中,等级制度并未削弱,反而进一步得到加强。

第三节 五服服饰变除(受服)

在服丧期限内逐步递减五服服饰之等级,表明随时间之消逝哀思递减之意,称为"变除"。"变"指重服改为轻服;"除"指某种服饰除去后,不再有轻服服饰取代。《丧服》中称"变"为"受","变"后之轻服服饰称为"受服"。服丧期内不改为轻服,以原成服的服饰一服到底,称为"无受"。

五服服饰变除的道理,据西晋贺循说:"夫服缘情而制,敌情降则服轻。既虞(即百日卒哭祭后),哀心有杀(减轻),是故以细代粗,以齐代斩耳,若犹斩之,则非所谓杀也。……是知斩、疏之名,本生于始死之服,以名其丧耳,不谓终其日月皆不变也。"[①]

---

① 《通典》卷八七"五服制度变"条。该条题"变",原文如此,疑"变"后脱一"除"字。

五服服饰依是否变除可以分为两大类：

一类是无受服。即成服至终服五服服饰始终不发生变化者。五服服饰中有两种情况无受服：一是既葬除服。五服有一原则，即未葬不得变服。天子七月葬，故缌衰七月无受服，《丧服》经文："缌衰裳……既葬除之者。"七月葬后即除服，中间无受服。大夫、士三月葬，故齐衰三月、缌麻三月无受服，《丧服》经文："疏衰裳（三月）……无受者。"经文："缌麻，三月者。"《仪礼正义》："此章在五服之内为最轻，三月既葬除之，无受也。"二是殇服无受服。为未成年人服丧礼数简化，"其文不缛"，因而中途不必变服。而且凡殇服均已较原服降等，所以服丧中途不必再变服轻服。如大功殇九月（长殇）、七月（中殇）服，《丧服》经文："大功布衰裳，牡麻绖，无受者。"又如小功殇五月服，经文"小功布衰裳，澡麻带、绖，五月者"，未如后文小功成人服饰称"即葛五月者"，无"即葛"即无变服，故小功殇服也无受服。

经过汉魏六朝经学家们的改造，不论有受服、无受服，至服除的当月均改着朝服素冠、吉屦无约，下月的第一天才正式换成吉服。如小功殇五月服，至第五月初改着素服，第六月正式从吉。这样事实上把所有无受服都改造成了有受服。[①]

另一类是有受服。即在成服至终丧之间服饰渐次由重而轻，至少发生一次以上变服者。有受服在丧服中占多数，具体变除参阅下文。

在《丧服》经、记中，对受服有简略的记载，且都为一次性变服（既葬后变服）。记文中载斩衰、齐衰（除齐衰三月外）之受服，经文中载大功九月成人丧服饰、小功五月成人丧服饰之受服。至《礼记》，除大功、小功成人丧成服后仍只经历一次变服外，斩衰、齐衰都出现了多次性变服，即成服后要经历既虞卒哭（与既葬大致同）、小祥、大祥三次变服，禫

---

① 参见《通典》卷八七。

祭后恢复吉服。① 从中也可窥见春秋至战国时期等级制度理论的进一步严密化。

丧期内的祭祀，本不属本书讨论的范围，由于涉及五服依祭祀阶段而变除问题，故先此作一简略的介绍：

虞、卒哭。根据经典的说法，大夫、士（后世庶人也同）死后三月安葬，安葬后要将死者灵魂通过祭祀方式迎回并祔于祖庙，使死者灵魂与日后的血食有所归附之处，不致成为游魂野鬼。这一整套祭祀仪式就称为虞祭、卒哭祭。虞祭分为三次，即初虞（既葬当日）、再虞（第三天）、三虞（第四天），完成迎神、安神的仪式，将死者灵魂的象征——神主（即牌位）安放于寝宫。三次虞祭需四天时间，第六日行卒哭祭，也称卒哭祔庙礼，即用祭祀仪式将死者牌位由寝宫移到祖庙，按昭穆顺序排列。丧祭至此结束，死者亲属从牌位移出寝宫时起，就可止住哭声，故称卒哭祭。卒哭祔庙礼大约需时两天，加上虞祭共用去七天的时间，再加上三月安葬已过去九十天，总共将近一百天的时间，故也称百日卒哭。卒哭祭是斩衰服、齐衰三年杖期不杖期服、大功成人服、小功成人服变服的标志，也是齐衰三月服、缌麻服除服的标志。

小祥。《仪礼·士虞礼》："期而小祥。"期，即一周年。小祥，就是父母去世一周年祭。小祥祭在第十三月，按照清人崔东壁《五服异同汇考》的说法，是在第十三月的第一天，正是父母的周年忌日。因此小祥祭实际就是周年忌日祭。《释名·释丧制》："期而小祥，亦祭名也。孝子除首服，服练冠也。祥，善也，加小善之饰也。"小祥后变服，可服煮练之熟麻布，因此小祥也简称练。《仪礼正义·士虞礼》引吴绂曰："以一期言则曰小祥，以服变除之节言则曰练。"斩衰三年丧、齐衰三年丧小祥祭在第十三月，而齐衰杖期丧小祥祭则在第十一月的第一天，《礼记·

---

① 参见《礼记·间传》、《礼记·丧服小记》、《礼记·杂记》等篇。

杂记》:"期之丧,十一月而练(小祥),十三月而祥(大祥),十五月而禫。"譬如父在为母、夫为妻均是杖期,第十一月小祥,第十三月大祥才是周年忌。小祥祭时,小功五月成人服、大功九月成人服均早已除服,齐衰不杖期服在小祥祭后也除服。因此小祥祭变服者仅斩衰、齐衰三年、杖期。

大祥。《仪礼·士虞礼》:"又期而大祥。"又期,又是一周年,即两周年。《释名·释丧制》云:"又期而大祥,亦祭名也。孝子除衰服,服朝服、缟冠,加大善之饰也。"大祥祭在第二十五月的第一天,正是父母去世的两周年忌日。齐衰杖期的大祥祭时间则在第十三月的第一天,即一周年忌日。大祥祭是斩衰、齐衰三年、杖期的第三次变服。三年服中,臣为君大祥后除服,无禫。

禫(音 dàn 但)。胡培翚说:"禫,大祥后除服祭名。"[1]《仪礼·士虞礼》:"中月而禫。"何谓"中月"?自汉、晋以来一直存在着两种不同的意见。以东汉郑玄为代表的一种意见认为,"中"即"间","中月"即"间隔一月",也就是说,在第二十五月大祥祭后间隔一月,至第二十七月行禫祭。相应而推,杖期也是在第十三月大祥祭后间隔一月,至第十五月行禫祭。以西晋初王肃为代表的另一种意见认为,"中月"即"月中",大祥祭在第二十五月之初,禫祭也在第二十五月之内,因此三年丧应以二十五为断,杖期丧应以十三月为断。由于王肃之女嫁与司马昭,生司马炎(晋武帝),王肃以皇帝外祖父的身份,得帝王之力推行其学说,因此晋时推行三年丧二十五月、杖期丧十三月之制。[2]刘宋以后,历代均依郑玄说,行三年丧二十七月、杖期丧十五月之制。禫的含义,胡培翚说:"(郑玄注)云'禫之言澹澹然,平安意也'者,澹与淡通,谓哀痛惨切之念

---

[1] 《仪礼正义·士虞礼》。
[2] 参见《三国志·王肃传》。

至此渐平,向之夙夜不安者至此稍安也。"①第二十七月初行禫祭,禫祭后服禫服,②这是斩衰、齐衰三年的第四次变服,也是最后一次变服,此时之服已与吉服相差无几。第二十七月末除禫服,换上吉服,守丧期正式结束。杖期丧禫祭为第十五月,其余同。

五服服饰变除,《丧服》中仅寥寥数语提及,《礼记·间传》最详,也不过一百余字,后世经学家的解释也往往含混牴牾。限于资料,某些方面只能付之阙如。下面分别介绍五服各等级的服饰变除。

一、斩衰服饰之变除

斩衰服有正服(三升)、义服(三升半)两级,③在三年即二十七月丧期中四次变服,正服、义服变服相同。

(一)既虞、卒哭后斩衰服饰之变除

1.衰裳受服。五服服饰变除中衰裳受服的一个原则,就是以变服前冠之升数作为变服后衰裳之升数。《丧服》记文:"(斩衰服)衰三升、三升有半,其冠六升。以其冠为受,受冠七升。"也就是说,既虞、卒哭后斩衰衣裳升数同于变服前之冠的升数,为六升。应该说,斩衰受服的材料也因此发生了变化,由苴麻变为枲麻(牡麻)。六升衰裳相当于齐衰义服成服时之衰裳升数。

2.受冠。上引记文:"(斩衰)受冠七升。"即在变服前之冠六升的基础上加一升。斩衰受冠七升(经线560缕)相当于齐衰降服成服时之冠的升数。

3.麻绖(包括首绖与腰绖)变服为葛绖,截面粗细减五分之一。葛是一种蔓生植物,茎皮可织布,称葛布,俗称夏布。粗葛布古称绤(音 xì

---

① 《仪礼正义·士虞礼》。
② 禫服之说,为汉以后经学家所增,见《通典》卷八七。
③ 降、正、义服之定义及划分,见本书第二章第三节"两汉服叙"部分。

细),细葛布古称绨(音 chī 吃)。

4.绞带(绳带)变服为麻布带。

5.杖不变。丧屦由成服时之菅屦外纳变为菅屦内纳。

6.女子除去首绖,腰绖变用葛绖,绞带不变。女子斩衰衰裳受服升数与男子同,布总升数与男子受冠同(七升)。

仍要说明的是,大夫、士三月葬,故虞祭、卒哭在百日内;天子七月葬,虞祭、卒哭也延之其后。

(二)小祥后斩衰服饰之变除

1.以卒哭后之受冠升数为小祥后之衰裳升数,即七升,相当于大功降服成服时之衰裳升数。除去衰(布)、负版、辟领(适)。

2.卒哭后之受冠小祥后变为练冠。练冠即以练布为冠,练布即经过煮练(灰治)之麻布,也称熟布。

3.除去首绖,这是小祥后变除之最显著者。腰绖减去一股葛,麻布带变为练布带。

4.丧屦变为绳屦无绚。杖不变。

5.女子衰裳升数之变化与男子同,并除去腰绖。

(三)大祥后斩衰服饰之变除

大祥祭后,唯主丧者服,其余非主丧者均素冠、吉屦无绚,至当月末除服从吉。主丧者服饰变除为:

1.衰裳变为十五升布深衣。丧服特征在衰裳上实际已经消除。

2.练冠变为素缟(音 gǎo 稿)冠。素缟冠,即白色生绢所制丧冠,俗语"缟素"即为服丧。

3.除去腰绖。布带仍在。

4.丧屦变为白麻屦无绚。

5.除去杖。大祥后弃除之杖或成服后至大祥前不慎弄断之杖,都必须弃于隐蔽之处,以防被他人得之后或焚,或他用,就亵渎了孝子之心。

(四)禫祭后斩衰服饰之变除

禫祭后主丧者深衣变成日常之服,练布带变成日常革带,尚保存丧服服饰标志的仅存两处:一是素缟冠由全白变为黑经白纬即黑白相间之冠,冠缨则可彩饰。二是丧屦变为吉屦无绚,如同小功、缌麻成服之丧屦。

禫祭之月结束,斩衰丧期正式服满,服饰一切如常。

二、齐衰服饰之变除

齐衰等级与服饰在五服中最为复杂,其服叙等级分为三年、杖期、不杖期、三月四级,而服饰变除则依降服、正服、义服三种情况而不同。由于齐衰三月既葬而除,故不在服饰变除范围内。

(一)齐衰降服服饰之变除

齐衰降服包括三年降服(父卒为母)、杖期降服(父在为母)、不杖期降服(为人后者为其父母、女子子适人者为其父母等),[1]在小祥、大祥、禫祭时间上虽有不同,但服饰变除同,故归为一类。齐衰降服成服服饰为衰裳四升、冠七升。

1.既虞、卒哭后齐衰降服服饰之变除:

(1)《丧服》记文:"齐衰四升,其冠七升。以其冠为受,受冠八升。"就是说,既虞、卒哭后以成服之冠的升数为衰裳的升数,即受服七升(560缕),相当于大功降服成服时衰裳升数。

(2)受冠较成服时加一升为八升(640缕),相当于齐衰正服成服时冠之升数。

---

[1] 降、正、义服,经典中有其实而无其名,其分类始自东汉郑玄,其后历代经学家在分类上众说纷纭,莫衷一是,历代礼典也无明确分类,本书分类基本从宋时黄榦、杨复说,详见本书第二章第三节"两汉服叙之流变"部分。

(3)变牡麻绖为葛绖,包括首绖与腰绖,截面周长减五分之一,相当于大功绖带。

(4)女子除首绖,腰绖变麻为葛。衰裳变化如男子。已出嫁之女子为父母不杖期,卒哭后返归婆家,丧服服饰变除参见上节。

2.小祥后齐衰降服服饰之变除:

(1)以卒哭后受冠升数为小祥后衰裳升数(八升),相当于大功正服成服时衰裳升数。

(2)变八升受冠为练冠,即由生麻布冠变为熟麻布冠。

(3)除去首绖,腰绖截面周长再减五分之一,相当于小功带。

(4)女子除腰绖,衰裳升数变化如男子。

3.大祥后齐衰降服服饰之变除:

大祥祭后,除主丧者外均除服从吉。主丧者除去腰绖、杖,服素冠、素衣,吉屦无绚。

4.禫祭后齐衰降服服饰之变除:

主丧者服饰同斩衰,仅黑经白纬冠、吉屦无绚,至禫祭之月结束,一切从吉。

(二)齐衰正服服饰之变除

齐衰正服包括三年正服(母为长子,妾为君之长子)、杖期正服(夫为妻)、不杖期正服(为祖父母、伯叔父母、兄弟、众子、侄、未嫁姊妹等)、三月正服(为曾祖父母),三月正服既葬除服,无变服。齐衰正服成服服饰为衰裳五升,冠八升。

1.既虞、卒哭后齐衰正服服饰之变除:

(1)"以冠为受",卒哭后受衰与成服时冠同,为八升(640缕),与大功正服成服时衰裳升数同。

(2)受冠加一升为九升(720缕)。

(3)首绖、腰绖变麻为葛,同于齐衰降服。

(4)女子服饰变除同于齐衰降服。

2. 小祥后齐衰正服服饰之变除：衰裳升数同受冠升数（九升），其余变除均同齐衰降服。

3. 大祥后齐衰正服服饰之变除：除夫为妻外，余均除服从吉。夫为妻主丧服饰变除同齐衰降服。

4. 禫祭后齐衰正服服饰之变除：同齐衰降服。

(三)齐衰义服服饰之变除

齐衰义服包括杖期义服（父死随继母改嫁为继母等）、不杖期义服（为继父同居者、妇为舅姑等）、三月义服（庶人为国君、为宗子等），其中三月义服无变服。齐衰义服成服服饰为衰裳六升，冠九升。

既虞、卒哭后受衰变为九升（720 缕），与大功义服成服升数同。受冠为十升（800 缕），其余变除同于齐衰降服。

小祥后衰裳升数同受冠为十升，与小功降服成服升数同。其余变除同齐衰降服。

大祥后除主丧者外均除服从吉，主丧者服饰变除同齐衰降服。

禫祭后齐衰义服服饰变除也同齐衰降服。

三、大功服饰之变除

大功服叙包括大功殇服与大功成人服。大功殇服分九月与七月两级，其服饰虽略有区别（参见本章第一节三"大功服饰"条），但在成服后至服满均无变化，正如《丧服》经文所云："无受者。"因此与这里所叙述的大功服饰变除无关。大功成人服则依所服对象不同分为降服、正服、义服三种情况，丧期均为九月，但三者之成服服饰与受服服饰有所区别。

(一)大功成人降服服饰之变除

大功成人降服（为姑、姊妹、女子子适人者等）成服服饰为衰裳七升

(560缕)、冠十升(800缕)。既虞、卒哭后以冠为受,故受衰十升,相当于小功降服成服服饰之衰裳升数;受冠较成服冠加一升,为十一升(880缕),相当于小功正服成服服饰之冠升数。首绖与腰绖变麻为葛。九月除衰裳、葛绖,冠、屦变为素冠、吉屦无绚,至月底恢复吉服。

(二)大功成人正服服饰之变除

大功成人正服(为从父兄弟、庶孙等)成服服饰为衰裳八升(640缕)、冠十升。由于大功正服冠同于降服,故既虞、卒哭后以冠为受也同,所有变除均同于大功成人降服。

(三)大功成人义服服饰之变除

大功成人义服(妻为夫之祖父母等)成服服饰为衰裳九升(720缕)、冠十一升(880缕)。既虞、卒哭后以冠为受,受衰十一升,相当于小功正服成服时衰裳升数;受冠十二升(960缕),相当于小功义服成服时冠之升数。其余变除同于大功成人降服。

四、小功服饰之变除

小功服叙包括小功殇服与小功成人服,丧期均为五月。小功殇服服饰成服后无变化。小功成人服也分为降服、正服、义服三种情况,三者之成服服饰与受服服饰也略有区别。

(一)小功成人降服服饰之变除

小功成人降服(为从父姊妹适人者等)成服服饰为衰裳十升(800缕)、冠也十升。既虞、卒哭后衰、冠不变,仅首绖、腰绖由牡麻绖换成葛绖。五月除衰裳、葛绖,冠、屦变为素冠、吉屦无绚,至月底期满从吉。

(二)小功成人正服服饰之变除

小功成人正服(为从祖祖父母、外祖父母等)成服服饰为衰裳十一升(880缕)、冠也十一升。既虞、卒哭后衰、冠不变,其余变除同于小功成人降服。

(三)小功成人义服服饰之变除

小功成人义服(为夫之姊妹、娣姒等)成服服饰为衰裳十二升(960缕)、冠也十二升。既虞、卒哭后衰、冠不变,其余变除同于小功成人降服。

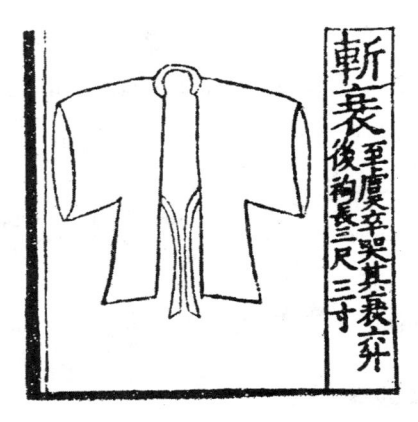

图 49-1 斩衰受服

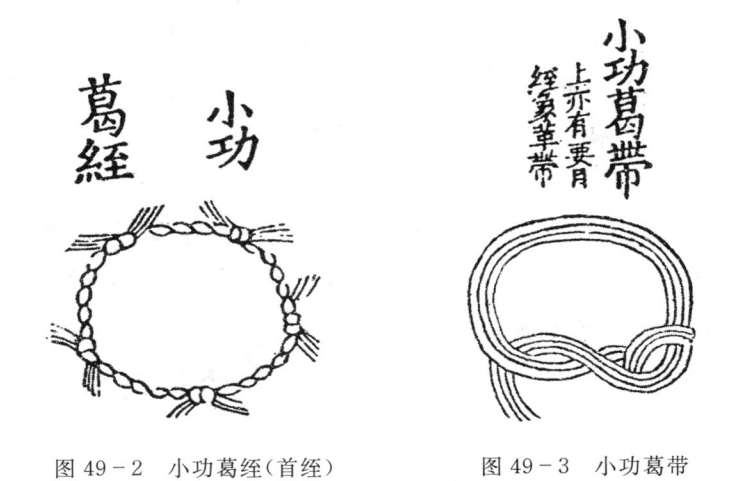

图 49-2 小功葛绖(首绖)　　图 49-3 小功葛带

图 49　宋《新定三礼图》丧服变除图

五、缌麻服饰之变除

缌麻服叙也包括殇服与成人服,丧期皆为三月,既葬除服,本无所谓变除。但汉以后经学家为三年、杖期设计了禫服,也为不杖期以下至缌麻均设计了服满后当月内之素冠、吉屦无绚,至当月底结束,但殇服不变。于是缌麻成人服饰也有了所谓的变除。如《通典》所云:"(缌麻)既葬,受以朝服、素冠,逾月复吉。"[①]

第四节　历代五服服饰制度之演变

历代五服服饰制度之演变,大致可划分为三个时期。

一、西周春秋战国时期

中国古代的五服服饰制度当以《仪礼·丧服》为祖本,这是没有疑义的。《仪礼》中记载的四篇丧礼——《丧服》、《士丧礼》、《既夕礼》、《士虞礼》,据说是孔子的学生孺悲根据孔子的讲课记录整理的,都是有关当时的低级贵族——士的丧礼,因此《丧服》篇,也只是涉及士的五服服饰。春秋时人似乎也是这么认为的,《左传》襄公十七年(前556年):"齐晏桓子卒。晏婴粗缞斩,苴绖带,杖,菅屦。食粥,居倚庐,寝苫,枕草。其老曰:'非大夫之礼也。'曰:'唯卿为大夫。'"齐国晏婴的父亲晏桓子死了,晏婴居丧的丧服服饰与《丧服》的记载是相吻合的:粗恶的斩衰服,苴麻绖、带,竹杖,菅草鞋。守丧行为也是很规范的。但其家臣却不以为然,认为晏婴所遵行的是士丧礼,而非大夫丧礼。晏婴只好解嘲说:"我哪算什么大夫啊。"这是《左传》中唯一的一条有关规范的丧服服

[①]　《通典》卷八七"五服成服及变除附"条。

饰的记载,这条记载至少有以下几点值得考虑:

第一,《仪礼·丧服》中的服饰并非子虚乌有,并不是孔子和他的学生凭空捏造出来的。孔子自称"述而不作",细节上可能有所完善,但大要上是不会杜撰的。

第二,当时存在着不同政治等级间的五服服饰的区别,而《丧服》记载的只是士的五服制度。孔子着重讲士,儒悲着重记士,恐怕与他们自身处于这个阶层有关。

第三,晏婴为父斩衰之服饰虽合于士之丧礼,但丧期是否服满二十五月或二十七月,服饰变除是否合礼,《左传》均未记载。春秋战国时期,只有孔子弟子为孔子心丧三年,《史记·孔子世家》:"孔子葬鲁城北泗上,弟子皆服三年。三年心丧毕,相诀而去,则哭,各复尽哀,或复留。唯子赣庐于冢上,凡六年,然后去。"其余不见有三年服之记载。春秋战国之交的刺客聂政,大孝子也,严仲子请其帮助复仇,聂政拒绝道:"臣所以降志辱身居市井屠者,徒幸以养老母,老母在,政身未敢以许人也。"但后来母死之后,聂政"既已葬,除服",①并未守丧三年。非聂政不孝,当时风俗如此。笔者怀疑晏婴虽服斩衰服饰,但在丧期上也是"既葬,除服",无所谓丧服变除的。

总之,《丧服》中所记载的先秦时期低级贵族的五服成服服饰并非如《周礼》六官那样出于虚构,而是大致合于当时的制度,孔子与其弟子只是将其中的等级特征整理得更为清晰。但先秦时期的亲属服丧期均为从死亡到下葬这一段时间,因此"既葬,服除",根据下葬时间的不同规定(天子七月,诸侯五月,大夫、士三月),服丧期才有所长短。因此西周春秋时期五服制度的主要等级特征体现在五服服饰上。孔子及其弟子对五服制度的主要改革就在于使服丧期限成为五服制度的主要等级

---

① 《史记·刺客列传》。

特征,形成了三年、杖期、不杖期、九月、七月、五月、三月等不同等级,极大地扩大了五服制度的等级容量,从而构成了五服制度的大框架,并使之成为亲属关系计算的标准。可以说,三年丧是孔子的发明。

春秋时也有礼典未记载的五服服饰。如《左传》僖公三十三年(前627年)记:晋文公重耳死,子晋襄公即位,决定在丧中讨伐秦师,所着丧服也发生了变化,"子墨衰绖,梁弘御戎,莱驹为右"。子,指晋襄公,杜预注:"晋文公未葬,故襄公称子,以凶服从戎,故墨之。"墨衰绖,指黑色的衰裳、绖带。由此创下了凶服从戎着黑色的先例,"夏四月辛巳,败秦师于殽……遂墨以葬文公。晋于是始墨。"杜预注:"后遂常以为俗,记礼所由变。"《左传》襄公二十三年:"公有姻丧,王鲋使宣子墨缞冒绖,二妇人辇以如公,奉公以如固宫。"公,晋平公;姻丧,平公舅舅杞孝公亡;宣子,范宣子;墨缞、冒、绖,冒即帽,衰裳、丧冠、绖带三者皆为黑色。杜预注:"晋自殽战还,遂常墨缞。"可见黑色丧服服饰在晋国从战时丧服演变为平时丧服。

《礼记》较《仪礼》晚出,大致成书于战国时期,《丧服》传文更在《礼记》之后,[①]从《礼记》及《丧服》传文中可以看出战国时在丧服服饰上较春秋时主要有两大变化:第一是完善《丧服》中的五服服饰等级。这主要体现在五服变除中受服制度之完备,特别在《礼记》的《间传》、《丧服小记》、《杂记》等篇中将斩衰、齐衰的一次变服(既葬变服)扩大到小祥、大祥、禫祭的多次变服(参见上文"丧服服饰变除"节)。第二是在用杖制度中限制了女子的用杖权,如《丧服》传文;同时男子用杖也考虑到了尊卑原则的运用,如《礼记·杂记》:"为长子杖,则其子不以杖即位。为妻,父母在,不杖。"(意即:父为长子杖,孙也为己父杖,但祖孙同处时,孙不得用杖。夫为妻杖,但父母还活着时,不得用杖。)这一切都突出了

---

① 参见沈文倬:《汉简"服传"考》,《文史》第24、25辑。

杖在区分等级上的作用,也为秦汉以后适应中央集权制特点的"主丧者杖"原则作了准备。

二、两汉魏晋南北朝时期

这一时期七百多年的时间内,五服服饰制度主要发生了如下两方面的变化:

(一)五服服饰等级细密化

西汉宣帝时,戴德(大戴)撰《丧服变除》,[①]将《仪礼·丧服》及《礼记·间传》等诸篇中有关五服服饰变除的内容整理补遗,使五服服饰等级进一步细密化与实用化。汉初以来,守丧制度在皇室诸侯中首先推行,汉武帝后,以公孙弘发端,逐步推及到官僚士大夫。五服服饰是守丧的外在标志,守丧的需要对五服服饰提出了操作程序清晰化的要求,戴德《丧服变除》正是顺应这一要求的产物。

东汉末年,经学大师郑玄注《仪礼》、《礼记》。撇开其他成就不谈,在五服服饰等级上,郑玄提出了五服各等级分别又可划分为降服、正服、义服的学说。如根据《丧服》记文中"(斩)衰三升、三升有半"的记载,认为:"或曰三升半者,义服也。"又根据经文中大功以下服有殇服与成人服的区别、为母之服中有齐衰三年与杖期的区别等,提出了"降服"的观点,义服、降服以外,则为正服。这就使五服服饰制度的等级数进一步扩大,分类进一步细密。

降、正、义三服的分类,只与五服服饰等级相关,而与服叙等级无关,[②]故在此简略介绍之。

[①] 今存唯清人辑佚本,如王谟辑《汉魏遗书钞》本、马国翰辑《玉函山房辑佚书》本、洪颐煊辑《问经堂丛书》本。

[②] 服叙上虽也可各归入降、正、义三服,但与服叙等级无关,也就是说,这种分类在服叙及法律上无实质意义。而且学者各陈其说,分歧较大。可参见胡培翚《仪礼正义·丧服·降正义服图说》。

降服,即因某种原因从高等级服叙降至低等级服叙者。如子为母服,父卒为母是齐衰三年,但父在为母降至齐衰杖期,后者即为降服;女子子在室者为父母与子同,但女子子适人者(已出嫁)则为父母降至齐衰不杖期,即为降服;为兄弟齐衰不杖期,但为人后者(作他人嗣子者)则为兄弟降至大功,即为降服;为殇者之服均较为成人之服降等,也是降服;等等。降服在三服中位列最前,因此在各等级服饰中衰冠升数也是最少的,如齐衰杖期降服衰四升、冠七升,正服衰五升、冠八升,义服衰六升、冠九升。

正服,即本应归属该服叙且符合下列条件之一者:第一,自身之血亲,如子为父,父卒为母,为兄弟,为未嫁姊妹,为伯叔父等。第二,自身之配偶,即妻为夫,妾为君,夫为妻等。第三,本宗九族内男系血亲之配偶,如继母、伯母叔母、儿媳、孙媳、侄媳等。

义服,即属非血缘关系而因政治、道义、配偶亲属等原因而服者:第一,政治原因,即贱为贵服。如臣为君,庶人为君,诸侯为天子(非天子血亲之诸侯),为本宗九族外之宗子及宗子母、妻服也可归入这一类。第二,道义原因。如为乳母,弟子为师(如孔子弟子为孔子服,但弟子为师服不在《丧服》范围内),为朋友(袒免服),为继父等。第三,配偶亲属。如妻为夫之父母及本宗亲属,夫为妻之父母,娣姒互服等。

降、正、义三服的提出,使丧服对象之分类进一步清晰。在丧服服饰制度上,三服的提出使服饰等级进一步分化,反映了封建中央集权制下等级制度进一步发展的特征。

兹列笔者自绘"五服降、正、义服衰冠升数表"如下(见表2),并可参见"丧服服饰变除"节。

从此表可见丧服服饰等级的进一步细密化。这种细密化从时间上看贯串两汉至唐,是两汉以来丧服服饰贵族化的标志。反之,宋以后丧服服饰的简化趋势,正是丧服服饰平民化的标志。

表 2　五服降、正、义服衰冠升数表

五服名称	三服分类	成服衰冠升数	既葬受服衰冠升数	服叙举例
斩衰三年	正服	衰三升冠六升	衰六升冠七升	子为父、妻为夫
	义服	衰三升半冠六升	衰六升冠七升	诸侯为天子
齐衰三年	正服	衰四升冠七升	衰七升冠八升	父卒为母
齐衰杖期	降服	衰四升冠七升	衰七升冠八升	父在为母
	正服	衰五升冠八升	衰八升冠九升	夫为妻
	义服	衰六升冠九升	衰九升冠十升	父卒继母嫁，从，为之服
齐衰不杖期	降服	衰四升冠七升	衰七升冠八升	女子子适人者为其父母
	正服	衰五升冠八升	衰八升冠九升	为祖父母、为兄弟
	义服	衰六升冠九升	衰九升冠十升	妇为舅姑
齐衰三月	正服	衰五升冠八升	无受	为曾祖父母
	义服	衰六升冠九升	无受	庶人为国君
大功殇九月七月	降服	衰七升冠十升	无受	为兄弟之长殇、中殇
大功九月	降服	衰七升冠十升	衰十升冠十一升	为姊妹适人者
	正服	衰八升冠十升	衰十升冠十一升	为从父兄弟
	义服	衰九升冠十一升	衰十一升冠十二升	为夫之祖父母
缌衰七月	义服	衰四升半冠八升	既葬除之	诸侯之大夫为天子
小功殇五月	降服	衰十升冠十升	无受	为兄弟之下殇
小功五月	降服	衰十升冠十升	即葛无受	为从父姊妹适人者
	正服	衰、冠同十一升	即葛无受	为外祖父母
	义服	衰、冠同十二升	即葛无受	为夫之姊妹

续表

缌麻殇三月	降服	衰、冠同十五升抽其半	无受	为庶孙之中殇
缌麻三月	降服	衰、冠同十五升抽其半	无受	为从祖姊妹适人者
	正服	衰、冠同十五升抽其半	无受	为外孙
	义服	衰、冠同十五升抽其半	无受	为妻之父母

(二)主丧原则的确立及其与杖、禫服之关系

主丧即主持丧事。先秦服制中强调主丧者必须是男子,家无男子可以族人、邻居或朋友主丧,但女子及妻党不得主丧。[①] 主丧者也只是主持丧事而已,并无特殊的含义。这是先秦大宗法制下维护男子绝对统治地位的需要。秦汉以后大宗法解体,以小家庭为社会基本单位的小宗法取而代之,统一的中央集权政体的确立,也越来越强调家长在小家庭内之一统地位。[②] 大致在魏晋南北朝时期,主丧原则基本确立,其要点有三:

第一,主丧者必须是现任家长或继任家长。因此妻之丧,夫主之;父之丧,长子主之;父卒母丧,长子主之;长子之丧,父主之。死者无子可为之立嗣以主丧。主丧者实际扮演了死者法定继承人的角色。当然也有特殊的情况,如在任官死在任上而身边无亲属,属吏可以为之主丧;商人在经商途中身亡,朋友可以为之主丧。但这些主丧者都是临时角色,死者亲属一旦得之确切讯息,仍要重行举丧,那时真正的主丧者才会进入角色。

---

① 参见《礼记·杂记》。
② 关于大宗法、小宗法问题,参见本书附录一论文《宗祧继承论》。

第二，丧期以主丧者为断，即主丧者是最后一位解除丧服者。如已婚女子死，夫为丧主，服齐衰杖期；子与女（未出嫁女儿）也为母服齐衰杖期（父在为母杖期）。夫与子女丧期似乎相同，但子女非主丧者，至大祥祭后解除丧服，而夫则须等禫祭后才能解除丧服。

第三，女子也可主丧。由于秦汉以后主丧与继承相关，因此在家无男性继承人而又尚未立嗣的情况下，妻、女也可主丧。事实上，春秋时齐国就颁布过长女主祭的法令，《汉书·地理志》记齐襄公时"令国中民家长女不得嫁，名曰'巫儿'，为家主祠，嫁者不利其家，民至今以为俗"。《左传》哀公六年注也云："齐俗妇人首祭事。"

主祭与主丧虽有不同，但实际上主丧的重点也在三虞、小祥、大祥、禫等丧祭仪式上，二者有共通之处。魏晋南北朝时期，因为女子可以主丧，又有因男性继承人幼弱而以妻主丧的。如北魏宣武帝薨，孝明帝即位，年仅五岁，其母胡"太后不欲令明帝主事，乃自为丧主"。[①] 这是借主丧而摄取政权了，也可进一步看出主丧原则的变更对国家政治活动的影响。

主丧原则确立后，为了突出主丧者的形象，在五服服饰制度方面也相应发生了某些变化：

第一，以杖作为主丧者的象征，非主丧者不杖。在先秦服制中，先是凡三年丧与杖期丧，除未成年人外，成年男女均可用杖，如《丧服》经文；战国时剥夺了女子的用杖权，男子用杖也受到尊卑原则的限制，如《丧服》传文与《礼记》。汉晋以后主丧原则确立，以杖作为主丧者的象征物，不论男女，凡主丧皆可用杖，非主丧者即使服斩衰、齐衰三年、杖期，也不得用杖。

第二，设计禫服、延长禫制以突出主丧者的形象。三年丧在西汉

---

① 《北史·宣武灵皇后胡氏传》。

武、宣之时才有个别官吏开始实行,东汉魏晋之际才开始流行起来。汉代戴德、郑玄创三年丧二十七月之说,将《仪礼·士虞礼》"中月而禫"解释为"间月而禫",即禫祭在大祥祭后间隔一月,这样大祥祭在二十五月,禫祭在二十七月,非主丧者在第二十五月初服大祥受服,至月末释服,主丧者则在第二十六月单独服大祥受服,第二十七月初服禫服,至月末释服。这样整整两个月内唯主丧者服丧,较之祥、禫同月突出了主丧者的形象。由于晋时依王肃行二十五月之制,南朝开始才正式行二十七月之制,严格地说是在刘宋王淮之奏书后才正式实行的。[①] 随着禫制的延长,禫服也受到重视,于是根据《礼记·间传》"禫而纤"的记载认为禫服是指黑经白纬的丧冠,[②]后人再附会上"吉屦无絇"的丧屦,组成了禫服,成为丧服变除的最后一环。

突出主丧者形象,实际也是为了突出家长的形象,提高家长的权力。这也是秦汉以后小宗法制(突出家长)区别于先秦大宗法制(突出大宗)的特征之一。

三、唐宋元明清时期

唐以后在五服服饰制度上最明显的变化就是其简化趋势。

(一)唐《开元礼》之变化

隋唐以后,随着科举制度——这一封建社会人才选拔最公平形式的出现,士、农、工、商皆可自荐应试,跻入官僚阶层。传统的门阀等级制度遭受极大的冲击,封建统治基础空前扩大与稳固。随着官僚来源的全民化,士文化圈向外扩散,汉魏六朝时期主要在上层社会流行的贵族化的五服制度,唐以后也开始在平民中流行,《唐律》中守丧制度的法

---

① 见《宋书·王淮之传》。
② 见《礼记·间传》郑玄注。

律化更为这一流行推波助澜。五服制度的平民化、世俗化趋势也促成了其自身的演变,其中变化最剧的,就是五服服饰制度。

根据唐代中期制定的《开元礼》,[1]可以看到五服服饰在以下几方面的变化:

第一,废止缌衰服饰。在先秦丧服服饰中,缌衰是"诸侯之大夫为天子"服。汉魏六朝时期,诸侯及地方长官均可自辟僚属,诸侯、地方官与僚属之间有君臣之恩,而这些僚属与天子之间无直接的行政关系,故缌衰服的存在仍有其客观基础。据《通典》记载,晋时仍有人提出服缌衰的建议。隋唐以后,随着中央集权制的加强,地方用人权收归中央,诸侯及地方僚属皆由中央任命,与中央发生直接的行政隶属关系,缌衰服已无存在的基础,因此《开元礼》中已不收缌衰服。[2]

第二,受服简化,《开元礼》无既葬卒哭受服,却有练、祥、禫变服。清徐乾学说:"丧礼自成服之后,莫要于卒哭受服一节。盖斩衰之布以三升,齐衰之布以四升,其服至粗而易坏,势必不能久。……自唐《开元礼》迄于明之《集礼》,练服、禫服则有之,而卒哭受服之制皆废。"[3]

第三,《开元礼》在郑玄降、正、义三服分类的基础上又分离出加服,成为四服分类,即正、加、降、义四服。所谓加服,是指原服低等级者因某种原因而升入高等级者,《开元礼》将之归入加服。五服之中,仅斩衰、齐衰有加服(斩衰,齐衰三年、杖期、不杖期、三月),大功以下无加服。综观《开元礼》中增设的加服,包括如下范畴:其一,与宗祧继承有关。这是加服的最主要原因。如父为子服齐衰不杖期,但为长子加服斩衰,因为长子是宗祧继承人;孙为祖服不杖期,但嫡孙是父死之后祖父宗祧的继承人,故嫡孙为祖加服斩衰;女子子适人者为兄弟服大功,

---

[1] 参见《通典·礼典·开元礼纂类》。
[2] 参见《通典·礼典·开元礼纂类·凶礼》。
[3] 《读礼通考》卷三七。

但为"兄弟之为父后者"加服不杖期。这些加服，都是从原"正服"中分离出来的。其二，与名分有关。继母、慈母本非亲母，但因父亲的缘故而具有了与亲母一样的"母"的身份，故子为继母、慈母服齐衰三年。这是从原"义服"中分离出来的。其三，新增之服。为高祖父母服齐衰三月，经典丧服中不见记载，唐太宗时增，《开元礼》将之归入加服。

无论是郑玄的三服分类或《开元礼》的四服分类，对五服服饰或服叙、守丧均无实质性的意义，只是服饰衰裳升数略有变化，主要是后世对经典丧服理解上的理论探讨而已。

在唐代的士大夫阶层中，某些五服服饰也在悄悄向背离经典规范上发展。如时人段成式云："今之士大夫，丧妻往往杖竹甚长，谓之过头杖。"① 但总体来说，唐代丧服服饰制度还是较为接近经典丧服的，如裴苢、刘岳《书仪》所说："唐、五代之际士大夫家丧礼犹如古礼也。"

（二）宋司马光《书仪》与朱熹《家礼》之改革

五服服饰制度发生根本性变化是在宋代，北宋司马光与南宋朱熹是这一变革新潮流中的两个关键人物。

五服服饰发展到宋代，由于统治基础的扩大、法律中守丧条文的制定以及儒家理论的强化，已从上层社会普及到民间，为广大民众所普遍接受。但因法律上并未强制规定服饰规格与样式，加之经典服饰注重等级化所导致的过于繁琐，很难为一般民众所掌握，因此五服服饰出现了世俗化趋势，主要表现在：

第一，衰裳麻布不论升数。司马光《书仪》卷六："古者五服皆用布，以升数为别。……盖当时有织此布，以供丧用者。布之不论升数久矣。"（以下引文不注出处者，皆引自司马光《书仪》。）

第二，齐衰以下已无服麻布衰裳者。司马光说："近世俗多忌讳，自

---

① 段成式：《酉阳杂俎》。

非子为父母、妇为舅姑、妻为夫、妾为君之外,莫肯服布。有服之者,必为尊长所不容,众人所讥诮,此必不可强,此无如之何者也。"服麻布衰裳的范围基本只在同居家庭内部,而其他五服内宗族成员出于忌讳皆不服麻布衰裳,这是无法强制的事。另一个原因,就是那么多麻布衰裳的供应所导致的经济问题。司马光认为:"凡齐衰以下皆当自制其服,而往会丧。今人多忌讳,皆仰丧家为之。丧家若贫,亲戚异居者自制而服之。"亲戚忌讳,不愿自备丧服;丧家经济贫困者,也无法提供众多亲戚的丧服。于是乎,"齐衰之服……世俗皆服绢,是与缌麻无以异也"。

第三,五服皆不缉。经典五服中唯斩衰不缉(即不缝缉衣边),齐衰以下皆缝边。而宋代"世俗五服皆不缉",这主要是不懂五服的等级含义,以为只有重服才能体现孝道及哀亲之痛。

第四,无受服。司马光说:"古者既葬、练、祥、禫皆有受服,变而从轻。今世俗无受服,自成服至大祥,其衰无变。"这也是世俗不明白古人制定受服与等级递降的道理。

对于五服服饰的世俗化,朱熹与司马光的看法大体一致,认为既要维护古礼的等级原则,又不能生搬硬套,全盘照抄。朱熹指出:"今人吉服皆已变古,独丧服必欲从古,恐不相称。"[①]应该顺时变通,即子思所谓"有其礼,有其财,无其时,君子弗行者也"。

司马光与朱熹都提出了对五服服饰制度的变通办法,他们的改革主要体现在:

第一,以"生布"、"生绢"、"极粗"、"稍粗"等差别取代衰裳升数的差别。司马光《书仪》卷六"五服制度"条云:"斩衰用极粗生布为之……齐衰以布稍粗者为宽袖襕衫,稍细者为布四脚……大功、小功、缌麻皆用生白绢。"《家礼》则等级差别更为清晰:斩衰衣裳用极粗生布,齐衰用次

---

① 《朱子语类》,转引自《读礼通考》卷三一。

等粗生布,大功用稍粗熟布,小功用稍细熟布,缌麻用极细熟布。① 这里的"布"都是指麻布。

第二,齐衰以下一度不用衰服。《书仪》除子为父母、妇为舅姑外,不用古之衰服,齐衰以布稍粗者为宽袖襕衫,大功、小功、缌麻以生白绢为襕衫。《家礼》则基本恢复古制。清人徐乾学说:"古人未尝谓功、缌不用衰也。乃温公(司马光)《书仪》则齐衰不用衰而易以宽袖襕衫,《家礼》则自大功以下俱不用衰。② 后之言礼者率以二先生之言为准,于是轻丧皆不知有衰矣。"③宽袖襕衫是当时流行的家居之服,其作用如先秦时期的深衣。作为丧服服饰的宽袖襕衫相对于一般家居之服的区别,在于色白而布稍粗。

第三,冠的变化。司马光《书仪》对冠的改革主要有二:一是斩衰及部分齐衰(包括子为父母、妇为舅姑、妻妾为夫)冠在基本依经典五服的基础上稍作变动,"冠比衰布稍细,广三寸,跨顶前后以纸糊为材,上裹以布为三辄,皆向右纵缝之,两头皆在武下向外反屈之,缝于武。用麻绳一条从额上约之,至项后交过前各至耳,于武上缀之,各垂于颐下,结之"。④ 其与经典丧冠的最大区别在于"纸糊为材,上裹以布",主要原因可能认为经典丧冠过于软塌,易变形脱落(见本书图6),而"纸糊为材"后,冠梁、冠圈皆挺括固定,不易脱落(见图7)。这大概是受当时制帽工艺发展的启发。二是其余齐衰及大功皆以"幞头"代冠,小功、缌麻无冠。所谓"幞头"也称"四脚","余亲齐衰以布……稍细者为布四脚,其制如幅巾,前缀二大脚,后缀二小脚,以覆髻(男子也有髻)。自额前

---

① 《家礼》卷四。关于《家礼》是否为朱熹所作,历来无定论,参见《四库全书总目》。
② 这是徐乾学的误解,《家礼》卷四"大功、小功、缌麻服饰"中均有"服制同上"之语,说明大功以下也用衰服。明《御制孝慈录》沿袭《家礼》,大功以下均有衰服。
③ 《读礼通考》卷三一。
④ 司马光:《书仪》卷六。

向顶后以大脚系之，大暑（大热天）则屈后小脚于髻前系之，谓之幞头。……大功以生白绢为四脚。……小功、缌麻勿著华采之服而已。"①

至南宋《家礼》，斩衰丧冠同司马光《书仪》，齐衰以下至缌麻丧冠形制同斩衰，基本恢复古礼，但其等级差别不像经典丧冠那样繁琐。五等丧冠的区别主要体现在两点：一是布料质地，各等丧冠布料均较本等衰服用料略细而已。二是大功以上冠梁右缝，小功以下冠梁左缝。

第四，受服变化。司马光《书仪》云："三年之丧，既葬家居，非馈祭及见宾客，服白布襕衫、白布四脚、白布带、麻屦亦可也；小祥则除首绖、负版及衰；大祥后服皂布衫、垂脚黲（音 cǎn 惨，浅青黑色）纱幞头、脂皮鐎鐵或白布裹角带。"从其内容看，一则既葬无受服，沿袭《开元礼》；小祥只有除服，也无受服，大祥受服成为黑色丧衣、丧冠。二则既葬后丧服服饰有两套：一为依然未变除之成服服饰，用于丧祭及见客；二为丧期内家居之服，这是以往著述均未提及的。

《家礼》未提及受服，其后明代《御制孝慈录》也未提及。

第五，女子成服服饰之变化。主要变化在于女子衰裳分离。司马光说："古者妇人衣服相连，今不相连，故但随俗作布大袖及裙而已。"②《家礼》卷四"斩衰三年"条也说："妇人则用极粗生布为大袖、长裙、盖头，皆不缉；布头巾（疑为衍文——笔者注）、竹钗、麻屦。众妾则以背子代大袖。"大袖、背子，明《御制孝慈录》作"大袖孝衫"、"褙子"。宋人程大昌云："背子者，状如单襦袷袄，特其裾加长，直垂至足焉耳。"③

（三）明清五服服饰之简化

《家礼》对后世丧服服饰影响极大，《四库全书总目》云："朱子没后

---

① 司马光：《书仪》卷六。
② 司马光：《书仪》卷六。
③ 程大昌：《演繁露》卷三"背子、中禅"条。

二十余年,其时《家礼》已盛行。……自元明以来,流俗沿用。"[1]其实不仅是流俗,明初朱元璋亲自作序的《御制孝慈录》,其中有关丧服服饰制度部分几乎完全照录《家礼》。在法律上,至《大明律》《大清律例》则进一步简化,兹录《大清律例》"丧服总图"如下(表3)。

表3 《大清律例》丧服总图

丧 服 总 图	
斩衰	用至粗麻布为之,不缝下边。
齐衰	用稍粗麻布为之,缝下边。
大功	用粗熟布为之。
小功	用稍粗熟布为之。
缌麻	用稍细熟布为之。

表3的"丧服总图",明、清律同。从中可以看到明清律中对丧服服饰简化到只剩两条要求:一是布料质地,二是缝不缝下边。明清律中的熟布与《家礼》中的熟布不同,后者是指麻布,前者是指棉布。大约在宋末元初,棉花种植由东南和西北两路向长江中下游及关陕渭水流域一带迅速传播,至元仁宗时王祯写作《农书》,已具有一套较完整的棉纺织经验。[2] 明清两代,棉布在普通民众的衣着材料中已占据了主要地位。自北宋司马光《书仪》以来,五服服饰制度已发生两极分化:对为父母、夫妻、公婆之服即斩衰、部分齐衰服饰尽可能维持古礼,而对其余齐衰、大功以下服饰则随流俗变化。故在棉织品已经普及的明清两代,律中以棉布作为大功以下五服服饰的材料。明清律"丧服总图"中斩衰服"不缝下边"、齐衰服"缝下边",实际是经典服饰中斩衰"不缉"、齐衰"缉"的简化。经典服饰中"不缉"是指斩衰上衣均不缝边,并不单指"不

---

[1] 《四库全书总目》卷二二经部礼类四。
[2] 见吴淑生、田自秉:《中国染织史》第十章,上海人民出版社1986年版。

缝下边",所谓下边,仅指上衣下摆处,可见"不缉"与"不缝下边"也是有区别的。

第二章　五服服叙制度

服叙,也称"叙服"、"服纪"。叙者,序也;纪者,准则也。五服服叙制度,简而言之,即规定各类亲属关系在服制中之等级序位的准则。古人的聪明在于,将亲属等级序位与五服服饰等级相联系起来。何等服饰即何等服叙,直截明了。如为父服斩衰服饰,父即为斩衰亲;为母服齐衰三年服饰,母即为齐衰三年亲;为伯叔父母服齐衰不杖期服饰,伯叔父母即为齐衰不杖期亲;为堂兄弟服大功服饰,堂兄弟即为大功亲;为姨母服小功服饰,姨母即为小功亲;为妻之父母服缌麻服饰,妻之父母即为缌麻亲,等等。就重要性而言,亲属等级序位无疑是五服制度的主要内容与主干部分,而作为五服制度本义内容的服饰制度与守丧制度,反退居次要地位。后世研究五服制度着力点均在服叙,服叙制度实际就是中国古代亲属等级计算之标准。

与罗马法及寺院法亲等计算之主要不同点在于,中国古代服叙并不纯粹依血缘关系计算亲等,而是在血缘关系中糅杂入浓厚的宗法伦理原则。因此随着古代政权体制、社会观念、宗族形态等方面之演进所导致的宗法伦理原则之异化,服叙制度也相应发生了一系列纷纭复杂的流变现象,不澄清这些流变及其成因,古代制度、古代法律乃至古代社会中的众多相关问题将无以得到合理的释解。

第一节　传统亲属分类与亲属称谓

古代传统亲属分类与亲属称谓是了解服叙制度的基础,故一并在本节介绍,后文将不再一一说明。

一、传统亲属分类

在现代法律中,亲属分为两大类,即血亲与姻亲。凡与自己有直接或间接的血缘关系者称为血亲,凡与自己因婚姻而相联系之亲属称为姻亲(姻亲可细分为:第一,血亲之配偶,如兄弟之妻、伯母、舅母、姨父等。第二,配偶之血亲,如妻之父母及兄弟等。第三,配偶之血亲之配偶,如妻兄弟之妻、夫姊妹之夫等),这样的亲属分类由自然因素形成,男女都是相等的。但我国古代的亲属分类则是以男系为中心,明显带有宗法社会的特征。

最早记载亲属分类的是《尔雅·释亲》,将亲属分为宗族、母党、妻党、婚姻四大类。《尔雅》一书,相传为周公所作,孔子及其弟子增益,但并无实据,今本《尔雅》大抵为秦汉间儒生缀辑旧文而成。后世在此基础上将亲属分为三大类,即宗亲、外亲、妻亲,也称父党、母党、妻党。统称"三党"。[①]《尔雅·释亲》之"婚姻"类,实即夫党。宗亲、外亲、妻亲三大类在具体的亲属归属上较《尔雅·释亲》更为清晰一些。

(一)亲属基本分类——宗亲、外亲、妻亲、三父八母

1.宗亲。宗亲指本宗亲属。所谓本宗,即自己出生所在与姓氏缘起的宗族,也即父亲所在的宗族。因此本宗亲属也称"父党"。以父之宗族而非母之宗族为本宗,反映了男系中心的宗法思想。影响迄于当

---

① 此为就男子而言,如就女子而言,则为父党、母党、夫党。

代,以父姓为己姓、以父之籍贯为己之籍贯、以父之职业为己之出身,等等,已成为一种不易逆转的传统习惯模式。

在广义上,"宗亲"指本宗范围内的一切血亲及其女性配偶;而在狭义上,"宗亲"则指本宗九族五服亲等内之亲属,也称"九族五服亲"。魏晋以后,历代礼典或法典中均录有"本宗九族五服图"。

《礼记·丧服小记》说:"亲亲以三为五,以五为九,上杀、下杀、旁杀,而亲毕矣。"这段引文历来被作为礼制"亲亲"原则的最好注释。引文中所涉及的亲属范围,实际上仅指本宗九族的范围,非指整个亲属范围。

"亲亲以三为五,以五为九",即以己身为中心,上至父母,下至子女,就是"三",这是所有亲属关系中最亲的关系。然后由父母而上推至祖父母,由子女而下推至孙子女,就是"五",其关系较"三"稍远一些。然后再由祖父母而上至曾祖父母、高祖父母,由孙子女而下推至曾孙、玄孙,就是"九",其关系又远一些。"上杀、下杀","杀"即止,即上至高祖而止,下至玄孙而止。"杀"也含有"渐推而远"的意思,即上以父母最亲,其次祖父母,再其次曾祖父母、高祖父母,渐次疏远;下以子女最亲,其次孙子女,再其次曾孙、玄孙,渐次疏远。这样"上杀"、"下杀",上下共九代,都是直系亲属,古称"正统",直系尊亲古称"正尊"。

所谓"旁杀",即旁系亲属的范围,也是"以三为五,以五为九"。即以己身为中心,右至兄弟,左至姊妹,就是"三",这是旁系亲属中最亲的关系。然后由兄弟旁推至从父兄弟(也称"堂兄弟"),由姊妹而旁推至从父姊妹(也称"堂姊妹"),就是"五",其关系较"三"稍远一些。再由从父兄弟而旁推至再从兄弟(也称"从祖兄弟")、三从兄弟(也称"族兄弟"),由从父姊妹而旁推至再从姊妹(从祖姊妹)、三从姊妹(族姊妹),就扩为"九"。右至三从兄弟,左至三从姊妹,左右为"九"就是"旁杀",即旁系亲属的范围。

以己身为中心,以上杀、下杀为纵线,以旁杀为横线,形成一纵横交叉的"十"字,再将其四角以斜线连接,成一菱形图表,因上下为九,左右为九,故称"九族"。凡在这菱形图表内的亲属,即九族宗亲。一般所说的"父党"及狭义上的"宗亲",即指此范围而言(见表4)。

"九族"宗亲范围的划定,是古人的一大发明。从《仪礼·丧服》中可以看到,这一发明至迟在春秋《仪礼》成书时已经成熟。"九族五服"的划定,使等级制度在血缘关系领域得以全面确立,宗法伦理原则从此在亲属关系中占据统治地位达两千多年。

2.外亲。外亲,指与己有血缘关系的外姓亲属,或者说指女系血统的亲属。外亲包括两部分亲属:一是母党,即母亲本宗的亲属,但狭义上的母党仅指母之父母(外祖父母)、母之兄弟(舅)、母之姊妹(姨母)、舅姨之子女(舅表及姨表兄弟姊妹)。① 二是本宗女系亲属之子女,因这些子女都是外姓,故也归入外亲。如姑母为本宗亲,但姑母之子女(姑表兄弟姊妹)属外亲;姊妹为本宗亲,但姊妹之子女(外甥)也属外亲;女儿为本宗亲,而女儿之子女(外孙)则属外亲。②

由于在服叙等级上外亲最高不能过小功,因此狭义的五服内"外亲"(缌麻亲以上)仅指以上列举的这些亲属(见表5)。

3.妻亲。妻亲广义上指妻子的本宗亲属,但在服叙原则上,妻亲之服不过缌麻,因此狭义的五服内妻亲仅指妻之父母(岳父母)而已(见表6)。

我国古代的亲属范围是依五服服叙等级而划定的,服叙等级越高,

---

① 严格地说,姨母之子女不属于母之本宗。本书之划分,是为避免叙述过于复杂化。
② 元代以来丧服图如元龚端礼《五服图解》"夫为妻家之图"、《大明律》、《大清律例》"妻亲服图"中,均将女之子孙归入妻亲。清吴坛在《大清律例通考》中已指出其谬,卷二"妻亲服图"按语云:"此图专为妻党亲属而设,若女之子、女之孙俱非妻党亲属。查雍正年间《会典》服图内已将此二项删除不载,而律图内尚仍其旧。似应仿照姑之子、姑之孙之例,一体列入外亲服图,较为允协。"

亲属范围越广,反之则越窄。由于妻亲服叙最高为缌麻,因此五服内妻亲只有岳父母。由于外亲服叙最高为小功(外祖父母),所以外亲的范围也很窄小。能够划入大功以上亲属范围的,只有宗亲,因此宗亲之数目几乎数十倍甚至上百倍于外亲和妻亲。在封建历代礼典或法典的"丧服图"中,也是在服制总图中首列"本宗九族五服正服之图"。宗亲、外亲、妻亲的亲属分类法是以男系为绝对中心的,这样的社会伦理结构是违背自然伦理原则的。

4. 三父八母。古代亲属分类除宗亲、外亲、妻亲三大类外,还有某些无法包容入此三大类的亲属关系,最为典型的就是"三父八母"。

"三父八母"中的绝大部分称谓已出现在《仪礼·丧服》中,但在亲属分类中另成一类则在唐宋之时,今存南宋中期后广为流传的《家礼》首先在丧服图里明确列入"三父八母图"。元代《元典章》在丧服六图中也包括了"三父八母图",以后明清法典中均列入此图(见表7)。

"三父"都是指继父而言。[①]

第一,同居继父。同居,即同财共居、生活在一起的意思。同居继父又分两种情况而服叙不同:凡继父无子孙,己身也无兄弟、伯叔等亲属的,称为"两无大功亲",即继父、继子双方均无大功以上亲属。这种情况下应密切关系,因此为"两无大功亲"继父服齐衰不杖期。凡继父另有亲生子孙,己身也有兄弟、伯叔等亲属的,称为"两有大功亲"。这种情况下应疏远关系,因此为"两有大功亲"继父服齐衰三月。

第二,不同居继父。也分两种情况而服叙不同:原曾与继父同居,现不同居,为继父服齐衰三月。历来不曾与继父同居(母改嫁时己已成人,或由其他亲属抚养),为继父无服。

---

① 《仪礼·丧服》中仅包括两种继父,即:同居继父,服齐衰不杖期;不同居继父,服齐衰三月。

第三,继母所嫁夫,指"父死,继母改嫁他人,己身随去者"。由于继父对自己已尽到抚养责任,因此为继父服齐衰杖期(明代及清道光后为不杖期)。

"八母"指养母、嫡母、继母、慈母、出母、嫁母、庶母、乳母。

第一,养母。先秦大宗法制下无"养母"之称,大宗无子以同宗昭穆相当者为子,符合同宗、同姓、辈分相当的条件,异姓不得相养。由此成立的父母与子之关系,子称为"为人后者",父母称"所后父母",《仪礼·丧服》中载有"为人后者"为所后父斩衰三年之条,为人后者与所后父母属于"宗亲"关系,不在三父八母之列。秦汉以后小宗无子也可立后,在兄弟无余子的情况下,往往以血缘关系极近但却是异姓的外甥(姊妹之子)或妻侄(妻兄弟之子)为后。或者自己已有子,仍因各种原因收养同姓或异姓为子。以上关系,法律上统称之为"养父母"与"养子"关系。如东汉末时,朱治请求孙策允许其以姊子施然为嗣;[1]刘备在生刘禅前,以外甥寇封为嗣。[2] 至《唐律》始规定允许收养异姓三岁以下弃儿,并改从己姓,但不得立为嗣子。[3] 宋代法律始放宽规定,凡在三岁以前收养的异姓儿,不论因遗弃、因抱养,均可改从己姓,视同亲生,甚至可立为嗣子继承财产,[4]宋《开宝礼》也规定养子与养母之服叙同于亲生母子。明清律中又重申养子不得立为嗣子之规定。

第二,嫡母。即妾生子女(庶子)对父之正妻之称谓,嫡母服叙同母。

第三,继母。即父之后妻,虽为续娶,但名分上仍是父之正妻,所以继母服叙同母。

---

[1] 《三国志·吴书·朱然传》。
[2] 《三国志·蜀书·刘封传》。
[3] 《唐律疏议·户律》"养子"条。
[4] 见《名公书判清明集》卷七、卷八。

第四,慈母。即幼儿亲生母早亡,父命未曾生子的妾担负抚育幼儿的责任,虽非亲生,但恩同生母,因此慈母服叙同母。

第五,嫁母。即亲生母因父死而改嫁他人者。唐以前未列嫁母服叙,唐代服叙增入。嫁母虽是亲生母,但不能从一而终,因此服叙为齐衰杖期。而且仅子为嫁母有服,儿媳无服。

第六,出母。即亲生母被父所休弃者。虽是亲生母,但因被父所出,子应从父,所以出母服叙为齐衰杖期。

第七,庶母。即父之妾生子者,此父妾非己之生母,必须生育儿子者才称庶母。五服服叙中既有子因母贵的现象,如嫡子、庶子就因母是父之正妻或妾而定;也有母因子贵的现象,如父妾有子者即称庶母,众子为庶母服缌麻,父妾无子者止称父妾,众子为父妾无服(无服也是一种亲属关系,称无服亲,下文"元代服叙之流变"中将谈到)。服叙中亲属等级的可移性,是中国古代等级社会性质所决定的特点,也是服叙制度与当代亲等计算的一大区别。

第八,乳母。即自幼曾长期得其乳哺者,俗称奶妈。乳母本非亲属,但对己有哺育之恩,故服叙为缌麻。

除"三父八母"的提法外,历代又有"四父六母"、"五父十母"、"六父十二母"、"五父十三母"等说。

宋代典籍中有"四父六母"之说。"四父"为:同居继父之两无大功亲者、同居继父之两有大功亲者、先同居后异居继父、不同居继父。实际上是将"三父"中"同居继父"与"不同居继父"的四种情况列出,所指范围反少了"继母所嫁夫"。"六母"为嫡母、继母、养母、慈母、乳母、庶母,较"八母"少嫁母、出母。

元代徐元瑞《吏学指南》有"五父十母"之说。"五父"为亲父(谓生我身之父)、养父(谓继立我之父,遗弃、抱养者同)、继父(谓父亡母再醮者)、义父(谓受恩宠结拜之类)、师父(谓授业之师),其中亲父已列"宗亲"范围，义父、师父超出亲属范围，属于道义称谓。"十母"为亲母、出母、嫁母、庶母、嫡母、继母、慈母、养母、乳母、诸母。其中亲母（谓生我身之母）、诸母（谓伯叔母之类通称）属宗亲，没必要列于此；"庶母"注为"谓母非正室而生我者"，相当于亲母，而非"父之妾有子者"，实属误注。

元代龚端礼《五服图解》列"六父十二母图"。"六父"为亲父、养父、继母嫁继父、同居继父、不同居继父、本生父，其中"本生父"指为人后者之生身父，历代丧服图中有"为人后者为其本宗九族降服图"，本生父母即列该图内。"十二母"为亲母、养母、嫡母、继母、慈母、乳母、出母、嫁母、本生母、庶母慈己、庶母生己、庶母非己。其特点是将庶母分为三种，"庶母慈己"与"慈母"的区别是有无父命，慈母是"生己之妾亡，父命无子之妾为母乳养"，而庶母慈己则是"生子之妾亡，非父命而无子之妾自乳养"，这样的分类，将服叙越来越引向复杂化、经院化的歧途；"庶母非生己"即"八母"中之庶母；"庶母生己"即亲母，不必要另立条。

清代徐乾学《读礼通考》卷三提出"五父十三母"之说。"五父"为：父、所后父、本生父、同居继父、不同居继父，"十三母"为：母、嫡母、继母、所后母、本生母、慈母、生母、养母、庶母、嫁母、出母、从继母嫁为继母、乳母。徐氏分类就父母种类而言，归纳最为清晰。

"几父几母"的说法虽多，但除去丧服图各表中的重复部分，仍以"三父八母"之说最为简明，故历代法典中仍沿用"三父八母"表。

（二）亲属特殊分类

一般情况下，以上四种分类已将亲属及其服叙均包罗在内。但遇女子出嫁或男子出继，亲属范围以及服叙均发生变化，对出嫁女子与出继男子而言，就需要有特殊的亲属分类，以确定变化后的亲属范围及其服叙。

1. 出嫁女子的亲属分类。女子出嫁后，除外亲依旧，在亲属范围及其服叙上至少产生以下几方面的变化：第一，为本宗亲属须降服。除祖

表4 本宗九族五服图（录自《明会典》）

族姊妹 谓再从姊妹即同高祖姊妹 在室缌麻 出嫁无服	再从姊妹 谓父之伯叔兄弟之女即同曾祖姊妹 在室小功 出嫁缌麻	堂姊妹 谓同祖伯叔姊妹 在室大功 出嫁小功	姊妹 谓己之亲姊妹 在室期年 出嫁大功	己身	兄弟期年 兄弟妻小功 谓己之亲兄弟	堂兄弟大功 堂兄弟妻缌麻 谓同祖伯叔兄弟	再从兄弟小功 再从兄弟妻无服 谓父伯叔兄弟之子即同曾祖兄弟	族兄弟缌麻 族兄弟妻无服 谓从兄弟即同高祖兄弟
	再从侄女 谓再从兄弟之女即同曾祖兄弟之女 在室缌麻 出嫁无服	堂侄女 谓同祖伯叔兄弟之女 在室小功 出嫁缌麻	侄女 谓兄弟之女 在室期年 出嫁大功	长子期年 长子妇期年 众子期年 众子妇大功	侄期年 侄妇大功 谓兄弟之子	堂侄小功 堂侄妇缌麻 谓同祖伯叔兄弟之子	再从侄缌麻 再从侄妇无服 谓再从兄弟之子即同曾祖兄弟之子	
		堂侄孙女 谓同祖伯叔兄弟之孙女 在室缌麻 出嫁无服	侄孙女 谓兄弟之孙女 在室小功 出嫁缌麻	嫡孙期年 嫡孙妇小功 众孙大功 众孙妇缌麻	侄孙小功 侄孙妇缌麻 谓兄弟之孙	堂侄孙缌麻 堂侄孙妇无服 谓同祖伯叔兄弟之孙		
			侄曾孙女 谓兄弟之曾孙女 在室缌麻 出嫁无服	曾孙缌麻 曾孙妇无服 谓孙之子	曾侄孙缌麻 曾侄孙妇无服 谓兄弟之曾孙			
				玄孙缌麻 玄孙妇无服 谓曾孙之子				

凡同子世祖族属在缌麻绝服之外，皆为祖免亲。遇丧葬则服、尺布缠头。

凡男为人后者为本生亲属孝服皆降等。惟本生父母降服不杖期。父母报服同。

注：

本书列表十六幅，其中八幅（即表4、5、6、7、8、9、10、14）为录自古籍，故表中文字书写格式为从右至左，以保持古籍之原貌。表11录自今书，故用现行文字及格式。另七幅表则为笔者自绘。特此说明。

表5　外亲服图（录自《明会典》）

外　亲　服　图				
		母祖父母 即母之公婆 无服		
	即姨 母之姊妹 小功	外祖父母 即外公外婆 大功	舅 母之兄弟 即小功	
堂姨之子 无服	两姨兄弟 即两姨之子 缌麻	己身	舅之子 谓之表兄弟 姑舅兄弟缌麻	堂舅之子 无服
		姑之子 谓之表兄弟 姑舅兄弟缌麻	舅之子 无服	
		姑之子 无服		

表6　妻亲服图（录自《明会典》）

		妻　亲　服　图		
		妻祖父母（即妻之公婆）无服		
	妻之姑 无服	妻父母（即丈人丈母）缌麻	妻伯叔 无服	
妻姨姊妹（即姨）无服		己身 为婿　妻兄弟及妇（即舅即姆）无服		妻外祖父母（即妻外公外婆）无服
	妻姊妹子 无服	女之子 外孙 缌麻		
		女之孙 无服		

表7 三父八母图（录自《明会典》）

三父八母之图

	同居继父：两无大功亲谓继父兄弟之类期年／无子己身亦无伯叔有子孙自己亦有伯叔兄弟之类齐衰三月	不同居继父：先曾与继父同居今不同居齐衰三月／自来不曾随母与继父同居无服／谓父死继母再嫁他人随去者齐衰杖期	
慈母：谓所生母死父令别妾抚育者　斩衰三年	继母：谓父娶后妻　斩衰三年	嫡母：谓妾生子称父之正妻　斩衰三年	养母：谓自幼过房与人　斩衰三年
	出母：谓亲母被父出　齐衰杖期	嫁母：谓亲母因父死再嫁他人　齐衰杖期	
	乳母：谓父妾乳哺者即奶母缌麻	庶母：谓父有子妾嫡子众子齐衰杖期所生子斩衰三年	

表8　出嫁女为本宗降服图（录自《明会典》）

出嫁女为本宗降服之图

			高祖父母 即太太公婆 齐衰三月			
			曾祖父母 即太公太婆 齐衰五月			
		姑婆 即姑婆在室缌 麻出嫁无服	祖父母 即公婆 期年	祖兄弟 即伯公叔公 缌麻		
父堂姊妹 妹在室缌麻出 嫁无服 嫁缌麻	即父之伯叔姊 妹在室小功出 嫁缌麻	父之姊妹 即姑 大功	父母 期年 己身 姊妹 大功	伯叔父母 即伯叔父母 叔姆婶婶大功	兄弟 缌麻	父之伯叔 即父堂兄弟 缌麻
	堂侄女 即同祖伯叔兄 弟之女缌麻	兄弟 大功 侄女	即侄 兄弟 大功 侄子	兄弟 大功 侄		堂侄 即同祖伯叔兄 弟之子缌麻

表9 妻为夫族服图（录自《明会典》）

图	服	族	夫	为	妻

夫为祖父母及曾高祖父母承重者并从夫服

夫族伯叔父母 无服

夫族伯叔祖父母 无服

夫堂伯叔父母 缌麻

夫族曾祖父母 无服

夫伯叔祖父母即夫之伯叔公婆 缌麻

夫伯叔父母即夫之公婆 大功

夫高祖父母 缌麻

夫曾祖父母 缌麻

夫祖父母即夫之公婆 大功

夫父母即夫之公婆 斩衰三年

夫曾祖姑 出嫁无服 在室无服

夫曾祖姑即夫之祖姑 缌麻

夫之姑即夫亲姑 小功

夫堂祖姑 无服

夫堂姑 在室缌麻 出嫁无服

夫族姑 无服

夫为人后其妻为本生舅姑服大功

第二章 五服服叙制度

夫族兄弟 无服				
夫再从兄弟 无服	夫再从侄 缌麻			
夫堂兄弟及妻 缌麻	夫堂侄妇 缌麻 小功	夫堂侄孙 缌麻		
夫兄弟及妻 即夫兄弟曰伯叔 小功	夫侄妇 大功 夫侄 期年	夫侄孙妇 缌麻 夫侄孙 小功	夫曾侄孙 缌麻	
妻 斩衰三年 夫为父母在不杖 齐衰杖期 夫妻	长子妇 期年 长子 期年 众子妇 大功 众子 期年	孙妇 缌麻 孙 大功	曾孙 缌麻	玄孙 缌麻
夫姊妹 即姑 小功	夫侄女 在室期年 出嫁大功	夫侄孙女 在室小功 出嫁缌麻	夫曾侄孙女 缌麻	
夫堂姊妹 缌麻	夫堂侄女 在室期年 出嫁大功	夫堂侄孙女 缌麻		
夫再从姊妹 无服	夫再从侄女 在室缌麻 出嫁无服			
夫族姊妹 无服				

表10　妾为家长族服图（录自《明会典》）

妾为家长族服之图		
	家长父母期年	
正妻期年		斩衰三年　家长
为其子期年	家长长子期年	家长从子期年

父母、曾祖父母、高祖父母外，其余本宗亲属包括父母均降服一至二等，而且本宗亲属范围因原缌麻亲降为无服亲（即袒免亲，无服亲与袒免亲的区别见下文"元代服叙之流变"节），故五服内本宗亲属大幅度减少（见表8）。第二，女子嫁到夫家后，又出现与丈夫宗族（即夫族）成员的服叙问题，以及与自己子孙的服叙问题。一般来说，与夫族之服叙关系较丈夫与宗族服叙为低，而与自己子孙的服叙关系与丈夫同（见表9）。第三，女子如嫁人为妾，地位低于正妻，只与家长（即丈夫，也称君）家庭内成员发生服叙关系，而与其他夫族成员不存在亲属关系与服叙关系（见表10）。

2. 出继男子的亲属分类。所谓"出继"，即指出原服而继他人之后，离开亲生父母而为他人之嗣子。出继男子，也即为人后者。为人后者与所后父母之服叙关系如同亲生,将所后父宗族作为拟制本宗,亲属范围与服叙完全同于本宗。外亲则依所后母。而对原本宗亲属包括本生父母皆降服一等,历代法典丧服图中不专列此图表,只在"本宗九族五服图"旁附注:凡子出继皆降本服一等。今录清吴坛《大清律例通考》"为人后者为其本宗九族降服拟图"一幅,以供参考(见表11)。

二、传统亲属称谓

中国传统上的亲属称谓与今天有许多不同处,要了解五服服叙制度即传统亲属法,就不能不首先了解中国古代典籍中常用的亲属称谓。除以上已介绍的三父八母等称谓以外,兹再介绍如下:

君、主、家长、女君。《仪礼·丧服》中妾称丈夫为"君",元《五服图解》中妾称丈夫为"主",明清律中妾称丈夫为家长。妾称夫之正妻为女君。

嫡子、庶子;嫡长子、支子。正妻所生子为嫡子,妾所生子为庶子;正妻所生长子为嫡长子,其余嫡次子以下之嫡子及庶子统称支子("支"即旁支的意思),先秦大宗法制下,嫡长子为大宗,支子为小宗。

子、女子子。子,即儿子,有时也泛指子女。女子子,即女儿。

曾祖、高祖、曾孙、玄孙。祖父之父母称曾祖父母,曾祖父之父母为高祖父母;孙之子为曾孙,曾孙之子为玄孙。

世父、世母。即伯父、伯母。世父,先秦大宗法制下原仅指大伯父,古以一代为一世,故太子称世子,大伯父是祖父的嫡长子与继承人,所以称"世父"。《仪礼·丧服》中世父已成为伯父的通称,不限于大伯父。

昆弟、女弟。昆弟,即兄弟,古称兄为"昆",也作"晜"。女弟,即妹妹。

期亲。本指五服服叙中齐衰不杖期的亲属,即祖父母、众子、在室

128　五服制度与传统法律

表11　为人后者为本宗九族降服图（录自《大清律例通考校注》）

本生高祖父母 缌							
	本生曾祖父母 缌						
		伯叔祖父母 缌	本生祖父母 大功	祖 在室缌麻			
		堂伯叔父母 缌	伯叔父母 大	本生父母 不杖期	在室大功 姑出嫁小功	堂 在室缌麻	
			再从兄弟 缌	堂兄弟 小功	昆弟 昆弟妻 大功 缌麻	为人后者	在室大功 姊妹出嫁小功	在室小功 堂姊妹出嫁缌麻	再从姊妹 在室缌麻
				堂 侄 缌	侄 侄妇 大功 小功	在室大功 侄女出嫁小功	堂侄女 在室缌麻	
					侄 孙 缌 麻		侄孙女 在室缌麻	

本宗亲属为之报服，亦如之。

或归宗女、嫡长孙、兄弟、在室或归宗姊妹、伯叔父母、在室或归宗姑母、侄（兄弟之子）、在室或归宗侄女（兄弟之女）、同居继父、女君（夫之正妻）等。法律中则往往将曾祖父母（唐以后齐衰五月）、高祖父母（唐以后齐衰三月）也归入期亲范围。

从父、从父兄弟、从侄、从侄孙。"从"（音 zòng 纵）是"仅次于"的意思。从父，指父之兄弟，即伯父、叔父的通称。从父兄弟，即伯叔父之子，也称堂兄弟。从侄，即堂兄弟之子，也称堂侄。从侄孙，即堂侄之子，也称堂侄孙。这些亲属相互间是直系血缘关系，与己是同一祖父母，但服叙从不杖期到缌麻不等。

从祖祖父、从祖父、从祖兄弟、再从侄。从祖祖父，己之祖父辈，即曾祖父之子、祖父之兄弟，也称伯叔祖父。从祖父，己之父辈，即从祖祖父之子、父之堂兄弟，也称堂伯叔父。从祖兄弟，己之兄弟辈，即从祖父之子（父之堂兄弟之子），也称再从兄弟。再从侄，己之侄辈，即从祖兄弟之子。这些亲属相互间是直系血缘关系，与己是同一曾祖父母，在服叙上基本为小功亲。

族曾祖父、族祖父、族父、族兄弟。族曾祖父，己之曾祖辈，即高祖父之子，曾祖父之兄弟，也称曾伯叔祖父。族祖父，己之祖父辈，即族曾祖父之子，祖父之堂兄弟，也称族伯叔祖父。族父，己之父辈，即族祖父之子，父之再从兄弟，也称族伯叔父。族兄弟，己之兄弟辈，即族父之子，也称三从兄弟。这些亲属相互间也是直系血缘关系，与己是同一高祖父母，在服叙上属缌麻亲。

姑、从父姊妹、从侄女、从侄孙女。姑，即祖父母之女，父之姊妹。从父姊妹，即伯叔父之女，也称堂姊妹。从侄女，即堂兄弟之女，也称堂侄女。从侄孙女，即堂侄之女，也称堂侄孙女。这些亲属彼此之间无直系血缘关系，但均为祖父母之直系子孙。服叙从不杖期至缌麻不等，出嫁降一等。

从祖祖姑、从祖姑、从祖姊妹、再从侄女。从祖祖姑,即曾祖父母之女,祖父之姊妹,也称祖姑。从祖姑,即从祖祖父母之女,从祖父之姊妹,父之堂姊妹,也称堂姑。从祖姊妹,即从祖父母之女,从祖兄弟(再从兄弟)之姊妹,也称再从姊妹。再从侄女,即从祖兄弟之女,再从侄之姊妹。这些亲属彼此间也无直系血缘关系,但均为曾祖父母之直系子孙。服叙为小功或缌麻,出嫁降一等。

族曾祖姑、族祖姑、族姑、族姊妹。族曾祖姑,即高祖父母之女,曾祖父之姊妹,也称曾祖姑。族祖姑,即族曾祖父之女,祖父之堂姊妹。族姑,即族祖父之女,父之再从姊妹。族姊妹,即族父之女,也称三从姊妹。这些亲属彼此间也无直系血缘关系,但均为高祖父母之直系子孙。服叙都为缌麻,出嫁降一等(袒免或无服)。

王父母、王姑。《尔雅·释亲》中之亲属称谓,"王"即"祖"。王父母,即祖父母。王姑,即祖姑,祖父之姊妹。又有:"曾祖王父母",即曾祖父母;"曾祖王姑",即曾祖姑,曾祖父之姊妹;"高祖王父母",即高祖父母。

妇、媳、嫡妇、庶妇。古称子孙之妻为妇,也称弟之妻为妇,故又有子妇、孙妇、弟妇之分。子妇中,嫡长子之妻称"嫡妇",庶子之妻称"庶妇"。元代法律中子妇也称"男妇"。[①] "媳"是"妇"之俗称,宋以后俗称子妇为"息妇",后又作"媳妇",子妇、孙妇、弟妇也俗称子媳、孙媳、弟媳。

舅、姑。古代典籍中"舅、姑"有二义:第一,母之兄弟为舅,父之姊妹为姑。第二,已婚妇女称丈夫之父、母为舅、姑。这大概是沿袭氏族社会中群婚制的称谓习惯,在亚血族群婚(即摩尔根所说的"普那路亚家族")时期,此氏族的一群兄弟与彼氏族的一群姐妹可以共为夫妻;发

---

① 《元史·刑法志》。

展到对偶婚时期，每一个男子在一群妻子中有了一个较为固定的正妻，每一个女子也在一群丈夫中有了一个较为固定的正夫，但仍属于群婚制的多夫多妻制阶段。因此对女子而言，母从彼氏族嫁到此氏族，女则从此氏族嫁到彼氏族。舅既是母之兄弟，也是彼氏族一群丈夫的共同父亲；姑既是父之姊妹，也是彼氏族一群丈夫的共同母亲。到了一夫一妻制时期，仍然保留了姑舅表婚姻的习惯，女子如嫁给姑妈之子，姑妈与夫之母为同一人；女子如嫁给舅父之子，舅父与夫之父也为同一人。于是沿用下来，就称夫父为舅，称夫母为姑，这样的称呼，有"亲上加亲"的感觉，使女子与夫之父母更易接近。在俗称上，汉代已称夫之父为"公"，南北朝时又称夫之父母为"阿翁"、"阿家"。元代法律中已用"翁"字代表夫之父，如《元史·刑法志·奸非门》有"诸翁欺奸男妇未成者"条。元代也已有"公婆"之俗称，《吏学指南·亲姻》说："舅姑，即公婆也。"但历代在法律上一般仍以"舅姑"或"夫之父母"为正式称谓。

外舅、外姑、婿。外舅，指妻之父；外姑，指妻之母。这种称谓同样与群婚制习惯有关，对男子而言，舅既是母之兄弟，也是妻之父；姑既是父之姊妹，也是妻之母。在一夫一妻制下的姑舅表婚姻中，男子如娶姑妈之女（姑表姊妹），则姑妈又为妻之母；如娶舅父之女（舅表姊妹），则舅父又为妻之父。在以男系为中心的社会里，为将夫之父母与妻之父母加以区别，于是女子称夫之父母仍为"舅、姑"，关系密切，服叙为不杖期（后为斩衰）；而男子则称妻之父母为"外舅、外姑"，关系疏远，服叙仅为缌麻。妻之父母在俗称上，又有丈人、丈母、岳父、岳母、泰山、泰水等别称。《史记·匈奴列传》记汉匈和亲，匈奴单于称汉天子为"丈人行"，于是妻之父有了"丈人"的别称，同时妻之母也被称为"丈母"。唐玄宗时封禅泰山，宰相张说趁机升迁了女婿郑镒的官职，从九品官骤迁五品，兼赐绯服。后来玄宗见到郑镒时发现他的官职与原来不同，就问是怎么回事,郑镒无言以对,旁边黄旛绰诙谐地说:"此泰山力也。"[①]于是"泰山"就成为妻之父的别称,而妻之母也因而被称为"泰水"。后来的岳父、岳母、岳丈等称,都是从"丈人"与"泰山"(岳,即指高大的山)二词上引申而来的。婿(也作"壻"),即女儿之夫,先秦时曾称女儿之夫为"甥",其原因就与上述群婚制时期遗留下的称谓习惯有关,自汉代以后,已有子婿、女婿之称谓。

　　中表兄弟姊妹。在同祖血缘关系中,同姓为"堂",异姓为"表"。姑表、舅表、姨表统称"中表"。姑表兄弟姊妹,即姑母之子女,如《红楼梦》中贾政与贾敏均为贾母所生的亲兄妹,贾敏为贾政之子贾宝玉之姑,因此贾敏之女林黛玉即为贾宝玉的姑表妹。舅表兄弟姊妹,即舅舅之子女,如贾政为林黛玉之舅舅,因此贾宝玉即为林黛玉的舅表兄,姑表、舅表是互称。姨表兄弟姊妹,即姨母之子女,如贾宝玉之母王夫人与薛宝钗之母薛姨妈为亲姊妹,因此贾宝玉与薛宝钗互为姨表姊弟。如贾、林结合即为姑舅亲,而贾、薛结合则为两姨亲。

　　内兄弟、外兄弟。内兄弟指舅之子,外兄弟指姑之子。也有称妻之兄弟为内兄弟。

　　兄公、叔;女公、女叔。即夫之兄弟姊妹。《尔雅·释亲》说:"夫之兄为兄公,夫之弟为叔,夫之姊为女公,夫之女弟为女叔。""公"是尊称,故以称夫之兄、姊;"叔"是幼小之意,故以称夫之弟、妹。兄公,五代以后俗称"阿伯",后称"大伯子"。叔,后也俗称"小叔子"。女公,也作"女妐(音 zhōng 中)",后俗称"大姑"。女叔,隋唐以后俗称"小姑"。

　　娣、姒。包括三种情况:第一,姊妹同嫁一个丈夫,称姊为姒,称妹为娣。第二,众妾相互之间的称谓,年长为姒,年幼为娣。第三,兄弟之妻相互之间的称谓,一说兄妻为姒,弟妻为娣;一说年长为姒,年幼为

---

① 段成式:《酉阳杂俎》十二"语资"。

娣。后世俗称兄弟之妻互谓"妯娌",服叙互为小功。

私、亚。私,女子称姊夫、妹夫为"私",《尔雅·释亲》说:"女子谓姊妹之夫为私。"亚,《尔雅·释亲》称:"两婿相谓为亚。"即姊妹之夫互称"亚",宋代以后俗称为"连襟"或"连衿"。

姨、姨夫。传统亲属称谓中"姨"有多指:第一,母之姊妹,即姨母,《释名·释亲属》说:"母之姊妹曰姨。"古代典籍中往往称"从母",《尔雅·释亲》:"母之姊妹为从母。"俗称姨妈。第二,妻之姊妹,也称姨姊、姨妹,俗称大姨子、小姨子。《尔雅·释亲》:"妻之姊妹同出为姨。"第三,妾。因妾如同妻之姊妹,故"姨"成为妾之通称,俗称姨娘,如《红楼梦》中贾政之妾赵姨娘。"姨夫"在传统亲属称谓中也有多指:第一,母亲的姊妹之丈夫,即姨母之夫,也称"姨父"、"姨丈"。第二,妻的姊妹之丈夫。如宋邵伯温《闻见前录》卷八记,欧阳修先娶王拱辰妻姊,是王之大姨夫,后妻死,又娶王之妻妹,转而成为王的小姨夫,时人笑谈"旧女婿为新女婿,大姨夫作小姨夫"。

侄(姪)。《尔雅·释亲》:"女子谓晜(兄)弟之子为姪。"汉代以前用以女子对兄弟之子女的称谓,即姑、姪对称,故用"女"旁之"姪";晋以后才兼用以男子对兄弟之子女的称谓,即叔、姪也可对称。① 因此"姪"成为对兄弟之子女的通称,其后"侄"、"姪"并用,并渐以"侄"代"姪"。

甥。先秦时期"甥"的含义很广,《尔雅·释亲》:"姑之子为甥,舅之子为甥,妻之晜(兄)弟为甥,姊妹之夫为甥。"这四种人都是同辈,都是男子,都是外姓,在母系社会中,这四种男子都是可以从外族"嫁"到本族,作为本族姊妹之夫的,通称为"甥"。在父系社会中,本族女子外嫁,而上述四种男子不必离开各自的氏族,因而有了外兄弟(姑之子)、内兄弟(舅之子)、妻兄弟、姊夫、妹夫等不同称谓。"甥"之含义又引申为指

---

① 参见《颜氏家训·风操第六》。

上门女婿,如《孟子·万章下》:"舜尚见帝,帝馆甥于贰室。"注:"尧以女妻舜,故谓舜甥。""甥"原有的同辈原则被小辈取代。后专用于指同时符合外姓、小辈、男子特征,血缘关系又较近的姊妹之子。姊妹之子在母系社会原称为"出",《尔雅·释亲》:"男子谓姊妹之子为出。"因当时姊妹之子必须"嫁"到外氏族成婚,故称"出"。在先秦典籍中尚能见其痕迹,如《左传》襄公二十五年(前548年):"桓公之乱,蔡人欲立其出。"父系社会以来,由于姊妹之子不离开其本氏族,故"出"之称谓不传。又由于传统的中表婚姻,姊妹之子往往成为女婿,故"甥"渐而成为男子或女子对姊妹之子的共同称谓,后又延伸至姊妹之女也可称"甥"。

综观以上传统亲属称谓之沿革,大致"父党"范围内之亲属称谓由于其晚出而较为固定,而"母党"、"妻党"之相关亲属称谓由于经历母系至父系社会之变迁而多有游移、模糊之处,至汉晋以后才基本确定,这大概得益于汉宣帝以来的丧服学研究。

第二节 先秦经典服叙制度

先秦经典以《仪礼》与《礼记》为代表所记述的五服服叙制度,是两千多年等级社会中服叙制度暨亲属等级制度之滥觞,故研究服叙制度必自先秦典籍始。本节主要介绍先秦服叙之起源、服叙等级、服叙原则及其成因。

需要说明的是,古人一般并不区分服叙、服饰、守丧,故引文中往往以"服制"、"丧服"、"服"等统而论之,但从其所涉内容还是容易区分的。

一、先秦服叙之起源

现存最早记载五服服叙制度的文献当然首推《仪礼·丧服》,其成书大约在春秋、战国时期,其作者或云孔子,或云孔子学生孺悲,并无确论。问题在于,《仪礼》中所记载的服叙制度究竟创始于何时?

对这个问题,王国维在《殷周制度论》[①]中曾有过精辟的分析,认为《仪礼》中精密纤悉的服叙制度必是西周时人所创。其理由是:

第一,嫡庶之制为周初所创,因此《丧服》篇中出现的众多"嫡"、"庶"字样必出于周制。王国维指出:"周人制度之大异于商者:一曰立子立嫡之制,由是而生宗法及丧服之制,并由是而有封建子弟之制、君天子而臣诸侯之制;二曰庙数之制;三曰同姓不婚之制。此数者,皆周之所以纲纪天下,其旨则在纳上下于道德,而合天子、诸侯、卿大夫、士、庶民以成一道德之团体。周公制作之本意,实在于此。"他认为"殷以前无嫡庶之制",虞、夏皆颛顼之后,殷、周皆帝喾之后,"有天下者,但为黄帝之子孙,不必为黄帝之嫡"。商自成汤至帝辛(纣王)三十帝中,以弟继兄者凡十四帝,以子继父者也非兄之子而多为弟之子。自西周初周公立成王而己摄政,才确定"传子"之法,自后"遂为百王不易之制矣"。"由传子之制而嫡庶之制生焉",为防止诸子争端,确定了"立子以贵不以长,立嫡以长不以贤"的原则,这样一来,"定之以天,争乃不生"。然后"由嫡庶之制而宗法与服术二者生焉","故殷以前之服制,就令成一统系,其不能如周礼服之完密,则可断也"。商代即使有丧服系统,也绝不会有嫡、庶不同的服叙。

第二,无嫡庶则无宗法,因此《仪礼·丧服》篇有关"为宗子之服"、"为宗子母妻之服"必出于宗法制创立之后。王国维说:"周人嫡庶之制,本为天子、诸侯继统法而设,复以此通之大夫以下,则不为君统而为宗统,于是宗法生焉。""故宗法乃成一独立之统系。是以《丧服》有为宗子及其母妻之服,皆齐衰三月,与庶人为国君、曾孙为曾祖父母之服同。"

---

① 王国维:《观堂集林》卷一〇《殷周制度论》,中华书局 1959 年版。

第三,无嫡庶、无宗法,则无"为人后者",也就无"为人后者"为其所后父母及为其本生父母、兄弟之服。王国维认为:"为人后者为之子,此亦由嫡庶之制生者也。商之诸帝以弟继兄者,但后其父而不后其兄,故称其所继者仍曰兄甲兄乙。……是商无为人后者为之子之制也。周则兄弟之相继者,非为其父后而实为所继之兄弟后。"这一事实周初虽无考,但从《春秋公羊传》文公二年(前625年)经传中可看出,僖公为弟闵公后,即为闵公子,是兄为弟后;又成公十五年(前576年)经传中,婴齐为兄归父(归父,兄名)后,故以其父仲遂为祖。这些都说明了《仪礼·丧服》中为人后者为所后父母及本生父母、兄弟之服叙的来源。

第四,夏商之时,诸侯与天子的关系犹如春秋战国时诸侯与盟主的关系,未有君臣之分,西周初年仍是如此,从《尚书》的《牧誓》、《大诰》篇可见,当时称诸侯为"友邦君",可见君臣名分也未全定。"逮克殷践奄,灭国数十,而新建之国皆其功臣、昆弟、甥舅,本周之臣子。而鲁、卫、晋、齐四国,又以王室至亲为东方大藩。夏殷以来古国,方之蔑(灭)矣。由是天子之尊,非复诸侯之长而为诸侯之君。其在《丧服》,则诸侯为天子斩衰三年,与子为父、臣为君同。"①

从以上四个方面的论证,王国维认为《仪礼·丧服》中的服叙制度必为周人所创。

二、先秦服叙之等级

服叙等级是亲属关系计算的标准,自西周始,主要是以五服服饰与守丧期限之不同来加以划分的(只有杖期与不杖期以是否用杖加以划分)。五服服饰之不同划分了服叙的"等",因五服服饰分为斩衰、齐衰、大功、小功、缌麻五等,故服叙制度也称为"五服制"。守丧期限之不同

---

① 王国维:《观堂集林》卷一〇《殷周制度论》,中华书局1959年版。

划分了服叙的"级",守丧期限简称"丧期",丧期可分为三月、五月、七月、九月、期年、三年之不同;丧期依附于服饰。同一丧期,因所附服饰之不同而构成不同的等级,如同为三年丧期,有斩衰三年与齐衰三年之不同,同为三月丧期,有齐衰三月与缌麻三月之不同。五服服饰与守丧期限的各种组合就产生了服叙的各个等级。在"五服"亲的等级以外,又有"袒免"亲,不着丧服服饰,也无丧期。从服饰与丧期上看,中国传统亲属关系只有五等即"五服";但从服叙上观察,袒免亲(后改称"无服亲")也是亲属关系之一等,也即中国传统亲属等级不是五等,而是六等。

下面具体介绍先秦时期(主要是《仪礼·丧服》)的服叙等级。

(一)斩衰服叙

斩衰仅"三年"一级服叙。其丧期之所以定为三年,据郑玄等人的解释,是所谓"取象于天,取则于人"。取象于天,是由于"三年一闰,天道小成",农历以三年置一闰月(准确地说,是十九年七闰,以补十二个朔望月与回归年之间的差额),故三年是天道的一个小循环;取则于人,是因为"子生三年,然后免于父母之怀",故要回报哺育之恩。关于三年丧期的确切时限,后世有汉代戴德、郑玄的二十七月说与西晋王肃的二十五月说(参见第一章第四节),晋时行二十五月之制,刘宋以后历代均为二十七月之制。

斩衰三年服叙:第一,子为父,包括为人后者为所后父、女子子在室为父、归宗女为父(女子出嫁后被丈夫休出返归父母处)。第二,妻为夫,包括妾为君(丈夫)。第三,臣为君,包括诸侯为天子、公士大夫之众臣为君。先秦文献中所称"君",一般指诸侯国君而言,秦汉以后则转指皇帝。第四,父为长子。

斩衰三年服叙的基本内容是子为父、妻为夫、臣为君。可以说,斩衰三年服叙正是后来西汉董仲舒提出封建"三纲"即"君为臣纲、父为子纲、夫为妻纲"的基础。①

（二）齐衰四级服叙

齐衰服叙在先秦时依丧期之不同分为四级（后世齐衰服叙级数有所损益变化，参见后文）。

1.齐衰三年服叙：第一，父卒为母，包括继母、慈母。第二，母为长子。

齐衰三年级在明《孝慈录》中被废除，由于为母服叙升至斩衰，母为长子服叙降至不杖期，故齐衰三年级失去存在的必要而在明清服叙等级中消失。

2.齐衰杖期服叙：第一，父在为母，子为出母（母被父休弃者）；父卒，继母改嫁，子随改嫁继母生活，由于继母对子有继续抚育之恩，故子为继母服叙齐衰杖期。第二，夫为妻。

在儒家理论中，父对妻、对子均为尊者，因此称为"至尊"；而母则仅对子是尊者，故称"私尊"。父在为母，由于至尊仍在，故子对私尊之情必须有所压制，称为"压降"。同时由于夫为妻杖期，故父在一年后守丧期满，如子为母三年，则势必在父服满后子继续服丧，这就不符合"丧以主丧者为断"的原则，因而也决定了子之服丧期不得超过父。但子在杖期期满后，仍可不穿丧服服饰而"心丧"三年，而父也应考虑到子之哀痛情绪，在三年内不能续娶。

子为出母虽服齐衰杖期，但不同在于：第一，齐衰杖期是子为出母最高服，即使父卒，子为出母也不得服齐衰三年。第二，为出母之父母即外祖父母无服。第三，子如果是父亲的宗祧继承人，则为出母无服。

---

① 董仲舒在《春秋繁露·基义》中提出"君臣、父子、夫妇之义，皆与诸阴阳之道。君为阳，臣为阴；父为阳，子为阴；夫为阳，妻为阴"。因此"王道之三纲，可求于天"。后将"三纲"明确归纳为"君为臣纲、父为子纲、夫为妻纲"的是汉哀帝时人所撰的《礼纬·含文嘉》，已佚。东汉班固《白虎通义》引《含文嘉》"三纲"佚文，由此成为"三纲"之通解。

父卒而改嫁的继母因对随从之幼子有继续抚育之恩,因而子为改嫁继母也服杖期。反之,如子已成年,未随改嫁继母共同生活者,则对继母无服。

"杖期"之"期",本义为一年,实际丧期王肃认为是十三个月,郑玄认为是十五个月,均超过一年,因此又称"期之丧,二年也"。

3.齐衰不杖期服叙:第一,为祖父母,包括出嫁女子为祖父母。第二,为同居继父。第三,为伯叔父母。第四,为兄弟。第五,出嫁女子为父母,为兄弟之为父后者(后,即宗祧继承人)。第六,为人后者为其生身父母。第七,妇为舅姑。第八,为姑、姊妹、女子子适人无主者。指姑、姊妹、女儿出嫁后丧夫、无子,死后无人为之主丧,故为之服原服不杖期。这种情况两汉以后称为"归宗女",即返归本宗之女子。第九,妾为女君。女君,即指夫之正妻。第十,为众子。众子,指嫡长子以外之诸子。第十一,为兄弟之子,即侄。古以兄弟之子作为己之宗祧继承之候补人,己无子可以兄弟之子为嗣子,故兄弟之子也称"犹子"。第十二,妇为夫之兄弟之子。第十三,为嫡孙。仅指嫡长孙,非指众孙。

除以上服叙外,齐衰不杖期尚有先秦时期政治等级与宗法血缘等级相结合之独有服叙:第一,大夫之嫡子为妻,"父在则为妻不杖"。这一原则为后世所沿用。第二,大夫之庶子为嫡兄弟。第三,妻为夫之君主。第四,为君主之父母、妻、长子、祖父母。第五,诸侯(公)之妾、大夫之妾为其子。第六,大夫之子为伯叔父母、子、兄弟、兄弟之子(侄),为未嫁或归宗之姑、姊妹、女儿。第七,大夫为具有士身份的祖父母、嫡长孙。第八,诸侯(公)之妾至士之妾为自己父母。以上先秦时期之独有服叙,随着官僚制取代贵族世袭制,秦汉以后渐趋消亡。

"不杖期"之丧期实为十三个月,与"杖期"之主要区别在于不主丧、不用杖而已。齐衰不杖期是除父母之外之直系亲属以及旁系亲属的最高服叙,其所涉及的亲属范围在五服等级中最为复杂,统称为"期亲"。

4. 齐衰三月服叙：第一，为曾祖父母。包括女子子未嫁及嫁者为曾祖父母。第二，为继父不同居者。第三，庶人为国君。

属齐衰三月的先秦时期的特殊服叙有：第一，因失地而寄居别国的国君（寄公）为所在国的国君。第二，为曾经所事之国君（旧君）及国君之母、妻。大夫如已离旧君去别国，但大夫之妻、子尚在旧君之国，则大夫之妻、嫡长子为旧君服齐衰三月，与庶民为国君同。第三，大夫为具有士身份的曾祖父母。第四，小宗丈夫、妇人为宗子及宗子之母、妻，但宗子之母在，则不为宗子之妻服。大夫为只具备士身份的宗子也应服齐衰三月。以上先秦时特殊服饰，由于秦以后天下一统，无旧君、新君之别，也无作寄公之君，为旧君之服亡；同时由于小宗法取代大宗法，宗子无力收族，汉以后为宗子之服废。

（三）大功三级服叙

大功服叙在先秦至元代时期，始终分为三级服叙，在服饰上，大功九月成人服有受服，而大功九月殇服及七月殇服无受服。明初《孝慈录》废殇服，大功九月殇及七月殇服叙遂废。

1. 大功九月成人服叙：第一，为出嫁之姑、姊妹、女儿。第二，为从父兄弟（堂兄弟）。第三，为人后者为其本宗同父兄弟。第四，为庶孙。第五，为嫡妇（嫡长子之妻）。第六，出嫁女子为兄弟，出嫁之姑为侄子女。第七，妻为夫之祖父母、伯叔父母、已出嫁之侄女。

大功九月成人服叙中也有先秦分封制、世袭制下的特殊服叙：第一，大夫为具有士身份的伯叔父母、子、兄弟、侄。第二，诸侯之庶兄弟、大夫之庶子为母、妻、兄弟。第三，大夫为同样是大夫身份的从父（堂）兄弟。第四，大夫之妾为君（丈夫）之庶子（非此妾所生）。第五，已嫁大夫或未嫁已许配大夫之女子为伯叔父母、姑、姊妹。第六，大夫、大夫之妻、大夫之子、诸侯之兄弟为嫁给大夫的姑、姊妹、女儿。第七，国君（诸侯）为嫁给别国国君的姑、姊妹、女儿。以上这些特殊服叙也由于中央集权制取代分封制、官僚制取代世袭制而于秦汉时消亡。

2.大功九月殇服服叙：为子、女儿、叔父、姑、姊妹、兄弟、嫡长孙之长殇，以及妻为夫兄弟之子女(夫之侄子女)之长殇。

先秦特殊服叙：第一，诸侯、大夫为嫡子之长殇。第二，大夫之庶子为嫡兄弟之长殇。

长殇，指十六至十九岁未成年男女之夭折者。

3.大功七月殇服服叙：为子、女儿、叔父、姑、姊妹、兄弟、嫡长孙之中殇，妻为夫兄弟之子女之中殇。

先秦时期特殊服叙：第一，诸侯、大夫为嫡子之中殇。第二，大夫之庶子为嫡兄弟之中殇。

古以未满二十岁夭折而称殇。殇有长、中、下三等：十六至十九岁为长殇，十二至十五岁为中殇，八至十一岁为下殇。八岁以下为无服之殇。凡为殇者之服，都较原服叙降等。兹列"殇服降服表"如下：

表12　殇服降服表(据《仪礼·丧服》绘制)

殇等＼降服叙 原服叙	原服齐衰以上	原服大功	原服小功	原服缌麻
长殇 16—19岁	大功(九月)	小功	缌麻	无服
中殇 12—15岁	大功(七月)	缌麻	无服	无服
下殇 8—11岁	小功	缌麻	无服	无服
无服之殇 3月—7岁	无服	无服	无服	无服

下列几种情况例外，虽夭折而不为殇，仍归入成人服叙：第一，男子已行冠礼、女子已行笄礼者，表明已经成年，不为殇。第二，男女已成婚嫁或已订婚约者，不为殇。第三，已封爵者，虽未成年，不为殇。第四，

已即位之国君,虽未成年而不为殇。所谓"臣不殇君"。第五,为殇后者(即为殇者所立之嗣子)为殇者之服不降,所谓"子不殇父"。这种情况秦汉以后多见。先秦时期大宗收族,殇者祔祭于祖庙,不必担心死后的血食问题,故殇者不必立嗣;只有宗子(大宗)夭折,而且无同父兄弟立嫡的情况下,才有可能以同宗侄辈为嗣子。秦汉以后因贵族世袭制瓦解,大宗无力收族,祔祭之法废,"家自为祭"、"各亲其亲"的小宗法制取代了先秦的大宗法制,故凡有财力之家,即便是多子家庭,殇者也为之立后,以解决其血食祭祀问题。他人均为殇者降服,唯殇者之嗣子仍为殇者服斩衰三年服。

(四)小功两级服叙

小功分为成人服叙与殇服服叙两级,虽丧期均为五月,但在服饰上是有区别的,除绖、带外,主要差别在于成人服有受服而殇服无受服。

1.小功五月成人服叙:第一,为从祖祖父母,即祖父之兄弟及妻。第二,为从祖父母,即父之堂兄弟及妻。第三,为从祖兄弟,即再从兄弟,也即父之堂兄弟(从祖父母)之子。第四,为出嫁之从父姊妹,即堂姊妹。第五,为出嫁之孙女。第六,为人后者为出嫁之姊妹。丧服制度中,为人后者也称"出继",女子出嫁也称"出适"。出继、出适者为本宗亲属皆降服,而出继者为出适者则是双重降服,故从"为姊妹不杖期"连降二等为小功服叙。第七,为外祖父母。外祖父母属于外亲,小功服叙是外亲最高等。第八,为姨母(从母)。据《仪礼·丧服》传文:"外亲之服皆缌也。"外祖父母"以尊加"服,姨母"以名加"服,故均为小功服叙。第九,妻为夫之姑、姊妹。第十,娣姒互服。第十一,舅姑为庶子之妇。

先秦时小功五月成人特殊服叙:第一,大夫、大夫之子、诸侯之兄弟为身份是士的堂兄弟、庶孙,以及嫁给士的姑、姊妹、女儿。第二,大夫之妾为出嫁的大夫庶女。第三,妾子为君母(父之正妻)之父母及从母(姨母)。如君母已死,则妾子不为君母之父母及从母服。第四,士以上贵族正妻之子为慈母。

2. 小功五月殇服服叙：第一，为叔父、兄弟、兄弟之子女、嫡孙、姑、姊妹、女儿之下殇。以上服叙本为齐衰不杖期，因下殇降二等。故归入小功服叙。第二，妻为夫之叔父、夫之兄弟之子女之下殇。第三，为人后者为兄弟之长殇。第四，为堂兄弟之长殇。第五，为庶孙之长殇。第六，已出嫁之姑为侄子女之长殇。以上长殇者原服大功，长殇降一等，故归入小功服叙。

先秦时小功五月殇服特殊服叙：第一，大夫庶子为嫡兄弟之下殇。第二，大夫、诸侯之兄弟、大夫之子为长殇的兄弟、庶子、姑、姊妹、女儿。第三，大夫之妾为大夫庶子之长殇。

为何在小功五月殇服服叙中只见长殇、下殇，而不见中殇呢？据《仪礼·丧服》传文："问者曰：中殇何以不见也？大功之殇中从上，小功之殇中从下。"也就是说，原服齐衰不杖期以上之中殇同于长殇降一等，归入大功服叙（长殇为大功九月，中殇为大功七月）；原服大功之中殇同于下殇降二等，归入缌麻服叙。因此小功五月殇服服叙中不见中殇，参见表12可知。

(五) 缌麻两级服叙

缌麻也分为成人服叙与殇服服叙两级，丧期均为三月，服饰上因三月无受服，故两级服叙在服饰上也无差别。

1. 缌麻三月成人服叙：第一，为族曾祖父（曾祖父之兄弟）母、族祖父（祖父之堂兄弟）母、族父（父之再从兄弟）母、族兄弟（己之三从兄弟）；为从祖兄弟之子（从祖兄弟即再从兄弟，其子即再从侄）；为曾孙。第二，为父之姑（从祖祖姑，即祖父之姊妹）；为出嫁之从祖姑（父之堂姊妹）、从祖姊妹（即再从姊妹）；为庶孙妇。第三，为庶母（父妾之有子者）、乳母。第四，庶子为父后者为其母。父无嫡子，以妾子即庶子为后，庶子为父后者不得为生母（父妾）服本服，故降至缌麻服叙。第五，妻为夫之从祖父母,为夫之从父兄弟(堂兄弟)之妻。第六,为外孙,为从母兄弟(即姨表兄弟),为舅、舅之子,为甥,为姑之子。这里舅之子即舅表兄弟,姑之子即姑表兄弟,加姨表兄弟,统称"中表"兄弟。第七,为妻之父母,为婿。缌麻是妻亲的最高服叙等级。第八,为嫡母之兄弟。即妾子为父之正妻的兄弟、名义上称为舅的人所服叙,与嫡子为舅服叙同。

先秦缌麻三月成人特殊服叙:为贵臣、贵妾。贵臣,指室老、士,诸侯、卿大夫为室老(家相)、士等贵臣服缌麻;贵妾,指妾之有子者。

2.缌麻三月殇服服叙:第一,为从祖父、从祖兄弟之长殇,为从母之长殇,为从父兄弟之子(即堂侄)之长殇,为兄弟之孙(即侄孙)之长殇;妻为夫之姑之长殇,为夫之姊妹之长殇。以上长殇者原服叙均为小功,长殇降一等为缌麻。第二,为庶孙之中殇(庶孙即众孙);为从父兄弟之下殇;妻为夫之叔父之中殇、下殇;已出嫁之姑为侄之下殇。以上中殇、下殇者原服叙均为大功,"大功之殇中从下",即大功之中、下殇均降二等为缌麻。

(六)袒免与无服服叙

袒免,"袒"指袒露左臂,"免"指去冠括发,即脱帽后以宽一寸的麻布条从项后绕于额前相交,再向后缠绕于发髻。袒免无丧期,仅遇丧时以此表示哀悼而已。"五服"外的亲属服叙,宋代以前只称"袒免",元代始改称"无服",后世多以为袒免亲即无服亲,其实不然:第一,在《仪礼·丧服》及《礼记》中同时存在"袒免"、"无服"、"不服"的提法,其概念显有区别。第二,明清礼法中"无服"亲属范围要大于宋以前的"袒免"范围,这一点,我们在后文明清服叙中再加以讨论。这里我们先来说明先秦服叙中"袒免"与"无服"的区别。

"袒免"亲的范围,据《礼记·大传》:"四世而缌,服之穷也;五世袒免,杀同姓也;六世,亲属竭矣。"可知袒免亲是指本宗五世亲属。《唐律疏议》说得更明确:"高祖亲兄弟,曾祖堂兄弟,祖再从兄弟,父三从兄弟,身四从兄弟、三从侄、再从侄孙,并缌麻绝服之外,即是'袒免'。"①如以五服图来表示,就是在本宗九族五服缌麻亲外围之一层亲属。在《仪礼·丧服》中,仅经文一处提到"袒免":"朋友皆在他邦,袒免,归则已。"朋友非亲属,本不服袒免,但因朋友客死异乡,已身为之主丧,故加服最低一等亲属服饰。等到将朋友遗骨送归故土,由其亲属主丧,已身就不必为之袒免了。袒免亲范围最早的明确划定,就是上引《礼记·大传》。

"无服",在先秦服叙中是指原服叙在五服以内而因某种宗法伦理原则降服至五服以外、但尚属亲属范畴者。如《仪礼·丧服》"杖期"章传文:"出妻之子为母期,则为外祖母无服。"为外祖母原服小功,因母被父休弃,故为外祖母降至无服。"出妻之子为父后者,则为出母无服。"子为出母原服杖期,因子为父后承宗祧之重,与父一体,因此为出母降至无服。"缌麻"章传文:"大夫以上为庶母无服。"为庶母服缌麻,但大夫、诸侯"绝缌",即不为缌麻亲服,故大夫以上为庶母无服。"大功"章传文:"(子、女)不满八岁以下皆为无服之殇,无服之殇以日易月,以日易月之殇,殇而无服。"子、女原服不杖期,因不满八岁而降至无服,"以日易月"是指生一月者哭一日,如为七岁,则哭之日在84日以上,并不少于缌麻三月。可见"无服"虽无丧服服饰,但实际上丧期还是有的。

《仪礼·丧服》中又有"不服"的提法,"小功"章:"君母之父母,从母。传曰:何以小功也?君母在则不敢不从服,君母不在则不服。"君母即嫡母。妾子为嫡母的父母、姊妹服小功,也就是为名义上的外祖父母、姨母服小功(实际无血缘关系),但如果嫡母已死或被出,则不必服,也即无任何亲属关系。我们将此条与上引"出妻之子为母期,则为外祖

---

① 《唐律疏议·户婚律》"诸尝为袒免亲之妻"条。

母无服"比较一下，就可看出"无服"与"不服"的差别：出母是亲生母亲，出母之母即外祖母，与己有血缘关系；嫡母是名义上的母亲，嫡母之母与己无血缘关系。有血缘关系者即使降到"无服"，仍是亲属；无血缘关系者一旦联系纽带（嫡母）中断，就无任何亲属关系，即"不服"。因此"无服亲"仍属于亲属服叙的范围，"不服"则指没有亲属关系，不属于服叙的范围。这一点，后世一些典籍也常有混淆的，如《元典章》。

三、先秦服叙之原则

研究先秦服叙的原则，自然以《仪礼》与《礼记》为根本。《仪礼》十七篇，言及五服服叙者仅《丧服》一篇，而且十七篇中也仅《丧服》一篇经外有传，阐发经文原理，传文据说为孔子弟子卜商即子夏所作，确否姑且不论，但也可见《仪礼》中唯《丧服》一篇最为后人所关注。小戴《礼记》四十九篇，言及五服制度者就有《檀弓》、《曾子问》、《丧服小记》、《大传》、《杂记》、《丧大记》、《奔丧》、《问丧》、《服问》、《间传》、《三年问》、《丧服四制》等十余篇，都分别阐述发挥了《仪礼·丧服》的原理。可见五服制度（主要是服叙制度）在先秦时期，已经有了比较系统的理论原则了。

（一）中西亲等计算法之比较

在阐述先秦亲属等级制度即服叙制度的原则之前，我们先了解一下西方中世纪亲等计算之方法，以供对照。

西方中世纪计算亲等之方法，一般分罗马法与寺院法两种。罗马法之计算方法，直系亲从己身上下数，以一辈为一亲等，如父母、子女为一亲等，祖父母、孙子女为二亲等，曾祖父母、曾孙为三亲等，高祖父母、玄孙为四亲等；旁系亲从己身上数至与该旁亲之共同祖先（同源之人），再由同源之人下数至该旁系亲，以总辈数为亲等之数，如兄弟姊妹为二亲等（同源之人是父母），伯父、叔父为三亲等（同源之人是祖父母），堂兄弟姊妹为四亲等，再从兄弟姊妹为六亲等，三从兄弟姊妹（即族兄弟姊妹)为八亲等(见表13-1)。

表 13 中西亲等计算法比较表

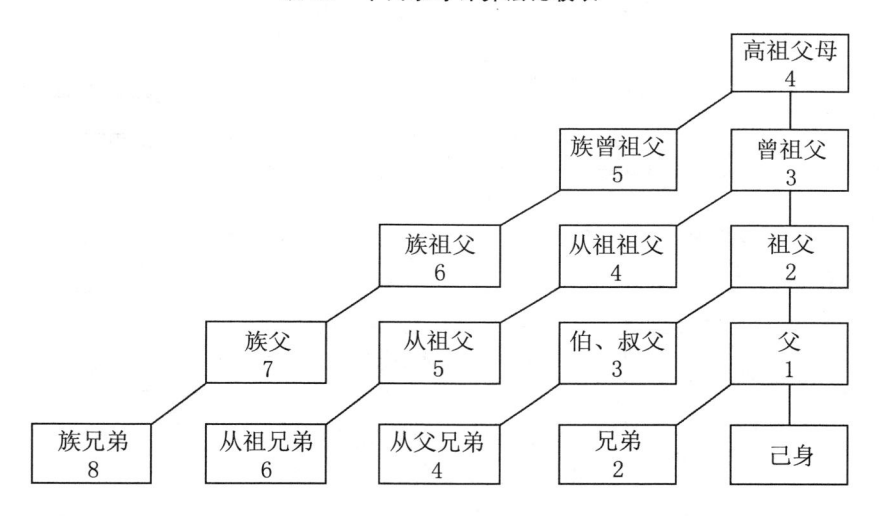

```
                                            高祖父母
                                               4
                                               │
                              族曾祖父        曾祖父
                                 5              3
                                 │              │
                  族祖父      从祖祖父         祖父
                     6            4              2
                     │            │              │
         族父      从祖父      伯、叔父          父
            7         5            3              1
            │         │            │              │
族兄弟   从祖兄弟  从父兄弟      兄弟            己身
   8         6         4            2
```

表 13-1 罗马法

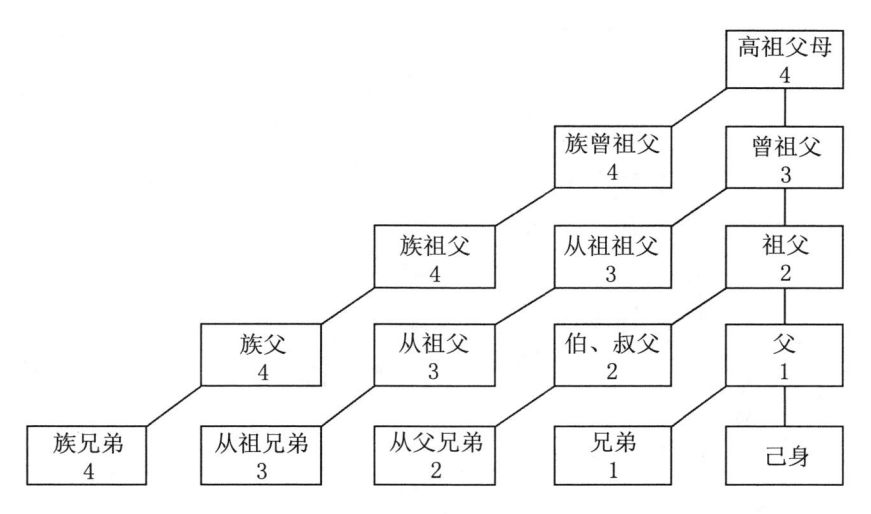

```
                                            高祖父母
                                               4
                                               │
                              族曾祖父        曾祖父
                                 4              3
                                 │              │
                  族祖父      从祖祖父         祖父
                     4            3              2
                     │            │              │
         族父      从祖父      伯、叔父          父
            4         3            2              1
            │         │            │              │
族兄弟   从祖兄弟  从父兄弟      兄弟            己身
   4         3         2            1
```

表 13-2 寺院法(教会法)

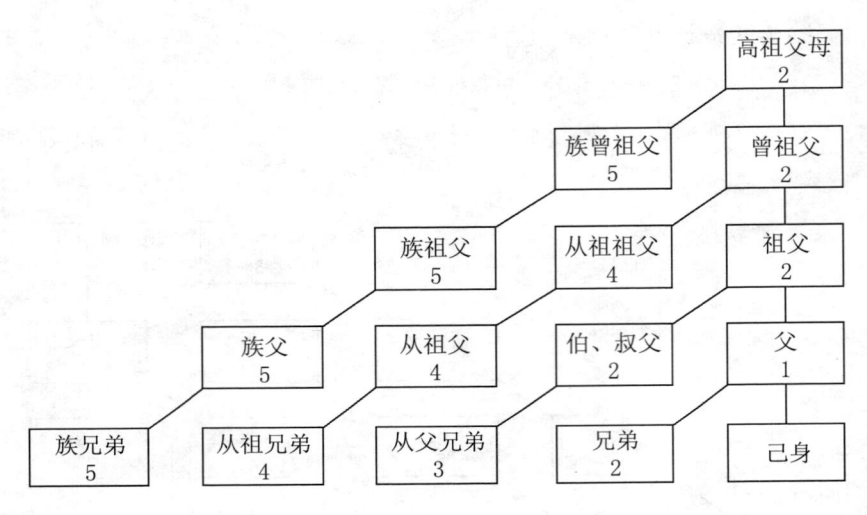

```
                                              ┌─────────┐
                                              │高祖父母  │
                                              │   2     │
                                              └────┬────┘
                                  ┌─────────┐ ┌────┴────┐
                                  │族曾祖父 │ │曾祖父   │
                                  │   5     │ │   2     │
                                  └────┬────┘ └────┬────┘
                      ┌─────────┐ ┌────┴────┐ ┌────┴────┐
                      │族祖父   │ │从祖祖父 │ │祖父     │
                      │   5     │ │   4     │ │   2     │
                      └────┬────┘ └────┬────┘ └────┬────┘
          ┌─────────┐ ┌────┴────┐ ┌────┴────┐ ┌────┴────┐
          │族父     │ │从祖父   │ │伯、叔父 │ │父       │
          │   5     │ │   4     │ │   2     │ │   1     │
          └────┬────┘ └────┬────┘ └────┬────┘ └────┬────┘
┌─────────┐ ┌──┴──────┐ ┌──┴──────┐ ┌──┴──────┐ ┌──┴──────┐
│族兄弟   │ │从祖兄弟 │ │从父兄弟 │ │兄弟     │ │己身     │
│   5     │ │   4     │ │   3     │ │   2     │ │         │
└─────────┘ └─────────┘ └─────────┘ └─────────┘ └─────────┘
```

表 13-3　五服服叙制度

注：

1. 方框内阿拉伯数字为亲属等级。五服服叙制度为五等，即 1、2、3、4、5 分别代表斩衰、齐衰、大功、小功、缌麻。
2. 方框之间的连接线表示直系血缘关系。

寺院法起源于西欧宗教法，也称教会法，其计算方法，直系亲等计算与罗马法同。旁系亲则从己身数至同源之人，再从该旁系亲数至同源之人，以辈数多者为亲等数，如兄弟姊妹为一亲等，堂兄弟姊妹为二亲等，侄子女为二亲等（见表 13-2）。

而根据先秦服叙制度，其计算亲等方法则又为一类（见表 13-3），而且尚未计入女子出嫁降服等变动因素。

从表 13 可见，罗马法之亲等计算，依血缘关系之远近确定亲等，较为合理，故近世世界各国普遍采用罗马法。而先秦服叙制度较为接近寺院法，故清末"新政"至北洋政府时期的各种民律草案中，虽抛弃传统之服叙制度，但均采用较接近之寺院法。

先秦服叙之亲等计算与罗马法、寺院法比较，至少有以下两方面之不同:第一,罗马法、寺院法尽管方法不同,但均以血缘远近为原则;先秦服叙则是以血缘为基础而糅杂以浓烈的宗法伦理原则。第二,罗马法、寺院法的任一亲属等级都是固定性的,不受社会等级伦理因素变动之影响;先秦服叙则具有流动性,随该亲属社会等级地位、年龄等因素的变动而变动。其亲等计算呈现一种不确定性,如女子在室与出嫁不同、成人与殇者不同、父卒与父在为母不同、嫡母与庶母不同,等等。相比较而言,罗马法与寺院法都有"规则"可寻,而服叙制度则似乎呈现一种无序、无规则的状态。其实不然,服叙制度也有"规则",这个"规则"就是宗法伦理原则。

(二)先秦服叙原则

王国维说:"丧服之大纲四:曰亲亲,曰尊尊,曰长长,曰男女有别。"[①]具体而言,笔者以为在先秦服叙中所体现的宗法伦理原则大致可归纳为以下七个方面(以下引文凡出于《仪礼·丧服》经、传、记文者均不另注,可参见本书"附录一")。

1. 区别宗亲与外亲。前面提到,中国传统亲属分类有宗亲、外亲、妻亲(或夫党)、三父八母,其中最主要的就是宗亲与外亲。所谓宗亲,即本宗亲属,中国古代独取男系立宗,不取女系立宗,故以父之宗族为己之本宗,宗亲因而也称为父党或父族。宗亲的范围,包括本宗同姓男女,以及本宗男子的配偶即嫁入本宗的外姓女子;宗亲中可列入五服的包括直系亲属以及旁系中同一高祖所出之亲属,即本宗九族内亲属,上至斩衰亲,下至缌麻亲。所谓外亲,即与己有血缘关系的外姓亲属,因主要指母之宗族的成员,所以也称为母党或母族。此外,本宗女系亲属之子女因是外姓血亲,也归入外亲。外亲中可列入五服的仅外祖父母、姨母(即从母)、舅、姨之子、舅之子、姑之子、外甥、外孙,在先秦服叙中

---

① 王国维:《观堂集林》卷一〇《殷周制度论》,中华书局1959年版。

仅外祖父母、姨母为小功亲,其余均为缌麻亲,因此说"外亲之服不过小功"。

上述宗亲与外亲在罗马法与寺院法亲等计算中是平等的,如在罗马法中,祖父母与外祖父母同为血亲二亲等,伯叔父与舅同为血亲三亲等,堂兄弟与表兄弟同为血亲四亲等,侄子与外甥同为血亲三亲等,孙与外孙同为血亲二亲等。但在先秦服叙中,宗亲与外亲却呈现极不平等的状态。如祖父母齐衰不杖期,外祖父母仅小功;伯叔父母齐衰不杖期,舅仅缌麻,舅母不服;堂兄弟大功,表兄弟仅缌麻;侄子齐衰不杖期,外甥仅缌麻;众孙大功,外孙缌麻;等等。再以亲属数量计,由于外亲之服不过小功,因此五服中之外亲数量屈指可数;宗亲则凡同一高祖以下都在五服之内,而且大功以上之近亲全为宗亲,可见宗亲在服制中占据绝对优势。

2. 区别直系与旁系。直系亲属古称"正统",直系尊亲古称"正尊"。旁系亲属古称"旁亲",旁系尊亲古称"旁尊"。凡卑幼为尊长之服,称为"制服",即卑者为尊者应制之服;凡尊长为卑幼之服,称为"报服",即尊者答报卑者之服。在先秦服叙(后世也同)中,凡直系尊卑之服,制服与报服不相等,制服高于报服;凡旁系尊卑之服,制服与报服则相等。举例言之,如直系尊卑服叙中,子为父制服斩衰,父为众子报服仅齐衰不杖期;孙子为祖父制服不杖期,祖父为众孙报服仅大功;曾孙为曾祖父制服齐衰三月,曾祖父为众孙报服仅缌麻;外孙为外祖父制服小功,外祖父为外孙报服仅缌麻。《丧服》传文解释此种现象说:"自卑别于尊者也"。这种直系尊卑相互之服的不平等是中国古代亲等计算中独有的现象。而在旁系尊卑服叙中,如叔伯父与侄互服不杖期,出嫁之姑与侄互服大功,舅与外甥互服缌麻,姨母与外甥互服小功,族祖父与同堂兄弟孙互服缌麻,等等,制服与报服都是相等的,正如《旧唐书·礼志》所称:"傍(旁)亲之尊,礼无不报,已非正尊,不敢降也。"

3. 区别男女之服。先秦服叙中的男女不平等主要体现在以下三点：其一，夫妻之服不平等。妻为夫服斩衰，夫为妻仅服齐衰杖期，几乎相当于直系尊卑中的父子关系。其二，父母之服不平等。对于子女来说，父母养育之恩本是相同的。但在先秦服叙中，父为"至尊"，母为"至亲"，为了突出"至尊"地位，必须压制"至亲"地位，称为"压降"。父亲在世，为母之服"压降"为齐衰杖期，与夫为妻服同；父亲已死，但"余尊犹在"，为母之服仍须"压降"为齐衰三年。其三，男女婚娶后服叙不同。男子婚后与本宗亲属之服叙不变，而女子出嫁后与本宗亲属之服叙则相互降服。女子出嫁后为父母均降服不杖期，为本宗其他亲属则大致均降服一等（除祖父母、曾祖父母、高祖父母服叙不变），本宗亲属为出嫁女也降服一等。女子在出嫁前以父为"至尊"，为父服斩衰；出嫁后从夫，加入夫之宗族，以夫为"至尊"，故为夫服斩衰，而为父则降服不杖期。这就是所谓的"妇人不贰斩"，"不贰斩者，不贰尊也"。出嫁女子如被丈夫休弃或夫死无子，可以回归本宗，称为"归宗女"，其服叙恢复出嫁前之服。

4. 区别承重与非承重。重（音 chóng 虫），即从始死到虞祭期间代表死者神灵所依附的牌位。《礼记·檀弓下》："重，主道也。"郑玄注："始死未作主，以重主其神也。重既虞而埋之，乃后作主。""重"是一种较为粗糙、临时制作的牌位，在始死至虞祭期间用于丧祭，虞祭后埋于地下；再制较精致的牌位——"主"，用于入庙后之吉祭，作为死者神灵依附之象征。一说天子、诸侯有"主"，卿大夫、士有"重"无"主"。简言之，"重"是死者灵魂的象征。所谓承重，即指男子承继死者血统，承继祖先宗祧，承继死者对祖先血食供应之责。承重者也称"为后者"，即为死者（父或祖父）之继承人。通常情况下系由嫡长子承重，如嫡长子在继承前亡故或残疾，则可按法定的立嫡顺序依次递补。

先秦服叙特重宗祧，承重与否在服叙上反映极为敏感。如在宗族内,宗子是大宗之承重者,宗子死,小宗须为宗子服齐衰三月,而小宗死,宗子则不报服;即使宗子为士而小宗为卿大夫,小宗为宗子之服也不得降。又如在家庭内,父为众子皆服齐衰不杖期,为长子(承重之子)则加服斩衰;母为众子皆服齐衰不杖期,为长子则加服齐衰三年;出嫁女为本宗亲属皆降服,但为兄弟之承重者(父之嫡长子)则不降;庶子为其生母(父之妾)服齐衰(三年或杖期),但庶子一旦依立嫡顺序成为承重者,则为其生母降服缌麻;孙为祖父母本服齐衰不杖期,但如诸子皆亡,以孙承重(即嫡孙),则嫡孙为祖父母加服与为父母同。再如大宗无男性继承人,以小宗之子过继给大宗为后并承重,称为"为人后者",为人后者为本生亲属则皆降等,所谓"持重于大宗者,降其小宗也"。以上服叙变化都说明承重者在服叙中地位的特殊性与重要性。

先秦服叙中男子之"嫡"均指承重而言,如"嫡子"、"嫡孙"、"嫡昆弟";"庶"均指非承重而言,也称"众",如"庶子"、"庶孙"、"庶昆弟"、"众子"、"众昆弟"。《仪礼·丧服》经文中每一章都涉及男子嫡庶,"斩衰"章:"父为长子",即指嫡长子而言;"齐衰"章:"母为长子"、"大夫之嫡子为妻"、"为众子"、"大夫之庶子为嫡昆弟"、"嫡孙"、"大夫为嫡孙为士者";"大功"章:"公为嫡子之长殇、中殇,大夫为嫡子之长殇、中殇"、"庶孙"、"女子子适人者为众昆弟"、"公之庶昆弟、大夫之庶子为母、妻、昆弟"、"大夫之妾为君之庶子";"小功"章:"为庶孙丈夫、妇人之长殇"、"大夫之妾为庶子之长殇"、"大夫、大夫之子、公之昆弟为庶孙(为士者)";"缌麻"章:"庶孙之中殇"、"庶子为父后者为其母"。我们从中就男子之嫡庶概念大致可以搞清楚如下一些问题:

第一,"嫡子"仅指承重之子,可能是嫡长子,也可能是嫡长子之同胞弟甚至庶子,嫡子的确立是依继承顺序而定的,但只能是一人。除嫡子一人外,其余之子不论是正妻或妾所生,一概统称之为"庶子"或"众子"。为嫡子、庶子的服叙差别,上文已述及。

第二，"嫡孙"指嫡长子死后，依继承顺序以长孙承重，只有承重之孙才能称嫡孙，因此《丧服》传文称："有嫡子者无嫡孙。"

第三，"嫡昆弟"是指兄弟中承父之重者，仅指一人而已。因为嫡长子可能年长于庶子，也可能庶子年长于嫡长子，因此对庶子而言，嫡长子可能是嫡兄，也可能是嫡弟。所以"大夫之庶子为嫡昆弟"条，以"嫡昆弟"连称，实为一人。

第四，先秦服叙中"庶子"、"众子"不仅指妾所生之子，也包括正妻所生之子即嫡长子之同母弟；同样，"庶孙"也统指所有非承重之孙，如嫡长子在，所有孙均为"庶孙"，如嫡长子死，以嫡长孙承重，则除嫡长孙外之诸孙均为"庶孙"。总之在先秦服叙中，非承重之男子均称为"庶"或"众"。

5. 区别女子嫡庶。女子在出嫁前无论是妻或妾所生，一概称为"女子子"，无嫡庶之分。《丧服》中仅有"为众子"服齐衰不杖期，为"女子子之长殇、中殇"服大功，为"女子子之下殇"服小功，而无为女子子之成人服叙。换言之，女子在出嫁前只有殇服服叙，而无成人服叙。崔述认为，先秦女子不到二十岁夭折为殇，满二十岁则均已出嫁，因此先秦服叙中无为出嫁前女子之成人服叙。① 故这里所说的先秦服叙原则中，区别女子嫡庶是指女子出嫁后之嫡庶名分及其相关服叙。

女子出嫁后之嫡庶名分之划分，其目的并不在于女子自身，而是为了解决子之承重顺序问题。第一，区别妻之嫡庶。嫡妻也称正妻，但在《丧服》中只称为"妻"；庶妻在《丧服》中只称为"妾"。"妻"所生之长子为承重顺序之第一人，因此在服叙中，为妻齐衰杖期，为妾无服（为妾之有子者则服缌麻）。第二，区别母之嫡庶。父之正妻为"嫡母"，父之妾为"庶母"。嫡母所生长子为第一承重顺序人，故在服叙上众子为嫡母

---

① 崔东壁：《五服异同汇考》卷一。

齐衰三年或杖期,为庶母则无服(为庶母有子者则服缌麻)。第三,区别妇之嫡庶。古之所谓"妇",一般指"媳妇"而言,子之媳妇称"子妇",孙之媳妇称"孙妇"。只有承重子之妻,才称"嫡子妇"或"嫡妇";承重孙之妻,才称"嫡孙妇"。非承重子之妻称"庶妇",非承重孙之妻称"庶孙妇"。在服叙上,为"嫡妇"大功,为"庶妇"小功;为"嫡孙妇"小功,为"庶孙妇"缌麻。

6. 区别长幼服叙。服叙中兄弟姊妹之间即同辈长幼间的相互之服是对等或平等的。所谓"旁亲之服,礼无不报"。长幼服叙的区别主要体现在殇服的规定上,所谓殇服,即指为未成年者夭殇之服(详见表12)。在宗法制下,是否成年意味着是否具有宗祧继承的"中转权",更由于先秦时期宗祧继承往往与政治继承、财产继承合为一体,这一问题就显得尤为重要。如长子在成年后去世,即使尚未实际"承重",但按照嫡长继承制的原则就必须由长孙承重,如无长孙,也须为长子立嗣以承重,这样成年后去世的长子就能依昭穆制度而在宗庙祭祀中占据一席主体地位。这就是笔者所说的宗祧继承的"中转权"。但如果长子在未成年时夭折,就不能立嗣,按照继承顺序应以嫡次子承重,长子也由此丧失了宗祧继承的"中转权",与其他没有直系子孙祭祀的殇者一样,在宗庙祭祀中只能处于"祔祭"地位。因而在服叙中,也就规定了为未成年者的特殊服叙即殇服。顾炎武说:"夫礼之制殇,所以示长幼之节,而杀其恩也。"[1]秦汉以后大宗法制转化为小宗法制,未成年而夭折之殇者也可为之立后,先秦服叙中区别长幼服叙的殇服原则受到挑战,终至明清而废止殇服。

7. 区别贵贱服叙。先秦服叙中颇多糅杂入政治等级上贵贱不平等的原则,大体可分为两种情况:第一,无亲属关系即纯政治等级上的贵

---

[1] 顾炎武:《日知录》卷六"为殇后者以其服服之"条。

贱服叙不平等。如臣为君斩衰,君为臣则不服(君为贵臣服缌麻);庶民为国君齐衰三月,国君为庶民则不服。第二,有亲属关系的贵贱服叙不平等。后世经学家称之为"绝期"、"绝缌"原则,即天子、诸侯旁亲绝期、大夫旁亲绝缌。天子、诸侯行君统而不行宗统,[①]其与旁系亲属之关系相当于君臣关系,故旁系亲属为天子、诸侯服斩衰,而天子、诸侯不为旁系亲属服。旁系亲属最高服叙为齐衰不杖期,如为兄弟、姊妹、叔伯父母、侄、姑母等,因天子、诸侯为旁亲不服,故称"绝期"。大夫与旁系亲属之间的服叙关系,在旁亲政治地位低于大夫而为士、庶民时,旁亲为大夫依服叙,大夫为旁亲则降一等服,即为旁系期亲降服大功,为旁系大功亲降服小功,为旁系小功亲降服缌麻,为旁系缌麻亲以下不服,故称"绝缌"。如《丧服》"大功"章:"大夫为世父母、叔父母、子、昆弟、昆弟之子为士者。传曰:何以大功也?尊不同也。尊同则得服其亲服。"只有对宗子例外,不得降服。绝期、绝缌都是在亲属间政治地位不相等的情况下发生的,反之政治地位相等,如诸侯与诸侯有亲属关系、大夫与大夫有亲属关系,相互间之服叙则不绝、不降,这叫做"尊同则不降"。

　　以上七个方面,笔者以为可以基本反映先秦经典服叙中的宗法伦理原则。另外还有一点需要说明,即"嫂叔无服"的问题,本来似可以作为一条亲属间男女大防的宗法伦理原则提出来,但由于先秦经典文献本身的矛盾,经学家们从汉晋到明清,争了近两千年也没有结果。据《仪礼·丧服》"大功"章传文:"夫之昆弟何以无服也?其夫属乎父道者,妻皆母道也。其夫属乎子道者,妻皆妇道也。谓弟之妻妇者,是嫂亦可谓之母乎?故名者,人治之大者也,可无慎乎?"意思是说,妻对丈夫的兄弟为什么无服呢?因为妻是随夫的,丈夫属于父的辈分,妻就属于母的辈分;丈夫属于子的辈分,妻就属于妇的辈分;夫之兄弟既不能

---

① 参见王国维:《观堂集林》卷一〇《殷周制度论》,中华书局1959年版。

把弟妻看作子妇,也不能把嫂子看作母,怎么能定服叙呢?名分是人伦的大问题,难道不应该谨慎吗?又据《礼记·檀弓》云:"嫂叔之无服也,盖推而远之也。"大部分经学家支持这一说法,如三国的何晏、清代的顾炎武等。但据《仪礼·丧服》记文:"夫之所为兄弟服,妻降一等。"则夫为兄弟服不杖期,妻为夫之兄弟即叔嫂之服叙降一等应为大功。而且根据《丧服》撰述年代而言,应是记文在前而传文在后,传文之撰述甚至在《礼记》之后,显然是受《礼记·檀弓》之影响而撰。从《丧服》篇之体例言,经文各章相当于分则,而记文却相当于总则(传文则是对经文、记文的解释,犹如《唐律疏议》中疏议是对律、注的解释),总则位于分则之后,是春秋、战国时撰述典章的一般规律。因此历代经学家中颇有一些人如晋代成粲、宋初礼学家等是支持嫂叔大功说的,故宋初礼典中嫂叔服叙定为大功。自唐初以来,礼典上采取折衷态度,定嫂叔服叙为小功,除宋初外,历代相沿。所以先秦服叙中嫂叔究竟是大功还是无服未有定论。

先秦服叙制度的原则与当时的宗族形态密切相关。先秦大宗法时期的宗族组织遍布于上层社会,宗族的祭祀权力与经济权力都掌握在宗子即大宗之手,并以嫡长继承的世袭制度保证其稳定性,因此大宗有收族的能力,小宗则有依附与服从大宗的义务。反映在服叙中,就有了严格的嫡庶之别与严密的承重系统,以及小宗为宗子的单向之服。政治权力方面,天子、诸侯行君统而不行宗统,俨然凌驾于宗法之上;大夫虽行宗法,但力图在宗族中与低级贵族的士有所区分。反映在服叙中,就是诸侯、大夫的绝期、绝缌原则。

第三节　两汉至明清服叙制度之流变

秦汉以后,五服服叙制度随社会政治形态与宗族组织形态的变异,发生了一系列纷繁复杂的流变现象。澄清这些流变及其成因,对古代史的研究是不无助益的。

一、两汉服叙之流变

(一)两汉服叙概况

两汉服叙是服叙流变中最易被忽略的时期之一,后世许多著名的经史学者如顾炎武、崔述等,在研究服叙时都没有注意到两汉这个重要时期的变化。如顾炎武在《日知录》中说:"宗庙之制始变于汉明帝,服纪(即服叙)之制始变于唐太宗。"①认为唐以前服叙完全等同于先秦服叙。赵翼在《廿二史劄记》中注意到了两汉守丧情况,指出:"两汉丧服无定制",朝廷"本无必当行丧之制",也"未有不许行丧之令",故"行不行听人自便"。② 但并未注意到两汉服叙的演变。

战国以来,以官僚制度取代世卿世禄制,宗子在失去政治势力与经济实力的情况下已无力收族,大宗法制开始解体。秦及汉初中央集权政体确立后,先后对强宗大姓采取了分户、不得族居、迁徙乃至消灭的政策,使宗族离散、谱系难辨,兄弟分家率成风气,三世共财已属罕见,以至书之史册,加以褒扬,以小家庭为基础的小宗法制基本形成。这些对两汉服叙的演变产生了重大影响。

两汉时期确实没有颁布过正式的五服典章,其重要原因之一,便是由于秦焚书坑儒所导致的有关五服制度的经典灭失,以至于连皇帝都不知"九族"为何物,更不要说与之相关的服叙制度了。据元龚端礼《五服图解》:"礼制云:元康二年(前64年)西汉宣帝登石渠阁,集群臣讲论丧服。帝问曰:'古宗枝图列九族,世俗难晓。'谏大夫王章奏曰.:'臣详

---

① 《日知录》卷五"外亲之服皆缌"条。
② 赵翼:《廿二史劄记》卷三"两汉丧服无定制"条。

古之法律，其间多是王言，事罕通俗，似非精议不克备知。臣观《广雅》，云昔曰巴蜀有咮、鴀（音 zhū 朱、zhù 祝）二姓之家，养鸡之始甚众，大高三尺，名曰鹍（音 kūn 昆）鸡，自一至九取阳极之数，每种鸡雏名曰蜀子雓（音 yú 余），各笼罩养，大小不相乌杂。臣今当以鸡笼为图，晓之于世。'奉毕，即划其图。帝曰：'朕见之虁（音 huò 豁）如也。'故以礼制书中有此图也。"（九族"鸡笼图"见表 14）

表 14 汉王章九族"鸡笼图"（录自元《五服图解》）

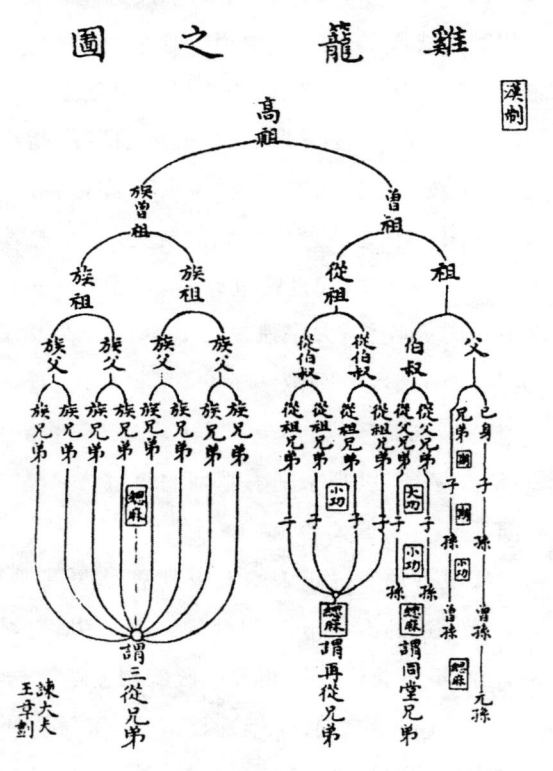

鸡笼之图

汉武帝"罢黜百家，独尊儒术"后，朝野对于服叙问题的研究越来越重视，这可以从以下几方面得到印证：第一，《仪礼》被列为儒家"五经"之一，并设立五经博士，著名学者有后苍、闻人通汉、戴德、戴圣、庆普、夏侯胜、萧望之、马融、郑玄等。第二，召开大规模的学术讨论会，五服成为其中的重要议题。这种学术讨论会最著名的就是西汉宣帝时的石渠阁会议及东汉章帝时的白虎观会议，由皇帝主持并亲自参与讨论。石渠阁会议即以讲论五服为主，具体内容参见《通典》卷81至卷103可知。第三，五服专著问世。两汉时期除皇室、诸侯必须为父母守丧外，对其余人并无强制守丧的规定，但士大夫中受儒家思想的影响，自觉守丧甚或沽名钓誉者并不乏人，武帝始至西汉末主要限于为父母守丧，东汉时则扩大到了为期亲（祖父母、伯叔父母、兄弟姊妹、妻等）守丧，朝廷时议与社会舆论也对守丧者持赞赏态度。受守丧需求的刺激，东汉后期开始出现了研究五服制度的专著，如马融《丧服经传》、郑玄《丧服经传》与《三礼图》、阮湛《三礼图》等。

(二)两汉服叙流变

两汉服叙虽未有定制，但在学术讨论及守丧实践中已形成了若干有别于先秦经典服叙的不成文的原则约定，并对封建后世服叙产生了重大影响。

1.两汉时无为宗子之服。由于大宗已无力收族，以小家庭为基础的小宗法制取代了大宗法制，小宗死后的血食祭祀不能靠"袝祭"于大宗得到解决，加之小家庭经济独立后继承问题的迫切性，于是小宗无子也开始立嗣。宗子既失其收族职能与立嗣特权，小宗为宗子之服也自然消亡。西晋初年大臣庾纯云："未闻今代为宗子服齐衰者。"①这一变化实际在汉代已经开始，《朱子语类》说："汉时宗子法已废。"清徐乾学也指出："秦汉以后，世无宗子之法。"②甚至"宗子"一词的含义也已演绎为宗室之子，罗尔纲认为：晋以后之"宗子"一词，多指帝王宗室而言，非指宗法制度之嫡长子。③ 这一切说明，秦汉以后宗子与小宗间的服

---

① 《通典》卷八八引。
② 《读礼通考》卷五。
③ 罗尔纲：《宗子释》，载《文史》第6辑。

叙纽带出现了断层,先秦时的大宗法制已为"各亲其亲,各子其子"的小宗法制所取代。

2. 两汉时已摒弃"诸侯绝旁期,大夫绝缌"的先秦服叙原则。《晋书·礼志》及《通典》卷九三均提到:"汉魏故事,无五等诸侯之制,公卿朝士服丧,亲疏各如其亲。""亲疏各如其亲"一语,清楚表明汉代诸侯、大臣服叙已同于士庶。西晋初年恢复五等诸侯制,荀𫖮等起草《晋礼》时曾打算照搬先秦经典服叙中的绝期、绝缌原则:"《新礼》:王公五等诸侯成国置卿者,及朝廷公孤之爵皆傍亲(即旁亲)绝期,而傍亲为之服斩衰;卿校位从大夫者皆绝缌。"大臣挚虞极力反对草案中这一盲目崇古的倾向,并指出古今诸侯的区别说:古之诸侯有"君临其国"之威,"臣诸父兄"之尊,而今之诸侯虽能"成国置卿",却并非"君临其国",因而"其尊未全",不宜恢复古制,而应遵循汉魏旧制。诏从之。① 这实际上是指出了分封制与中央集权制的不同,在中央集权制下唯皇帝才能君临天下,诸侯卿大夫的地位不能与分封制下同日而语,反映在服叙上,中央集权制下唯皇帝才有这种"旁亲绝期"的独尊地位。挚虞的意见很透彻地点明了这一道理,也迎合了帝王独尊的心理。因此可以说,秦汉以后"诸侯绝旁期,大夫绝缌"的原则已废,除皇帝以外,王侯公卿大臣为亲属之服叙一如士庶,历代相沿。

3. 两汉时增设属吏为长官、秀孝为举主之服叙。汉初以来,虽行集权政体,但用人之权尚未完全统一于中央:第一,公卿守令可以自辟僚属,因此属吏对长官的依附性很大,"甚者其情有如君臣";第二,由于选拔考核制度的不完备,秀才、孝廉也都仰仗于举主的推荐。因此汉代以来,出现了先秦经典所未曾记述的属吏为长官、秀孝为举主的服丧之举。赵翼指出:"盖自汉制,三公得自置吏,刺史得置从事,二千石得辟

―――――――――
① 《晋书·礼志中》。

功曹、掾吏不由尚书选授，为所辟置者，即同家臣，故有君臣之谊。其后相沿，凡属吏之于长官皆如之。……既有君臣之礼，遂有持服之制。"①如李恂、桓典、王允为郡将服斩衰三年，傅燮、荀爽、桓鸾为举主服斩衰三年，均同先秦服叙中臣为君之服。晋时，定属吏为长官服斩衰，既葬除服，心丧三年。② 北魏孝文帝时改定为齐衰三月。③ 隋唐科举制兴后此服叙遂废。

以上变化，是服叙在中央集权制与官僚政体下所作的调整。从为宗子之服叙的消失，可以看到中央集权制的建立对宗族组织结构的影响；从绝期、绝缌服叙原则与属吏、秀孝为长官、举主服叙的一灭一生，可以看到官僚制度取代世卿世禄制初期尚不完善的情况下在服叙上的反映，也说明两汉服叙在古代服叙流变中具有举足轻重的承启地位。

二、魏晋南北朝服叙之流变

（一）"丧服学"热潮之兴起

魏晋南北朝服叙基本沿袭两汉，这一时期服叙上最值得注意之处，是服叙研究热潮之兴起与服叙之入律定制。

魏晋南北朝时期是宗主式宗族形态的鼎盛时期。东汉时期以官僚士大夫为核心的宗族群体——士族，至魏晋时进一步演变为世袭垄断政治权力的世族，因而这一时期宗族势力远较两汉时强盛，既有政治权力作为靠山，又拥有以族众、义附组成的宗族武装力量，在经济上宗主也可荫庇族众、义附而逃漏国家赋税，家庭与国家之间往往没有直接的联系纽带，而是通过宗主为中介。这种宗主式宗族形态与西周宗法制确有某些共通之处，正如清人沈垚《与张渊甫书》所说："唐以前士大夫

---

① 赵翼：《廿二史劄记》卷三"长官丧服"条。
② 《晋书·丁潭传》。
③ 《魏书·公孙邃传》。

重门阀,虽异于古之宗法,然与古不相远。"①宗族势力的扩张导致服叙复兴运动的兴起,谱牒之风弥漫朝野,服叙内容入于典律,服叙研究也日趋精微。

自东汉末马融、郑玄以来,注疏礼经之风日盛,其中最为热门的,就是《丧服》篇。《仪礼·丧服》篇被誉为"世之要用",受到学者、文士的特别关注,所谓"《丧服》一卷,卷不盈握,而争说纷然"。② 近代章太炎也指出:"《仪礼·丧服》是当时所实用的,从汉末至唐,研究的人很多并且很精。"③专门研究五服的著作纷纷问世,因研究五服而成为名家者代不乏人,胡培翚《仪礼正义·丧服》引《三礼札记》说:"《丧服》一篇,唐以前也别行于世,马融、王肃、孔伦、陈铨、裴松之、雷次宗、蔡超、田隽之、刘道拔、周续之并专注《丧服》。""别行于世"、"专注《丧服》",都说明《丧服》研究脱离《仪礼》而以专著形式出现,开后世《大学》、《中庸》脱离《礼记》入于"四书"之先河。据《隋书·经籍志》载,魏晋南北朝时期撰有五服专著的学者还有蒋琬、傅射慈、袁准、杜预、刘逵、卫瓘、贺循、刘德明、环济、蔡谟、葛洪、孔衍、袁宪、庾蔚之、费沈、张耀、崔凯、孔智、田僧绍、司马瓖、沈麟士、王逸、楼幼瑜、刘瓛、王俭、贺玚、何佟之、裴子野、袁祈、贺游、崔逸、王隆伯、皇侃、谢峤等,此外还有有姓无名者如伊氏、徐氏、王氏、严氏、卜氏等以及无姓无名者之著作。至于研究《仪礼》、《礼记》的学者与著作,尚未包括在内。丧服学著述之丰,令人瞠目。

不仅著述,讲授五服也成为时髦及学识渊博之标志,如刘宋元嘉末年雷次宗在钟山西岩下为皇太子、诸王讲论《丧服》经,④北魏孝文帝曾

---

① 沈垚:《落帆楼文集》卷八。
② 《晋书·礼志中》。
③ 章太炎:《国学概论》第二章。
④ 见《日知录》卷六"檀弓"条。

亲为群臣讲《丧服》于清徽堂。① 唐杜佑《通典》二百卷中,礼典占半数,其中专载汉魏以来有关五服议论的内容即达二十一卷之多,从中可以窥见魏晋南北朝丧服学之精深及其与唐代丧服学的渊源关系。

贵族士大夫以讲论五服为时髦,朝廷也以颁修服叙为要政。笔者据《晋书·礼志》推定,大致在曹操当魏王时颁定的《魏科》是最早在刑事法典中规定服叙的,说明已将服叙与定罪量刑联系起来,开了古代法律依服叙定罪之先河(详见本书第三章第二节)。其后为魏文帝曹丕制定的《新律》及西晋初年颁定的《泰始律》(即《晋律》)所沿袭,《晋书·刑法志》称《泰始律》"峻礼教之防,准五服以制罪","五服"即指服叙。依服叙定罪量刑极大地推动了服叙的正统化过程,魏晋以来一改两汉服叙无定制的局面,历代均在朝廷颁布的礼典或法典中详细规定服叙。

(二)中央与地方服叙审议制度及机构之形成

由于服叙入律与定制,对于无明确规定或有疑问之服叙的议定诠释就成了一件非常严肃的事情,当然不允许再像两汉时那样"自以意为之"了。于是乎一套专门审议服叙的制度与机构就形成了:

首先,中央机构形成了一套朝廷讨论服叙的制度。《通典》卷八〇至卷一〇三均为历代服叙讨论记录,主要为魏晋南北朝时期朝廷讨论的记录。又如《晋书·礼志》载:"惠帝太安元年(302年)三月,皇太孙尚薨,有司奏御服齐衰期,诏下通议。""通议"就是朝廷讨论的方式。正如沈垚《与张渊甫书》赞称:"六朝人礼学极精……史传中所载多礼家精粹之言。"②

其次,皇室、诸侯或中央官吏服叙有疑,一般由太常寺议决。如《晋书·礼志》记:"咸宁二年(276年)安平穆王薨,无嗣,以母弟敦上继献

---

① 《魏书·彭城王传》。
② 沈垚:《落帆楼文集》卷八。

王后,移太常问应何服。"有时也由皇帝直接下诏决定,如东晋穆帝"升平四年(360年),故太宰武陵王所生母丧,表求齐衰三年,诏依昔乐安王故事,制大功九月"。① 又如梁天监七年(508年),"安成太妃陈氏薨,江州刺史安成王秀、荆州刺史始兴王憺并以慈母表解职(即去官服丧),诏不许,还摄本任。"②

太常寺礼官议服如有明显违背经典服制之处,将受到处罚。如《南史·江谧传》:"谧再迁右丞兼比部郎。太始(刘宋明帝年号)四年(468年),江夏王义恭第十五女卒,年十九,未笄。礼官议从成人服,诸王服大功。左丞孙复重奏:《礼记》:'女子十五而笄。'郑玄云:'应年许嫁者也,其未许嫁者则二十而笄。'射慈云:'十九犹为殇。'礼官违越经典,于理无据。太常以下结免赎论,谧坐杖督五十,夺劳百日。"江谧作为具体负责的官员,被处罚五十杖,并扣了一百天的工资。

再次,地方上吏、民服叙有疑,则由地方长官府议服,长官定议。如"东晋征西庾亮府仓曹参军王群从父姊(即堂姊)丧,无主,后继子俄而又卒。群以为姑、姊妹无主,后者反归服……又与此姊同在他邦,无余亲,情所不忍,准经不降不亦可乎?通咨府王及僚宷详断。"③王群认为堂姊死于外乡,无人主丧,所立继子随之又死,又无后,无主无后之出嫁女子应按归宗之服叙,为之服大功,而不应依出嫁降服小功。长官府僚属讨论后,最后由庾亮定议,仍服小功。又如东晋时南平郡农民陈诜之妻李氏被强盗掳去,陈又娶妻严氏,不料李氏复归,于是陈诜户籍上注明两个妻子。咸康二年(336年)李氏死,"诜疑制服,以事言征西大将军庾亮府平议",最后由庾亮定议。④

---

① 《晋书·礼志中》。
② 《梁书·儒林传》。
③ 《通典》卷九九。
④ 《晋书·礼志中》。

魏晋南北朝行门阀政治，是等级观念与等级制度极为发达的时期，上述对服叙议定的严肃态度正说明了这一点。隋唐确立六部制后，以礼部作为中央审议服叙的最高机构。

(三)"心丧"范围之扩大

魏晋南北朝(严格地说应是曹魏两晋南朝)时期服叙研究形成热潮，其重心在于解释先秦经典及依据先秦服叙原则补充古制中尚未完备之处，扩大心丧之制的范围就是补充完备古礼的一个显例。所谓心丧，是指"不视乐，不居寝，不饮酒食肉，不参预吉席，但得释此凶服而已"，①就是说除了不穿丧服服饰以外，其他行为应与守丧等同。

心丧之说最早见于《礼记·檀弓》："孔子之丧，门人疑所服。子贡曰：昔者夫子之丧颜渊，若丧子而无服，丧子路亦然。请丧夫子，若丧父而无服。"郑玄注："无服不为衰，吊服而加麻，心丧三年。"孔子死后，他的弟子不知该怎样为老师服丧，子贡说：以前孔夫子为颜渊、子路服丧，都如同为子服丧，只是不穿丧服而已。今天为孔夫子服丧，我们这些学生应该如同为父服丧而不穿丧服。《礼记·檀弓》又云："事师无犯无隐，左右就养无方，服勤至死，心丧三年。"郑玄注："心丧戚容如丧父母，而无服也。"在《礼记》中，心丧只适用于弟子为师，"专为无服而恩重者设"。

曹魏元帝咸熙二年(265年，即晋武帝泰始元年)司马昭死，司马炎"亦遵汉魏之典，既葬除丧。然犹深衣素冠，降席撤膳。……遂以此礼终三年，后居太后之丧亦如之。"②自汉文帝遗诏"以日易月"，规定大臣及宫内为皇帝之丧仅服三十六日(详见本书第四章第二节)，后又演变成"既葬除丧"的惯例。但司马炎仍以心丧终三年，可以说开了古代为

---

① 王元亮：《唐律疏议释文纂例》。
② 《晋书·礼志中》。

父母心丧三年之先例。不过这还可以说是司马炎的皇帝身份特殊所致,因为他如果是官吏或平民,本应为父斩衰三年,父卒为母也应齐衰三年。但心丧先例一开,后人纷纷仿效,父在为母本应期年除服,现在也在除服后行心丧至三年,如刘宋元嘉十七年(440年),"元皇后崩,皇太子心丧三年"。① 正如徐乾学所说:"六朝及唐宋之制,凡父在为母、嫁母、出母、妾母、本生父母及父卒祖在为祖母(以上原服均为齐衰杖期或不杖期)皆心丧二十五月,而心丧者又必解官(即辞官服丧,与三年丧同)。此礼最为尽善,可补古礼所未及。"② 于是魏晋以后"期服而不得遂其三年者率行心丧"。

心丧范围的扩大,使在服叙范围内被严格的宗法伦理原则(压降原则)所抑制的自然人情(或者说骨肉亲情)得以在守丧行为方面得到某种补救,既不更动礼法服叙,又伸张了人情。心丧范围的扩大实际上是秦汉以来小宗法制取代大宗法制后,妇女特别是母亲家内地位提高的反映:在先秦大宗法中,母亲是以外来宗族成员的面貌出现的,其在宗族中的地位甚至不及其子女;而在秦汉以后经济上不再依仗宗族的独立家庭中,母亲则是仅次于父亲的第二家长。唐以后服叙变革中一再提高为母服叙,以至于明清时为母服叙与为父服叙并为斩衰,其基本原因正在于此。

三、唐代服叙之流变

唐代服叙制度开始走上大刀阔斧改革的道路。如果说两汉服叙的演变是自然而然发生的"隐性"变化,那么唐代服叙的演变则是人为改革导致的"显性"变化。顾炎武所说的"服纪之制始变于唐太宗",就是

---

① 《宋书·礼志》。
② 《读礼通考》卷二六。

只注意了显性变化的缘故。

唐代服叙流变主要发生于太宗、高宗及玄宗之时,三次改革都有一个共同特点,就是低服叙向高服叙的上移。究其原因,大概有以下两方面:第一,魏晋南北朝以来在服叙研究论辩的热潮中,也出现了反传统礼教的思潮。其总的倾向是认为"礼许变通",①因此应"缘情立制",②即礼应顺乎人情,立制应充分考虑到自然情理,而不必过分拘泥于礼教传统。这一思潮与玄学"称情直往"的风气有密切的关系,对唐代服叙改革的影响较大。第二,由于宗主坞壁不复存在,族众都已成为国家的编户齐民,唐初宗族在政治上、经济上已基本不构成对中央政权的威胁。同时曹魏"除异子之科,使父子无异财"③以来,家族同居从两汉时的至多三世发展到七世、八世,唐初甚至有十世同居者,但从整体上言,数世同居仍是个别现象,分居风气仍为主流。唐初统治者为了改善统治形象,促进人际和谐,力图形成一种平和敦睦的气氛,因此极力褒扬累世同居,敦励亲族和睦。服叙上移即为其手段之一。

(一)唐太宗对服叙之改革

贞观十四年(640年),因修礼官奏事言及服叙,唐太宗说:"同爨(音 cuàn 窜,即同居同炊)尚有缌麻,④而嫂叔无服;又舅之与姨,亲疏相似,而服纪有殊,理未为得。宜集学者详议,余有亲重而服轻者,亦附奏闻。"⑤这是服叙制度史上第一次由最高统治者公开向传统服叙的挑战,并取得了"情理胜于礼制"的第一回合的胜利。这番话中唐太宗认为传统服叙有"理未为得"之处及试图提高"亲重而服轻者"服叙的倾向

---

① 《通典》卷六〇。
② 《晋书·礼志中》。
③ 《晋书·刑法志》。
④ 见《礼记·檀弓上》:"或曰同爨缌。"
⑤ 《旧唐书·礼仪志七》。

已表达得很明白：一是嫂叔无服是不合理的，应该提高服叙；二是为姨小功、为舅缌麻是不合理的，为舅应与为姨服叙同；三是其余服叙中有类似不合理服叙的，也应奏闻厘正。

侍中魏徵、礼部侍郎令狐德棻等遵旨奏议："臣闻，礼所以决嫌疑、定犹豫、别同异、明是非者也，非从天降，非从地出，人情而已矣。"①认为礼就是"人情"，而且"非从天降，非从地出"，不是神圣不可更改的，只要是顺应人情，就可以修正传统礼制。这一观点，与魏晋以来的反传统礼学的思潮如出一辙。在这一理论基础上，魏徵等提出一系列改革服叙的方案，并获得唐太宗的批准：

1. 为舅服缌麻三月改定小功五月。魏徵等认为传统服叙中为姨母小功、为舅仅缌麻实是"循名丧实，逐末弃本"，②舅与姨均为母之兄弟姊妹，但舅是母之本族，而姨出嫁后则是外戚他族，比较起来，应该是舅重姨轻，"盖古人之情，或有未达，所宜损益，实在兹乎"。③ 指出这一条正是古人人情未达的失误，因此改为舅之服同姨小功。但舅报甥之服仍为缌麻三月，据《新唐书·礼乐志第十》："然《律疏》舅报甥犹服缌。"高宗显庆二年（657年）九月，修礼官长孙无忌等认为："傍尊之服，礼无不报，已非正尊，不敢降也。故甥为从母（即姨母）五月，从母报甥小功；甥为舅缌麻，舅亦报甥三月，是其义矣。今甥为舅使同从母之丧，则舅宜进甥以同从母之报。"④舅为旁系尊亲而非直系尊亲，故舅为甥报服应与甥为舅制服同。高宗从之。

2. 嫂叔无服改定小功五月。魏晋以来对"嫂叔无服"之不当及经典

---

① 《旧唐书·礼仪志七》。
② 《旧唐书·礼仪志七》。"循名丧实"，武英殿本为"循名责实"，其义不确，今据百衲本。
③ 《旧唐书·礼仪志》。
④ 《旧唐书·礼仪志》。"傍尊"，武英殿本为"尊傍"，今据百衲本。

之矛盾已多有议论,如魏之蒋济、晋之傅玄、成粲等。魏徵等人也认为:礼经中对是否同居非常看重,如为继父之服,为同居继父杖期,为不同居继父则无服,"故知制服虽系于名,亦缘恩之厚薄也"。在一门同居的情况下,年长之嫂对年幼之小叔往往有鞠养之恩,如果无服,"生而共居,死同行路,重其生而轻其死,厚其始而薄其终,称情立文,其义安在"?[1]

3. 为曾祖父母服齐衰三月改定齐衰五月。礼经中为曾祖父母服齐衰三月,为高祖父母之服无文。魏徵等认为这是礼经遗漏,而且曾祖、高祖亲疏有差,服叙也理应有所区别,于是改定为曾祖父母服齐衰五月,为高祖父母服齐衰三月。这样就在服叙等级上创立了齐衰五月级,从而使齐衰服拥有三年、杖期、不杖期、五月、三月共五级。

后世学者多有非议这一改制者。如沈括《梦溪笔谈》与顾炎武《日知录》均曾指出:礼经中所引亲属称谓是宗庙之称,宗庙中曾祖以上皆称曾祖,曾孙以下皆称曾孙,无高祖、玄孙之称。[2] 如晋元帝诏:"礼事宗庙,自曾孙以下皆称曾孙。"[3]因此礼经中"为曾祖父母齐衰三月",实指凡曾祖以上均服齐衰三月。

4. 为嫡子妇服大功九月改定齐衰不杖期,为众子妇、侄妇服小功五月改定大功九月。这是根据妻为夫族降夫一等、夫族为子妇也降子一等的标准:既然为嫡子服斩衰,为嫡子妇降一等则为齐衰;为众子、侄既然服齐衰(不杖期),为众子妇、侄妇降一等则为大功。

(二)高宗时武则天对服叙之改革

唐高宗上元元年(674年),已大权在握、"威势与帝无异,当时称为二圣"的天后武则天上表:"至如父在为母服止一期,虽心丧三年,服由

---

[1] 《通典》卷九二。
[2] 《日知录》卷五"齐衰三月不言曾祖以上"条。
[3] 《晋书·钟雅传》。

尊降。窃谓子之于母，慈爱特深，非母不生，非母不育，推燥居湿，咽苦吐甘，生养劳瘁，恩斯极矣。所以禽兽之情犹知其母，三年在怀，理宜崇报。若父在为母服止一期，尊父之敬虽周，服母之慈有阙。且齐、斩之制，足为差减，更令周以一期，恐伤人子之志。今请父在为母终三年之服。"高宗下诏依议行焉。①

武则天认为"父在为母"应与"父卒为母"同为"齐衰三年"，理由主要有两条：一是母对子女"慈爱特深"、"恩斯极矣"，子女"理宜崇报"，否则不如禽兽；二是虽然父母之尊有别，但斩衰、齐衰的等级区分已"足为差减"，没有必要再分父在、父卒，否则"恐伤人子之志"。

据笔者所知，近年来研究武则天的论著、传记，甚至小说、剧本，数以百计；有关武则天的资料搜罗殆尽，但尚无人注意到这条重要的史料。这次上表实际是武则天一次重要的政治试探。玄宗开元五年（717年），右补阙卢履冰上表指出当年武则天改革为母服叙的原因："原夫上元肇年，则天已潜秉政，将图僭篡，预自崇，先请升慈爱之丧，以抗尊严之礼。虽齐、斩之仪不改，而几筵之制遂同。数年之间，尚未通用。天皇晏驾，中宗蒙尘。垂拱之末，果行圣母之伪符；载初之元，遂起易代之深蠹。"大意是说，高宗上元元年武则天已暗中掌握政权，试图进一步篡政，预先提高自己的地位，因此提出父在为母丧也服三年，提升了为母之丧，确立了与为父对抗的礼仪。虽然为父仍为斩衰。为母仍为齐衰，但三年之丧期已是相同。高宗虽然诏许，但此礼在高宗生前尚未通行。至高宗死、中宗废，武则天称"圣母神皇"的垂拱末年（688年），果然推行此服叙。到依周制改正朔的载初元年（689年），武则天终于实现了改朝换代的阴谋。因此卢履冰坚决主张废除此服叙，认为"此是则天怀

---

① 《旧唐书·礼仪志七》。《新唐书·后妃传》记上元元年武则天"进号天后，建言十二事……九，父在为母服齐衰三年"。又据《旧唐书·则天皇后纪》及《唐会要·服纪上》，武则天垂拱元年（685年）亲撰《垂拱格》，将此新服叙编入。

私苞祸之情,岂可复相沿乐袭礼乎?"①

但百僚争议不决,如刑部郎中田再思就认为:第一,自古以来服叙就升降不一,子张、子游、子夏这些孔门高足,也对服叙莫衷一是,汉晋之际,郑玄、王肃也说法不一。第二,"父在为母三年"已实行了四十多年,并已编入具有永久法律效力的"格"中,况且是高宗时批准的,非则天朝新创,何必要违背先帝的旨意。第三,"父在为母三年"既不妨碍圣化,也不紊乱伦理,为什么一定要服一年丧期,与伯母、叔母、姑母、姊妹等同呢?何必"阻人子之情,亏纯孝之心"呢?② 这场论战最终没有结论。此后卿士之家,父在为母行服各依其是。直到开元二十年(732年)修定《开元礼》,仍依高宗上元敕。③ 此后成为定制,宋、元承沿不改。

武则天的这次服叙改革是古代服叙的一次石破天惊的大变革,是"母尊"向"父尊"的第一次大挑战并获得成功。这次变革对唐代及后世影响之大,以至专门记述唐代丧礼的《旧唐书·礼仪志七》以大部分篇幅完整地记载了开元五年的那场大论战。清人崔述也指出:"此五服所最重,古今变更之尤大者。"④

这一变革对传统五服理论至少形成两大冲击:一是冲击服叙原则中之"压降"原理,为母之服不再依父之生卒而发生变动了。二是冲击守丧理论中之"主丧"原理。依传统五服理论,父在母亡以父为丧主,父为母服即夫为妻服应是齐衰杖期。现在子(父在)为母齐衰三年,而夫为妻仍为杖期,丧礼以主丧者为断,父十五月禫祭服满脱下丧服,子如何再继续为母服丧?如果以子主丧,有违父子名分,也不符传统理论。

---

① 《旧唐书·礼仪志七》。
② 《旧唐书·礼仪志七》。
③ 《旧唐书·礼仪志七》。
④ 《五服异同汇考》卷一。

如果父与子各行其是,则丧有二主,意味着家有二主,也是违背传统礼教的"家无二尊"原则的。可见这一变革已使传统五服理论陷入了困境。

(三)唐玄宗对服叙之改革

唐玄宗开元五年,如上所述,进行过一场关于"父在为母服叙"的大讨论。虽然没有结论,但右补阙卢履冰、左散骑常侍元行冲等主张复古的观点显然对玄宗产生了影响。开元七年(719年,一说开元八年)玄宗下敕:"诸服纪宜一依《丧服》文",①但士大夫仍各行其是。十年以后,玄宗的想法又有了变化,开元二十年(732年),"中书令萧嵩与学士改修定《五礼》(即《开元礼》),又议请依上元敕,父在为母齐衰三年为定。及颁礼,乃一依行焉"。②

《开元礼》除肯定了太宗、武则天时的服叙改革成果以外,另有几处增补:③

其一,增为女子在室之服。女子未嫁为"在室",已嫁归宗同于在室。礼经中为女子之服只有殇服与已嫁之服(即为出嫁女子服叙降一等),而无"在室"之服。《开元礼》按为男子同等服叙增补"为女子在室"服叙,如为姊妹在室者服同兄弟,为女子子(女儿)在室者服同众子,为姑在室者服同伯叔父等,其后历代相沿。但清人崔述以为,礼经中无为女子"在室"之文并非由于脱漏,"盖古者(女子)二十而嫁,未及二十则为殇",所以女子非嫁即殇,而无所谓"在室"。因此崔述指出《开元礼》所增补的这一服叙"恐于古礼未合"。④

其二,定为嫁母之服。礼经中只有父卒继母改嫁己幼从之,为继母

---

① 《旧唐书·礼仪志七》。
② 《旧唐书·礼仪志七》。
③ 《开元礼》服叙见《通典》卷一三四。
④ 《五服异同汇考》卷一。

服杖期,而无为嫁母(亲生母亲因父卒改嫁者)服叙。《开元礼》补定为嫁母服杖周,[①]嫁母报服子女同,但为父后者为嫁母无服。

其三,定同母异父兄弟姊妹互服小功。礼经中大概因忌讳改嫁及异姓关系而未制服,《开元礼》增定小功服叙,为后世承沿,唯清代服图不载。

玄宗朝自《开元礼》后,服叙又有部分变革,正如《通典》卷一〇六"开元礼纂类一·序例上"载:"斯礼开元二十年撰毕,自后仪法续有变改。"开元二十三年(735年),玄宗行籍田礼毕,又"下制曰:服制之纪,或有所未通,宜令礼官、学士详议闻奏"。[②] 于是太常卿韦韬奉承旨意,请求将外祖父母加至大功,堂姨、堂舅(母之堂姊妹、堂兄弟)加至袒免,舅母加至缌麻。但太子宾客崔沔、职方郎中韦述、礼部员外郎杨仲昌、户部郎中杨伯成、左监门录事参军刘秩等一致反对,认为如此"则中外之制相去几何?废礼徇情,所务者末"。玄宗又两次手敕,明确提出为舅母宜服缌麻,为堂姨、堂舅宜服袒免,并说明目的是"实欲令不肖者企及,贤者俯就"。最后侍中裴耀卿、中书令张九龄、礼部尚书李林甫等认为既然玄宗决心已定,"自我作则",那就不必理会群臣的意见,"群儒风议,徒有稽留",不如"准制施行"。玄宗从之。[③]

这样两个无关紧要的服叙改革,居然也要皇帝与大臣之间多次的制、敕与奏、议交锋,可见唐人对服叙之重视以及对服叙变革之慎重。

综上所述,唐代(严格地说是唐、周时期)三位最有作为的皇帝,竟然都不约而同地对服叙改革发生了浓厚的兴趣,这并非偶然的巧合,乃

---

① 《开元礼》避玄宗李隆基讳,因"基"与"期"音同形近,故改"期"为"周",称"杖周"、"不杖周"、"周服"。宋初沿用,现存《唐律疏议》及《宋刑统》皆称"周"。宋《政和五礼》已改回,仍称"期"。
② 《旧唐书·礼仪志七》。
③ 《旧唐书·礼仪志七》。

是说明服叙制度在唐代这样发达的等级制社会中对于社会生活以及政治稳定的重要作用。

唐代前期几次重大的服叙改革的方式:一是提升,即原在服叙内者提升等级;二是增补,即原不在服叙内者跻入服叙(实际上增补也是一种提升)。而数次改革的对象,几乎都是女子或女党(如舅及同母异父兄弟姊妹即属女党)。其原因大致与以下几个方面有关:第一,前述六朝以来礼学研究中"缘情制礼"思潮与唐初开放风气的影响;第二,汉魏六朝以来女子在家内作用与地位的加强;第三,大宗法解体后亲属之间的互济往往得力于女党;第四,政治统治中外戚影响的扩大。

四、五代、宋服叙之流变

五代及宋初,服叙制度在沿袭唐代的基础上,也作了部分调整:

其一,提高妇为舅姑(即公婆)之服,改不杖期为三年。先秦至唐代服叙中,出嫁女为父母降服不杖期,为舅姑也服不杖期,也就是说,出嫁女子为己之父母与夫之父母的服叙是相等的。唐中叶以后,时俗已出现妇为舅姑服三年丧之趋势。① 五代后唐明宗长兴中,太常卿刘岳奉敕删定唐宰相郑余庆《书仪》,首定妇为舅斩衰三年,妇为姑齐衰三年,一与夫为父母同。② 北宋初年讨论服叙,魏仁甫等上言认为后唐的这一流变是合乎情理的:"岂可夫衣衰粗,妇袭纨绮?夫妇齐体,哀乐不同,求之人情,实伤至治。况妇人为夫有三年之服,于舅姑而止服周(周即期),是尊夫而卑舅姑也。"宋太祖乾德三年(965年,即北宋建国第六年)十二月,"始令妇为舅姑三年,齐、斩一从其夫"。③ 此制沿用至明初。

---

① 参见《唐会要》卷三七。
② 参见《读礼通考》卷六。
③ 李焘:《续资治通鉴长编》"乾德三年"条。

魏仁甫上言主要有两条理由：一是夫妇齐体，不应哀乐不同；二是不应尊夫而卑舅姑。这两条实际都反映了家庭观念的强化以及家庭中尊卑伦理的强化，先秦服叙侧重从宗族整体考虑平衡，而后世服叙改革则侧重于从家庭角度出发考虑平衡。这一妇为舅姑之服的改革，打破了先秦服叙中"妇人不贰斩"的原则。《仪礼·丧服》传文："为父何以期也？妇人不贰斩也。妇人不贰斩者何也？妇人有三从之义，无专用之道，故未嫁从父，既嫁从夫，夫死从子。故父者子之天也，夫者妻之天也。妇人不贰斩者，犹曰不贰天也，妇人不能贰尊也。"就是说，女子出嫁前只为父服斩衰，出嫁后只为丈夫服斩衰，故称"不贰斩"。现在为夫之父也服斩衰，无疑是贰斩、贰天了，但好在夫之父也是夫之天，贰天原是一天，在理论上也是可以混得过去的。

其二，始定为养母齐衰三年服。清顾湄云："案养母之服不见于经，盖古无异姓相养之理，自宋《开宝礼》始载入齐衰三年章，《元典章》因之。"①但宋徽宗时的《政和五礼新仪》卷二四"五服制度"条不见为养母之服，原因不明，也许是疏漏所致。《元典章》"三父八母图"中"八母"首列"养母"，明清相沿。

先秦以来礼法上概不准收养异姓之子，因为祭祀上有"神不歆非类，民不祀非族"的说法，异姓养子因血缘上不能互通，是不能为死去的养父母提供血食的；同时也为了谨防财产流入外族。凡无子者可以收养同宗昭穆相当者（即诸侄辈）为嗣子，这在礼法上与经典中不称"养子"与"养父母"，而称"为人后者"与"所后父母"，其相互服叙与亲生者同。至于有子者恤养同宗之孤儿，在名分上不视为养子，服叙上也不允许发生变化。

汉代以后，虽然实际上有收养异姓子之事（通常称为"螟蛉子"），尤

---

① 慵讷居士：《咫闻录》，《笔记小说大观》第 4 辑。

其是无子者收养外甥为嗣子,但法律及服叙制度上并不予承认。《唐律》始规定允许收养异姓三岁以下弃儿,并可改从己姓,但不得立为嗣子,[1]主要是出于人道上的考虑。宋代法令则放宽规定,凡在三岁以前收养的异姓儿,不论因遗弃因抱养,均可改从己姓,视同亲生,并可继承财产。[2] 这实际上已将养子等同于嗣子,因此服叙制度上无可回避,相应规定了养子为养母之服,视同生母。问题在于,元、明、清历代法典、礼典如《元典章》、《大明律》、《大清律例》、《大清会典》中均规定了养子为养母之服,却无养子为养父之服。历代学者也看出了这一问题,并在私家著述中加以补正,如元徐元瑞《吏学指南》提出"五父十母"之说,"五父"中就包括养父;清吴坛《大清律例通考》也有"六父十三母"的说法,"六父"中也包括养父。吴坛指出,《大清会典》律图"乃图内既将过房之养母列入,而不及养父。且为养母载服三年,而不为养父载服,天下岂有无父之母,抑岂有过房与母而不过房与父者哉?"据吴坛考证,"考明万历十四年(1586年)制:同宗支子及遗弃三岁小儿前(原文如此,疑为"三岁前小儿"之误)对付收养者,为收养父母并服三年丧。又《明会典》云:'凡官吏、监生丁养父母忧,不开自幼过房者,俱行查。'即此可见养父、养母之服,前代已行,特律条未经详载耳"。[3]

五、元代服叙之流变

元代统治者所行之组织与礼制,多从其本俗,如《元史·祭祀志一》云:"元之五礼,皆以国俗行之,惟祭祀稍稽诸古。"所以元时服叙之行,仅在汉族。

今所存出于元人之手的服叙资料有二:一见于《元典章》,《元典章》

---

[1] 《唐律疏议·户婚律》"养子"条。
[2] 参见《名公书判清明集》卷七、卷八。
[3] 吴坛:《大清律例通考》卷二。

是否元时的国定典章，学术界尚有不同意见，一说为当时书商所辑，但其资料出于元制，当是没有疑问的。由于印刷传抄的疏误，其中错讹不少，所载服叙也是如此，清人徐乾学指出："元之丧礼无传，仅见于《典章》一编，列图凡六。而为伯叔兄弟服不杖（期），于姑姊妹则杖（期）；为嫡妇缌麻，而为众妇大功。当时议礼者不应若是之误。"[1]二为龚端礼《五服图解》，虽是私家著述，但考证谨严，非无中生有之作。两书大致都是在元英宗至治年间所编，其内容可见元时服叙基本沿承两宋，而略有变异：

其一，增定为出家兄弟之服。此服仅见于《元典章》，《五服图解》不载。元代崇尚佛道，出家也成为一种时髦，但礼教传统向以出家为不孝，视僧俗为两途，故元时折衷定为同胞兄弟出家者降一等服大功。但明清服叙中不见此服。

其二，改"袒免"为"无服"。前文已指出，在先秦服叙中，"袒免"与"无服"是有区别的。但至迟在唐时已一概称之"袒免"，如《唐律疏议·名例律》曰："袒免者，据礼有五：高祖兄弟、曾祖从父兄弟、祖再从兄弟、父三从兄弟、身之四从兄弟是也。……此数之外，据礼内外诸亲有服同者，并准此。"所谓"据礼有五"，是礼经中之本宗"袒免"范围；但"内外诸亲有服同者"，则包括了本宗、外亲、妻亲所有五服外亲属，如母之祖父母（即外曾祖父母）、堂姨舅之子、姨舅之孙、姑之孙、妻之兄弟姊妹、妻之祖父母外祖父母、女之孙（即外曾孙）等。又如《旧唐书·礼仪志七》韦韬奏："请为舅加小功五月，堂姨舅疏降一等，亲舅母从服之例，先无制服之文，并望加至袒免。"舅母是外亲，加至袒免，也显见唐时"袒免"亲已包容"无服"亲在内。元代《元典章》及《五服图解》均改"袒免"为"无服"，但从元代服叙中尚看不出这一更改有何实质上的意义。无论

---

[1] 《读礼通考》卷一。

唐宋称"袒免"也好,元称"无服"也好,看来都只是"较缌麻亲疏一等"的代名词。但明清法律中"无服"亲范围扩展至同宗五服外亲属的变革,则说明"无服"的容量显然要大于"袒免"。

顺带要指出的是,《元典章》之讹误还表现在将"无服"与"不服"混为一谈,如《礼典》本宗服图中"族姑室缌麻,嫁不服","不服"显是"无服"之误。

六、明代服叙之流变

(一)明初服叙变革之成因

明代的服叙变革,是自唐安史之乱以后整个封建社会后期服叙演化最激剧的一次,究其成因,大约与以下几个方面有关联:

第一,六朝至唐"缘情立制"的风气,至宋进一步演变为礼制平民化趋势,显示出强烈的实用化倾向。如北宋司马光《书仪》及南宋朱子《家礼》,在丧礼方面首先体现出平民化、实用化的就是丧服服饰制度(参见第一章第四节)。这一趋向,至明初波及服叙制度。

第二,宋以来形成、至元明趋于成熟的内向自保型宗族形态,对明代初年的服叙变革有着不容忽视的影响。这种内向自保型宗族形态与魏晋宗主型宗族形态的主要不同点在于:一是宗族血缘的纯洁性。族人之间必须有确认的血缘谱系关系,而不是像魏晋时为扩大宗主势力而随意收留众多的非族众之"义附"。因此修订宗谱成为宗族的首要事务,但其目的只是为了祭祖与聚族,而非如魏晋时热衷谱牒主要是为了维系门第。二是宗族核心的可移性。宋以后宗族在经济上以义庄、祭田、义冢等达到族人互济之目的,这就必须具有足够的财力,因此族中财力雄厚者特别是兼具政治势力的官僚往往成为宗族的自然核心。但官僚不能世袭,必然导致宗族核心的转移,也即程颢、程颐曾经提出过的"夺宗法"。[①] 同时官僚以官为家,游宦四方,不在族内定居,故日常主持族内事务的族长往往以公推或年长者为之,又导致宗族核心的多元化。这与六朝时期门阀制度下宗主世袭、核心专一的情况大为不同。由于宗族核心的可移性及家庭与国家在赋税上的直接联系,导致宗族成员人格上的相对平等化,小家庭对于宗族的依附性也较六朝、唐时大为减弱,家庭独立性相应增强,妇女家内地位也有所提高。三是宗族与国家的互补性。由于宋以后宗族族众都是国家的编户齐民,宗族又不带有"坞壁"式的军事性质,加之宗族核心不稳定,不似六朝宗族那样兼具各种权力于一体,因此宋以后的宗族对中央集权并不构成威胁,相反可起到维护基层社会秩序稳定的中介作用。所以国家对宗族极力扶持,唯恐其瓦解;宗族修订的众多族规家法中,也都明定以遵守国家法律为宗族及族众之要旨。因此可以说,六朝宗族多带有外向的扩充性,而宋以后宗族则基本属于内向自保性,这种宗族形态对中央集权型的封建国家是最为适合的。

宋以后新型宗族形态的特征对服叙改革起到了明显的导向作用,亲属范围的扩大、嫡庶区别的缩小、辈行名分的突出、女性服叙的提高、服叙的简化与实用倾向的加强等,都与之有关。

第三,明初朱元璋厚今薄古的立场与"礼乐制度出自天子"的独裁心态直接推动了服叙的变革。明王朝江山初创、礼制未备时,其匆忙颁行的《大明令》及《大明集礼》中服叙均依南宋《家礼》为楷模。至洪武七年(1374年)制定《孝慈录》,开始对服叙制度进行一系列调整。朱元璋亲撰之《御制孝慈录序》阐明服叙制度改革的思想:"丧礼之说,闻周朝已备,至秦火乃亡。汉儒采诸说以成书,号曰《周礼》、《仪礼》,或云'新

[①] 《二程外书》卷一一:"立宗必有夺宗法。如卑幼为大臣,以今之法,自合立庙,不可使从宗子以祭。"

书',而未行。历代儒臣往往以为定式,以佐人主。若识时务者,则采可行而行之;其有俗士,执古以匡君,君不明断,是以妨务而害理,中道废焉。……其丧礼之论,时文之变态,迂儒乃不能审势而制宜,是古非今。灼见其情,甚不难矣。每闻汉、唐有忌议丧事者,在朕则不然,礼乐制度出自天子!"①朱元璋否定儒家经典的权威性,认为《周礼》、《仪礼》只是汉儒根据传说记录而成,其准确性是有疑问的,甚至可能是汉儒伪托的新作,而西周时并未实行过。对传统礼制,只能"采可行而行之"否则就会"妨务而害理"。这些见解,无疑具有与时俱进和专制独断的双面性。

(二)明代服叙变革之内容

明代服叙改革始于洪武七年(1374年)。是年秋九月,宠妃孙贵妃薨,无子,朱元璋敕礼官以定服叙。礼部尚书牛谅等议奏,均以《周礼》、《仪礼》为定式,认为依礼太子、诸王为庶母无服。朱元璋大为恼火,指斥此服叙太不近人情,于是敕翰林院学士宋濂等重新考订为母服叙。于是宋濂等迎合上意考得历代论服母丧者42人,其中28人愿为母服三年,14人愿为母服期年(即杖期)或大功。朱元璋大悦:"观愿服三年视愿服期年者倍,岂非天理人情之所安乎?"十一月一日,朱元璋正式下诏:"子为父母、庶子为其母(即生母)皆斩衰三年,嫡子、众子为庶母皆齐衰杖期。"②接着朱元璋命著《孝慈录》,收录丧服服饰图及说明、五服服叙表、宋濂等考订的古今论母丧者内容等,并以朱元璋十一月一日诏作为《御制孝慈录序》置于篇首。从今存《孝慈录》看,明初服叙变革除为母、庶母外,在五服服叙表中尚有其他改动。兹将明初服叙变革及其成因叙述如下:

1.改为母服叙为斩衰三年。朱元璋对为父斩衰、为母齐衰的服叙

---

① 《孝慈录》,《纪录汇编》卷四。
② 《明史·礼志一四》。

颇不以然："父母之恩一也，而低昂若是，不情甚矣。""夫人情无穷，而礼为适宜。人心所安，即天理所在。"①宋濂等依敕考订古今论母丧者42人。其中愿服三年者28人："圣贤定论"3人，即孔子、宰予、孟子；历代愿服三年者25人，即春秋时鲁昭公、西汉河间王良、丞相公孙弘、薛修、东汉韦彪、桓郁、东平王敞、安帝、司徒刘恺、陈忠、东海王臻、桓帝、荀爽、晋武帝、康帝、北魏孝文帝、北周高祖、唐武则天、玄宗、田再思、张说、代宗、李晟之子、宋王恪、神宗。愿为母服期年或大功者14人：齐宣王、西汉丞相翟方进、晋博士张靖、太宰武陵王、梁王、哀帝时仆射江霦、孝武帝太子、唐玄宗时卢履冰、元行冲、德宗时柳冕、穆质、宋太祖、太宗、赵光美。②显然宋濂等将愿为母服期年或大功的人数大大缩小了，以迎合朱元璋的需要。即使愿服三年者，也只是愿服齐衰三年，并非斩衰。而朱元璋在洪武七年十一月诏令中，则改为母服斩衰三年，与为父之服同。相应的，为嫡母、继母、慈母、养母、父卒祖在为祖母、妇为姑等有关之服叙都改为斩衰。至此，母亲始与父亲在服叙中处于平等地位。但为嫁母、出母仍服齐衰杖期，为人后者为本生父母仍服不杖期，并行心丧。

由于这一改革，齐衰三年级自然废除，齐衰在明清只有杖期、不杖期、五月、三月四级。

2. 为庶母改服齐衰杖期。庶母即父妾，先秦服叙士为庶母缌麻三月，大夫以上为庶母无服。③唐、宋、元服叙规定，为庶母之有子者服缌麻，无子则无服。明洪武七年颁《孝慈录》改定嫡子、众子为庶母皆齐衰杖期，此事因孙贵妃薨而起，因此《明史·孙贵妃传》也说："众子为庶母期，自妃始。"另据明姜清《姜氏秘史》记载的一件与此有关的逸事披露：

---

① 《明史·礼志一四》。
② 参见《孝慈录》。
③ 《仪礼·丧服》"缌麻"章。

明太祖想让太子为孙贵妃服齐衰杖期,太子以此举不合传统礼法而拒绝奉诏,太祖大怒,取剑欲刺太子,后经大臣桂彦良劝解,太子才勉强服齐衰。① 看来,朱元璋与太子之间的矛盾很可能是制定《孝慈录》的最初动因。

3. 母在为妻改定齐衰不杖期。先秦服叙中,父在为妻不杖期仅适用于大夫嫡子(大夫嫡子为妻杖期,父在为妻不杖期②),母在为妻压降仅适用于族人为宗子之妻(族人为宗子之妻服齐衰三月,宗子之母在则不为宗子之妻服③)。汉魏以来贵贱同服,故父在为妻不杖期之制,通行于贵贱嫡庶。而由于宗子之法废,无为宗子之服,故服叙中也无母尊压降之说。明初为母之服改为斩衰,与为父之服同,"由是母服与父服并重,母在为妻亦不杖"。④ 此服《孝慈录》中尚不见记载。

4. 为嫡长子改服齐衰不杖期。嫡长子即正妻所生之长子,历代服叙中或称"长子",或称"嫡子"。自先秦迄明初礼法中,父母为嫡长子均规定服三年(父为长子斩衰三年,母为长子齐衰三年),而为众子则服齐衰不杖期。明初《孝慈录》中规定"父母为嫡长子及众子"均服齐衰不杖期,从此为嫡长子之服同于众子。

这一重大服叙改革,《孝慈录》虽未说明原因,实际上是社会演进的自然结果。在先秦时期,嫡长继承制本是大宗法制赖以存在的基础与核心,宗祧继承、财产继承与政治地位的继承三者合一,嫡长子地位之重要是不言而喻的。秦汉以后,嫡长子的地位远不如前:人人无子均可立嗣,宗祧继承已非嫡长子的特权;财产继承实施诸子均分制,嫡长子也几无优势可言;政治上实行官吏选拔制,除了极个别的有国者立储、

---

① 引自《读礼通考》卷八。
② 《仪礼·丧服》"齐衰"章。
③ 《仪礼·丧服》"齐衰"章。
④ 《读礼通考》卷八。

有爵者承袭仍采嫡长继承原则外，整体上的分封世袭制已被废除，更何况爵位在若干世后也要降免，嫡长子与众子在政治前途上已处于平等的起跑线上。

鉴于以上社会发展的原因，一般官吏与平民之家除存留嫡长子之名分外，无所谓立嫡不立嫡，法律上也独详于无子立嗣之限制，于立嫡之法则几付阙如。① 因此自秦汉以来，罕有为长子服三年丧者（除个别例外，如《宋书·礼志二》："晋惠帝永康元年，愍怀太子薨，帝依礼服长子三年，群臣服齐衰期。"）。故北魏时大儒刘芳指出："魏晋以后不复行此礼矣……今世不复为嫡子服斩。"② 在皇室中也是如此，如南齐永明十一年（493年）文惠太子薨，齐武帝为之服期丧。③ 所以明初为嫡长子之服改同于众子，只是对一种事实服叙的法定承认而已。

明初服叙改革之后，为庶母之服升至齐衰杖期，而为嫡长子之服则降至齐衰不杖期。庶母者，母之至贱；长子者，子之至贵。为至贱之母的服叙高于为至贵之子的服叙，反映了这样一种倾向，即服叙中辈行名分的重要性已超过嫡庶名分。

《孝慈录》中父母为嫡长子之服降至不杖期，但父母为长子妇（或称"嫡子妇"）的服叙仍保留在不杖期，为长子之服等同于为长子妇之服，犹如为父之服等同于为母之服一样，反映了在男尊女卑观念根深蒂固的传统社会中呈现的一丝平等的曙光。

5. 为堂兄弟之妻制服缌麻。为堂兄弟之妻历代本为无服，明初《孝慈录》增为缌麻三月。这实际上是唐宋以来服叙中"嫂叔制服"之意的

---

① 唐、明、清法律上虽有"立嫡违法"条，但仅限于爵位承袭。如《唐律疏议·户婚律》"立嫡违法"条云："立嫡者，本拟承袭。"换言之，与爵位承袭无关之立嫡问题，法律上不加以干预。

② 《魏书·礼志四》。

③ 《通典》卷八二。

延伸。

6.扩大无服亲的范围。在先秦服叙中,"袒免"亲指本宗五世亲属,"无服"亲则指原服叙在五服以内因某种原因"压降"至五服以外者(如出妻之子为母期服,但出妻之子为父后者为出母无服)。唐宋时期五服以外亲一律称"袒免",实际包括了先秦的袒免与无服二者,并增补了若干外亲五服外亲属,如舅母。元时改"袒免"为"无服",范围上与唐宋同。明代沿用元代"无服亲"名称,但在法律适用上,明代"无服亲"远超出唐宋"袒免亲"及元代"无服亲"的范围。我们知道,《明律》的内容基本沿袭唐宋律,但也有不同处,其中之一就是唐宋律凡载"袒免亲"处,《明律》均改为"同宗无服"或"同姓服尽亲属"等。清代律学家薛允升指出:"(《明律》)不曰袒免而直曰同姓服尽亲属,则漫无区别矣。甚至相隔十余世及数十世均谓之无服亲属,则更无限制矣。"[①]《大清律例》也继承了《明律》这一变革。无服亲范围的扩大,是与宋元以来封建统治阶级鼓励与扶持新型宗族组织、增强宗族凝聚力的政策相一致的。

7.殇服废止。先秦时期大宗法制下,未成年而夭殇意味着丧失宗祧继承的中转权,殇者不予立后,在宗庙祭祀中只能处于袝祭地位,故服叙中相应规定了为未成年人之特殊服叙即殇服,大功、小功、缌麻三等服叙中均有殇服之级,大功七月服叙更是仅为殇服特设。秦汉以后小宗法制下殇者也可立后,成年与否已不再具有先秦时的特殊意义。唐代以来殇服逐渐为社会所忽略,至南宋朱子《家礼》服叙中仅统一标示:"凡为殇服者降一等",已无长殇、中殇、下殇、无服之殇等区分。元代礼典虽仍列"三殇服图",但民间流俗沿用多依《家礼》,明初《大明令》及《大明集礼》中服叙也以《家礼》为范本。及《孝慈录》定,则尽废殇服,此后为未成年人之服完全同于成年人。由于殇服的废止,服叙等级中

[①] 薛允升:《唐明律合编》卷二二"同姓亲属相殴条"按。

大功九月殇服、大功七月殇服、小功五月殇服、缌麻三月殇服均自然消失,服叙等级趋于简化。

自先秦迄于明清,服叙等级经过多次变革损益,较易混淆,兹列笔者所绘"历代服叙等级损益沿革表"(见表15)如下:

表15 历代服叙等级损益沿革表

朝代\损益沿革\服叙等级	斩衰三年	齐衰三年	齐衰杖期	齐衰不杖期	齐衰五月	齐衰三月	大功九月殇服	大功九月成人服	大功七月殇服	小功五月殇服	小功五月成人服	缌麻三月殇服	缌麻三月成人服	袒免	无服
先秦迄隋	有	有	有	有	无	有	有	有	有	有	有	有	有	有	有
唐宋	有	有	有	有	有	有	有	有	有	有	有	有	有	有	无
元	有	有	有	有	有	有	有	有	有	有	有	有	有	无	有
明清	有	无	有	有	无	有	无	有	无	有	无	有	无	无	有

七、清代服叙之流变

服叙改革的"缘情制礼"趋势及平民化倾向,至明代可以说已经基本完成。因为这类改革必须有"度"的限制,如果任其发展,势必导致封建宗法伦理的全线崩溃,清代前期的不少礼学家如崔述等已经表现出这样的忧虑。同时为了扶持与巩固符合封建统治利益的内向自保型宗族组织,因而清代的服叙改革重心转向全力维护本宗的角度,服叙改革出现倒退趋势,从手段上言,服叙升服、增服转化为降服、删服。这主要体现在道光四年(1824年)颁定的《大清通礼》中,其增删损益如下:

一是为养母降服齐衰不杖期。宋初《开宝礼》中始定为养母服齐衰三年,明初《孝慈录》增为斩衰三年,《大清律例》与《大清会典》皆沿用《孝慈录》为斩衰三年,直至清道光《通礼》降为齐衰不杖期。关于降服的理由,《通礼》"凡例"解释说:"(养子为养母)既与为人后者为所后父母持服条混,且恐开乱宗之渐。"

古代礼法中将养父母与所后父母、养子与为人后者相混的情况确实非常普遍。严格地说,"所后父母"与"为人后者"是指无子者收养同姓同宗昭穆(即辈分)相当者为嗣子,"养父母"与"养子"则是指收养异姓子(一般必须在三岁以前即已收养)并改从养父之姓,如不改从养父之姓只能称为"义子"而不属"养子"。秦汉以来,由于血食观念淡化、宗族约束力减弱,无子者立异姓为嗣特别是以姊妹之子为嗣的情况较为普遍,如东汉末年刘备在生阿斗(刘禅)前就曾收养外甥为己子。六朝及唐礼学极盛,"所后父母"与"养父母"的区分较严。宋初《开宝礼》始创为"养母"齐衰三年,并明确注明"收养遗弃三岁儿",南宋时实际已允许以养子为唯一继承人。于是到了元代,"养母"的概念又开始模糊起来了,如《五服图解》"养母"条注称"谓过房同宗或乞养义子及遗弃小儿",统括了所后母、义母、养母三种不同情况。明初《孝慈录》注"养母"称:"谓自幼过房与人",没有说明"过房"者是否同宗,如是过房同宗,"养母"实是指"所后母"而言,如非同宗,则难称"过房"。以后《大明律》、《大清律例》中皆沿袭此说,同时明清律中皆允许收养三岁以下弃儿,"但不得以无子遂立为嗣",[①]导致释义上的混乱。清道光《通礼》考虑到释义上的混乱与服叙上的等同(为养母、为所后母均斩衰三年)极易造成异姓血缘乱宗,导致宗族血统不纯与财产外流,所以明确将收养关系中的同姓与异姓在服叙上拉开距离。为所后母斩衰三年,因为同姓之子可立为嗣;为养母降服齐衰不杖期,因为异姓之子不得为嗣。

二是父死继母再嫁己身随去者为继母之服降服不杖期。此在先秦

---

① 明、清律《户律》。

服叙中即为齐衰杖期,历代相沿至清乾嘉时期,道光《通礼》则改为齐衰不杖期。由于"再嫁"被视为失节,"己身随去"虽出于年幼无奈,终属弃离本宗,可见《通礼》为之降服,目的在于维护本宗利益,较之先秦服叙更为不遗余力。

三是删除为同母异父兄弟姊妹服。此服小功本是唐《开元礼》所增,《通礼》删去,也是出于压抑外亲、扶持本宗的需要。

四是增补兼祧服叙。所谓兼祧,即一子兼为两房之后,这是清乾隆后出现的特殊服叙。先秦服叙中,小宗无子不必立后,死后祔祭于祖庙即可,大宗无子则以小宗之支子(嫡长子外之余子)为后,如大宗无子而小宗无支子,则以小宗嫡子为大宗之后,"小宗可绝,而大宗不可绝",故不存在兼祧的必要。秦汉以后,大宗无力收族,祔祭制度名存实亡,小宗无子也各自立后,按照传统,一般是立本宗兄弟之子为嗣子。但遇到本宗人丁不旺,无昭穆相当者可立时,一般采用三种补救办法:第一,在侄孙辈中择人为嗣孙。这一点最为历代礼法所提倡。第二,立异姓养子为嗣。这是民间较多采用的方法,而且这类养子以外甥或妻侄居多,感情上也较易融洽。但历代礼法上加以禁止,唐以后法律上允许收养三岁前异姓弃儿,但不得立为嗣子。南宋判例中已允许以异姓养子为唯一继承人即嗣子,明清法律则与唐同。第三,一子兼祧两房。历代法律禁止兼祧,即使对异姓为嗣最为宽松的南宋,也不准一子兼祧两房。如南宋理宗时知临安府吴革(恕斋)所判两例民事纠纷,即说明了这一问题。

第一例:张六一、张清兄弟两人,兄张六一有独子张七四,弟张清无子。张清死后,有酾塘陆地二亩。张七四图谋叔之遗产,冒称曾过房给张清为子。吴恕斋判词指出,首先,过房一事无人可证明,况张七四在张清生前从未与其共居;其次,"纵曰果曾过房,在法,为人后者不以嫡"。"为人嫡子,乃自绝其本生父母之嗣,而过房于其叔,于理可乎?"

因此二亩陆地"只合作绝户产归官"。①

第二例：季五、季八兄弟俩均无子，吴登云（异姓）过房与季五为子，后贪图季八产业，季八死，又欲过房与季八为子。吴恕斋判词："至于登云以一身而跨有两位之产，又出何条令？……仍就（季八）亲房季一秀、季七秀两位，选立一人。"②

清乾隆四十年（1775年）"特旨允以独子兼祧，于是始定兼祧例"。③允许独子兼为两房之后，出现了一人双娶嫡室之事（即两房各为之娶一嫡妻），相应地，又产生了为两房父母及亲属的服叙问题。道光九年（1829年）议准："独子之子分祧两房各为其父母，嫡孙承重者各为其祖父母，大宗子兼祧小宗、小宗子兼祧小宗各为所生父母，小宗子兼祧大宗为兼祧父母，小宗子出继小宗尚未为所后父母持服丁忧、而所生父母无嗣仍以一人兼祧者为所生父母，均服斩衰三年。""独子之子分祧两房各为分祧父母，小宗子兼祧大宗为所生父母，大宗子兼祧小宗、小宗子兼祧小宗各为兼祧父母，均服齐衰不杖期，并令辍考、解任。其余本生亲属俱从正服降一等，其子孙则只论宗支服制。"④

从上述道光九年议准的兼祧服叙看，其特点是：第一，一般情况下，兼祧两房的独子为亲生父母斩衰三年，为兼祧父母齐衰不杖期（嫡孙承重者为祖父母同）。第二，特殊情况下，即大宗子兼祧小宗或小宗子兼祧大宗⑤时，不论亲生、兼祧，一律为大宗父母斩衰三年，为小宗父母齐衰不杖期。大宗与小宗在服叙上的区别，秦汉以后礼法上均未提及，其在清道光年间的"复活"，反映了开始步入衰世的清王朝乞灵于大宗法

---

① 《名公书判清明集》卷六"陆地归之官以息争兢"条。
② 《名公书判清明集》卷七"不可以一人而为两家之后，别行选立"条。
③ 《清史稿·礼志一二》。
④ 吴荣光：《吾学录》卷一五。
⑤ 大宗一般是指宗族始祖的嫡系后代。

制回光返照的无奈。第三,凡兼祧者,不论为本生父母服斩衰或不杖期,为"其余本生亲属俱从正服降一等"。第四,兼祧者所生之子,一般采取以下两种方法之一决定归属:一是两房各为其娶妻,哪房之妻所生子女则归哪房;二是所生长子归本生房,次子归兼祧房。不论采取哪种方法,一旦子女决定归属后,即只论归属房服叙,所谓"其子孙则只论宗支服制"。

综上所述,自两汉至明清,导致服叙变革的成因是多方面的,政治制度、宗族形态、学术思潮甚至统治者的个人性格都可能对服叙产生影响。值得注意的是,历代主持服叙变革的,大抵为封建史上所谓的英主明君,如唐太宗、武则天、唐玄宗、宋太祖、明太祖,非创业之君即中兴之帝。这些改革基本顺应民心民俗,不拘泥于传统的宗法等级藩篱,"缘情立制",因而几乎都具有不可逆性。

第三章 服叙制度在传统法律上之适用

服叙制度在法律上之适用,古代称之为"准五服制罪"。"罪"的涵义,古代所指甚广,不仅包括刑事犯罪、民事违法、行政违法,甚至诉讼上违反程序,均称之为"罪"。这就决定了"准五服制罪"的范畴,涵盖了古代"诸法合体"的法典中刑事、民事、行政、诉讼等实体法与程序法的各个方面。

中国古代等级制法律有两大基本特征:一是特权法,如议、请、减、赎、官当等;一为家族主义法,家族主义法与家族法不同,前者指国家法律中的家族等级制的体现,后者指宗族内部制定的规范。两大基本特征中,特权法为东西方等级制社会中之共有特征,家族主义法则更多地体现出中国古代等级制社会的个性。而"准五服制罪"正是家族主义法的重要内容。

中国古代家族主义法的发展大致可分为三个阶段:第一阶段即先秦(准确地说应是春秋战国)时期,家族主义法主要体现为族刑。这一时期各诸侯国经过变法,集权制已普遍建立,强大的家族制度成为王权集中的障碍,国家法律通过族刑以打击家族制。而亲属相犯等属于族内问题,由家族法即族规加以解决,国家法律一般不加以干预。第二阶段即秦汉时期,家族主义法除族刑外,又增入了家庭关系上尊卑相犯的内容,如父母与子女相犯、夫妻相犯等。这一时期小家庭制盛行,成为中央集权制的基础,而小家庭自身无力解决家庭或家族成员间的相互侵犯特别是人命案件,必须依赖国法之干预。在秦及汉初,家庭内尊卑相犯在罪刑上之反差较小,而儒术一统后,尊卑相犯之罪刑反差有明显增大之趋势。第三阶段即魏晋以后之时期,家族主义法除以上内容外,又增入了"准五服制罪"的内容。这一时期由于东汉以来"坞壁"制度的发展,家族制度出现恢复的趋势,魏晋门阀政治的发展,更加速了这一趋势,国法上"准五服制罪"的出现正是适应这一趋势的需要。

"准五服制罪"大致萌芽于曹魏时期,发展于两晋南北朝时期,成熟于隋唐时期,而扩大于宋以后时期。

第一节　先秦两汉时期的家族主义法

一、先秦家族主义法渊源

中国古代的家族主义法始于族刑。

族刑即株连,春秋以前法律上不行株连。《尚书·大禹谟》称皋陶时"罚弗及嗣,赏延于世",意即诛罚不株连子孙,赏赐延及后世。《大禹谟》出于古文《尚书》,后人考订为伪书,虽不一定能说明尧舜时的情况,但其与孔子所说的"善善及子孙,恶恶止其身"[①]的意思完全吻合,还是值得重视的。《尚书·甘誓》记夏启时发布法令:"用命,赏于祖;弗用命,戮于社,予则孥戮汝。"古今不少学者都认为"孥戮"即族灭之刑,但唐代大经学家颜师古在《匡谬正俗》卷二中则明确指出:"按孥戮者,或以为奴,或加刑戮,无有所赦耳。此非孥子之孥。"即认为"孥戮"是对违犯军令的兵士本人的处罚,或用刑,或贬为奴隶,而非株连亲属。《尚书·泰誓》云:"罪人以族。"《泰誓》篇虽属今文《尚书》,但前人早已考证其为

---

① 《公羊传》昭公二十年。

东晋人伪作，几成定论。也有人认为其内容取诸《荀子》，也即取材于战国时之资料，不能作为证明殷纣族刑的信史。西周刑法仍然主张罪止一身，如《左传》昭公二十年引《尚书·康诰》："父子兄弟，罪不相及。"

春秋之时始有族刑，但各国一般只限于父党，不涉及母党、妻党。据《左传》宣公四年，楚"灭若敖氏"。襄公二十三年："晋人克栾盈于曲沃，尽杀栾氏之族党。"昭公十四年，楚"灭养氏之族"。昭公二十八年，晋"遂灭祁氏、羊舌氏（叔向一族）"。春秋时族刑所及，大抵为宗亲一族。

春秋时唯秦国族刑始涉及母党、妻党。《史记·秦本纪》："文公二十年，法初有三族之罪。"文公二十年即周平王二十五年（前746年），如淳注："父族、母族、妻族也。"[①]秦武公三年（前695年，即周庄王二年），诛三父等而夷三族。二例均发生在春秋初年，秦武公之后，似不见有夷三族之刑，直至战国时商鞅重新启用夷三族刑。《汉书·刑法志》："秦用商鞅，造参夷之诛。"颜师古注："参夷，夷三族。""参"通"叁"，"参夷"即"叁夷"，也即夷三族。由于五服内包括父、母、妻三党，因此"夷三族"实际上为"准五服制罪"提供了法律上之可行性。

二、秦汉家族主义法流变

秦自商鞅以后，家族主义法不仅体现在"参夷之诛"，而且也体现在法律上所规定的亲属尊卑相犯在定罪量刑上之差别。下面以云梦秦简中的两组对比为例。

第一组："擅杀子，黥为城旦舂。"黥，即墨刑，后也称刺面刑；城旦

[①] 汉代以来经学分古文经学与今文经学两大派，对"三族"之注解，古文经学认为即"父母、兄弟、妻子"，如张晏《史记集解》。也有认为是"父、子、孙"，如郑玄《周礼·小宗伯》注。今文经学则认为"三族"即"父、母、妻三族"，如夏侯胜、欧阳高、许慎、杜预、如淳、颜师古皆主今文之说。本书从后说。

春,即五年徒刑。"殴大父母,黥为城旦春。""殴高大父母,比大父母。"大父母,即祖父母;高大父母,即曾祖父母。① 父母杀子,仅处徒刑五年;而孙殴祖父母、曾祖父母,也处徒刑五年,如子殴父母,量刑当更重。

第二组:父母与子女在诉讼权利上也是不平等的,如《秦简·法律答问》:"子告父母,臣妾告主,非公室告,勿听。"将"子告父母"等同于奴婢告主人,规定为官府不予受理的"非公室告"。反之,如父母告子,司法机关不仅必须受理,而且不问案由,须立即派人将子捉拿归案。如《秦简·封诊式》所记一份"爰书"(即案例):"某里士伍甲告曰,甲亲子同里士伍丙不孝,谒杀,敢告。即令令史己往执。"甲告亲子丙不孝,要求官府处子以死刑,官府立即派令史己将丙捉拿归案。"爰书"内未载最后是否处丙死刑,因为死刑一般来说尚须经过"三宥"的程序才能决定。但六十岁以上老人告子不孝,并请求官府处逆子死刑,则不必经"三宥"程序,如《秦简·法律答问》:"免老告人,以为不孝,谒杀。当三环(环,读作"原",三环即三原,也即"三宥",古时判决死刑的程序)不?不当环,亟执勿失。"

从以上两组对比,可见秦律在处理父母与子女相犯案件时是严格遵循尊卑不同罚的原则的。但秦律所重视的,就现见资料而言,只是直系血缘关系上之尊卑,而对旁系亲属之尊卑,以及非血缘关系之亲属在名分上之尊卑,法律上一般不予承认与支持。

如义父子关系。《秦简·法律答问》:"父盗子,不为盗。""今假父盗假子,何论? 当为盗。"父盗亲生子之财物,不以盗论,并属于官府不予受理的"非公室告"范围。但义父盗义子,则与常人罪同。

又如立嗣父子关系及旁系尊卑关系。《秦简·法律答问》载:"士伍甲无子,其弟子以为后,与同居,而擅杀之,当弃市。"这里士伍甲与兄弟

---

① 《睡虎地秦墓竹简》,文物出版社 1978 年版,第 181、196、184 页。

之子有双重尊卑关系,一是伯父与侄儿之关系,二是所后父与为人后者之关系。上文已提到父擅杀子仅处徒刑五年,但所后父杀嗣子、伯父杀侄子却处以弃市(死刑),可见与常人同。

再如夫妻关系,在实体法与程序法上也大体是平等的。如刑法上,夫可杀死与他人通奸之妻,而"夫为寄豭,杀之无罪",即妻也可杀死与人淫乱之夫而不负刑事责任。丈夫伤害妻子同样要受刑事处罚,如《秦简·法律答问》:"妻悍,夫殴笞之,决其耳,若折肢指、肤体,问夫何论?当耐。"即使事因妻子泼辣蛮横而起,丈夫撕裂妻之耳朵或打折妻子的肢体,仍要处以徒刑(耐)。又如程序法上,丈夫告发有罪之妻子,自身可免予刑事追究,而且妻之财物(奴婢、衣物、器皿等)也归丈夫所有,"妻有罪以收,妻媵妾、衣器,畀夫"。[①] 法律也保证妻告夫的权利,丈夫有罪,妻告夫可免除株连,而且可保住自身财物不遭没收,《秦简·法律答问》:"夫有罪,妻先告,不收。妻媵妾、衣器当收不当?不当收。"[②]

汉代家族主义法之适用范围较秦扩大,但法律上仍未以服叙直接确定亲属范围。

汉代仍有夷三族法。《后汉书·崔寔传》:"昔高祖令萧何作九章之律,有夷三族之令。"《汉书·刑法志》记:"汉兴之初,虽有约法三章,网漏吞舟之鱼,然其大辟,尚有夷三族之令。令曰:'当三族者,皆先黥、劓、斩左右趾,笞杀之,枭其首,菹其骨肉于市。其诽谤詈诅者,又先断舌。'故谓之具五刑。彭越、韩信之属皆受此诛。"吕后时曾废除三族罪,但文帝后"新垣平谋为逆,复行三族之诛"。

夷三族外,又有族刑。汉代夷三族用于谋反罪,并不常用,较常用之株连为族刑。汉之族刑,一般指族一家而已,包括父母、兄弟、妻子的

---

① 《睡虎地秦墓竹简》,第 224 页。
② 《睡虎地秦墓竹简》,第 224 页。

范围,受族刑者,如李陵、晁错、主父偃、郭解等。汉文帝二年(前 178 年)诏丞相、太尉、御史:"法者,治之正,所以禁暴而卫善人也。今犯法者已论,而使无罪之父母、妻子、同产(即未分家之兄弟)坐之及收,朕甚弗取。其议。"于是"尽除收律、相坐法"。① 但景帝后又恢复族刑,《汉书·晁错传》记丞相等劾奏晁错曰:"大逆无道,错当腰斩,父母、妻子、同产无少长皆弃市。臣请论如法。"武帝时李陵被俘降匈奴,"于是族陵家,母、弟、妻子皆伏诛"。②《汉书·主父偃传》:"遂族偃。"《郭解传》:"大逆无道,遂族解。"《公孙贺传》:"遂父子死狱中,家族。"《灌夫传》:"及系,灌夫罪至族。"《王温舒传》:"人有变告温舒受员骑钱,它奸利事,罪至族,自杀。"所谓"族",均是指诛一家而言。

东汉时的禁锢,也带有株连亲属的性质。所谓禁锢,即指官吏犯罪免官,其一定范围的亲属皆终身不得入选朝廷为官,属于行政处罚上之家族主义法。初时主要因贪赃而锢,后结党也遭禁锢(党锢),禁锢范围有二世、三属与五属之不同。《后汉书·刘恺传》:"安帝初,清河相叔孙光坐赃抵罪,遂增锢二世,衅及其子。"注:"二世,谓父子俱禁锢。"《后汉书·章帝纪》:元和元年(84 年)"诏曰:一人犯罪,禁之三属,莫得垂缨仕宦王朝。如有贤才而没齿无用,朕甚怜之,非所谓与之更始也。诸以前妖恶禁锢者,一皆蠲除之。"注:"三属,谓父族、母族及妻族。"《后汉书·党锢传》:"免官禁锢,爰及五属。"注:"谓斩衰、齐衰、大功、小功、缌麻也。"这里"五属"即指"五服亲"而言。应该说这对于魏晋"准五服制罪"原则的确立也起到了启发作用。

在亲属相犯方面,汉代较秦加大了直系亲属间尊卑相犯在量刑上的等级差别。譬如秦律殴祖父母徒刑五年,汉律则"殴父也,当枭

---

① 《汉书·刑法志》。
② 《汉书·李陵传》。

首"。① 又如秦律子告父,官府不予受理,为"非公室告";汉代子告父为不孝罪,如汉武帝元朔五年(前124年),衡山王太子刘爽告发父亲刘赐谋反,刘赐自杀,而"太子爽坐告王父,不孝,弃市"。② 夫妻关系上,汉代"夫死未葬,法无许嫁",否则"以私为人妻,当弃市"。③

关于通过收养等方式而形成的拟制父母与子女之间的相犯,秦律中几乎同于常人。汉律则不同,据《通典》卷一六六记:"汉景帝时,廷尉上因:防年继母陈论杀防年父,防年因杀陈。依律,杀母以大逆论。帝疑之。武帝时年十二,为太子,在旁。帝遂问之,太子答曰:夫继母如母,明不及母,缘父之故,比之于母。今继母无状,手杀其父,则下手之日,母恩绝矣。宜与杀人者同,不宜与大逆论。从之。"防年继母杀了防年父亲,防年又杀了继母,廷尉认为:"依律,杀母以大逆论。"继母与继子的关系也是一种拟制母子关系,而在汉律中视作与亲母子同,继子杀继母同于亲生子杀母,以大逆论罪(依上文,大逆无道族刑,父母、妻子、兄弟皆弃市)。这说明汉律中拟制父母子女关系(除继父子外)已同于亲生,太子刘彻所说的"继母如母……缘父之故,比之于母",也与《仪礼·丧服》经传所云"继母如母……继母之配父,与因(因,郑玄注:'犹亲也')母同"如出一辙",可见丧服服叙在汉初已影响于律。

东汉应劭《风俗通义》所记东汉初一案也可说明服叙在法律上之影响:"南郡谳:女子何侍为许远妻,侍父何阳素酗酒,从远假求,不悉如意,阳数骂詈。远谓侍曰:'汝翁复骂者,吾必揣之。'侍曰:"类作夫妇,奈何相辱。揣我翁者,搏若母矣。'其后阳复骂远,远遂揣之,侍因上搏姑耳再三。下司徒鲍昱,决事曰:'夫妻所以养姑者也,今远自辱其父,

---

① 《太平御览》卷六四○引董仲舒《春秋决狱》。
② 《汉书·衡山王传》。
③ 《太平御览》卷六四○引。

非姑所使,君子之于凡庸,尚不迁怒,况所尊重乎?当减死论。'"①据《后汉书·鲍昱传》,鲍昱于东汉明帝永平十七年(74年)"代王敏为司徒",此案之判当在永平十七年或十八年时。南郡(今湖北江陵附近)民何阳因贪杯而向女婿许远借钱,因不称心而多次辱骂许远,许远对妻子说:"你父亲下次再骂,我定要揍他。"妻子何侍说:"你揍我父亲,我就打你母亲。"后来何阳再骂女婿时,许远就揍了岳父,何侍果然也打了婆婆几下耳光。此案居然惊动了朝廷,可见性质之严重。值得注意的是,鲍昱判决打婆婆的何侍"当减死论",而对揍岳父的许远却未追究任何刑事责任。从"当减死论"一语,可推断汉律规定媳妇殴公婆当处死刑,只是由于许远揍岳父在先,何侍打婆婆在后,故才从轻判处为"减死论"。此案从服叙角度分析即一目了然,婆婆为期亲尊长,岳父仅为缌麻尊长,二者在服叙上相差悬殊,故在定罪量刑上也截然不同。

在中国法律史上,汉代首创允许亲属相互隐匿犯罪的制度。汉初为防止窝藏犯罪者,曾立"首匿相坐法",不论是否亲属,凡为首藏匿罪犯,均予处罚。如武帝元朔五年(前124年),临汝侯灌贤"坐子伤人首匿,免"。②灌贤因匿藏犯伤人罪的儿子而被免除爵位。但董仲舒则极力主张父子相隐的合理合法性,据《通典》卷六九载:"时有疑狱曰:'甲无子,拾道旁弃儿乙养之,以为子。及乙长,有罪杀人,以状语甲,甲藏匿乙。甲当何论?'仲舒断曰:'甲无子,振活养乙,虽非所生,谁与易之?《诗》云,螟蛉有子,蜾蠃负之。《春秋》之义,父为子隐。甲宜匿乙而不当坐。'"董仲舒在这个案例中阐明了两个新观点:第一,《春秋》经应成为定罪量刑之依据,既然《春秋》主张"父为子隐",那么父亲藏匿犯罪之儿子就不应承担刑事责任;第二,本案中甲、乙虽为养父子关系,但应视

---

① 《太平御览》卷六四〇引。
② 《汉书·功臣表》。

同为亲生父子关系。因此,法律上不应追究养父甲的首匿责任。汉宣帝时桓宽著《盐铁论》,也表达了赞同"父子相隐"的态度:"自首匿相坐之法立,骨肉之恩废而刑罪多。闻父母之于子,虽有罪犹匿之,岂不欲服罪尔?子为父隐,父为子隐,未闻父子之相坐也。"

在董仲舒"春秋决狱"及桓宽等儒生影响下,汉宣帝地节四年(前66年)下诏:"自今子首匿父母、妻匿夫、孙匿大父母,皆勿坐。其父母匿子、夫匿妻、大父母匿孙,罪殊死,皆上请廷尉以闻。"[①]汉宣帝诏书首开法律上"亲属相隐"之先河,其特点在于:第一,亲属隐匿范围确定在配偶及直系亲属范围内(唐以后扩大到旁系亲属);第二,凡卑幼隐匿尊长(即子匿父母、妻匿夫、孙匿祖父母),不承担任何法律上之责任;第三,凡尊长隐匿卑幼(即父母匿子、夫匿妻、祖父母匿孙),一般情况下不负法律责任,但如所犯为死罪,则须上报中央最高司法长官廷尉酌情议定,一般也能较常人减轻或免除处罚。可见"亲属相隐"重在鼓励卑幼之孝道。这一制度至迟在隋唐时扩大了减免刑事责任的亲属范围,使依服叙确定亲属范围成为可能与必要。

第二节 魏晋南北朝时期"准五服制罪"原则的初步确立

一、魏晋"准五服制罪"原则的提出

《晋书·刑法志》称:《晋律》"峻礼教之防,准五服以制罪"。学术界据此认定《晋律》为依服叙定罪量刑之始,20世纪30年代以来出版的中国法律史论著——包括中国大陆、台湾地区、香港地区以及日本法律

---

① 《汉书·宣帝纪》。

史学界在内——均持是论,如瞿同祖先生认为:《晋律》"最重要的一点为'峻礼教之防,准五服以治罪',开后代依服制定罪之先河"。①

笔者依据《通典》及《晋书·礼志》的记载,认为"准五服制罪"原则始于东汉建安年间曹操制定的《魏科》,时间上较《晋律》早了约六十年。

西晋初年制定《晋礼》时,对于如何确定贵族官僚的五服原则,朝廷上有一场讨论,值得注意。这场讨论的核心人物是大臣挚虞。在《晋礼》草案中,曾依据先秦五服制度"诸侯绝旁期,大夫绝缌"的原则,规定"王公五等诸侯成国置卿者,及朝廷公孤之爵,皆傍("傍"通"旁")亲绝期,而傍亲为之服斩衰;卿校位从大夫者皆绝缌"。挚虞对此提出不同意见,认为先秦古制不能完全照搬,"今之诸侯不同于古,不宜便从绝期之制",而且汉、魏之时实际上已不再行"绝期、绝缌"原则,"公卿朝士服丧,亲疏各如其亲"。挚虞认为:"昔魏武帝(即曹操)建安中(即东汉末献帝时)已曾表上汉朝:依古为制,事与古异,不皆施行。施行者著在《魏科》。大晋采以著令,宜定新礼皆如旧。"②诏从挚虞所议。这段引文的意思是说,《晋礼》中服叙原则不应完全照搬古制,而应以依两汉习惯灵活变通的《魏科》为准。"宜定新礼皆如旧"一语,说明《魏科》中已载有完整的五服服叙,《晋礼》只需照抄而已。

何谓《魏科》?《释名》曰:"科,课也,课其不如法者罪责之也。"《三国志·魏书·钟繇传》:"夫五刑之属,著在科律,自有减死一等之法。"《晋书·刑法志》记,曹操立魏国后,"乃定《甲子科》,犯钛左右趾者易以木械。"可见《魏科》是有关刑事方面的法律规范。刑事法规中详载服叙,难道不正是为了"准五服制罪",即依服叙之亲疏远近尊卑以作为定

---

① 瞿同祖:《中国法律与中国社会》"附录",中华书局1981年版。
② 《通典》卷九三。"不皆施行"句,《晋书·礼志》(中华书局标点本)为"皆不施行",与上下文义有违,疑误。今从《通典》。

罪量刑的依据吗？

　　《魏科》制定于何时？《三国志》、《晋书》、《通典》诸书皆未确记。《三国志·魏书·何夔传》云："是时太祖始制新科下州郡。"《资治通鉴》"时操制新科,下州郡"系于建安五年（200年）七月条下。又《唐六典》卷六注："魏武为相,造甲子科条。"查曹操为丞相在建安十三年（208年）六月。《晋书·刑法志》则称："及魏国建……乃定甲子科。"查曹操封为魏公是在建安十八年（213年）五月。据以上资料,可知曹操时制定过《新科》与《甲子科》,《新科》的制定时间为建安五年,《甲子科》则在建安十三年至十八年间。挚虞所说的"施行者著在《魏科》"当指曹操为相为公时制定的《甲子科》,较《晋律》的修成时间（泰始三年,即267年）早了近六十年。《魏科》之后,有魏明帝时颁布的《新律》（即《曹魏律》）,是否沿用服叙,已不可考。《晋律》沿《魏科》而"准五服以制罪",从此这一原则适用至清末。

　　曹操《魏科》以来服叙入律,但现存史料中难觅其踪迹,正如《晋书》中找不到西晋"准五服制罪"的具体法条与案例一样。不过曹魏时期家族主义法的痕迹仍有所见：

　　第一,魏沿汉有族刑与夷三族法。据《晋书·刑法志》"魏律序"云："又改贼律,但以言语及犯宗庙园陵,谓之大逆无道,要（即腰）斩,家属从坐,不及祖父母、孙。至于谋反大逆,临时捕之,或汙潴,或枭菹,夷其三族,不在律令,所以严绝恶迹也。"汉之族刑,曹魏律称之"家属从坐",适用于"大逆无道"罪,"不及祖父母、孙"一语,说明从坐范围仍为父母、兄弟、妻子。夷三族法则用于"谋反大逆"罪,但不在律令中规定,"临时捕之"。据《三国志·魏书》卷四："大将军文王上言：'……骑督成倅弟太子舍人济,横入兵陈,伤公,遂至殒命。……科律：大逆无道,父母、妻子、同产皆斩。济凶戾悖逆,干国乱纪,罪不容诛。辄敕侍御史收济家属,付廷尉,结正其罪。'"这是"家属从坐"。又是书称,仅嘉平元年（249

年)正月,就有曹爽、丁谧、邓飏、何晏、毕轨、李胜、桓范等均因奸谋不轨,而被夷三族。其后又有诸葛诞、毌(音 guàn 贯)丘俭、李丰、夏侯玄、张缉、乐敦、刘贤、王凌等皆夷三族。

第二,已出嫁之女的从坐问题。在魏律中,原规定夷三族刑,已出嫁之女、妹也要株连受诛;而丈夫家族夷三族,妻也受株连。"一人之身,内外受辟"。如毌丘俭夷三族,其孙女为颍川太守刘子元妻,也坐死;王凌夷三族,其妹为郭淮之妻,也当坐。正元中主簿程咸上议:"臣以为女子有三从之义,无自专之道,出适他族,还丧父母,降其服纪……而父母有罪,追刑已出之女;夫党见诛,又有随姓之戮。一人之身,内外受辟。……臣以为在室之女从父母之诛,既醮之妇从夫家之罚,宜改旧科,以为永制。"于是有诏改定律令。① 程咸举服叙为例,认为女子出嫁前为父服斩衰,故应从父母之诛;女子出嫁后为父母降服不杖期,而为丈夫服斩衰,就应只从夫家之罚,不应该再受父党夷三族之牵连。其理由出自《仪礼·丧服》传文:"(女子子适人者)为父何以期也?妇人不贰斩也。妇人不贰斩者何也?妇人有三从之义,无专用之道,故未嫁从父,既嫁从夫,夫死从子。故父者,子之天也;夫者,妻之天也。妇人不贰斩者,犹曰不贰天也,妇人不能贰尊也。"可见五服原则对曹魏律令的影响。

第三,曹魏律中其他对汉律作修正的家族主义法。《晋书·刑法志》:"(曹魏律)正杀继母与亲母同,防继假之隙也;除异子之科,使父子无异财也;殴兄姊加至五岁刑,以明教化也;……斯皆魏世所改,其大略如是。"其一,杀继母与杀亲母同罚,使子对继母像对亲母一样尊重,符合《丧服》经文所说的"继母如母"。其二,废除汉代科条中规定的子成年后必须与父亲分户的法令,使父子共财,维护家族制度,这也符合《丧

---

① 《晋书·刑法志》。

服》传文所说的"异居而同财,有余则归之宗,不足则资之宗"的精神。其三,殴兄姊加至五岁刑,使汉律中直系亲属尊卑相犯的量刑差别扩大至旁系亲属中关系最近的兄弟姊妹间的尊卑相犯,为后世将这一差别扩延到整个五服服叙范围奠定了基础。

二、晋及南朝"准五服制罪"原则之适用

西晋自泰始四年(268年)颁定《晋律》(也称《泰始律》),东晋以后为江左所相承,南朝宋、齐直接沿用晋律,梁、陈虽颁有新律,但据《隋书·刑法志》称,梁律对晋律之修改,主要是删除游辞赘句,陈律则篇目条纲一体沿用梁律。可见西晋至南陈,三百余年基本沿用晋律,而与北朝之活跃不同。因此下文将两晋及南朝法律一并研究。

两晋及南朝法律中的家族主义法也大致可分为亲属株连与亲属相犯两大类,这一时期主要在南朝时开始出现"准五服制罪"的典型案例。

(一)亲属株连

《晋书·刑法志》:"(晋律)减枭、斩、族诛从坐之条,除谋反嫡养母出、女嫁皆不复还坐。……峻礼教之防,准五服以制罪也。"从文中看,晋律减少了族诛从坐条文,犯谋反罪,凡嫡母、养母已被父休出者,以及嫁之女皆不再从坐株连(已嫁之女不从父母之诛在曹魏时已确认)。东晋时,在室女(未嫁女儿)也不从坐,《晋书·解结传》:"时孙秀乱关中,解结在都,坐议秀罪应诛,秀由是致憾。及(解)系被害,结亦同戮。女适裴氏,明日当嫁而祸起,裴氏欲认活之。女曰:'家既若此,我何活为?'亦坐死。朝廷遂议革旧制,女不从坐,由结女始也。"解结之女许配裴氏,本来第二天就要出嫁,裴氏试图以认其为已出嫁之女的身份而避免其从坐,但解氏女宁可与家人同死。于是朝廷改革了从坐法,凡女不论已嫁未嫁,皆不从坐被诛。东晋"太宁三年(325年)二月,复三族刑,

惟不及妇人"。①

南朝时也有关于株连争议的案例,如《通典》卷一六七:南朝宋时"吴兴余杭人薄道举为劫。制:同籍周亲(即期亲)补兵。道举从弟(即堂弟)代公、道生等并为大功亲,非应在补谪之例。法(司)以代公等母存,为周亲,则子宜随母补兵。何承天议曰:寻劫制,同籍周亲补兵,大功不在此例。妇人三从,既嫁从夫,夫死从子。今道举为劫,若其叔尚在,制应补谪,妻、子营居,固其宜也。但为劫之时,叔父已殁,代公、道生并是从弟,大功之亲不合补谪。今若以叔母为周亲,令代公随母补兵,既违大功不谪之制,又失妇人三从之道。由于主者(即主审官)守周亲之文,不辨男女之异,远嫌畏负,以生此疑,惧非圣朝恤刑之旨。谓代公等母子并宜见原"。②

这是一个典型的"准五服制罪"的案例。按刘宋法令,凡犯抢劫罪者,"同籍周亲补兵"。即除本人处刑外,同籍周亲也要发放边远地区任戍兵,"补兵",相当于秦汉时期的"谪戍"。"同籍周亲",即同一户籍内的不杖期亲属(期亲),自曹魏"除异子之科,使父子无异财"后,长辈在世,子孙不得随意分户,故薄道举与堂弟薄代公、薄道生等仍属同一户籍,或许薄道举之祖父母尚至少有一人在世。据《丧服》经传,期亲包括祖父母、伯叔父母、姑母、兄弟、姊妹、侄,由于宋制限于"同籍",故已出嫁之姑母、姊妹、女、侄女当不属株连补兵范围。这样堂弟代公、道生属于大功亲,而他们的父母即道举的叔父母则属于期亲,如果叔父尚在,叔母及堂弟应随同补谪。问题在于道举的叔父已死,叔母尚在,是否属于株连范围? 于是出现了两种不同观点,主审官认为叔母也是周亲,应该补谪,堂弟则应随母前往;何承天认为,妇女夫死从子,既然代公、道

---

① 《晋书·明帝纪》。
② 《宋书·何承天传》同。

生属大功亲,不在补谪株连范围内,他们的母亲也不应株连。不管此案的结果如何,我们都可以看到服叙及其原则在南朝法律中的适用。

《宋书·何尚之传》记一例父告子以免株连之事:东晋义熙五年(409年)"吴兴武康县人王延祖为劫,父睦以告官。新制:凡劫,身斩刑,家人弃市。睦既自告,于法有疑。时叔度(何尚之之父)为尚书,议曰:'设法止奸,本于情理,非一人为劫,阖门应刑,所以罪及同产,欲开其相告,以出为恶之身。睦父子之至,容可悉共逃亡,而割其天属,还相缚送,螫毒在手,解腕求全。于情可悯,理也宜宥。使凶人不容于家,逃刑无所,乃大绝根源也。睦既纠送,则余人无应复告。'并全之。"王睦告发儿子王延祖抢劫,是为了使家人免除株连、保全性命。

联系以上二例,可以看到东晋南朝时处理抢劫罪的完整法令:"凡劫,身斩刑,家人弃市,同籍周亲补兵。""家人"包括父母、妻、子及未出嫁之女,"同籍周亲"包括祖父母、伯叔父母、兄弟、侄以及未出嫁之姑、姊妹、侄女。对照《唐律·贼盗律》,只有强盗杀人罪才处以斩刑,且不株连亲属。可见两晋及南朝法律之严酷。

两晋南朝时期用法严于汉魏,株连有增无减,动辄三族。《晋书·阎瓒传》指出:"自晋兴以来,用法大严,迟速之间,辄加诛斩。一身伏法,犹可强为,今世之诛,动辄灭门。"《晋书·武帝纪》:"益州牙门张弘,诬其刺史皇甫晏反,杀之,传首京师。弘坐伏诛,夷三族。"按《唐律·斗讼律》:"诸诬告谋反及大逆者,斩;从者,绞。"后世并不株连亲属,可见晋刑罚之重。晋惠帝时尚书裴颜表谏:"去年八月,奴听教,加诬周龙烧草,廷尉遂奏族龙一门八口并命。会龙狱翻,然后得免。考之情理,准之前训,所处实重。"①《晋书·齐王冏传》:"诸党属,皆夷三族。"西晋怀

---

① 《通典》卷一六六。

帝永嘉元年(307年)曾下令除三族刑,①但不到十年,愍帝建兴三年(315年)即敕"雍州掩骼埋胔,修复陵墓,有犯者,诛及三族",②又十年后,东晋明帝太宁三年(325年),下诏"复三族刑,惟不及妇人"。③《隋书·刑法志》称南梁以前"旧狱法,夫有罪,逮妻子;子有罪,逮父母",夫、子有罪逃亡,以妻子、父母为人质,可见亲属株连的适用极广。至梁武帝天监十一年(512年),"乃下诏曰:自今捕谪之家及罪应质作,若有老小者,可停将送"。也仅对老小网开一面。《隋书·刑法志》引《梁律》:"其谋反、降、叛、大逆已上,皆斩;父、子、同产男,无少长,皆弃市;母、妻、姊妹及应从坐弃市者,妻子、女、妾同补奚官为奴婢,赀财没官。劫,身皆斩,妻子补兵。"南陈时情况基本同梁,《陈书·熊昙朗传》:"昙朗走入村中,村民斩之,传首京师,悬于朱雀观。于是尽收其党族,无少长皆弃市。"《陈书·章昭达传》:"枭于朱雀桁(即'观'),夷三族。"

(二)亲属相犯

在两晋南朝亲属相犯案例中,还可以看到这一时期家族主义法在亲属相犯方面的如下特征:一是仍基本局限在父母子女、夫妻相犯的家庭范围,笔者至今尚未见到这一时期"准五服制罪"在家庭以外亲属相犯方面适用的案例。二是量刑偏重,卑犯尊远重于常人,而尊犯卑则往往接近于常人,较少减轻量刑。

1. 卑幼犯尊长:

(1)子女犯父母。《晋书·简文三子传》:"玄又奏道子酗纵不孝,当弃市。"这段文字不明,究竟是酗纵即为不孝罪,还是犯了酗纵与不孝二罪并罚?

《晋书·宣五王传》:"(武陵王)澹妻郭氏,贾后内妹也。初恃势无

---

① 《晋书·怀帝纪》。
② 《晋书·愍帝纪》。
③ 《晋书·明帝纪》。

礼于澹母。齐王冏辅政,澹母诸葛太妃表澹不孝,由是澹与妻子徙辽东。"这是由于妻无礼而母告子不孝,因而子、妇迁徙。

《宋书·何承天传》:"时有尹嘉者,家贫,母熊氏自以身贴钱为嘉偿责(债),坐不孝当死。"母卖身为子还债,子以不孝罪处死。依宋时法律:"母告子不孝,欲杀者许之。"但尹嘉之母熊氏并未告子,也论以不孝罪。

晋时一个叫李忽的女子发现父亲要叛国投敌,因而杀了父亲,官府认为李忽"无人子之道",处以死刑。①

刘宋时安陆应城县(今湖北应城县)人张江陵与妻吴氏共同辱骂母亲黄氏,母忿恨自缢而死。虽遇大赦,张江陵仍处枭首刑,妻吴氏遇赦减死补兵。②

(2)妻犯夫。刘宋时沛郡相县人唐赐到北村朱起彭家喝酒,回来时即得病,吐虫十几条,临死时告诉妻子张氏,要她在他死后剖尸检查死因。唐死后,张氏果然剖尸,以致丈夫尸体五脏皆碎,其子唐副在旁也未制止。结果张氏坐不道罪,其子坐不孝罪,皆处死。③

2.尊长犯卑幼。东晋孝武帝宁康元年(373年),大司马桓温府军中人朱兴之妻周氏,因其三岁幼子朱道扶痫病发作,将其掘地活埋,被道扶的姑妈朱双文所告,判处弃市刑,后改为"投之遐裔"(相当于后来的流刑)。④

东晋安帝时人郭逸之妻以大竹杖打郭前妻之子致死,因罪弃市。⑤

丈夫砍伤妻子也受处罚,《南史·刘穆之传》:"子彤嗣,坐刀斫妻

---

① 《太平御览》卷六四七引王隐《晋书》。
② 《南史·孔靖传》、《通典》卷一六七。
③ 《通典》卷一六七。
④ 《太平御览》卷七四〇引《晋阳秋》。
⑤ 《太平御览》卷五一一引《三十国春秋》。

夺爵。"

以上可见两晋南朝家族主义法之一斑,其时虽有"准五服制罪"原则,但在刑法上之适用并不广泛。其他方面,如行政法规却有受服叙影响的条文,如晋《假宁令》规定:"亲冠,假三日;五服内亲冠,给假一日,并不给程。"① 冠,即冠礼,古代男子成人礼。亲冠,大概指家庭成员的冠礼,可准假三天;而其他五服内亲属之冠礼,一律只给一天假,而且路程时间不另给假。

三、北朝"准五服制罪"原则之适用

南北朝时期,相对南朝而言,北朝法律对后世影响更大。程树德《九朝律考》称:"南朝之律,至陈并于隋,而其祀遽斩;北朝则自魏及唐,统系相承,迄于明清,犹守旧制。"北朝时期以北魏立国最久,故史籍中所记北朝诸律,也以北魏为较详。

北朝法律中的家族主义法也可分为亲属株连与亲属相犯两大类。

(一)亲属株连

北魏初年刑罚严酷,以致有夷五族之惨。道武帝(拓跋珪)以秦王觚使于燕,被害,至克中山(后燕都城),收害觚者傅高霸、程同等,皆夷五族,"以大刃剉杀之"。② 太武帝(拓跋焘)时诛崔浩五族,清河崔氏无论远近,及崔浩亲党范阳卢氏、太原郭氏、河东柳氏皆灭族,甚至崔浩门下僮吏以上128人皆夷五族。③ 所谓五族,大概指父、母、妻族及儿女姻亲之家。又有夷三族之诛,如文成帝(拓跋濬)时诛宦官宗爱等,皆具五刑,夷三族。④

---

① 《太平御览》卷六三四引。
② 《魏书·昭成子孙传》。
③ 《魏书》中的《崔浩传》、《高允传》。
④ 《魏书·宗爱传》。

夷五族、三族之外，又有门房之诛。太武帝神麚中鉴于刑罚过重，命崔浩定刑名，有门房诛四条。至正平元年(451年)又令胡方回、游雅更定律制，凡三百七十条，门房诛四条。① 文成帝时"又增门房之诛十有三"。② 所谓门房之诛，未见有明确注释，大致指同门共籍者，包括父母、祖父母、妻子、兄弟姊妹、子孙，神麚中崔浩所定律令："大逆不道腰斩，诛其同籍，年十四以下腐刑，女子没县官"，③大概就是指门房之诛。

北魏孝文帝(拓跋宏)延兴四年(474年)始诏："一人为恶，殃及合门。朕为民父母，深所愍悼。自今以后，非谋反大逆，干纪外奔，罪止其身而已。"④《魏书·刑罚志》也称："延兴四年诏，自非大逆干纪者，皆止其身，罢门房之诛。"说明延兴四年所罢为门房之诛，但谋反大逆夷五族、三族并未废除。至太和五年(481年)又诏："法秀妖诈乱常，妄说符瑞，兰台御史张求等一百余人，招接奴隶，谋为大逆，有司科以族诛，诚合刑宪。且矜愚重命，犹所弗忍，其五族者降止同祖，三族止一门，门诛止身。"⑤说明此前夷五族、三族确实未废。此后五族降止同祖，即仅诛父党一族；三族止一门，即夷三族降至门房之诛；而原有门房之诛仍沿延兴四年诏诛止一身。是年冬，中书令高闾等修订律成，"凡八百三十二章('章'疑为'条'之误)，门房之诛十有六"。⑥ 这里的"门房之诛"是由夷五族、三族所降，非延兴四年以前的门房之诛，说明孝文帝以后，北魏刑罚确实大为减轻，其文明程度已在南朝之上。北齐、北周基本沿袭魏之门房之诛，不用族诛。齐高祖高欢时，尔朱文畅谋反，"以其姊宠，

---

① 《通典》卷一六七。
② 《魏书·刑罚志》。
③ 《魏书·刑罚志》。
④ 《魏书·高祖纪》。
⑤ 《魏书·高祖纪》。
⑥ 《魏书·刑罚志》。

故止坐文畅一房"。① 齐废帝高殷时,杨愔子杨献、杨天、杨和"各没一房"。② 北周孝闵帝元年(557年),楚国公赵贵等谋反,"其贵、通、兴、龙仁罪止一家,僧衍止一房,余皆不问"。③

北朝自北魏初年以来,凡株连,不论五族、三族或门房之诛,有两点较南朝刑罚为文明,并影响及于隋唐及后世法律:一为男子年十四以下处以宫刑,不处死;二为女子配没为官奴,也不处死。如北魏太武帝时诏:"大逆不道腰斩,诛其同籍,年十四以下腐刑(即宫刑),女子没县官。"④《魏书·王质传》:"其家坐事,幼下蚕室(即处宫刑后养伤之所)。"《段霸传》:"霸年幼见执,因被宫刑。"《平季传》:"父雅州秀才,与沙门法秀谋反,伏诛,季坐腐刑。"北齐时"季舒等家属男女徙北边,妻女及子妇配奚官,小男下蚕室,没入赀产。"⑤

(二)亲属相犯

北朝法律有关亲属相犯方面。受五服服叙及"准五服制罪"原则的影响,显然较两晋南朝为深刻。北朝法律对卑幼犯尊长之罪,处罚极严:子孙告父母、祖父母者死,不逊父母者髡刑。北魏宣武帝元恪时,雁门(今山西代县)有人害母,八座(高级官员之统称)奏将罪犯处辗刑,但宽宥他的两个儿子。邢虬认为:"今谋逆者戮及期亲,害亲者今不及子……非所以劝忠孝之道,存三纲之义。"即使不杀其子,也应将二子流放四裔蛮荒之地,并终身禁止婚配,使不孝谬种不致流传。宣武帝从之。⑥

以下几个案例,显然都涉及服叙:

《通典》卷一六七:"后魏宣武帝景明中,冀州人费羌皮母亡,家贫无

---

① 《北齐书·尔朱文畅传》。
② 《北齐书·杨愔传》。
③ 《周书·孝闵帝纪》。
④ 《魏书·刑罚志》。
⑤ 《北史·崔季舒传》。
⑥ 《魏书·邢虬传》。

以葬,卖七岁女子与张迥为婢。迥转卖与梁之定而不言状。按律,掠人和卖为奴婢者死。……按律,卖子一岁刑,五服内亲属在尊长者死,卖周亲(即期亲)及妾与子妇者,流。……诏曰:羌皮卖女葬母,孝诚可嘉,便可特原。张迥虽买之于父母,不应转卖,可刑五岁。"这是一个卖亲生女为婢的案例。冀州(今河北冀县)人费羌皮因无钱葬母而卖仅七岁的女儿给张迥为奴婢,张是知道费女的良人身份的,但后来张迥又将费女转卖给梁之定,却不说明良人身份(生怕梁不敢买)。有关官吏在讨论时引用了《北魏律》,可以看出常人犯罪与亲属相犯之区别:常人拐卖良人为奴婢者,死刑;卖亲生子,一年徒刑;卖五服内尊长,死刑;卖期亲卑幼、妾、子妇等,流刑。费羌皮卖女,本应处一年徒刑,因葬母孝心可嘉,免予处罚;张迥之罪在于其明知费女良人身份而转卖,故处五年徒刑。

《魏书·刑罚志》:"(孝明帝熙平年间)时司州表:河东郡民李怜生行毒药案,以死坐。其母诉称,一身年老,更无期亲,例合上请。检籍不谬,未及判申,怜母身丧。州断:三年服终后乃行决。司徒曹参军许琰谓州判为允。主簿李玚驳曰:'案法例,律诸犯死罪,若祖父母、父母年七十以上,无成人子孙,旁无期亲者,具状上请;流者鞭笞,留养其亲,终,则从流,不在原赦之例。检上请之言,非应府州所决。毒杀人者斩,妻子流,计其所犯,实重余宪,准之情、律,所亏不浅。且怜既怀酖毒之心,谓不可参邻人任计。其母在,犹宜阖门投畀,况今死也,引以三年之礼乎?且给假殡葬,足示仁宽,今已卒哭,不合更延。可依法处斩,流其妻子。实足诫彼氓庶,肃是刑章。'尚书萧宝夤奏从玚执。诏从之。"这个案例涉及法律上的留养问题,依北魏孝文帝十二年诏,凡死刑罪犯,如家中祖父母、父母年七十以上无成年子孙奉养,也无旁系期亲(这里指兄弟、侄子)照顾,可以上请留养。李怜因毒杀人,被处死刑,其母提出留养申请,未及批准,其母已死。州判李怜守丧三年期满后再处死刑。州主簿李玚认为不妥,一则府州没有批准留养上请权,延伸之,也没有批准守丧三年权;二则对这种死刑犯讲三年之礼实是多余,给予其葬母的假期已足够宽仁,而且现已过百日卒哭,不能再拖延死刑的执行了,应依法处斩,妻子流放。朝廷同意李玚的意见。

以下一例,是东魏时关于《麟趾新制》(即《麟趾格》)条文的讨论,从中可见《丧服》经传与服叙在当时与《周易》、《春秋》经文一样,已成法理上之依据。《魏书·窦瑗传》记其上表:"臣伏读至三公曹第六十六条:'母杀其父,子不得告,告者死。'再三返复之,未得其门。何者?案律:'子孙告父母、祖父母者死。'又汉宣(帝)云:'子匿父母、孙匿大父母,皆勿论。'盖谓父母、祖父母小者攘羊(即盗窃),甚者杀害之类,恩须相隐,律抑不言,法理如是,足见其直,未必指母杀父止子不言也。若父杀母,乃是夫杀妻,母卑于父,此子不告是也。而母杀父,不听子告,臣诚下愚,辄以为惑。……母之于父,同在门内,恩无可掩,义无断割。知母将杀,理应告父,如其已杀,宜听告官。今母杀父而子不告,便是知母而不知父,识比野人,义近禽兽。且母之于父作合移天,既杀己之天,复杀子之天,二天顿毁,岂容顿默?此母之罪,义不在赦,下手之日,母恩即离,仍以母道不告,鄙臣所以致感。……寻局判云:'子于父母,同气异息,终天靡报,在情一也。今欲论其尊卑,辨其优劣,推心未忍,访古无据。'瑗以为:《易》曰:'天尊地卑,乾坤定矣。'又曰:'乾,天也,故称父。坤,地也,故称母。'又曰:'乾为天为父,坤为地为母。'《礼·丧服》经曰:'为父斩衰三年,为母齐衰期。'尊卑优劣,显在典章,何言访古无据?局判云:'母杀其父,子复告母,母由告死,便是子杀。天下未有无母之国,不知此子将何欲之?'瑗案:典律未闻母杀其父而子有隐母之义,既不告母,便是与杀父,天下岂有无父之国,此子独得有所之乎?""事遂停寝。"

窦瑗,北魏出帝(孝武帝元修)时曾任廷尉卿,即中央最高司法长官,故对律学颇为熟悉。此表是窦瑗对东魏《麟趾格》中三公曹(掌刑法之机构）拟定的条文的质疑。局判，即三公曹对刑法条文的司法解释。三公曹局判认为，对子而言，父母之尊、之情都是相同的，而且汉宣帝以来允许子孙隐匿父母、祖父母之罪，北魏律又规定子孙告父母、祖父母者死，因此即使母杀父，子也不得告母，否则处以死刑。窦瑗则认为，《周易》称父天母地，《丧服》定为父斩衰、为母齐衰，都说明父母是有尊卑的。因此父杀母是尊杀卑，子不得告父；而母杀父是卑杀尊，因此子得知母有杀父犯意时，即应通知父亲，在母杀父后，母子之恩已断，子应赴官告母。从"事遂停寝"的结果看，窦瑗的意见是占了上风的。

综上言之，魏晋时期"准五服制罪"主要体现在亲属株连方面，而在亲属相犯方面家族主义法还只限制在家庭的范围，尚未有对五服服叙的需求。南北朝时期亲属株连的范围逐步向家庭范围压缩，而亲属相犯的家族主义法的范围则由家庭向宗族扩展，从而"准五服制罪"的重心由亲属株连向亲属相犯转移，标志着封建国家与宗族的关系由对抗逐步转向联合，也为唐律全面"准五服制罪"奠定了基础。

第三节 《唐律疏议》中"准五服制罪"原则的发展

"准五服制罪"是古代家族主义法的组成部分，是家族主义法中一个较为晚起的原则。"准五服制罪"的主要作用，在于使家族主义法的适用定量化、简捷化，从而也使家族主义法在亲属相犯领域的扩大成为可能。

一、《唐律疏议》是"准五服制罪"原则的最好模本

唐高祖武德年间，诏纳言刘文静等"因开皇律令而损益之"，既而命裴寂、萧瑀等参照隋《开皇律》制定唐《武德律》。而《开皇律》的制定,是"隋文帝参用周、齐旧政以定律令",①即参照北齐、北周的法律。可以说,唐律的体系是由北朝法律体系而来,陈寅恪指出:"至(北魏)宣武正始定律,河西与江左二因子俱关重要,于是元魏之律遂汇集中原、河西、江左三大文化因子于一炉而治之,取精用宏,宜其经由北齐,至于隋、唐,成为二千年来东亚刑律之准则也。"②北朝法律中"准五服制罪"的原则,特别是其在亲属相犯领域的适用、也因而为隋唐法律所继承与发展。

唐太宗贞观初年,命长孙无忌、房玄龄等对《武德律》"重加删定",前后十余年,"凡削烦去蠧,变重为轻者,不可胜纪"。③ 修订后的《贞观律》成为唐律的定本。唐高宗永徽年间因律文无明确的司法解释,致使司法实践上产生定罪量刑不一及每年科举考试中"明法"科考试没有标准答案可依的问题,命长孙无忌等制定《律疏》三十卷,"自是断狱者皆引疏分析之",④律疏实际上已具有与律条同等的法律效力,成为与律并行的唐代国家法典。律文与律疏合称为《唐律疏议》。高宗以后,在武则天、中宗、玄宗等朝又作过一些修改。刘俊文认为:"《唐律疏议》撰于永徽,其所疏释的律条基本上定于贞观,而律疏的部分内容和文字又是永徽以后直至开元间多次修改的产物。这种整体的连续和局部的变化告诉我们:《唐律疏议》并非永徽或开元一朝之典,而是有唐一代之典。"⑤这个观点是大致正确的。况且《唐律疏议》也是古代保存至今的

---

① 《旧唐书·刑法志》。
② 陈寅恪:《隋唐制度渊源略论稿》"刑律",中华书局1963年版。
③ 《旧唐书·刑法志》。
④ 《旧唐书·刑法志》。
⑤ 刘俊文:《唐律疏议点校说明》,中华书局1983年版。

第一部系统、完整的封建法典,因此研究家族主义法与"准五服制罪"原则,自然以《唐律疏议》为最好的模本。

二、《唐律疏议》中亲等与服叙等级之差异及补救

从《唐律疏议》的内容看,法律中之亲属等级与五服服叙等级略有差异:

第一,无"斩衰"之称。首先,由于服叙等级中"斩衰"包括臣为君,非亲属关系。其次,服叙上"斩衰"包括父为长子,服叙等级本身无法反映尊长卑幼差别,而法律上则极为重视这一差别,父犯子与子犯父在定罪量刑上截然不同,况且法律上长子等同于诸子,已无特殊意义。再次,法律上犯母与犯父同论,父母并列,非"斩衰"所能包容。因此历代法律中均未出现过"斩衰"之称,而是直接称父、夫。

第二,改"齐衰"为"期亲"。本来"齐衰"服叙包括民为君,并非亲属关系,而且法律上父母并列同论,不以斩衰、齐衰区分其尊卑。因此法律上以"期亲"代"齐衰"。"期亲"之本义,指齐衰杖期(除母之外,仅指妻而言)、不杖期亲属。但法律上往往将曾祖父母(唐为齐衰五月)、高祖父母(唐为齐衰三月)与"期亲"同论,如《唐律疏议·名例律》第52条:"诸称'期亲'及称'祖父母'者,曾、高同。"

除以上两个变化外,其余大功、小功、缌麻、袒免之名称法律中与服叙同。从表16可以看到,《唐律疏议》502条条文中,有81条涉及亲属服叙即期亲、大功、小功、缌麻、袒免等,占全部条文的16%;另有73条只涉及具体的亲属称谓,如父、母、夫、祖父母、孙、兄弟等,而不涉及服叙。二者相加家族主义法条文共154条,占《唐律疏议》全部条文的31%,可见家族主义法、准五服制罪原则在《唐律疏议》中的比重之大。

《唐律疏议》中之所以出现具体的亲属称谓,而不是均以服叙等级

替代。其原因：一是由于如上所说，某些服叙涉及非亲属关系的政治等级，如斩衰、齐衰中的臣为君、民为君服，故"斩衰"取消，"齐衰"改为"期亲"；二是由于法律上之亲等较礼制中之服叙更为注重现实中之亲属关系，因此在适用上凡不能以期亲、大功、小功、缌麻、袒免等一般服叙称呼概括者，就以具体亲属称谓代替一般服叙称呼，出现了一些与服叙等级不同之特例，以作为对服叙制度之补救。这些补救大致可分为亲等拔高、亲等降低、宗法原则三个方面。

第一，亲等拔高之例：

一是服叙上为父斩衰，为母仅齐衰，但法律上母与父同论。如《户婚律》："诸居父母丧生子，及兄弟别籍、异财者，徒一年。"

二是为祖父母服叙齐衰，但在法律中则往往与父母同等。如《斗讼律》："诸詈祖父母、父母者，绞；殴者，斩。过失杀者，流三千里；伤者，徒三年。"

三是为曾祖父母、高祖父母服叙齐衰五月、三月，但法律中与期亲尊长同。如《名例律》："诸称'期亲'及称'祖父母'者，曾、高同。疏议曰：称期亲者，《户婚律》：'居期丧而嫁娶者，杖一百。'即居曾、高丧，并与期同。及称祖父母者，《户婚律》云：'祖父母、父母在，别籍异财，徒三年。'即曾、高在，别籍异财，罪亦同。故云'称期亲及称祖父母者，曾、高同。'"

四是为曾孙、玄孙服叙仅缌麻，但法律中与孙（大功）同。《名例律》："称'孙'者，曾、玄同。疏议曰：《斗讼律》：'子孙违犯教令，徒二年。'即曾、玄违犯教令，亦徒二年。"但法律中注明"曾、玄孙者各依本服论"除外。

五是为外祖父母服叙小功，为夫之兄弟及兄弟妻（即嫂叔之服）唐制服小功，为外孙、孙妇服叙仅缌麻，但在法律中往往与大功亲同。如《名例律》："诸同居，若大功以上亲及外祖父母、外孙，若孙之妇，夫之兄弟及兄弟妻,有罪相为隐。疏议曰:……外祖父母、外孙若孙之妇、夫之兄弟及兄弟妻,服虽轻,论情重。"

六是服叙上男子出继为本生亲属降服,女子出嫁为本宗亲属降服,但法律中规定若与本生、本宗亲属相犯,各依本服,不得以出降依轻服处罚。《名例律》:"称'袒免以上亲'者,各依本服论,不以尊压及出降。疏议曰:皇帝荫及袒免以上亲,《户婚律》:'尝为袒免亲之妻而嫁娶者,杖一百。'假令皇家绝服旁期及妇人出嫁,若男子外继,皆降本服一等,若有犯及取荫,各依本服,不得以尊压及出降即依轻服之法。"也就是说,皇帝虽同于古之诸侯旁亲绝服,但皇帝袒免以上亲属仍可享受"议亲"的特权,犯罪可获得减免的特权;为人后之男子、已出嫁之女子虽为本生、本宗亲属降一等服,但如相互侵犯,仍依本服处罚。

第二,亲等降低之例:

一是服叙上长子与众子不同,父为长子斩衰,母为长子齐衰三年,但法律中长子与众子同为期亲,法律中称"子"之处,即包括长子在内。

二是服叙上为同居继父齐衰不杖期,为不同居继父(先同居后异居)齐衰三月,但法律中同居继父视同小功尊亲,不同居继父视同缌麻尊亲。《斗讼律》:"殴伤继父者(原注:谓曾经同居,今异者),与缌麻尊同;同居者,加一等(原注:余条继父准此)。疏议曰:……同居者,虽著期服,终非本亲,犯者不同正服,止加缌麻尊一等。……注云'余条继父准此',谓诸条准服尊卑相犯得罪,并准此例。"可见继父在法律中亲等降低是整部法律的基本准则之一。

长子是加服,继父是义服,法律中之亲等降低之例与加服、义服相关,而亲等拔高之例则与正服、降服相关。

第三,宗法原则之补救:

一是法律上旁系亲属也论尊卑而量刑不同。从上文服叙原则可知,服叙上只有直系亲属之间尊卑之服不平等(如孙为祖父母服叙齐衰不杖期,祖父母为孙仅大功),旁系亲属尊卑之间则制服与报服同等(如侄为伯叔父母制服不杖期,伯叔父母为侄报服也是不杖期)。但法律上不仅区分直系尊卑,旁系也区分尊卑而量刑迥异,亲属之间相犯比照常人而言,凡卑犯尊者加重处罚,凡尊犯卑者则减轻处罚。如《贼盗律》:"谋杀缌麻以上尊长者,流二千里;已伤者,绞;已杀者,皆斩。即尊长谋杀卑幼者,各依故杀罪减二等(徒三年);已伤者,减一等(流三千里);已杀者,依故杀法(绞)。"

二是法律上同辈亲属也论长幼而量刑不同,这是法律对服叙的重大补救。从服叙原则可知,服叙上同辈亲属之间除未成年者依殇服降等外,同辈成年亲属间服叙相等,不因年龄长幼而有区别。但法律上凡同辈亲属均区分长幼而量刑不同,也就是说,不论是否成年,也不依殇服降等,只依本服并区分长幼,凡幼犯长者量刑较常人加重,长犯幼者则量刑较常人减轻。如《斗讼律》:凡弟妹殴期亲兄姊,徒二年半;殴伤,徒三年;骨折,流三千里;以刀刃伤,绞;殴死,斩。而兄姊殴弟妹伤及骨折或过失杀,皆不论罪;只有故意殴杀,徒三年;以刃故杀,流二千里。

《唐律》中对服叙制度之补救,显然对后世服叙变化产生了重大影响。如《唐律》中母与父同论,明初则服叙上母与父同为斩衰亲;《唐律》中长子与众子同论,明初则长子与众子同为齐衰不杖期亲;《唐律》中未成年者不依殇服降等,明初则废止殇服。

三、《唐律疏议》中服叙法之适用

(一)《唐律疏议》中家族主义法、服叙法条文及比例统计

为了说明五服服叙在家族主义法中日趋增加的比重,以及说明五服服叙在古代法律中的重要性,兹列"《唐律疏议》家族主义法、服叙法条文及比例统计表"(表16)如下。

表 16 《唐律疏议》家族主义法、服叙法条文及比例统计表

篇名	本篇卷次	条文数	涉及家族主义法 条文数	涉及家族主义法 在篇中所占比例	涉及五服服叙法 条文数	涉及五服服叙法 在家族主义法条文中所占比例	涉及五服服叙法 在篇中所占比例
名例律	1—6	57	34	60%	15	44%	26%
卫禁律	7、8	33	1	3%	0		
职制律	9—11	59	8	14%	4	50%	7%
户婚律	12—14	46	25	54%	11	44%	24%
厩库律	15	28	2	7%	2	100%	7%
擅兴律	16	24	2	8%	0		
贼盗律	17—20	54	26	48%	15	58%	28%
斗讼律	21—24	60	36	60%	25	69%	42%
诈伪律	25	27	3	11%	0		
杂律	26、27	62	8	13%	3	38%	5%
捕亡律	28	18	3	17%	2	67%	11%
断狱律	29、30	34	6	18%	4	67%	12%
全律总计	30卷	502	154	31%	81	53%	16%

关于表 16 的几点说明：

1. 服叙法即准五服制罪原则，是家族主义法的重要组成部分。故本表除列家族主义法、服叙法在篇中所占比例二栏外，又列服叙法在家族主义法条文中所占比例一栏，以说明准五服制罪原则在家族主义法中的重要地位。从表中可知，全律共 154 条家族主义法条文中，有服叙法 81 条，占家族主义法条文的 53%。

2. 本表所称的"服叙法"，即条文中涉及期亲、大功、小功、缌麻、祖

免等服叙等级名称者。凡涉及具体亲属称谓而无服叙等级名称者均列入"家族主义法"。

3.本表栏目中所称"涉及家族主义法"、"涉及五服服叙法",是指该条文中出现亲属称谓或出现服叙等级名称或两者均出现者,但并非指全条均为家族主义法或服叙法内容者,故云"涉及"。如《名例律》"十恶"条,仅恶逆、不孝、不睦、不义、内乱五恶涉及家族主义法,而其中不睦、内乱涉及服叙等级名称,故该条文既入"涉及家族主义法"栏,又入"涉及五服服叙法"栏。

4.从表中可见,《唐律疏议》12篇中,家族主义法每篇皆有涉及,而服叙法则《卫禁》、《擅兴》、《诈伪》三篇无涉,家族主义法与服叙法主要集中在《名例》、《户婚》、《贼盗》、《斗讼》四篇中,占家族主义法与服叙法总条文的80%左右。在全律502条中,家族主义法有154条,占全律条文的31%,其中服叙法有81条,占全律条文的16%。这样的比例,足以使我们提高对服叙法研究的重视。

(二)服叙法之适用

据对《唐律疏议》中154条家族主义法内容的分析,服叙与亲属称谓在法律中的作用主要体现在以下几个方面:

1.亲属相犯方面。这是唐律中服叙法的最主要内容,在81条服叙法及154条家族主义法中均约占半数条文,主要集中在《斗讼》、《贼盗》两篇中。这是与南北朝以来亲属相犯条文的增加趋势相适应的,说明家族主义法与"准五服制罪"的重心已从亲属株连(如族刑)转向亲属相犯,国家与宗族的关系已由基本对抗转向基本协调。

《唐律疏议》中有关亲属之间相互侵犯的处罚原则,一般来说,卑幼侵犯尊长,服叙越近处罚越重;相反,尊长侵犯卑幼,则服叙越近处罚越轻。如《斗讼律》规定,凡人以手足殴人未伤,笞四十;殴缌麻兄姊则杖一百,殴小功兄姊加一等为徒一年,殴大功兄姊再加一等为徒一年半,殴期亲兄姊（同父兄姊）则为徒二年半；如殴尊属（长辈），则在兄姊基础上再加一等，即殴缌麻尊属徒一年，殴小功尊属徒一年半，殴大功尊属徒二年，殴期亲尊属（如伯叔父母、姑）则徒三年；以上如殴伤，再各加一等。反之，尊长殴卑幼未伤不论罪，如折伤，伤缌麻卑幼减凡人一等（凡人折伤徒一年）为杖一百，伤小功卑幼再减一等为杖九十，伤大功卑幼又减一等为杖八十。仅举此一例也可见卑幼侵犯尊长，尊与长也是有区别的；而尊长侵犯卑幼，卑与幼则无区别。

从《唐律疏议》看，一般亲属之间相互侵犯的案件，均论尊长卑幼而量刑有别。但在以下两种情况下，亲属相犯的处罚只论服叙而不论尊卑：一是亲属相奸不论尊卑，服叙越近处罚越重。《杂律》规定：诸奸缌麻以上亲及缌麻以上亲之妻，或妻前夫之女及同母异父姊妹者，徒三年；强奸者，流二千里。诸奸祖父之兄弟妻及祖父之姊妹、父之堂兄弟妻及父之堂姊妹、己之堂姊妹、母之姊妹、兄弟妻（以上均为小功亲）、兄弟子妻（服叙不明，明清为大功亲）者，流二千里；强奸者，绞。诸奸伯叔母、姑、姊妹、兄弟之女（以上均为期亲）、子妇（大功亲）、孙妇（缌麻亲）、父祖妾有子（缌麻亲）者，绞（子孙妇、父祖妾服叙虽轻而伦理上重，故与期亲同论）。二是亲属相盗不论尊卑，服叙越近处罚越轻。《贼盗律》："诸盗缌麻、小功亲财物者，减凡人一等；大功，减二等；期亲，减三等。"这是因为在以家族为本位的社会里，亲属之间本被认为有互济的义务。

2．亲属特权方面。此在家族主义法中的比例占据第二位，约10%左右，主要见于《名例律》。《唐律》中的亲属特权大致包括两部分：

一是"荫亲"制，即犯罪者由于和皇室及贵族官僚有亲属关系而得以减免刑罚。如《名例律》规定，皇帝之袒免以上亲、太皇太后（皇帝祖母）、皇太后（皇帝母）之缌麻以上亲、皇后之小功以上亲（据"疏议"解释，这里的袒免以上、缌麻以上、小功以上亲属均指本宗亲属，不包括外亲与妻亲）犯罪均可享有"议"的特权。即犯死罪者，主审官吏不得擅自定罪,而须将其所犯应死之罪状及应议之理由,先奏请议,都堂(座)依诏令集议后,再奏请皇帝裁定。皇太子妃大功以上亲、八议者(指亲、故、贤、能、功、贵、勤、宾八种有特殊身份之人,上述皇帝、太皇太后、皇太后、皇后之亲属即属八议中之"议亲"之人)之期亲以上及孙、子孙妇(以上也仅指本宗亲属)可享有"请"的特权。即犯死罪者,主审官吏定罪后连同应请之理由,奏请皇帝裁定,但不必经都堂集议。

二是"亲属相隐"制,即藏匿犯罪亲属者依法可免除或减轻刑事责任。如《名例律》规定,凡是大功以上亲属及某些虽大功以下但关系亲密者(外祖父母、外孙、孙妇、夫之兄弟、兄弟妻、同财共居者),有罪相互隐匿可不负刑事责任;凡小功、缌麻亲有罪相互隐匿,较凡人隐匿罪犯减三等处罚。但若所隐匿之罪犯所犯为"十恶"中之谋反、谋大逆、谋叛罪,则不得适用"亲属相隐"制。

3.亲属株连方面。这方面的条文在家族主义法中的比例已从南北朝以前的第一位降至《唐律》中的第三位,约占8%,主要见于《贼盗律》。而且所株连之亲属法律上为谨慎起见,几乎都不以服叙等级笼统划分,而是标出每一具体受株连的亲属称谓,因此这方面的条文几乎都归入家族主义法而不归入服叙法的范畴。所谓亲属株连,也称亲属缘坐,即自身并未犯罪,只因与犯罪者有某种亲属关系而牵连受到处罚。大致犯罪者罪情越重则牵连越广,被牵连者与犯罪者服叙越近则处罚越重。《唐律》中规定应株连亲属的犯罪种类并不多,包括谋反、谋大逆、谋叛、杀一家非死罪者三人及肢解人、造畜蛊毒等,可以说是历代法律中涉及株连的犯罪罪名最少者。如强盗罪,上文提到的《宋书》及《通典》所记南朝宋时之"制":凡劫,身斩刑,家人弃市,同籍期亲补兵。而《唐律》中强盗得财十匹以上或同时杀伤人才处以死刑,且都不株连亲属。再从亲属株连的范围看,唐以前株连涉及三族、五族,而《唐律》中株连最广的谋反及谋大逆涉及范围为本宗直系亲属及期亲,《贼盗律》

规定:"诸谋反及大逆者,皆斩;父子年十六以上皆绞,十五以下及母女、妻妾、祖孙、兄弟、姊妹若部曲、资财、田宅并没官,男夫年八十及笃疾、妇人年六十及废疾者并免;伯叔父、兄弟之子皆流三千里,不限籍之同异。"其中株连亲属中处以死刑的仅父亲及16岁以上的儿子,也是封建历代中亲属株连死刑范围最小者。因此,从亲属株连的犯罪种类及范围看,《唐律》都是封建法律中之最宽平者,后世封建律学家称《唐律》"得古今之平",亲属株连上的宽平是主要理由之一。

4.亲属婚姻方面。这方面的条文在《唐律》家族主义法中约占7%,主要见于《户婚律》。古代法律对亲属婚姻全面禁止,《唐律》亦然。如《户婚律》规定:"诸同姓为婚者,各徒二年。缌麻以上,以奸论。若外姻有服属而尊卑共为婚姻,及娶同母异父姊妹,若妻前夫之女者,亦各以奸论。其父母之姑、舅、两姨姊妹及姨若堂姨,母之姑、堂姑,己之堂姨及再从姨、堂外甥女,女婿姊妹,并不得为婚姻,违者各杖一百,并离之。诸尝为袒免亲之妻,而嫁娶者,各杖一百;缌麻及舅甥妻,徒一年;小功以上,以奸论。妾,各减二等。并离之。"

《唐律》中关于亲属婚姻的禁止,大致可归纳为:第一,同宗共姓不得为婚,其中缌麻亲以上为婚以奸罪论。第二,禁止与外亲或妻亲中不同辈者为婚,其中缌麻亲以上(外祖父母、舅、姨、岳母)以奸罪论。但同辈者为婚不禁,即外亲中允许与姑表、舅表、姨表兄弟姊妹为婚(通称"中表婚姻"),妻亲中允许与妻之姊妹为婚。第三,凡曾为袒免亲之妻者,不论尊卑,均禁止为婚,其中小功以上以奸罪论。即已婚女子在丈夫死后或被丈夫休出后,不得改嫁给丈夫五服亲内之任何其他男子,否则有违人伦。第四,某些五服外之特殊亲属也不得为婚。或因血缘接近,如同母异父姊妹;或因辈分差别,如妻前夫之女、女婿之姊妹。

亲属婚姻方面的家族主义法条文,除以上所述婚姻禁止外,还涉及婚姻条件、离婚条件与限制、妻妾名分、居丧嫁娶禁止、夫丧守志强嫁禁止等内容。

5.亲属杂坐方面。这方面的条文在《唐律》家族主义法中约占四分之一左右,其内容较杂,故统称之为"亲属杂坐"。这方面的内容中,有两部分相对比较集中,其条文数约达亲属杂坐方面条文总数的三分之二:

一是亲属释解。包括:第一,称谓释解。如第52条:"诸称'期亲'及称'祖父母'者,曾、高同。称'孙'者,曾、玄同。嫡孙承祖,与父母同。……"第二,疏议例释。即律文中未涉及亲属,而在"疏议"举例说明中提到,也归入家族主义(或服叙)法。如第165条"诸盗耕种公私田者……"疏议曰:"……若亲属相侵得罪,各依服纪(即服叙),准亲属盗财物法,应减者节级减科。……"

二是比照亲属制罪,即其他社会关系比照亲属服叙定罪量刑。大体上包括两种情况:

第一,主奴关系比照。如《斗讼律》规定,部曲、奴婢殴主人之亲属,依照此亲属与主人之服叙远近定罪量刑,服叙越近处刑越重。如奴婢以他物殴伤主人之缌麻亲,徒一年半(量刑标准按等级制度,凡人殴伤杖九十,部曲殴伤良人加一等为杖一百,奴婢殴伤良人再加一等为徒一年,殴伤主人之缌麻亲又加一等为徒一年半);殴伤主人之小功亲,加一等为徒二年;殴伤主人之大功亲,又加一等为徒二年半;殴伤主人之期亲及外祖父母,则处斩刑。反之,如良人杀伤亲属之部曲、奴婢,则依照良人与此亲属之间的服叙远近定罪量刑,服叙越近处刑越轻。如杀伤缌麻、小功亲的部曲、奴婢,各减杀伤凡人部曲、奴婢二等处罚;杀伤大功亲的部曲、奴婢,减杀伤凡人部曲、奴婢三等处罚。

第二,僧道关系比照。据《名例律》,寺院、道观内弟子与师主相互侵犯,比照兄弟之子与伯叔父母的期亲尊卑关系处理。如《斗讼律》规定:"詈伯叔父母者,徒一年。"则弟子骂师主,也徒一年;又如《斗讼律》:

"殴杀兄弟之子,徒三年。"则师主殴杀弟子,也徒三年。又据《名例律》,寺院、道观名下之部曲、奴婢有侵犯寺、观"三纲"者(唐时寺院有上座、寺主、都维那,道观有上座、观主、监斋,称为"三纲"),比照侵犯主人之期亲论罪;反之,寺、观"三纲"侵犯部曲、奴婢,则比照主人之期亲侵犯主人之部曲、奴婢处理。如部曲、奴婢殴"三纲",处绞刑;"三纲"殴杀部曲,仅徒一年,杀奴婢,仅杖一百。部曲、奴婢侵犯其他道士、女冠、僧人、女尼者,比照侵犯主人之缌麻亲论罪;反之,僧道侵犯部曲、奴婢,比照侵犯缌麻亲之部曲、奴婢论罪。但僧道、三纲犯奸、盗罪,同凡人论处。

除亲属释解与比照亲属制罪两种情况外,亲属杂坐方面还包括其他不能归并入以上亲属相犯、特权、株连、婚姻四个方面的特殊条文,如第24条的犯流配者亲属自愿从流问题,第26条的犯死罪者之上请权留养亲问题,第27条的犯徒刑者家无兼丁如何应役问题,第150条、154条脱户、私入道等家长独坐论罪问题,第260条亲属为人所杀而私和取财及不告者之处罚,等等,某些单属于家族主义法,某些兼属于家族主义法与服叙法。

第四节 宋以后服叙制度在民事法规中之适用

五代、宋以后服叙法之发展,主要体现在随着社会经济关系发展及自保型宗族的出现而不断增补的民事法规的适用中。可以说,刑法上的"准五服制罪"原则在《唐律疏议》中已大致达到封建法律所要求的完善程度,此后的变化,基本只在于亲属范围的扩大,而在罪名上基本不出《唐律疏议》的框架。也就是说只是形式的变化而非内容的变化。而在民事法规上则不同,随着社会经济发展的要求,民事法规逐步从原则化向细则化演进,服叙制度也逐步渗透到细则化的民事法规中。如果说,服叙制度在唐代民事法规中主要体现在亲属婚姻方面,那么宋以后服叙制度在民事法规中的适用则是多方位的。以下仅就死商财物继承、遗嘱继承、亲属先买权、无子立嗣顺序等几个问题进行论述。

一、死商财物继承问题

死商,指客死旅途之商人,也包括身有资财而客死他乡之旅人,以及波斯等诸蕃客携带资财货物死于中国之人。死商财物继承问题,法律上首见于唐大和八年敕文,但继承人仅限于父母、嫡妻、子及在室女、同居之亲兄弟及亲侄男,未涉及服叙。《宋刑统》引后周显德五年(958年)敕条:"死商财物如有父母、祖父母、妻,不问有子无子,及亲子孙男女,并同居大功以上亲幼小者,亦同成人,不问随行与不随行,并可给付。如无以上亲,其同居小功亲及出嫁亲女,三分财物取一分,均给之。余亲及别居骨肉不在给付之限。"① 继承的范围显然扩大了,包括祖父母、孙、同居大功亲以上均可全额继承,以上亲无,同居小功亲及出嫁女则可共得1/3财物。

二、遗嘱继承问题

遗嘱继承之法律首见于唐《丧葬令》,规定凡身丧户绝者(无男性继承人为户绝)之资产由女儿继承,无女儿则由近亲(指兄弟之子)依次继承,但"亡人在日,自有遗嘱处分,证验分明者,不用此令"。② 可是没有说明遗嘱继承的有效范围。至南宋《户令》则有明确的"内外缌麻以上亲"的有效范围。《名公书判清明集》(以下简称《清明集》)卷五"继母将养老田遗嘱与亲生女"条记载南宋时一案例:蒋森死后留下年可收谷

---

① 《宋刑统》卷一二"死商钱物"条。
② 《宋刑统》卷一二"户绝资产"条引。

258硕(即"石")的田地,其后妻叶氏将田地一分为三,给蒋森前妻之子蒋汝霖170硕,叶氏自留养老田57硕,给叶氏与前夫所生之女归娘陪嫁31硕。叶氏并试图以遗嘱形式将养老田留给女儿归娘,于是蒋汝霖状告继母。法官翁浩堂判决:已分之田,官府难以更改,只能对叶氏养老田依法限制,不得典卖,不得随嫁(指叶氏如改嫁,不得带田),不得遗嘱与女。寡妇守节,法令允许以夫家财产遗嘱,但有条件,"《户令》曰:诸财产无承分人,愿遗嘱与内外缌麻以上亲者,听自陈"。也就是说,有承分人(法定继承人)就不能以遗嘱予他人。"今既有蒋汝霖承分,岂可私意遗嘱,又专以肥其亲生之女乎?"但蒋汝霖状告继母,有违名分与法意,也要略加惩戒,决小杖(笞)二十。这个案例是依法判定遗嘱无效。

《清明集》卷九"鼓诱寡妇盗卖夫家业"条则是依法判定遗嘱有效的民事案例:南宋理宗时民徐二先娶蔡氏为妻,生女六五娘。后娶冯氏,无子,但有冯氏带来前夫之子陈百四。徐二见冯氏专横,恐死后家业落入异姓之手,便在淳祐二年(1242年)手写遗嘱,并经官投印(官府公证),将屋宇、园池留给亲妹徐百二娘及女儿六五娘。徐二死后,冯氏受里人陈元七啜诱,立契盗卖家业。法官翁浩堂认为:"在法:诸财产无承分人,愿遗嘱与内外缌麻以上亲者,听自陈,官给公凭。"徐二家产无承分人,故以遗嘱留与女儿及亲妹,并嘱供奉冯氏终身,况又经官府公证,是完全合法的。故判家业追还徐百二娘与六五娘,废除非法典卖契约,买主陈元七、牙人陈小三、冯氏各杖一百。

以上可见,南宋法令中关于遗嘱继承的前提及有效范围的规定,显然比唐代要明确得多,更具备可操作性。

三、无子立嗣顺序问题

所谓无子立嗣,即指自身未能生育儿子而立他人之子为自己的继承人。我国古代奉行宗祧继承,认为祭祀必须同宗男性,如自身无子,为了祭祀祖先的血食不绝，就须立嗣。无子立嗣最早的立法见于唐《户令》："无子者，听养同宗于昭穆相当者。"①就是说，自身无子者允许收养宗族中辈分低于自己一辈之男性亲属，即同宗诸侄辈。但唐令并未提到同宗诸侄间的立嗣顺序，宋令也同，由此引发一系列立嗣纠纷。至《清例》规定了立同宗为嗣的顺序："无子者，许令同宗昭穆相当之侄承继，先尽同父周亲（周亲即期亲，同父期亲，此指同父兄弟之子），次及大功、小功、缌麻。如俱无，方许择立远房及同姓为嗣。"同时又规定："无子立嗣，若应继之人平日先有嫌隙，则于昭穆相当亲族内择贤择爱，听从其便。""其或择立贤能及所亲爱者，若于昭穆伦序不失，不许宗族指以次序告争并官司受理。"②既确定了无子立嗣的范围及顺序，又杜绝了宗族间告讼之门。

四、亲属先买权问题

亲属先买权，即指在房屋、土地等不动产买卖中，亲属享有优先购买的权利。在律令中正式承认亲属先买权始于五代时，据《五代会要》后周广顺二年（952年）令："如有典卖庄宅，准例：房亲、邻人合得承当。若是亲人不要，及著价不及，方得别处商量。不得虚抬价例，蒙昧公私。有发觉，一任亲人论理。……或亲邻人不收买，妄有遮恡，阻滞交易者，亦当深罪。"《宋刑统·户婚律·典卖指当论竞物业门》的规定也基本相同："应典卖、倚当物业，先问房亲；房亲不要，次问四邻；四邻不要，他人并得交易。房亲着价不尽，亦任就得价高处交易。如业主、牙人等欺罔邻亲，契帖内虚抬价钱，及邻亲妄有遮恡者，并据所欺钱数，与情状轻重，酌量科断。"

---

① 《唐律疏议·户婚律》"养子舍去"条引。
② 《大清律例·户律·户役》"立嫡子违法"条例文。

综合以上两个法令,大意是说:凡有典卖土地房屋的,其房亲、四邻有优先购买权,如果房亲、四邻不要,或者出价太低,才能卖给别人。但是卖主不能故意虚抬价格,使房亲、四邻买不起,然后再低于此价卖给旁人,这种事情一经发觉,房亲、四邻有告诉官府之权利。同时房亲、四邻也不能自己出价不足,又故意阻碍他人购买,以达到压价的目的,这也是要追究法律责任的。可见法令中规定了卖主与亲邻双方的权利与责任。但问题在于五代与北宋法令中均未交代何为"房亲"?何为"四邻"?何为"亲邻"或"邻亲"?

《清明集》卷九"亲邻之法"条记载南宋宁宗时关于亲属先买权的法令则相当明确,胡石壁判词云:"照得所在百姓多不晓亲邻之法,往往以为亲自亲,邻自邻。执'亲'之说者,则凡是同关典卖之业,不问有邻无邻,皆欲收赎;执'邻'之说者,则凡是南北东西之邻,不问有亲无亲,亦欲取赎。殊不知在法所谓应问所'亲邻'者,止是问本宗有服纪亲之有邻至者。如有亲而无邻,与有邻而无亲,皆不在问限。见于庆元《重修田令》与嘉定十三年(1220年)《刑部颁降条册》,昭然可考也。"又卷九"有亲有邻在三年内者方可执赎"条:"准令:诸典卖田宅,四邻所至有本宗缌麻以上亲者,以帐取问,有别户田隔间者,并其间隔古来沟河及众户往来道路之类者,不为邻。又令:诸典卖田宅满三年,而诉以应问邻而不问者,不得受理。"

南宋法令关于亲属先买权不提"房亲"、"四邻",只称"亲邻"。所谓"亲邻",须具备有亲、有邻两项条件,二者缺一不可。有亲,指本宗缌麻以上亲(不包括外亲、妻亲);有邻,指土地、房宅与所典卖田宅相邻者(中间隔着他人土地,隔着公共道路,隔着自古已有的沟河的,都不能称"邻")。必须既"亲"又"邻"才有先买权,有"亲"非"邻"或有"邻"非"亲"均无先买权。具备亲邻条件在两家以上的,则依服叙的亲疏为序,先亲后疏。可见服叙制度输入家族主义法之后,确实使法令达到了简明、精确的效果。

　　综合本章所述,可见"准五服制罪"源于家族主义法。家族主义法大抵始于春秋时期,其最初的表现形式是族刑,秦汉以后逐步转向亲属相犯。"准五服制罪"是家族主义法中一个较为晚起的原则,其作用主要在于使家族主义法定量化与简捷化,有助于家族主义法范畴之扩展。"准五服制罪"始于魏晋时期,其最初的表现领域也在族刑,南北朝时逐步涉及亲属相犯领域,隋唐时"准五服制罪"的重心已完全转移到亲属相犯方面。宋元明清时期,"准五服制罪"原则一方面体现在刑法、诉讼法上继续扩大亲属范围,另一方面服叙制度已明显渗透到不断细则化的民事法规中。因此宋元明清时期服叙制度对法律的影响,显然已越出了"准五服制罪"原则所能囊括的刑法范畴,似以称为"服叙法"原则更为贴切。

　　以上变化说明了封建国家与宗族的关系由对抗转向协调的过程。

　　在西周的宗法制与分封制下,国家与宗族浑然一体,国家即是宗族,宗族即是国家,无所谓对抗,也无所谓协调。春秋战国时期,集权制与官僚制初起,国家与宗族二者开始分化与对峙,国家借助家族主义法对抗与镇压宗族。秦汉时期,中央集权制基本确立与巩固,除了个别豪族以外,宗族也已基本分化为家庭,国家法律既有继续对抗豪族的一面,也有协调与稳固家庭制度的一面,故家族主义法中亲属株连与亲属相犯并存。东汉魏晋时期,宗主式宗族借助地方割据势力与坞壁制度而复兴,故魏晋时形成的国家法律中"准五服制罪"的原则加强了国家对于宗族对抗的力度。南北朝时宗主式宗族的趋于衰落,使国家与宗族重归对抗与协调并存的局面,故"准五服制罪"原则既体现在亲属株连方面,也开始渗透到亲属相犯的领域。隋唐时期,宗族对国家的威胁基本消失,国家与宗族的关系转向协调多于对抗,因此家族主义法的着力点也侧重于协调宗族内部的关系,以维护宗族利益为主,"准五服制罪"中亲属相犯的内容首次占据了绝对优势的地位。宋以后自保型宗族的出现,使中央专制集权的国家利益与宗族利益空前协调,因而国家法律对宗族利益的维护更加不遗余力,服叙制度对法律的影响进一步扩大,甚至渗透到宗族内民事法律关系的细则条文中。

第四章 守丧制度

任何一个统治制度,都有其礼仪性的形式标志,这些形式标志一般表现为礼制形态,对这些形式标志的强化,则表现为法制形态。越是颠顶虚骄的统治者,越重视与依赖这些形式标志。统治者试图借助这些形式标志的礼制形态以加强符合其伦理目标的精神统治,另方面借助这些形式标志的法制形态以清除可能危及其统治的潜在威胁者——尤其是那些隐藏在统治集团内部的潜在威胁者,将可能危及其统治的行为扼杀在萌芽之中。守丧制度与法律就是这样一种在中国古代等级制集权社会中常用的习俗礼制化与道德法律化的形式标志。

守丧制度是丧服制度的三大系统之一。前文提到,五服制度总体上说是中国古代亲属关系的等级规范,其中服饰制度是亲属关系的外在符号标志,服叙制度是亲属关系的内在等级序列,而守丧制度则是亲属关系的外在行为规范,也是丧服制度的伦理目标。

就五服制度三大系统的演变途径而言,服饰制度的演变基本局限在礼制层面,而没有表现在法制层面上。服叙制度的演变则分别反映在礼制与法制两个层面上,并且在两个层面上的演变各自表现出其独立的阶段性特点;而守丧制度的演变途径又不同,其始于先秦礼制,却发展于秦汉以后的法制,可以说是各阶段的表现层面不同,故本章守丧制度的演变兼及礼制与法制两个层面,而着力于阐明其在法制上的演变。

在法律上,守丧制度也是家族主义法的一个组成部分,在涉及较大的亲属范围时,有时也与服叙法合为一体。但就现代法律分类的角度而言,服叙法主要侧重于刑事、民事及诉讼法领域,守丧法则主要侧重于行政法领域,着力于规范统治集团的内部行为。

守丧,也称居丧、守制、丁忧、丁艰(丁,即当,遭逢之意)等,本是人们为了表达对于死者的哀悼之情的一种习俗。而以道德乃至法律的手段强制人们遵行等级化的守丧制度,则是中国儒家法文化的特色。

第一节　先秦时期——从习俗到礼教

一、《礼记》、《仪礼》中的守丧内容

守丧习俗始于何时？似已无从深考。大概自原始社会以来就有了这种习俗。最初的守丧习俗一般是指从人死到安葬的一段时间内,死者家人及亲属在饮食起居等方面表现出的异于平时的行为。这种行为是为了表达心情之沉痛,又因人、因时、因民族、因地区而各异,并无统一的标准。直到春秋战国时期,儒家学派的先驱们才对此产生了特殊的兴趣。

儒家主张以孝治天下,视孝道为齐家、立国之本。孝要有始有终,因面对生、死二事,同样重视,所谓"事死如事生,事亡如事存"。[①] 故儒家提倡"慎终追远",从表现形式来看,"慎终"即守丧,"追远"即祭祀。这一理论原则对中国传统文化的影响至深至远。

儒家对守丧制度的系统阐述始于《礼记》。根据《礼记》的记载,儒家认为丧事的主要内容可以分为两方面:一是礼,是有关给予死者何种待遇方面的礼仪,即葬制、祭制(守丧期内的祭祀);二是哀,指活人在丧

---

① 《礼记·中庸》。

期内对死去的家人或亲属所表现出的哀戚之情,这种哀戚之情在儒家看来也应有统一的标准,即守丧制度。礼与哀两者,儒家认为应以后者为重,如《礼记·少仪》云:"丧事主哀。"孔子甚至说:"丧礼,与其哀不足而礼有余也,不若礼不足而哀有余也。"[①]"礼"与"哀"的准确涵义,历来没有确切的解说。笔者的理解,前者是指葬制、祭制等礼仪规格,后者是指守丧制度即丧期内的行为规范;前者是对死者的待遇排场而言,后者是对活人的行为约束而言。

儒家认为丧事中应以哀为主,而且这种"哀"是有统一的标准即行为规范的,这种标准大致可以体现在容体、声音、言语、饮食、衣服、居处等方面。以居父母丧为例:二十七月或十五月的守丧期间不能洗澡,要形容憔悴、面色发黑,这就是"哀"发于容体;哭丧时不能从从容容地拖长尾声,而应哭得气都回不过来,这是"哀"发于声音;丧期内与丧事无关之事一律不与人交谈,尽可能沉默,必须说话时也要简明、扼要,言辞不加以文饰,这是"哀"发于言语;守丧头三天粒米不进,三天后才能喝粥,三月后可吃粗食,一年后可进菜果(但不忍食新鲜的果蔬,因为会触景生情地想到父母再不能享用而伤心),整个丧期内不能饮酒食肉,这是"哀"发于饮食;丧期内要穿特制的粗麻布丧服,并随丧期的推移而变服,这是"哀"发于衣服;要单独居住在草棚(倚庐)之内,以草为床,以石为枕,这是"哀"发于居处。[②] 不仅如此,凡一切纵情喜庆之事均应杜绝,因此丧期内不得婚嫁,不得娱乐,夫妻不能同房,[③]有官职者必须解官居丧,至服满后才能复职,[④]等等。同时,根据与死者亲属关系的亲疏远近,守丧的行为也应表现出相应的等级,关系越是疏远,对守丧期

[①] 《礼记·檀弓上》。
[②] 《礼记·间传》。
[③] 《礼记·丧大记》。
[④] 《礼记·曾子问》。

间的行为节制也就越少。守丧习俗经过儒家的这样一番改造,对守丧期间的行为约束加以标准化、系统化与等级化,于是就演变成为一种礼教制度——守丧制度。

晚于《礼记》论礼诸篇成书的《仪礼·丧服》传文(参见沈文倬《汉简"服传"考》[1])斩衰章中也简略涉及守丧制度:"居倚庐,寝苫枕块,哭昼夜无时。歠(音 chuò 措,即喝)粥,朝一溢米,夕一溢米,寝不说("说"通"脱")绖带。既虞,翦屏柱楣,寝有席,食疏食水饮,朝一哭、夕一哭而已。既练,舍外寝,始食菜果,饭素食,哭无时。"意思是说,丧期开始时,孝子住在倚墙搭建的简陋草棚中,睡在草上,头枕石块,昼夜哀哭。早晨与晚上各喝一溢(一手所握,也作"搢")米的稀粥,睡觉时不脱首绖与腰绖、布带。虞祭后,草棚可稍加修葺,睡觉有席子,可以吃粗米饭,只要早晚各哭一次就行了。练祭以后,草棚的墙改为砖垒灰涂,可以吃瓜果蔬菜,不必每天都哭了。这段引文所涉及的是居处与饮食问题。应该说这些守丧内容并不都是儒家的臆造,大多是当时的习俗,只是经过儒家的"提炼"而成为规范化的制度。儒家最大的"创造"是长达三年的丧期。

上述守丧期间的行为约束标准也称为"度",无故而没有达到礼制标准叫做"不度",不度之人向为儒家所深恶痛绝,并被认为是祸乱的根源。《左传》襄公三十一年穆叔曰:"居丧而不哀,在戚(哀戚)而有嘉容(欢乐的神色),是谓不度。不度之人,鲜不为患。"

但是儒家也不赞成因哀戚过度而导致伤身甚至死亡的行为(称为"毁瘠"、"毁卒"、"不胜丧"等),《礼记·杂记下》说:"毁瘠为病,君子弗为也。毁而死,君子谓之无子。"所以虽然哀发于饮食,三天以后也一定要喝粥;虽然孝子的悲哀没有止境,丧期满后也应该一切恢复正常。为

---

[1] 《文史》第 24 辑、第 25 辑,中华书局 1985 年版。

了防止守丧伤身,儒家对某些特殊情况也作了通融。如《礼记·曲礼》主张:守丧期间如果头上、身上有溃疡或创伤也可以洗澡,年纪大了也不必搬到草棚去住,病弱体虚与年迈者也可以饮酒食肉来补养身体。

二、先秦时守丧实例及诸子关于三年丧的辩论

由于先秦诸子百家争鸣,学派纷呈,儒家思想尚未成为统治思想,所以守丧制度对于儒者以外的人士并不具有约束力。春秋时期仅孔子弟子为孔子守丧三年,《史记·孔子世家》记:"孔子葬鲁城北泗上,弟子皆服三年。三年心丧毕,相诀而去,则哭,各复尽哀,或复留。唯子赣庐于冢上,凡六年,然后去。"除这一特例外,大体上春秋战国时期的守丧期限都至安葬时止,所谓"既葬除服"。《左传》襄公十四年(前559年)记:"吴子诸樊既除丧,将立季札,季札辞……"杜预注:"诸樊,吴子乘之长子也。乘卒至此春十七月,既葬而除服。"又襄公十七年记:"齐晏桓子卒,晏婴粗衰斩、苴绖带、杖、菅屦,食粥,居倚庐,寝苫枕草。"这里记载的是既葬卒哭前的丧服成服服饰与规范的守丧行为,《左传》特予记之,正说明了春秋时这类规范的守丧行为之少。

战国时也是既葬除服,《史记·刺客列传》:"聂政母死,既已葬,除服。聂政遂西至濮阳见严仲子。"又《孟子·滕文公上》记,滕定公薨,世子(滕文公)派然友向孟子请教如何办丧事,孟子说服然友定为三年丧期,却遭到滕国父兄百官的一致反对:"吾宗国鲁(鲁国为滕国的宗主国)先君莫之行,吾先君亦莫之行也。至于子之身而反之,不可。"结果也未实行三年丧。清人万斯同指出:"鲁为秉礼之国,而父兄乃云。然则是短丧之制、春秋之世多有之矣。鲁国如此,他邦可知;春秋如此,战国可知。然其短丧也,或既葬而除,或期岁而除,均无可考。"①

---

① 引自《读礼通考》卷一〇九。

可见春秋战国时期普遍实行的是"既葬除服"的短丧,至于从人死到安葬即既葬的具体时日,则各有不同,可能视身份贵贱而定。少则三月,多则年余,如吴子诸樊守丧长达十七个月。心丧三年甚至六年,仅孔子弟子一例而已。至于丧期内的守丧行为,大概也是五花八门的,史载也仅见晏婴一例是符合规范的。

儒家为了说明三年守丧古已有之,多举《尚书·无逸》篇为力证:"周公曰:……其在高宗(即商王武丁),……作其即位,乃或亮阴,三年不言。"亮阴,又作"谅谙"、"谅闇",儒家解释为"信默",认为武丁在既葬除服后素服心丧三年。郑玄则据《尚书大传》认为"谅谙"即"凶庐",谅谙三年是居庐三年。这些解释多牵强附会,连后世儒者也有不相信的。

儒家的守丧制度在先秦时期不仅推行不开,而且还经常遭到其他学派的抨击,其中抨击最力者当数墨家。《墨子·节葬下》指出:"(儒者)处丧之法,将奈何哉?曰哭泣不秩声翁,缞绖垂涕,处倚庐,寝苫枕块。又相率强人不食而为饥,薄衣而为寒,使面目陷陬,颜色黧黑,耳目不聪明,手足不劲强,不可用也。又曰上士之操丧也,必扶而能起,杖而能行,以此共三年。若法若言,行若道,使王公大人行此,则必不能早朝,(治)五官六府,辟草木,实仓廪;使农夫行此,则必不能早出夜入,耕稼树艺;使百工行此,则必不能修舟车,为器皿矣;使妇人行此,则必不能夙兴夜寐,纺绩织纴。……君死,丧之三年;父母死,丧之三年;妻与后子(即长子)死者,五皆丧之三年。然后伯父、叔父、兄弟、孽子(即庶子)期,族人五月,姑、姊、甥、舅皆有月数。……若法若言,行若道,苟其饥约又若此矣,是故百姓冬不忍寒,夏不忍暑,作疾病死者,不可胜计也。"

墨子认为,儒家的守丧制度是不近人情、不符合社会实际生活的。守丧期间穿衰绖、住草棚,以草为床,以石为枕,昼夜哭泣,呜咽垂涕,忍饥而不食,薄衣而受寒,以致面目凹陷,脸色发黑,耳不聪目不明,手足无力,这样的人还有什么用呢?甚至最规范的守丧要做到人扶才能站立,拄杖才能行走。如果相信儒家的话,按照儒家的制度去实行,三年丧期内,王公大臣不能上朝治事,农夫不能耕耘收获,工匠不能制作车船,妇人不能纺纱织布。而且据儒家的丧服制度,为君、父、母、妻、长子都要守丧三年(为妻杖期,非三年,墨子误),为伯叔父、兄弟、众子服期年,为族人服五月(墨子统而论之,实则有九月、五月、三月即大功、小功、缌麻等不同),为已出嫁的姑、姊以及外亲的甥、舅等都有服丧月数。这样人一生中有大量的时间要处在守丧期中,忍受苛刻的守丧约束,毁瘠生病是必然的事。如果灾荒年头也这么做,百姓饥饿寒暑交迫,因而致病乃至死亡,真是不可胜数了。墨子的批判可以说是击中了儒家守丧制度的要害,儒家守丧制度如果没有国家强制力的干预,确实很难使贵族、庶民接受这一理论原则与具体规范,而先秦时期的儒家并不具备国家强制力支撑的条件。所以连后世"尊古"的儒士们也不得不承认,他们的前辈在先秦时期推行守丧制度的结果是很惨淡的。

第二节　秦汉魏晋南北朝时期
——从礼教向法律的过渡

自秦汉建立统一的中央集权的封建政权以后,守丧制度也开始作为强制性的规范出现,开始了从礼教向法律的过渡。

一、国恤与家丧

守丧制度因丧事之对象不同,可以分为两大类:一类是帝、后之丧,称为"国恤",或称国丧、大丧;另一类是父母亲属之丧,称为"家丧"。一般所说的守丧制度,主要指后一类即"家丧"而言。但由于封建集权的性质所致,历代礼典均涉及"国恤",故在此也作简要的交代。

"国恤"与"家丧",对维护封建统治来说,前者的主要目的在于尊崇皇权,后者的主要目的在于弘扬孝道。作为强制性规范的出现,家丧中的守丧制度始于汉武帝对皇室的禁约,这大致是没有疑问的;国恤中的守丧制度以法令的形式明文规定始于何时?一说以西晋杜预为代表,认为始于秦统一以后;一说以清万斯同为代表,认为始于汉文帝遗诏。

《晋书·礼志》记杜预说:"汉氏承秦,率天下为天子修服三年","秦燔书籍,率意而行,亢上抑下。汉祖草创,因而不革,乃至率天下皆终重服。旦夕哀临,经罹寒暑,禁塞嫁娶、饮酒食肉,制不称情。"依礼制规定臣为君服斩衰三年,民为君则服齐衰三月,而秦及汉初天下吏民一律为天子守丧三年,所以说是"率意而行"。三年之内令天下皆为天子戴重孝,并不准饮酒食肉、嫁女娶妇,显然是不大现实的,因此《晋书》云"制不称情"。既然称"制",自然是有明文规定的。

清人万斯同则认为《晋书》所记杜预之言是失实臆度之词:"彼秦皇岂肯行三年之制乎?天子不行而强天下行之,亦无是理也。至汉高、惠、吕后之丧不知其制云何,然是时诸事率略,礼文殆绝,岂能独行三年之礼?文帝遗诏所谓'使重服久临,以罹寒暑之数'云云,殆亦臆度之词,未必秦世及汉初果行三年之丧也。且古礼天子丧制,王朝之公卿大夫则三年,诸侯之大夫则七月。据《仪礼》,诸侯之大夫缌衰,既葬而释,故云。然畿内之庶人则三月,畿外之庶人则无服。原未尝尽天下之人而皆责以三年也。秦纵无道,然始皇即位幼少,其服庄襄必不能如礼。又不孝于母,几绝母子之亲,知其必不为重服。若言始皇自为身后之制,则胡亥即位七月而天下即大乱,未始终三年之期,何自而有率天下皆行重服之说乎?然则三年之制,自春秋至汉久已尽废,特前此无定制,至是(指汉文帝时)乃始定为制耳。"[①]万斯同指出秦及汉初都不可

---

① 引自《读礼通考》卷一〇九。

能行三年丧制,秦始皇即位时年幼,不可能为秦庄襄王(嬴子楚)服三年;即位后不孝于母,也不可能为母服三年;秦二世胡亥即位不久天下大乱,连在位都不到三年,也不可能为始皇服三年;汉初高祖、惠帝、吕后时连丧服制度的内容都不知道,自然也不会独对三年丧感兴趣。因此国恤之丧期至汉文帝才正式定为制度。

据《史记·孝文本纪》载著名的汉文帝遗诏:"朕闻盖天下万物之萌生,靡不有死。死者天地之理,物之自然者,奚可甚哀。当今之时,世咸嘉生而恶死,厚葬以破业,重服以伤生,吾甚不取。且朕既不德,无以佐百姓;今崩,又使重服久临,以离寒暑之数,哀人之父子,伤长幼之志,损其饮食,绝鬼神之祭祀,以重吾不德也,谓天下何!朕获保宗庙,以眇眇之身托于天下君王之上,二十有余年矣。赖天地之灵,社稷之福,方内安宁,靡有兵革。朕既不敏,常畏过行,以羞先帝之遗德;维年之久长,惧于不终。今乃幸以天年,得复供养于高庙,朕之不明与嘉之,其奚哀悲之有!其令天下吏民,令到出临三日,皆释服。毋禁取(娶)妇嫁女祠祀饮酒食肉者。自当给丧事服临者,皆无践(践即跣,光脚)。绖带无过三寸,毋布车及兵器。毋发民男女哭临宫殿。宫殿中当临者,皆以旦夕各十五举声(举声即齐哭),礼毕罢。非旦夕临时,禁毋得擅哭。已下(既葬后),服大红(大红即大功布)十五日,小红(小红即小功布)十四日,纤(细布衣,一说即禫)七日,释服。它不在令中者,皆以此令比率从事。布告天下,使明知朕意。霸陵山川因其故,毋有所改。归夫人以下至少使。"从汉文帝遗诏看,规定地方官吏与民众为皇帝守丧三日释服,朝廷大臣与宫内之人(包括皇室成员与宫中工作人员)则既葬后三十六日(包括大功服十五日,小功服十四日,禫服七日)释服。东汉应劭认为这是对先秦守丧期限的"以日易月",即改三月为三日,改三十六月(三年)为三十六日。唐颜师古则认为此是"文帝自率己意创而为之",并不是"以日易月"。

汉代以后的国恤守丧制度有几点需要说明：第一，国恤守丧制度的法律化始于汉文帝之说，较为可信。第二，汉初由于秦之焚书，确实没有守丧制度的文字资料，以致文帝将三年丧期误认为是三十六月并改为三十六日，而且三十六日从既葬后算起也与先秦礼制中丧期从人死算起不同。第三，从《汉书》的记载看，汉代对于违背国恤守丧制度者确实有惩罚措施，如《汉书·恩泽侯表》记，西汉绥和二年（前7年）成帝薨，"成都嗣侯况，绥和二年坐山陵未成（即成帝尚未下葬），置酒歌舞，免（即除去封国爵位）。"第四，后世沿袭"以日易月"之说，至唐肃宗时，朝廷大臣及内宫之国恤丧期改为二十七日，以期符合三年丧二十七月之说。至宋，民为君三日，大臣为君二十七日，内宫则与家丧相同为二十七月，以符合《礼记·三年问》所说"三年之丧，自天子达于庶民，一也"的原则。因此新即位的皇帝为大行皇帝及母后守丧，在朝廷守二十七日国恤之制，回内宫则守二十七月家丧之制。

相对国恤而言，家丧的守丧制度的演变要缓慢、复杂得多，整个两汉魏晋南北朝时期一直处于从礼教规范向法律规范的过渡时期。

西汉武帝以后，儒学确立了独尊的地位，成为封建统治阶级治国的基本理论，中国社会的伦理本位、家国一体的特征得到进一步的加强。各种礼教制度也就相继得到封建统治者的确认，并在相应的范围内发挥其强制规范的作用。守丧制度在汉魏六朝的作用范围，主要限于贵族官僚阶层。因为"礼以坊民"，首先要求封建统治者以身作则，然后以他们的行动和说教去影响普通民众。在统治阶级内部，也需要从最高层做起，上行下效，礼的精神才能得到真正的发扬。正是基于这样的考虑，所以汉魏六朝时守丧制度的强制推行采取了自上而下的方式。

二、两汉守丧制度

(一)汉武帝以来对诸侯王的守丧强制

家丧的守丧制度作为强制性规范始于汉武帝,但整个两汉时期的禁约对象限制在王室诸侯范围内。从处罚行为看,主要是在守丧期内(既葬前与葬后三十六日内)奸淫(包括与妻妾同房)、婚娶、饮酒食肉、歌舞作乐。

武帝元鼎元年(前116年),隆虑侯陈融、堂邑侯陈季须兄弟俩(文帝外孙)由于在为母馆陶长公主(即文帝长女刘嫖)服丧期间奸淫并兄弟争财,服罪自杀。① 元鼎三年(前114年),常山王刘勃(景帝孙)因在为父宪王服丧期间奸淫、饮酒作乐,被其庶兄刘棁(音 zhuó 啄)告发,废爵迁徙房陵。② 东汉安帝元初五年(118年),赵惠王刘乾因居父丧期间私下纳妾,被削中丘县封地。③

汉代守丧违制最为著名的是刘贺在皇帝位上被废一事。西汉元平元年(前74年),昭帝薨,无子,大将军霍光等迎立昌邑王刘贺(武帝孙,昭帝侄)即皇帝位。但刘贺即位不到一月就被霍光、田延年等奏请皇太后废黜其皇帝位,主要罪状就是违背守丧制度,"服斩衰,亡悲哀之心":其一,居丧饮酒食肉。在从昌邑国至京城奔丧途中不素食,进京后常私下买鸡肉、猪肉吃,即皇帝位后仍与随从昌邑官员偷吃祭祀用的三牲(猪、牛、羊)与美酒。其二,居丧作乐。常将昌邑带来的从官、官奴二百多人引到皇宫禁区内遨戏;昭帝的灵柩还在前殿放着,居然发乐府乐器,引昌邑乐人入内击鼓歌吹;送昭帝灵柩入葬归来,即召宗庙乐人在上林苑池鼓吹歌舞,无丝毫哀戚之情。其三,居丧奸淫。从昌邑国来的

---

① 《汉书·高惠高后文功臣表》。
② 《汉书·景十三王传》。
③ 《后汉书·赵孝王良传》。

奔丧途中，凡住宿，就命随从官吏带女子入所居传舍；即皇帝位仅二十七天，就与原昭帝宫女蒙等淫乱，并威胁管后宫的掖庭令如泄露即腰斩。因此霍光等认为刘贺守丧行为昏乱，不孝于先帝，恐危社稷，于是联名上奏，请皇太后废其帝位，并立流落民间的武帝曾孙刘病已为帝，是为汉宣帝。① 刘贺大概是中国历史上仅有的因守丧违制而被废黜的短命皇帝。

（二）两汉官僚士大夫的守丧时尚

两汉时期，官僚士大夫尚未受到守丧制度的约束。赵翼《廿二史劄记》指出：两汉"无服丧定例"，官吏为父母守丧，"行不行听人自便"。② 西汉时期，为父母守丧三年者仅数人而已。史载最早行三年丧者为武帝时丞相公孙弘，"养后母孝谨，后母卒，服丧三年"。③ 成帝时薛修为后母去官持服三年。哀帝时河间惠王良为母太后服丧三年，哀帝专门下诏，称其为"宗室仪表"，并益封万户。④ 哀帝时又有原涉为父、刘茂为母守丧三年，《汉书·原涉传》："时少行三年丧者，及涉父死，行丧，家庐三年，由是显名京师。"大部分官吏为父母守丧依文帝遗诏"以日易月"，如成帝时丞相翟方进"后母终，既葬三十六日除服，起视事。以为身备汉相，不敢逾国家之制"。⑤ 薛修为后母持服三年时，其兄薛宣则认为"三年服少能行之者"，于是"兄弟相驳，修遂竟服，由是兄弟不和"。⑥

东汉时期，由于统治者的大力提倡与褒奖，为父母守丧三年已成为官僚士大夫的一种时尚，甚至还有为期亲守丧，为师长、朋友守丧者。

---

① 《汉书·霍光传》。汉宣帝即位后改名刘询。
② 赵翼：《廿二史劄记》卷三"两汉丧服无定制"条。
③ 《汉书·公孙弘传》。
④ 《汉书·河间献王刘德传附》。
⑤ 《汉书·翟方进传》。
⑥ 《汉书·薛宣传》。

但对不守丧者也并不处罚,仍是"行不行听人自便",守丧制度只是非强制性的道德规范。三年守丧既成为时尚,守丧过度之事也就时有所闻。如韦彪"父母卒,哀毁三年不出庐寝,服竟羸瘠,骨立异形,医疗数年乃起"。鲍昂"处丧,毁瘠三年,抱负乃行"。东海孝王臻、俭兄弟母卒,皆吐血毁瘠,至小祥后又追念父丧时年幼,哀礼有缺,于是又重行为父追服斩衰。胡广八十岁时继母卒,仍居丧尽礼三年。陈纪"遭父忧,每哀至呕血绝气,虽衰服已除而积毁消瘠,殆将灭性"。周磐母卒,"哀至几至毁灭,服终,遂庐于冢侧,教授门徒"。袁闳兄弟迎父丧,"衰绖扶柩,冒犯寒露,体貌枯毁,手足血流,见者莫不伤之"。①《后汉书·袁绍传》记:"绍遭母忧去官,三年礼竟,追感幼孤,又行父丧。"

不仅为父母解官服丧,甚至有为期亲解官服丧的。如高阳令杨著为堂兄、上虞令度尚为伯父去官守丧。② 陈重"当迁为会稽太守,遭姊忧去官"。③ 戴封"后举孝廉,光禄主事,遭伯父丧去官"。④ 顾炎武《日知录》指出:"古人于期、功之丧,皆弃官持服。……考之于书,如(东汉时)韦义以兄顺丧去官,杨仁以兄丧去官,谯园(玄)以弟服去官,戴封以伯父丧去官,马融遭兄子丧自劾归,陈寔以期丧去官,贾逵以祖父丧去官……《赵君碑》云:'司徒杨公辟以兄忧不至。'则兄丧亦谓之忧也。《曹全碑》云:'迁右扶风槐里令,遭同产弟忧,弃官。'则弟丧亦谓之忧也。《度尚碑》云:'除上虞长,以从父(即伯父、叔父)忧去官。'《杨著碑》云:'迁高阳令,遭从兄(即堂兄,也称从父兄)沛相忧,笃义忘宠,飘然轻举(轻举即轻丧去官)。'则从父、从兄丧亦谓之忧也。《陈重传》云:'举尤(优)异,当迁为会稽太守,遭姊忧去官。'则姊丧亦谓之忧也(原注:古

---

① 引自《读礼通考》卷一一一。
② 引自《读礼通考》卷一〇九。
③ 《后汉书·独行传·陈重传》。
④ 《后汉书·独行传·戴封传》。

人凡丧皆谓之忧,其父母丧则谓之丁大忧,见《北史·李彪传》)。"①由此也可见东汉为期亲服丧已很普遍。

(三)两汉守丧诏令

两汉时期,朝廷对官吏、平民的守丧基本持不干预态度,但有几条有关守丧的诏令值得注意:

一是汉武帝时董仲舒断狱例云:"夫死未葬,法无许嫁。"②即法令规定妻子在丈夫死后至安葬这段时间内(一般是三个月)不得改嫁。

二是汉宣帝地节四年(前66年)二月"诏曰:导民以孝,则天下顺。今百姓或遭衰绖凶灾,而吏繇事,使不得葬,伤孝子之心,朕甚怜之。自今诸有大父母(祖父母)、父母丧者勿繇事,使得收敛送终,尽其子道。"③又据《后汉书·陈忠传》引"孝宣皇帝旧令:人从军屯及给事县官者,大父母死,未满三月皆勿繇,令得葬送",说明宣帝时下诏对有丧事之家在安葬前(或三月内)不得征发徭役。

三是哀帝建平元年(前6年),"诏博士弟子父母死,予宁三年"。宁即告假。

四是东汉安帝元初中,"邓太后诏:长吏以下不为亲行服者不得典城选举"。④ 又《汉书·扬雄传》注引应劭曰:"汉律以不为亲行三年服者不得选举。"所谓"汉律",即指邓太后时诏令(汉代律、令界限不明,与晋以后不同)。这条诏令包含两层意思:其一是为父母守丧三年期间不得参与征辟选举,其二是不为父母守丧三年者取消今后征辟选举的资格。"长吏以下",指二千石、刺史以下官吏及候补官吏。

五是安帝元初三年(116年)十一月诏,"初听大臣、二千石、刺史行

---

① 《日知录》卷一五"期功丧去官"条。
② 《太平御览》卷六四〇。
③ 《汉书·宣帝纪》。
④ 《后汉书·刘恺传》。

三年丧"。但至建光元年(121年)十一月,"复断大臣、二千石以上服三年丧"。① 桓帝永兴二年(154年)二月,又"听刺史、二千石行三年丧服"。至延熹二年(159年)三月"复断刺史、二千石行三年丧"。② 两次诏令听任高级官吏服三年丧,总共才坚持了十年时间。

从以上多条有关两汉时期守丧制度的诏令,可以看到,西汉时实行"以日易月",诏令只维护既葬除服前之守丧规范:皇室诸侯在此期间要全面遵守;官府不得对未葬前之守丧之家征发徭役;对官吏与平民,只限制寡妇在既葬前不得改嫁。西汉哀帝后及东汉时三年丧开始普及,诏令也是围绕是否行三年丧而言,博士与候选官吏允许守丧三年,高级官吏则一般情况下不得守三年丧,仅安帝、桓帝时两次短时期解禁。

(四)金革夺丧与夺情起复

不允许刺史等二千石以上的高级官吏守丧,总要有个理由,这个理由就是国家需要,国事重于家丧。儒家经典中就有"金革夺丧"之说,③是指在战争等紧急情况下,因急于王事,父母死可以不解官居丧。西汉时官吏解职服丧尚未形成风气,高级官吏守丧三年极为罕见,因此行不行听人自便。自王莽以来,社会上浮伪风气上升,至东汉为父母守三年丧已在官僚士大夫中成为人品高下的评价标准,即使本不想服丧者也会提出解官服丧的请求。于是这个难题就由皇帝下诏不准二千石以上高级官吏守丧三年来解决了,这样一来就保住了那些高级官吏的面子。个别仍要坚持服三年丧的大臣,皇帝就在其三月既葬后派使者带上祭奠的牛、酒去慰问,同时宣布因国家政务之需要,皇帝强制其中断守丧,回朝复职,这就叫"夺服"或"夺丧"、"夺情"。能够被皇帝"夺服"的官员自然是非常荣耀的。《后汉书·赵熹传》:"熹代虞延行太尉事,遭母忧,

---

① 《后汉书·安帝纪》。
② 《后汉书·桓帝纪》。
③ 《礼记·曾子问》。

上疏乞身行丧礼,显宗(明帝)不许,遣使者为释服,赏赐恩宠甚渥。"章帝时耿恭战匈奴有功,拜骑都尉,"恭母先卒,及还,追行丧制,有诏使五官中郎将赍牛酒释服"。注:"夺情不令追服。"①《桓焉传》记,安帝永宁中,桓焉迁太傅,因母去世,请求解官服丧,安帝准许。第二年,安帝"诏使者赐牛酒,夺服,即拜光禄大夫,迁太常"。② 和帝时,太尉张酺"父卒,既葬,诏遣使赍牛酒为释服"。③ 从东汉开始,皇帝为守丧大臣"夺服"慢慢形成一种惯例,不管国家有无战争等紧急情况,大臣为父母守丧至三月既葬或百日卒哭后即被皇帝下诏释服,后世称为"夺情起复"。

"夺服"现象的出现,说明封建统治者与传统儒学在"忠"、"孝"观念上的对峙。先秦儒学观念中,"孝"重于"忠",因此父母年老无人侍奉,为子者应该弃官养亲;家有年迈双亲需要奉养,为子者从战场上逃跑也是可以理解的。战国与秦法家思想占统治地位,国家与宗族处于对抗状态,"忠"的观念渐居上风。汉初承秦,对于宗族仍采压制态度。董仲舒以后儒学独尊,"孝"道开始复苏,至东汉出现中国历史上第一次"孝"道名节的实践高潮,但统治者对此一直抱有戒心,始终将"孝"的提倡控制在以不威胁国家利益为前提。"夺服"现象的产生,就是这种控制的体现。至三国吴时,这种控制达到极端,严格禁止大臣擅自奔丧,违犯者处以死刑。据《三国志·吴书·吴主传》,吴大帝(孙权)嘉禾六年(237年)下诏:三年之丧是天下之达制,太平盛世是应该如此的;但天下有事,则应"杀礼以从宜",遇父母丧不能回家守丧,只能穿着腰绖处理公务,这叫"以义断恩"。以前曾颁布过不得奔丧的法令,但效果不大,希望大家提出一个有效的办法来。于是顾谭提出应该对报丧者处以重刑,这样大臣就不会知道父母丧的消息了。将军胡综则主张对奔

---

① 《后汉书·耿恭传》。
② 《后汉书·桓焉传》。
③ 《后汉书·张酺传》。

丧大臣处以死刑(请注意其忠孝关系的论述):"长吏(大臣)遭丧,知有科禁,公敢干突,苟念闻忧(忧指父母丧)不奔之耻,不计为臣犯禁之罪。此由科防本轻所致。忠节在国,孝道立家,出身为臣,焉得兼之?故为忠臣不得为孝子。宜定科文,示以大辟,若故违犯,有罪无赦。以杀止杀,行之一人,其后必绝。"丞相顾雍同意这一意见,奏从大辟(死刑)。此后吴令孟宗因母丧奔赴,处理完丧事后自己进牢房听候发落,因陆逊说情,孙权减孟宗罪一等,但不得作为惯例引用。以后这种违制奔丧的事在吴没有再发生过。

这种"以义断恩"的风气影响到士大夫阶层,以至魏晋之际的名士中对儒学只重内容而不重形式,对守丧之制不屑一顾者不乏其人。如著名的"竹林七贤"之一的阮籍,"性至孝而不拘礼",居母丧时,对前来吊丧的世俗儒生一概白眼相待,而嵇康提酒挟琴前往吊唁,阮籍大悦,乃见青眼("青睐"一词源出于此)。其母将葬,阮籍又"食一蒸肫,饮二斗酒",临到诀别,却"举声一号,吐血数升"。同为"竹林七贤"之一的阮籍之侄阮咸,也是任达不拘之人,"居母丧,纵情越礼"。[①]

三、两晋守丧制度

(一)两晋对官僚士大夫守丧违制之处罚

西晋初统一天下,礼制的作用又重新得到重视。晋武帝司马炎率先为其父司马懿守三年丧,[②]群臣仿效,守丧制度逐渐成为官僚士大夫的强制性规范。晋时守丧制度的强制不仅体现在父母丧上,[③]而且期亲丧(祖父母、伯叔父母、兄弟、侄子、妻等)也包括在内,从史料实例看,

---

① 《晋书·阮籍传》。
② 《晋书·礼志》。
③ 晋时遭父母丧已称"丁忧",《晋书·袁悦之传》:"(袁)始为谢玄参军,为玄所遇,丁忧去职。"也称"丁艰"。

晋时守丧违制多为期亲丧（说明三年丧少有违制者），最为多见的是丧内嫁娶。如晋惠帝元康二年（292年），司徒王浑奏云："前以冒丧（丧期内）婚娶，伤化悖礼，下十六州推举。今本州中正各有言上，太子家令虞濬有弟丧嫁女拜时，①镇东司马陈湛有弟丧嫁女拜时，上庸太守王崇有兄丧嫁女拜时，夏侯俊有弟子（侄）丧为息（息即子）恒纳妇，国子祭酒邹湛有弟妇丧为息蒙娶妇拜时，给事王琛有兄丧为息稜娶妇拜时，并州刺史羊暨有兄丧为息明娶妇拜时，征西长史牵昌有弟丧为息彦娶妇拜时……亏违典宪，宜加贬黜，以肃王法，请台免官，以正清议。"于是晋惠帝下诏，规定下殇、小功可以嫁娶（因此夏侯俊及子、邹湛及子不处罚），其余违制者均予处罚。② 东晋元帝时，太子文学王籍之居叔母丧不到一月娶妻，东阁祭酒颜含在叔父丧内嫁女，均被丞相司直刘隗奏劾，因为元帝打了圆场，才未处罚。③ 东晋废帝太和中，平北将军郗愔也举报功曹魏隰在期亲丧内娶拜时妇。④《晋书·载记第五·石勒传》也记录石勒赵王元年（316年）曾"下书禁国人在丧婚娶"。

　　从以上史料我们可以看到：第一，晋时禁三年丧、期亲丧期间嫁娶，但大功以下丧嫁娶不禁。第二，晋时虽有禁令，但期亲丧期内嫁娶仍很普遍，官吏中也屡有所犯。第三，大量期亲丧违禁之例也反衬出晋时三年丧至少已为官僚士大夫阶层所普遍认可，因此史料中很难找到一例三年丧违禁之事。

　　除守丧嫁娶违制外，晋时还有丧中宴客作乐之违禁例。如晋元帝时，庐江太守梁龛居妻丧，明日即可服满除服，今日请了丞相长史周顗

---

① "拜时"，是魏晋南北朝时期在非常情况下急于嫁娶而对婚礼的一种变通。不循六礼之制，由新娘蒙纱至夫家，新郎揭去盖纱，拜见公婆，便成夫妇，称为"拜时"。"拜时"本为战争频繁状态下嫁娶的权宜之计，后在守丧中也采用。
② 《通典》卷六〇"周丧不可嫁女娶妇议"条。
③ 《晋书·刘隗传》。
④ 《通典》卷五九"已拜时而后各有周丧迎妇遣女议"条。

等三十余人饮宴歌舞,也为刘隗所奏劾,结果梁龛被免官削侯爵,周顗等人被夺俸一月。① 但是权势显要之人也有例外,如东晋中期的权臣谢安弟亡,谢安"期丧不废乐"。于是"衣冠效之,遂以成俗"。②

《晋书·殷仲堪传》记,荆州桂阳人黄钦的父亲已死多年,黄诈服斩衰服,说要迎父丧。府曹始按《晋律》:"诈取父母卒,依殴詈法,弃市。"即诈称父母死,依照殴打辱骂父母的罪名,处以死刑。荆州刺史殷仲堪认为,"诈取父母卒"的意思是指父母还活着而诈称死,而黄钦的父亲确实已死多年,墓也在家乡,黄诈服迎丧与父在称亡是有很大不同的。黄钦因而未被判处死刑。可见晋时在为父母守丧问题上不该守丧而诈守丧,也是要受法律惩处的。

晋时对于守丧违制的处罚大多并非出于法律或诏令之依据,而是出于"清议"。如上述惠帝时司徒王浑弹劾的守丧婚娶之例,要求"请台免官,以正清议"。元帝时刘隗奏劾的梁龛丧中宴客作乐之例,也是清议所为。又如武帝泰始年间,太常杨旌在伯母丧而去应孝廉举,被天水中正姜铤弹劾。而博士祭酒刘喜则认为杨旌无大过,情有轻重之分,况且"律令无以丧废举之限"。③ 而对于权势人物,即使有违礼之事,清议也不敢加以弹劾。如权臣谢安"期、功之惨,不废妓乐",虽有王坦之的苦谏,但无人敢以清议自居而奏劾。④ 又如桓玄也是"期服之内不废音乐",也未见清议弹劾。⑤

与两汉不同,晋时公开鼓励文官甚至武将、士兵为父母守三年丧。《晋书·武帝纪》:"泰始元年(265 年)诏:诸将吏遭三年丧者,遣宁(给

---

① 《晋书·刘隗传》。
② 《晋书·谢安传》。
③ 《读礼通考》卷一〇八引《通典》。
④ 《晋书·王坦之传》。
⑤ 《晋书·桓玄传》。

假)终丧,百姓复(免除)其徭役。""三年三月初令:二千石得终三年丧……冬十月,听士卒遭父母丧者非在疆场皆得奔赴。"十六国时后秦受晋影响也鼓励三年丧,《晋书·载记第十七·姚兴传上》载后秦姚兴弘始年间诏:"将帅遭大丧,非在疆场嶮(通"险")要之所,皆听奔赴。及期,乃从王役。临戎遭丧,听假百日。若身为边将,家有大变,交代未至,敢辄去者,以擅去官罪罪之。"即非边关重地的将帅皆可奔父母丧,期年小祥后夺服;如有战事,则百日卒哭后夺服;但边关重地的将帅,必须交代清楚,不得擅自离职,否则以"擅去官罪"处罚。可以说,晋代是历史上提倡鼓励守丧制度最有力的朝代之一,也是最早全面实施守丧制度的朝代。

与两汉一样,晋代也有夺服(夺情)之事。如傅咸遭继母忧去官,不久,朝廷以议郎长兼司隶校尉的官职起复夺服。傅咸固辞,不听,敕起复。诏催上任,傅咸又以身无兄弟、丧祭无主为由推辞。朝廷于是在官舍为其继母设灵座,傅咸只得起复。[①] 山涛遭母丧归乡里,居丧过礼,朝廷以吏部尚书起复。[②] 贾谧为散骑常侍,以祖母广城君薨,去职守丧,尚未期满,被朝廷起复为秘书监。[③]

(二)两晋民间的守丧风气

由于朝廷大力提倡,因此晋时遵守守丧制度的孝子很多,《晋书·孝友传》所记孝子一半以上因守丧而扬名。如西晋初年东阳人许孜父母双亡,守丧瘦得柴毁骨立,扶杖方能起立;父母之墓建于东山,筑坟之土都是自己一点点挑来,不要乡人帮忙;郡里推举他为孝廉,也不起复;当地人称他所居之处为"孝顺里",晋惠帝元康年间朝廷下诏旌表门闾,并免除其子孙徭役。明穆皇后的伯父庾衮为母守丧居于墓侧,有人偷

---

① 《晋书·傅咸传》。
② 《晋书·山涛传》。
③ 《晋书·贾谧传》。

砍了墓上的柏树,庾衮召集邻人,在墓前叩头流泪说:"都是因为我不修德,连祖宗坟上的树都保不住,这都是我的罪过啊。"邻里父老都陪泪,之后没有人再敢偷其墓上之树。豫章太守谢鲲之子谢尚幼有孝悌之性,七岁时兄死,丧期内哀恸过礼,亲戚异之。儒家传统教育之力量,也由此可以观之。

守丧过度的现象也时有发生,虽与礼制不符,但也为时人所称颂。如夏方家遭瘟疫,父母、伯叔等十三人病死,夏方时年仅十四岁,夜则嚎哭,昼则负土,葬完后庐于墓侧共十七年(为父、母各三年,为十一位伯叔各一年,共十七年)。庾阐母随兄安乐长史庾肇一起生活,永嘉末年城为石勒所攻破,母、兄皆亡,庾阐守丧,不梳洗、不婚娶、不做官、绝酒肉达二十年。孟陋丧母,哀伤几至丧生,不饮酒食肉十多年。桑虞年十四丧父,毁瘠过礼,每日只以米百粒维生,其后又逢母亡,哀毁骨立,庐于墓侧五年。散骑常侍曹志母丧,居丧过礼,以致精神失常,九年后也死。①

四、南北朝守丧制度

(一)南北朝守丧制度的发展

南北朝之时沿袭两晋,禁止守丧违制,尤以北魏为最严。这与北魏国祚久长,深受汉文化影响有关。魏晋南北朝跨时共三百六十多年,以北魏立国时间最长,近一百五十年。在这一个半世纪中,鲜卑族与汉族相互影响,以至唐以后两者融为一体。唐太宗之母(独孤皇后)、之妻(长孙皇后)均为鲜卑族,就是两族融合的明证。

1.三年丧入于刑律。北魏时期守丧制度的一个显著变化就是三年丧入于刑律。《魏书·礼志》记:"延昌二年(513年)春,偏将军乙龙虎

---

① 以上参见《晋书·孝友传》。

丧父,给假二十七月。龙虎并数闰月,诣府求上领军。元珍上言,案《违制律》,居三年之丧而冒哀求仕,五岁刑。龙虎未尽二十七月而请宿卫,依律结刑五岁。"延昌二年是魏宣武帝末年,宣武帝元恪是北魏著名的推行汉化的皇帝孝文帝元宏(拓跋宏)之子,此条律令,显然受到汉文化的影响,当为孝文帝改革后所定。守丧二十七月之制始于刘宋,晋时三年丧依王肃主张定为二十五月,刘宋时才依王淮之之奏改为二十七月,北魏受刘宋影响亦沿袭之,可见当时南北文化的互通。

从这个难得的案例中可以看到:其一,禁止守丧求仕是古代最早出现的有关守丧的法律条文之一。上引《汉书·扬雄传》注已提到:"汉律以不为亲行三年服者不得选举。"出于东汉安帝时的诏令,从其处罚手段(不得选举)看,属于行政法规范。两晋时对官僚士大夫不为期亲以上守丧者,主要以清议决定处罚,从其处罚手段(免官、削爵、罚俸)看,也属行政处罚。如西晋初杨旌在伯母丧而应举被弹劾,说明晋时也禁守丧求仕,但博士祭酒刘喜却认为"律令无以丧废举之限",可见法律上尚未完备。北魏则以三年丧冒哀求仕明确入律,并规定处以五年徒刑,从而将汉晋时期的行政处罚演变为刑事处罚。

其二,乙龙虎是武将,武将也要强制服三年丧,始于北魏。五年后的魏孝明帝诏书,甚至规定即使发生战争,也不得请求夺服:"神龟元年(518年)八月诏曰:顷年以来,戎车频动。服制未终,夺哀从役。罔极之痛弗申,鞠育之恩靡报。自今虽金革之事,皆不得请起居丧。"①

其三,守丧法的执行极为严格。三年丧的时间计算相当精确,甚至要扣除闰月。乙龙虎在守丧期间正遇闰月,按礼制规定三年丧应扣除闰月,也就是说服三年丧者遇闰月应实际服满二十八月,而乙龙虎仍以二十七月计,未扣除闰月,("并数闰月")故元珍弹劾,依律以未尽二十

---

① 《魏书·肃宗纪》。

七月而处以徒刑五年。

其四，此案采用了比附定罪的原则。依《北魏律·违制律》的罪名是"冒哀求仕"，而乙龙虎守丧前已有偏将军的武职，其犯罪罪名是冒哀"请宿卫"，即官复原职，而非参与选举。元珍的弹劾是因乙龙虎丧期内请求复职，以此比附律中的冒哀求仕条文。

其他守丧违制之事，北魏时也有处罚，但多为清议纠弹，处罚也多为行政手段。如《魏书·赵郡王传》："谧在母丧听音声饮戏，为御史中尉李平所弹。遇赦复封。"

2. 突出主丧者形象。南北朝时在守丧制度上的一个新发展，就是突出了主丧者的形象。主要表现在于：

首先，以杖作为主丧者的象征。在先秦服制中，杖并非丧主的象征，丧主可用杖，有爵者与有病者皆可用杖，唯妇女与童子不杖。顾炎武《日知录》卷六指出："古之为杖，但以辅病而已，其后以杖为主丧者之用，丧无二主，则无二杖。"以杖作为主丧者之象征物，非主丧者不得用杖，笔者以为这一变化大约发生在南北朝时期。

其次，延长禫制以突出主丧者的形象。禫制是指从大祥祭到禫祭的最后一段守丧期，禫祭是结束守丧的标志。按照《礼记·三年问》的说法："三年之丧，二十五月而毕。"《仪礼·士虞礼》："中月而禫。"因此王肃等认为大祥祭与禫祭是在同一个月。戴德、郑玄等则认为"中月而禫"即"间月而禫"，也即禫祭在大祥祭后间隔一月，大祥祭在守丧第二十五月时，禫祭则在第二十七月时。这两种说法对于主丧者形象塑造的效果是显然不同的，因为禫制期间唯主丧者守丧，譬如父亲去世，诸子及未出嫁女儿、母亲皆为父为夫服三年，但主丧者唯长子（也即宗祧继承人），除长子外，其他人均在大祥祭时结束守丧，而长子则须到禫祭时才结束守丧。因此禫制越长，越能突出主丧者形象。晋时依王肃说行二十五月之制，至南朝宋时则依王淮之奏疏改为二十七月，其后齐衰杖期也从十三月改为十五月,历代相沿。

再次,女子也可主丧。先秦服制强调主丧者必须是男子,如家无男丁则以族人、邻居或朋友主丧,但女子及妻党不得主丧。南北朝时则家无男子或男子年幼不能胜任,也可以女子主丧。如北魏宣武帝薨,孝明帝即位年仅五岁,于是"太后(宣武帝胡皇后)不欲令明帝主事,乃自为丧主"。① 丧主是死者继承人的象征,谁为丧主就意味着谁已获得了继承死者的政治、地位以及财产的权力。突出主丧者的形象是符合儒家大一统观念的,故基本上被后世所沿袭。

(二)南朝与北朝守丧制度及实践之差异

南北朝时在守丧实践上之热情并不亚于两晋,但南朝与北朝在政策、实践方面均有较大差异。

就朝廷对守丧的态度与政策而言,北朝倾向于积极扶持而南朝倾向于多方限制,北朝鼓励守丧而南朝赞成夺服。上举北魏延昌二年乙龙虎居三年丧并数闰月冒哀请宿卫而处刑五年之例,以及神龟元年下诏"虽金革之事,皆不得请起居丧"之例,都说明北魏时期对守丧制度采取积极支持并反对夺服的政策,就笔者所见史料,至北齐、北周的汉人政权才有夺服之例。南朝则不然,史料中所见宋、齐、梁皆有夺服之举。如刘宋元嘉时,大臣刘湛父亡、嫡母亡均曾去职守丧,至次子刘琰亡,刘湛请求送丧还乡,宋文帝以江夏王义恭年幼须其辅佐为名,不许。② 颜峻为吏部尚书,丁父忧,下诏起复;大明元年(457年)又丁母忧,宋孝武帝仍不许其去职守丧,只许其送丧还乡。③ 南齐时褚渊遭庶母郭氏丧,葬毕就被皇帝夺服,起复为中军将军;后嫡母吴郡公主薨,葬毕又被起

---

① 《北史·宣武灵皇后胡氏传》。
② 《南史·刘湛传》。
③ 《宋书·颜峻传》。

复,褚渊上表请求去职守丧至大祥祭再起复,诏不许。① 梁武帝天监四年(505年),南兖州刺史萧丙丁母忧,梁武帝下诏夺丧,起复摄职。② 可见南朝时大臣守丧被起复夺服是较为常见之事。不仅大臣,连皇帝也被起复,称为"公除"。《资治通鉴》"齐武帝永明八年"条:"于是诸王公皆诣阙上表,请时定兆域,及依汉、魏故事,并太皇太后终制,即葬公除。"胡三省注:"公除者,以天下为公而除服也。"

就守丧实践而言,则南朝盛于北朝。从清人徐乾学《读礼通考》搜集的资料来看:其一,夺服不起之风南盛于北。刘宋时孔季恭遭母忧,丧中被起复,固辞不就。殷景仁元嘉六年(429年)丁母忧,葬毕,朝廷下诏起复为领军将军,固辞,直至元嘉九年服阕(守丧期满)。司徒主簿沈演之丁母忧,朝廷起复为武康令,固辞,朝廷不许,于是到武康县上任百余日,称病去官,继续服丧。③ 梁时任昉为竟陵王记室参军,以父忧去职守丧,竟陵王欲使任昉夺情复职,任昉上书泣陈,终三年丧。王佥丁所生母忧,夺情固辞不拜。④ 而北朝仅两例,北齐通直散骑郎李德林丁母忧去职,朝廷闻其至孝,守丧百日即夺情起复,李德林固辞不起。⑤ 北周太子舍人王述以祖父忧去职服丧,当时正是北周与北齐东西交战之时,百官遭丧者百日卒哭后皆起复,王述请终三年丧(父已死,为承重孙),辞理恳切,周太祖派人查看,见其哀毁之状,乃特许其终三年丧。⑥

其二,守丧尽礼之人南盛于北。据《读礼通考》卷一一一统计,南朝守丧至孝尽礼有记录者36人,如刘宋之刘怀慰、王彭旰、孔奂、颜延之、何尚之、王锡,南齐之庾震、刘怀胤、乐颐之、江泌、萧景、庾黔娄、谢弘

---

① 《南齐书·褚渊传》。
② 《梁书·萧丙传》。
③ 参见《宋书》有关人物传。
④ 参见《梁书》中的《任昉传》、《王份传》。
⑤ 《北史·李德林传》。
⑥ 《周书·王述传》。

微、谢述、梁朝之张稷、刘览、伏暅、萧修、傅映、沈旋、张弘策、任昉、何点、刘香、甄恬、滕昙恭、吴逵之、公孙僧、韩怀明、陶子锵、李庆绪、顾欢、朱百年、关康之、辛普明、宗少文夫妻等。北朝有记录的守丧至孝尽礼者则为12人,如崔孝芬兄弟、裴庄、房景伯、房彦询、仓跋、张元、杨庆、纽回、刘士隽、李德饶、徐孝肃、徐孝顺等。南朝守丧尽礼之例是北朝的3倍。

其三,守丧毁瘠过礼的行为也是南盛于北。据粗略统计,南朝因守丧过于哀伤、毁瘠过礼而亡者至少有10例,而北朝仅一例。刘宋时吴兴太守张邵之子张敷,生时母亡,十多岁时得到母亲的唯一遗物——一把画扇,每当想念母亲时就对着画扇流泪。后迁司徒左长史,未上任,父在吴兴卒,张敷奔丧,至吴兴成服,几十天里水米不进,葬毕,仍然不吃盐、菜,未到一年就因身体亏损而亡。宋世祖追赠其侍中,将其所居之地改名"孝张里"。① 南齐时杜栖之父隐士杜京产亡,杜栖守丧,7天里水浆不入,其后日夜哭泣,不食盐、菜,每逢月圆、月缺、节日、岁末都要哭得昏厥,苏醒后呕血数升。至大祥、禫祭之际,晚梦见其父,恸哭而绝。② 梁时孝子刘霁,14岁时居父丧,每哭辄呕血。后居母丧,庐于墓旁,哀恸过礼,未终丧而卒。③ 侍御史何炯以父病解官服侍,十几天衣不解带、头不梳洗,形貌顿改。及父卒,号恸不绝声,睡地枕土,以至腰腿浮肿,家人让他喝猪蹄汤补养,何炯闻到肉味不肯喝,终于因毁瘠而卒。④ 刘昙净守父丧,数日不吃不喝,多次昏厥,每哭辄呕血,服满因而成疾。其后母亡,近十天里水浆不入口,母之灵柩暂时安放在药王寺,当时天寒地冻,昙净身穿单衣住在寺内,昼夜哭泣不绝声,过路之人都

---

① 《宋书·张敷传》。
② 《南齐书·杜栖传》。
③ 《梁书·孝行传》。
④ 《梁书·孝行传》。

被感动,不到一年而死。① 沈崇傃事母至孝,梁天监三年(504年)被太守任为主簿,崇傃迎其母到郡上任,未到家闻母已卒,悲痛欲绝,水浆不入口,昼夜号哭,十余天后殆将气绝。兄弟劝他:母尚未殡葬,你如果因毁瘠而死,孝道未全。于是崇傃心悟,乃稍进食。因家贫,崇傃行乞近一年,才使母亲得以迁葬。既而庐于墓旁,重新开始守丧3年。由于久食麦麸,不吃盐和醋,坐卧于薄薄的草垫,浑身虚肿。郡县以至孝汇报朝廷,梁武帝派中书舍人慰劳并诏令除服,擢补太子洗马的官职,崇傃固辞不受,又改任永宁县令,未到任而卒。② 梁天监元年(502年),荀匠父亡,号恸气绝,至夜乃苏醒。不久兄郁林太守荀斐又在战场上中流矢而死,遗体用船送回豫章,荀匠望舟投水,幸被救起。此后居庐守父、兄丧四年,足不出庐,头发皆脱落,经常哭泣,泪哭干后有血渗出,以致眼眶都烂了,形容枯悴,皮包骨头,连家人也认不出来了。郡县汇报朝廷,梁武帝派中书舍人为其除服,并擢为豫章王国左常侍,荀匠虽释服从吉,但毁瘠过甚,不久即去世了。③ 谢蔺是东晋名臣谢安的八世孙,为母守丧,号恸呕血,气绝良久,此后水浆不入口,每哭泣,眼耳口鼻皆流血,一个多月后死去。④ 褚修性至孝,丁母忧,水浆不入口23日,每号恸哭泣辄呕血,加上此前丁父忧时因受冷所致之病,最终毁瘠而卒。⑤ 陈时,吴人张昭、张乾兄弟至孝,父因消渴症(糖尿病)而亡,兄弟俩不衣丝帛,不食盐醋,每日食一升(相当于今之200克)麦麸粥,每恸哭必呕血。父服未满,母陆氏又卒,兄弟俩至毁瘠骨立。此后十多年布衣素食,未到50岁即双双去世,未有子嗣,香火遂绝。⑥ 南朝徐雄,母终兄

---

① 《梁书·孝行传》。
② 《梁书·孝行传》。
③ 《梁书·孝行传》。
④ 《梁书·孝行传》。
⑤ 《梁书·孝行传》。
⑥ 《读礼通考》卷一一三引《陈书》。

亡,扶杖临丧,哀恸而卒。① 南朝新安王府咨议参军徐伯阳闻姊丧,发病而亡。② 北朝仅一例,房景伯居母丧,不食盐、菜,得了水病(浮肿),积年不愈而卒。③

从南北朝时期守丧实践的人员身份看,除夺服不起者均为官吏身份外,守丧尽礼与毁瘠过礼者则多为平民,可见守丧制度在当时已为社会舆论所首肯,并在社会各阶层中程度不同地加以实践,这就为唐代守丧制度的全面法律化准备了舆论与实践的社会基础。

南北朝时对守丧制度的态度,南朝是朝廷限制而民间热衷,北朝则是朝廷支持而民间疏远。究其原因,南朝承两晋之礼教传统,特别是晋元帝南渡后汉文化中心南移,传统根基较为深厚所致,而朝廷从统治需要的角度,不得不对官吏之守丧加以限制。北朝则承十六国之后,北方匈奴、鲜卑、氐、羯、羌等少数民族相继进入中原,连年的战乱,使汉晋以来的儒家传统经历了百年失落,虽然北魏统一北方,却是直至半个多世纪后的孝文帝时期才始行汉化政策,试图重建汉文化之辉煌,积极推行守丧之制正是这一政策的体现,但对一般官员与百姓而言,则是很难一下子适应的。即从民族与地域心理上言,渗入少数民族血统的北方人的豪放性格也是很难接受三年守丧的沉闷局面的。因此在守丧实践上出现南朝盛于北朝的现象,就是很自然的事了。

第三节 唐宋时期——守丧制度的全面法律化

隋唐时期,重新建立了大一统的中央集权制的封建国家。随着封建政治、经济的高度发展,封建法制也达到了空前完备的程度。

---

① 《读礼通考》卷一一三引《南史》。
② 《读礼通考》卷一一三引《南史》。
③ 《读礼通考》卷一一三引《北史》。

隋初制定《开皇律》，全面吸收与完善了魏晋南北朝时期的立法成果，包括以服叙制罪及守丧制度方面的内容。《开皇律》虽已佚失，但其对唐初立法的影响是毋庸置疑的。就守丧制度而言，《隋书》所记二例可见其继承与发展之一斑。

据《隋书·柳彧传》，开皇年间，"应州刺史唐君明居母丧，娶雍州长史库（音 shè，射）狄士文之从父妹（堂妹）"，被治书侍御史柳彧弹劾，"请禁锢终身，以惩风俗。二人竟坐得罪"。居丧嫁娶在晋时已列为禁条，非自隋始，值得注意的是此案不仅惩治居母丧娶亲的唐君明，而且牵连女方的堂兄库狄士文。库狄士文早已看不惯颇有姿色的堂妹的多次改嫁，与之断绝了来往，结果仍受株连，士文"愤恚而死"。① 可见隋时加强了"矫正风俗"的力度。

另一例据《隋书·王谊传》，隋文帝将最钟爱的第五个女儿兰陵公主嫁给大司徒王谊之子王奉孝，未料不久王奉孝亡故，公主循制为丈夫守丧，一年后王谊"上表言公主少，②请除服"。王谊的本意，是想使公主免受守丧之苦，早日改嫁，以取悦于文帝。不料遭到御史大夫杨素的弹劾："臣闻丧服有五，亲疏异节；丧制有四，降杀殊文。王者之所常行，故曰不易之道也。是以贤者不得逾，不肖者不得不及。而仪同王奉孝既尚兰陵公主，奉孝以去年五月身丧，始经一周（年），而谊便请除释。窃以虽曰王姬，终成下嫁之礼，公则主之，犹在之移天之义，况复三年之丧自上达下，及期释服在礼未详。然夫妇则人伦攸始，丧纪则人道至大，苟不重之，取笑君子。故钻燧改火，责以居丧之速；朝祥暮歌，讥以忘哀之早。然谊虽不自强，爵位已重，欲为无礼，其可得乎？乃薄俗伤教，为父则不慈；轻礼易丧，致妇于无义。若纵而不正，恐伤风俗，请付法推

---

① 《隋书·库狄士文传》。
② 指年少。后兰陵公主改嫁柳述，才18岁，以此推算，为王奉孝守丧时至多15岁。

科。"结果虽然隋文帝"有诏勿治,然恩礼稍薄"。此后王谊颇有怨望之言,后以信用左道、大逆不道罪赐死。"请付法推科"一语,即交付司法部门依法律断罪之意,可见隋时已有"居丧释服"之罪。唐时子为父母"居丧释服从吉"列为"不孝"罪之一,妻为夫"居丧释服从吉"则列为"不义"罪之一,均为"十恶"大罪。"轻礼易丧,致妇于无义"一语,即指斥王谊陷公主于"不义"之罪。仅此二例,可见隋时法律在维护守丧制度方面确有发展。

唐承隋制,唐初统治者主张"德礼为政教之本,刑罚为政教之用",①即法律的制定必须以德礼为依据,"一准乎礼"。由此礼教内容大量渗透入法律,守丧制度在唐代法律形式律、令、格、式中也被系统完整地加以确认,开始了守丧制度的全面法律化时期。

一、官吏守丧之保证——解官与给假制度

在唐代行政法规范中,首先保证了官吏的守丧制度。据唐《开元礼》,②对官吏守丧给予了时间上的保障,根据守丧期限与性质的不同,分为解官与给假两大类:

一是解官服丧。下列几种情况允许解官服丧:为父斩衰三年,为母齐衰三年(唐高宗时已将父在为母齐衰杖期改为齐衰三年,故玄宗开元时为母均为齐衰三年,无杖期级)均解官服丧;庶子为生母、为人后者为

---

① 《唐律疏议·名例律》。
② 据《旧唐书》卷二一《礼仪志》、《新唐书》卷一一《礼乐志》、《唐会要》卷三七《五礼篇目门》,唐初即用隋礼,太宗时诏房玄龄、魏徵等在隋礼基础上制定《贞观礼》100卷,分138篇,包括吉礼61篇、宾礼4篇、军礼20篇、嘉礼42篇、凶礼11篇。高宗时诏长孙无忌等又增为130卷,是为《显庆礼》。玄宗时先后由徐坚、李锐、萧嵩、王仲丘等撰定《开元礼》150卷,分152篇,包括吉礼55篇、嘉礼50篇、宾礼6篇、军礼23篇、凶礼18篇。今存《通典》将《开元礼》"类例"成35卷,名为《开元礼类纂》,其中凶礼7卷,包括赈抚劳问、五服制度及自皇室至庶民各等级不同的丧、葬、祭制度。

所生父母虽服叙为不杖期,但须心丧满三年,因此也允许解官服丧。下列情况不允许解官,只能依齐衰不杖期给假例处理:嫡母、继母、慈母、养母此四母之改嫁者,为人后者已归宗三年以上为原所后父母,父为长子(唐代服叙上仍为斩衰),夫为妻。隋朝已有类似法规,《隋书·刘子翊传》引令:"为人后者为其父母,并解官申其心丧。父卒母嫁,为父后者虽不服,亦申心丧。其继母嫁,不解官。"

二是给假服丧。给假之官吏不必解官,假满回任;给假期限少于实际守丧期。齐衰不杖期丧给假三十日、葬五日、除服三日(除服时须举行仪式);齐衰三月、齐衰五月、大功九月丧给假二十日、葬三日、除服二日;小功五月丧给假十五日、葬二日、除服一日;缌麻三月丧给假七日、葬一日、除服一日;出降者丧给假三日、葬一日、除服一日;现虽为无服亲,但依原服叙为期亲者给假五日,原服叙为大功者给假三日,原服叙为小功者给假二日,原服叙为缌麻者给假一日。以上给假者如是闻丧举哀(即在居所守丧而非亲往死者处所吊唁守丧),则所给假期减三分之一。①

二、唐律中违犯守丧制度的罪名

唐代对违犯守丧制度者以刑事手段加以处罚,据《唐律疏议》所载,违犯守丧制度的犯罪主要包括下列九种:

(一)匿丧

凡得知五服内亲属死亡的消息,应立即举哀哭泣。闻丧而故意隐匿不举哀者,称为"匿丧",也称"闻丧不举"。此罪在违犯守丧制度的犯罪中处刑最重,"诸闻父母若夫之丧,匿不举哀者,流二千里";"闻期亲尊长丧,匿不举哀者,徒一年。大功以下尊长,各递减二等。卑幼,各减

---

① 参见《通典》卷一〇八"开元礼类纂三"。

一等"。① 具体而言:匿父、母、夫丧,流刑二千里;匿期亲尊长(指祖父母、曾祖父母、高祖父母、伯叔父母、姑、兄姊、夫之父母、妾为嫡妻)丧,徒刑一年;匿期亲卑幼(指弟妹、子、侄等)丧,杖刑一百;匿大功尊长丧,杖刑九十;匿大功卑幼丧,杖刑八十;匿小功尊长丧,杖刑七十;匿小功卑幼丧,杖刑六十;匿缌麻尊长丧,笞刑五十;匿缌麻卑幼丧,笞刑四十。②

凡闻丧不立即举哀,而后选择时日才开始举哀守丧的,一旦事发,依"不应得为"罪处罚。期亲以上不即举哀,依"不应得为重者"处以杖八十;大功亲不即举哀,依"不应得为轻者"处以笞刑四十;小功亲、缌麻亲不即举哀不论罪。

《旧唐书·李渤传》记,殿中侍御史李钧"以母丧不时举,流于施州"。其子李渤"耻其家污,坚苦不仕,励志于文学,不从科举,隐于嵩山",后成为宪宗时名臣。可见匿丧流刑,唐时确有其罚。唐德宗时宰相崔损,姊出家寺庙为尼姑,后死于离崔损家不远的寺庙,从亡故到安葬,崔损既未去寺庙吊唁,也未举哀守丧,"士君子罪之"。③ "罪之"即指舆论讨伐。

(二)居丧释服从吉

"释服从吉",指守丧期间脱下丧服而穿上吉服,标志着提前结束守丧。《唐律》中凡居五服以内亲丧释服从吉,均予处罚:居父、母、夫丧未满二十七月释服从吉,徒刑三年;居期亲尊长丧未满十三月释服从吉,杖刑一百;居期亲卑幼丧释服从吉,杖刑九十;居大功尊长丧未满九月

---

① 《唐律疏议·职制律》。
② 隋、唐、宋刑罚的种类为五刑,等级为二十等,具体内容:笞刑五等,十至五十下,每十下为一等;杖刑五等,六十至一百下,每十下为一等;徒刑五等,一年至三年,每半年为一等;流刑三等,二千里、二千五百里、三千里;死刑二等,绞、斩。
③ 《旧唐书·崔损传》。

释服从吉,杖刑八十;居大功卑幼丧释服从吉,杖刑七十;居小功尊长丧未满五月释服从吉,杖刑六十;居小功卑幼丧释服从吉,笞刑五十;居缌麻尊长丧未满三月释服从吉,笞刑四十;居缌麻卑幼丧释服从吉,笞刑三十。为出降者守丧释服从吉,守丧期按出降后之服,处罚则依本服。如已出嫁之姑、姊妹亡,守丧期依出嫁后之大功服为九月,如在九个月内释服从吉,则依期亲丧释服从吉处罚。①

史料中未见唐人因释服从吉而被处罚之例。唐高宗龙朔元年(661年),拥立武则天为皇后有功、人称"笑中有刀"的宰相李义府丁母忧,第二年夺情起复。但朝廷有制度,起复之人每逢朔望(初一、十五)都给哭假,这一天应穿上丧服哀思死者。但李义府却穿上便服,与占候人杜元纪凌晨出城东、登古墓,观光占候,"哀礼尽废"。引起人们对其"窥觇灾眚,阴怀异图"的猜测,②但却未见有人弹劾其释服从吉。唐时守丧期间,须注意穿着丧服不能进入官府,否则称"衰服入公门",也是要处罚的;再者不能穿着丧服随便到别人家里去,这也是犯忌讳之事。《新唐书·李林甫传》记,李林甫听到萧颖士的名声,打算提拔任用,当时颖士正在扬州居母丧,一听说消息,马上穿着衰裳直奔长安,到宰相政事堂谒见。李林甫并不认识萧颖士,猛然见到穿衰裳之人,"大恶之",马上叫人轰了出去。颖士大怒,于是写了一篇《伐樱桃赋》以讥刺李林甫。

(三)居丧作乐、杂戏

作乐,指击打钟鼓,弹奏乐器,包括金石、丝竹、笙歌、鼓舞之类,无论自身作乐或遣人作乐,性质相同。杂戏,指樗蒲、双陆、弹棋、象博等棋牌类游戏。凡居父母、夫丧作乐,徒刑三年;即使路遇奏乐而遂听者,也要杖一百。③ 居期亲丧以下作乐,《唐律》虽无处罚条文,但《疏议》规

---

① 参见《唐律疏议·职制律》。
② 《旧唐书·李义府传》。
③ 《唐律疏议·职制律》。

定依"不应为"罪处罚,居期亲丧作乐从重杖八十,居大功亲以下作乐从轻笞四十,居缌麻卑幼丧作乐不得重于"释服从吉"罪,即不得过笞刑三十。对居丧杂戏之处罚,仅限于居父母、夫丧,徒刑一年。

事实上唐时居丧作乐屡禁不绝,甚至宫中也有作乐者。如唐中宗景龙二年(708年)韦庶人上言:"自妃主及命妇、宫官,葬日请给鼓吹。"中宗特制许之。唐绍上疏谏诤,但"疏奏不纳"。[①] 唐玄宗时制定的《开元礼》规定:"父有服,子不与于乐;母有服,声闻焉不举乐;妻有服,不举乐于其侧;大功至,辟琴瑟;小功至,不绝乐。"[②]意思是说,父亲居丧而子未居丧或已服满,子也不应作乐;母亲居丧,子作乐只能到母亲听不到乐声的地方;妻子居丧,丈夫不能在其身边作乐;你正在作乐,有居丧的大功亲来,乐声应马上停止,如是小功亲则不必停止。

礼的规定虽然如此详尽,但实际上连律的规定也往往是一纸空文。如《唐会要》载唐穆宗长庆三年(823年)浙西观察使李德裕奏,百姓厚葬成风,在送葬途中"盛陈祭奠,兼设音乐","以音乐荣其送终",因此"伏请自今已后如有人犯者,准法科罪。其官吏已下不能纠察,请加惩责"。这是很奇怪的事情,明明有法可依,却还要向皇帝请求"准法科罪"。说明在此之前并未违法必究,其原因就在于"官吏已下不能纠察",实际上是与官吏本身崇尚厚葬奢靡有关。

(四)居丧参与吉席

指居丧期间遇逢礼宴之席而参与其中者。凡居父、母、夫丧参与吉席者,杖刑一百。[③] 实际处罚可能要重得多,如唐宪宗元和十二年(817年),驸马都尉于季友"坐居嫡母丧与进士刘师服宴饮",结果于季友被

---

① 《旧唐书·唐绍传》。
② 引自《读礼通考》卷一一五。
③ 《唐律疏议·职制律》。

削官爵、笞四十、忠州安置,刘师服也被笞四十、配流连州。① 三年后宪宗崩,穆宗即位,"穆宗荒于酒色,才终易月之制,即与勋臣饮宴"。刚刚守丧满二十七日,就与大臣摆开宴席,李珏等上疏谏称:"元朔未改,园陵尚新。虽陛下执易月之期,俯从人欲;而礼经著三年之制,犹服心丧。"因此"合宴内庭,事将未可"。穆宗"不用其言"。②

(五)居丧嫁娶

《唐律》中对居丧嫁娶之处罚包括居丧期间身自嫁娶、为人主婚、为人媒合三种情况。第一,居丧嫁娶。凡居父、母、夫丧而身自嫁娶者,徒刑三年;如果是男子娶妾,或女子作妾嫁人,则减三等处罚,即徒刑一年半。对方共为婚姻之家,如知情仍与之完婚,其家长减罪五等,即处杖刑一百;如是娶妾,则处杖刑七十;如不知情,不坐。凡居父、母、夫丧嫁娶,除处刑外,一律强制离婚。如居期亲尊长(祖父母、伯叔父母、姑、兄姊)丧而嫁娶者,杖刑一百;居期亲卑幼(众子、长孙、侄、弟妹)丧而嫁娶,杖刑八十。居期亲丧内娶妾,男女均不坐。第二,居丧主婚。凡居父母丧,为应嫁娶人主婚者,杖刑一百;为不应嫁娶人主婚者,量刑加重,高于杖一百,即处以徒刑。凡居夫丧而为应嫁娶人主婚者,依"不应得为"罪从重,杖刑八十。第三,居丧媒合(说媒撮合)。凡居父母丧为应嫁娶人媒合,依"不应得为"罪从重,杖刑八十;凡居夫丧为应嫁娶人媒合,依"不应得为"罪从轻,笞刑四十。③

《唐律》沿袭隋《开皇律》,大致隋时也有居丧嫁娶的禁律,如前述《隋书·厍狄士文传》:士文从父妹有色,应州刺史唐君明居母忧,娉以为妻,为御史所劾。对于居丧嫁娶的处罚,唐代史料中未见其例,但从以下两则皇室公主在心丧期内出嫁事例可见当时的社会风气:《新唐

---

① 引自《日知录》卷一五。
② 引自《读礼通考》卷一一六。
③ 《唐律疏议·户婚律》。

书·于志宁传》记,高宗时衡山公主公除,准备下嫁长孙氏,于志宁认为:"公主身服斩衰,服可以例除,情不可以例改,心丧成婚,非人情所忍。"于是下诏公主待三年心丧服除后乃婚。可见唐初风气之淳厚。但唐中叶以后之风气就不同了。《旧唐书·张茂宗传》记,唐德宗贞元时,驸马都尉张茂宗之母临终时上表,请求让茂宗与公主早点完婚。茂宗之母死后,德宗诏茂宗起复并准备完婚。谏官蒋义等认为"自古以来未闻有驸马起复而尚公主者",德宗则说:"卿所言古礼也,如今人家往往有借吉为婚嫁者,卿何苦固执!"蒋义又奏:"那种人家都是不大懂礼教的,而且也只听说有女居父母丧借吉成婚的,而从未听说有男子借吉婚娶的。请让茂宗心丧三年服满,然后赐婚。"但"德宗不纳,竟以义章公主降茂宗"。

(六)居父母丧生子

凡居父母丧生子,徒刑一年。① 所谓居丧生子,指所生子女是在二十七月丧期内怀胎者。如果在父母未亡以前而怀胎,虽在守丧期内生子,不为罪;如果虽除服以后所生,但据推算是守丧期内怀胎者,则依律断罪。②

唐未见处罚实例,至明乃废除此条。

(七)居父母丧别籍异财

别籍,指分户;异财,指分析家产。凡居父母丧未满二十七月,兄弟分户或分财产,各处徒刑一年。③

(八)居父母丧求仕

指居父母丧期间求取功名,如参加礼部科举考试或吏部铨试。居丧求仕之犯罪行为分为两类:一为"释服求仕",即脱去丧服参加考试。

---

① 《唐律疏议·户婚律》。
② 《唐律疏议·名例律》。
③ 《唐律疏议·户婚律》。

居父母丧二十七月中,前二十五月即大祥祭前必须身着衰服,而参加考试则必须脱去丧服,因为"衰服不入公门",官府是绝不允许考生身着衰服进入考场的。因此二十五月内参加考试者必为"释服求仕"。二十五月外、二十七月内求仕,因此时衰服已换成素服(禫服),而素服是可以进入考场的。如此时脱去禫服换上吉服去参加考试,也为"释服求仕"。《唐律疏议·职制律》规定,释服求仕者,处徒刑三年。二为"冒哀求仕",即丧期内素服参加考试。也包括两种情况:子为父母居丧二十五月外、二十七月内禫制期间着素服参加考试,是为"冒哀求仕";子为出母、为人后者为所生父母、妾子(庶子)为生母、子为嫁母(父卒母再嫁)等虽服齐衰不杖期,但服满后仍须素服心丧至二十五月,如心丧期间参加考试,也为"冒哀求仕"。《唐律疏议·职制律》规定,冒哀求仕者,处徒刑一年。

(九)父母死诈言余丧不解官及诈称亲死

魏晋以来制度,凡官吏父母死,皆应暂时解除官职守丧三年,唐代官吏解官服丧的范围已如前述《开元礼》之规定。《唐律疏议·诈伪律》规定,凡官吏父母死应解官服丧而贪恋官位,诈称期亲丧以逃避解官者,徒刑二年半。此罪相比"匿丧"罪量刑要轻,原因就在于虽同是欺诈,但毕竟已经发哀。

如果亲属未死而诈称已死,以骗取丧假及有所规避(如战争时期避难),则依亲属之服叙给予处罚。如诈称父母、祖父母、夫死,徒刑三年;诈称伯叔父母、姑、兄姊死,徒刑一年;诈称其余缌麻以上亲死,杖刑一百。如果该亲属早已亡故而诈称刚死,则较以上量刑减三等处罚,即徒三年、徒一年、杖一百分别改为徒一年半、杖八十、杖七十。

唐代不仅将守丧制度全面入律,而且其中相当一部分条款被列入封建统治者认为对集权政体威胁最大的"十恶"罪中。如"居父母丧身自嫁娶,若作乐、释服从吉,闻祖父母、父母丧匿不举哀"被列入"十恶"

之七"不孝"罪的主要内容中;"闻夫丧匿不举哀,若作乐、释服从吉及改嫁"被列入"十恶"之九"不义"罪的主要内容中。① 凡犯这些罪行,遇逢大赦也不得减免处罚,贵族官僚也不得享有各种法定减免特权(议、请、减、赎等)。

三、法律规范与礼教规范之差异

以上可见《唐律》将守丧制度全面纳入法律的范畴,但我们仍可从中觉察到法律规范与礼教规范的差异:

第一,礼教注重内在自省而法律注重外在操作。按照先秦儒家礼教的守丧标准,"丧事主哀",许多标准是只能靠道德上的自觉自省而无法由他人监督的,如丧期内不能洗澡,不能饮酒食肉,夫妻不能同房,卧处寝苫枕块等;有些标准又是很难统一的,如形容憔悴、哭丧的声音、言辞不加文饰等。而法律规范则要求守丧制度具有可操作性,也就是说,他人是可以通过守丧者的外在行为而对其进行监督与指控的。《唐律》中守丧法的规定正是贯彻了这一原则,因此礼教中那些无法监督与无法统一标准的行为在法律规范中消失了。某些礼教规范,通过转化其观察点而使其具备了可操作性,因而被法律所采纳,如居丧饮酒食肉转化为居丧参与吉席,居丧夫妻同房转化为居丧生子等。

第二,礼教侧重家族而法律侧重家庭。礼教上的守丧制度,几乎每一种行为都随亲属远近亲疏之不同而表现出等差。《唐律》中的守丧法,除个别行为的有罪范畴涉及大功以下亲(如匿丧、释服从吉、作乐、诈称亲死)外,大部分行为被认定为有罪只限止在父、母、夫的范畴(如杂戏、参与吉席、生子、别籍异财、求仕、诈言余丧不解官),"居丧嫁娶"罪也只扩展到期亲。

---

① 《唐律疏议·名例律》。

四、唐代守丧实践与夺情起复

从唐代守丧实践看,"孝子"的表现与六朝时无大异,无非是水浆不入口数日、哭泣无时、毁瘠过礼、庐于墓侧、负土成茔、食无盐酪、寝苫枕块等。但有两个方面的"新动向"值得注意:

一是开始关注功、缌之丧的守丧规范。如《新唐书·卢迈传》:"迈每有功、缌丧,必容称其服,而情有加焉。从父弟(堂弟,大功亲)起丧还洛阳,过都(长安),迈奏请往哭之尽哀。时执政自以宰相尊,五服皆不过从问吊,而迈独不徇时。议者重其仁而亮云。"又《旧唐书·冯元常传》:"元常闺门雍肃,雅有礼度,虽小功之丧,未尝寝于私室。甚为士类所称。"可见这些行为在当时虽不普遍,但受到舆论的称许。这对于宋代的守丧规范严格化可以说起了开风气之先的作用。

二是女子庐墓现象的出现。如《旧唐书·列女传》记:"汴州孝女李氏,年八岁父卒,柩殡在堂十余载,每日哭临无限。及年长,母欲嫁之,遂截发自誓,请在家终养。及丧母,号毁殆至灭性,家无丈夫(指男子),自营棺椁,州里钦其至孝,送葬者千余人。葬毕,庐于墓侧,蓬头跣足,负土成坟,手植松柏数百株。按察使薛季昶列上其状,有制特表门闾,赐以粟帛。"又"刘寂妻夏侯氏,字碎金……及父卒,毁瘠殆不胜丧,被发徒跣,负土成坟,庐于墓侧,每日一食,如此者积年。贞观中,有制表其门闾,赐以粟帛。"传统礼教中从未强调过女子庐墓,这一现象的出现及其社会舆论的鼓励,也从一个侧面反映了唐代男女地位的相对平等化。

唐代官吏的既葬夺服,慢慢形成了一种规矩,也称"夺情起复"。唐初天下既定,群臣居丧皆夺服。[①] 武德二年(619年),尚书左丞崔善为奏疏指出:"欲求忠臣必于孝子,比因时多兵革,颇遵墨衰之义,丁忧之

---

① 《新唐书·崔善为传》。

士例从起复,无识之辈不复戚容。如不纠劾,恐伤风化。"[1]于是唐高祖下诏令文官遭父母丧者听去职。但事实上下诏起复者仍不少,如房玄龄、褚遂良都是如此,而且形成了一种以夺情起复为荣的风气。《旧唐书·张说传》:"(中宗)景龙中,(张说)丁母忧去职,起复,授黄门侍郎,累表固辞,言甚切至,优诏方许之。是时风教类紊,多以起复为荣,而(张)说固节恳辞,竟终其丧制,大为识者所称。"像张说这样不愿起复并最终守丧三年的官吏,终唐之世大概不满十人。大多数官吏仍以下诏起复作为一种荣耀,竟至有人生怕皇帝忘了"夺情",或嫌"夺情"太慢而申请"起复",以至于到了唐代后期要以敕命限制起复。如代宗广德二年(764年)敕:"三年之丧,谓之达礼,自非金革(战争),不可从权(起复),其文官自今已后并许终制,一切不得辄有奏闻。"[2]话还是说得比较客气的,叫做"并许终制"。宣宗大中五年(851年)皇帝批准的宰臣奏疏则明白宣布:"自今已后,除特敕及翰林并军职外,其诸司诸使人吏职掌官并诸道进奏官并不在更请起复授官限。"[3]

民间的情况就更糟,在守丧行为上的非礼、非法化倾向屡禁不止。《新唐书·韦挺传》云:"又闾里细人,每有重丧(指父母丧)……既葬,邻伍会集,相与酣醉,名曰'出孝'。"规规矩矩地守三年丧当然就更谈不上了。

五、宋代对官吏守丧违法处罚力度之加强

宋代初年士大夫鉴于唐末五代时期的风俗败坏、廉耻扫地,提倡正身修性、砥砺名节,朝廷上下风气为之一变,礼教气氛开始浓化,法律上也加强了对于守丧违法的执法力度。

---

[1] 《旧唐书·高帝纪》。
[2] 《旧唐书·代宗纪》。
[3] 《旧唐书·宣宗纪》。

比如匿丧。《宋史·胡寅传》记:"右正言章夏劾寅不持本生母服,谪新州安置。"胡寅过继给他人为子,故不为本生母守丧,被右正言章夏所劾。新州,今广东新兴一带,古为岭南流放之地。安置,是宋时犯罪官员被贬谪,指定地区居住并限制其行动的一种处分。又《宋史·李定传》记,宋神宗时,李定为监察御史里行,被御史陈荐上疏揭发,说李定为泾县主簿时,"闻生母仇氏死,匿不为服。诏下江东淮浙转运使问状"。李定辩称当时不知仇氏是否是生母,因此不敢服丧,而以侍养老父的名义解官回乡。虽有王安石的庇护,李定最终还是解官为生母追补行丧。此例可见宋时官吏为父母丧匿丧者,均要严肃处理。宋人张端义《贵耳录》记述:"寿皇(南宋孝宗)以孝治天下,有大理寺孙寺丞,失记其名,匿服不丁母忧。寿皇怒欲诛之,奏知德寿(已退位之宋高宗)云:孙某不孝,欲将肆诸市朝(即弃市,死刑)。德寿云:莫也,太甚。遂黥面(脸上刺字或符号)配广南(即广南东、西路,今广东、广西,古流放地)。"[①]以上可见两宋时期对匿丧处罚均很严厉。

但北宋时也考虑到一些僻远地区如广南路、福建路官吏丁忧解官来回不便,甚至有因解官守丧而至服满流落不能归者,因此规定了丁忧不解官的特殊政策。宋人王栐《燕翼诒谋录》卷一称:"国初,士大夫往往久任,亦罕送迎,小官到罢(上任与罢任),多芒屦策杖以行,妇女乘驴已为过矣。不幸丁忧解官,多流落不能归。咸平二年(999年,宋真宗时)三月甲戌,诏川峡、广南、福建路官,丁忧不得离任。圣主端居九重而思虑至此,则从官远方者,不至于畏惮而不敢往。祖宗仁厚之泽大抵如此。其后以川峡距京师不甚远,至景德二年(1005年)三月,复听川峡官丁忧,惟长吏奏裁。"王栐是将丁忧不解官作为朝廷的一项德政来颂扬的,可见当时一般官吏对于守丧解官是有抵触情绪与畏惧心理的。

---

① 张端义:《贵耳录》,《说郛》(宛委山堂本)号三十八。

又如冒哀求仕。在《唐律》与《宋刑统》中，冒哀求仕之罪名仅适用于父母丧。但事实上宋代禁止范畴扩大到期亲丧，《燕翼诒谋录》卷四记述指出："旧制（指北宋初年），期丧百日内妨试，尊卑长幼同。士人病之，多入京冒哀就同文试，洎中选被人论诉，不免坐罪。天禧四年（1020年，真宗时）二月壬申，翰林学士承旨晁迥上言：'诸州士人以期制妨试，奔凑京毂，请自今卑幼期服，不妨取解。'诏从之。自后冒哀求试者寡矣。大凡人家尊长期丧，多年高者，卑幼期丧，多年幼者，免避卑幼，则妨试亦鲜。"宋代期亲丧不得考试，其禁止期为百日，非十三月，也即卒哭祭后不禁。天禧四年后期亲卑幼丧不禁参试，这就使得冒哀求仕者极少出现了，因为参试者多为青年学子，其所遇期亲丧大多为卑幼期亲丧，尊长期亲丧较少。此前天禧三年，郭桢冒期亲丧赴举，在崇政殿殿试时被同辈告发，诏付御史台问罪。① 据《宋史·礼志》记，宋仁宗天圣七年（1029年），兴化军（今福建莆田、仙游一带）进士陈可上书告发另一进士黄价"赴举时有叔为僧，丧服未满"，但不知为当和尚的叔叔是否要服期亲丧。太常礼院议定"黄价为叔僧合比外继降服大功"，即为当和尚的叔叔比照过继他人的叔叔降一等服叙。这一比照实际保住了黄价的进士地位，因为如上所述，期亲丧百日内不得赴试，违者治罪，而大功丧则无禁试的规定。

又如据《宋史·朱服传》：宋哲宗时，朱服居母丧，"丧除，拜礼部侍郎。湖州守马城言其居丧疏几筵而独处它室，谪知莱州。"朱服是湖州乌程人，居母丧在家乡解官服丧，被湖州地方官马城举报。几筵，是死者灵座之泛称。② 马城弹劾朱服居丧而不守灵堂，独处于其他居室，是不尊重死者。这个罪名，已越出违法的范畴，纯属违礼的问题。可见宋

---

① 《续资治通鉴长编》天禧三年正月乙亥条。
② 参见《周礼·春官·司几筵》。

代对于官吏守丧规范的要求是相当严格的。

宋代对守丧违法之制裁多为官僚士大夫,庶民违法则罕见处罚。如据南宋判例,郭应龙告侄郭百三为父守丧期内生子及以药毒父一案,法官胡石壁判决:"郭百三服内生子,其罪固不可逃。然郭应龙为叔父,教之可也,教之不从,继之以怒,虽父子之间且有责善则不祥之惧,况叔侄乎?责善且以为不祥,况暴扬其恶而讼之于官乎?原应龙之心,非果以爱兄之道来也,不过见其家稍厚,不甘归之螟蛉之子,故从事于告讦,以行骗胁之计耳。"①判词虽认为郭百三丧期内生子有罪,但认为这种罪"教之可也",而郭应龙"暴扬其恶而讼之于官",目的是为了挤掉其兄之养子,而独吞其兄家产,是一种"告讦"、"骗胁"行为。加之郭应龙告郭百三"以药毒父"并无实据,完全是诬告。因而判决郭应龙犯有告讦、虚妄罪,照尊告卑从轻处罚"决竹篦二十"。而对郭百三服内生子并无任何处罚。

又据《历代名臣奏议》,宋元祐八年(1093年)苏轼奏疏:"臣伏见元祐五年秋颁条贯:诸民庶之家,祖父母、父母老疾无人供侍,子孙居丧者听尊长自陈,验实婚娶。……伏望圣慈特降指挥,削去上条,稍正礼俗。"②所谓"听尊长自陈,验实婚娶",是指子孙守丧期间,只要家长提出因年迈无人服侍(子孙守丧居庐毁瘠,自顾不暇,无法侍候老人),官府查证是实,就可允许子孙丧中婚娶,以便新妇可侍候老人。此条专指"民庶之家",可见民间居丧婚娶已成不可遏止之势,但对官吏尚未开此先例。以上二例,也可见居丧守制,主要是用以禁约贵族官吏。

六、宋代守丧实践

宋代人在守丧行为方面表现得较为理智,几乎没有因守丧毁瘠而

---

① 《名公书判清明集》卷一三。
② 《读礼通考》卷一一四引。

亡之例。但三日水浆不入口、终丧不饮酒食肉、庐墓三年、寝苫枕块、哭泣呕血、毁瘠骨立之事,仍然不乏其人,如李穆、杨砺、种放、冯元、王质、徐积、刘永一、陈敏、黄庭坚、葛书思、吴师仁、杨祥、虞允文、刘珙、陆九龄、陈埙、潘好礼、赵善应、张汝明、赵宗宪等。① 南宋理宗宝庆年间莆阳境内女子张氏,"母亡,张追慕不已,既祥而不除,欲丧之终其身。太守杨叔昉闻而哀之,赐以钱、酒,且书其门曰:何必读书? 只此便是读书;何必为学? 只此便是为学"。②

由于宋代守丧之法除匿丧与冒哀求仕外,对守丧之具体行为一般不加干预,因而民间乃至士大夫守丧率性而为几成风气,司马光《书仪》卷六注:"今之士大夫居丧,食肉饮酒,无异平日。又相从宴集,靦然无愧,人亦恬不为怪。……乃至鄙野之人,或初丧未敛,亲宾则赍馔酒往劳之,主人亦自备酒馔,相与饮啜,醉饱连日,及葬亦如之。甚者初丧作乐以娱尸,及殡葬则以乐导輀车(即丧车),而号哭随之。亦有乘丧即嫁娶者。"

七、宋代夺情起复与史嵩之事件

宋代官吏的夺情起复,也几乎成为惯例。五代时官吏守丧一律起复,周世宗显德四年(957年)王溥守父丧,朝廷起复,王溥四上表请求终丧,周世宗大怒,亏得宰相范质劝解,才未降罪。宋代初年下诏:"凡父亡兄殁,起复须经百日。"③这样虽然限制了过早起复,但也使百日起复成了一种定制。真宗大中祥符九年(1016年),殿中侍御史张廓言:"京朝官丁父母忧者,多因陈乞,与免持服。"④可见请求起复成了一种

---

① 见《宋史》各本传。
② 周密:《齐东野语》卷九,"丛书集成初编"本。
③ 《宋史·礼志二八》。
④ 《宋史·礼志二八》。

普遍现象。甚至还有奔走钻营以求起复的,仁宗庆历二年(1042 年)欧阳修论曰:"臣近见丁忧人茹孝标,居父之丧,来入京邑奔走权贵,营求起复。已为御史所弹。"①

宋仁宗时,名节之士渐起,文武大臣始有终丧者。庆历时,田况守秦州,丁父忧,朝廷诏起复,田况固辞。仁宗又派内侍持手敕起复,田况不得已请求扶父柩归葬故里,葬毕,假托边疆之事求见仁宗,"泣请终制,仁宗恻然许之"。武臣终丧自田况始。② 仁宗嘉祐六年(1061 年),宰相富弼以母丧解职守丧,"故事,执政遭丧皆起复。帝虚位五起之,弼谓:此金革变礼,不可施于平世。卒不从命。自此宰相多终丧者,由弼始也"。③ 嘉祐四年状元刘辉祖母亡,因刘辉父母早亡,因此请求解官以嫡孙承重为祖母守丧三年。宋代嫡孙承重终丧三年者,自刘辉始。④

宋代反对起复最大的一件事发生在南宋理宗淳祐四年(1244 年)。理宗时权臣史嵩之结党营私、弄权误国,位至右丞相兼枢密使,引起上下公愤。淳祐四年史嵩之因父丧解职守丧,未满三月,理宗下诏起复原职,史嵩之装模作样地多次推辞,理宗又亲书手诏,遣宫中使臣前往催促,导致群议沸腾。于是太学生(太学为招收八品以下低级官吏及平民子弟的国立学校)黄恺伯、金九万、孙翼凤等 144 人联名上书,武学生(武学即学习兵法、招收武官人才的国立学校)翁日善等 67 人联名上书,京学生(京学为招收京朝官子弟的国立学校)刘时举、王元野、黄道等 94 人联名上书,宗学生(宗学即招收宗室子弟的国立学校)舆环等 34 人联名上书,以及建昌军学教授卢钺上书,都认为史嵩之不应起复。但学生、教授的上书没有得到任何答复。于是将作监徐元杰及刘镇又

---

① 《读礼通考》卷一一二引《宋史》。
② 《宋史·田况传》。
③ 《宋史·富弼传》。
④ [宋]王闢之:《渑水燕谈录》卷四。

上奏疏,理宗这才醒悟到史嵩之为公论所不容。侍御史刘汉弼又密奏,指出理宗应"奋发英断,拔去阴邪,庶可转危而安",理宗览奏,最终下定了抛弃史嵩之的决心。史嵩之从此在家闲居十三年,直至宝祐四年(1256年)才授观文殿大学士,数月后即死去。① 借守丧之机推倒权臣,以不予起复除去奸邪,近350人联名上书要求皇帝撤销起复诏书,这种奇特的斗争方式,在中国古史上恐怕也是仅见的。

第四节 辽金元时期——守丧法之式微

一、守丧之制仅适用于汉族

辽金元以北方少数族入主中原,其在守丧行为方面自然有异于汉族,但也可看出渐受汉文化影响的痕迹。

《辽史·礼志·凶仪》未叙及守丧制度,但《辽史·刘景传》记,刘景为翰林学士,辽穆宗应历九年(959年),刘景"会父忧,去(职),未几起复旧职"。可见辽代也有守丧解职及起复之制,也许只在汉族官员中适用。《辽史·耶律安抟传》记:"安抟自幼若成人,居父丧哀毁过礼,见者伤之。……事母至孝,以父死非罪,未葬不预宴乐。"显然是受到汉文化的熏陶。

《金史·海陵纪》:贞元元年(1153年)"丙子,命内外官闻大功以上丧止给当日假,若父母丧听给假三日,著为令"。泰和五年(1205年)诏"制司属丞凡遭父母丧,止给卒哭假,为永制"。其后正大年间,"聂天骥为右司员外郎,丁母忧,未卒哭,夺哀复职"。② 金代虽无官吏守丧三年

---

① 《宋史·史嵩之传》,《宋史·刘汉弼传》。
② 《金史·聂天骥传》。

之说,但从海陵王时父母丧给假三日到章宗泰和时父母丧给三月(卒哭)假,也可见儒家守丧文化的影响。

元代官吏守丧,划分汉、蒙两途。蒙古、色目人父母丧无丁忧之制,仅元明宗天历二年(1329年)诏:"官吏丁忧依本俗,蒙古、色目仿效汉人者不用部议,蒙古、色目人愿丁父母忧者听。"①仍规定汉、蒙官吏父母丧依本俗,只是允许蒙古、色目人仿效汉人。到元末顺帝时才开始意识到汉、蒙壁垒森严的害处,于是顺帝元统二年(1334年)"辛巳,诏蒙古、色目人行父母丧"。② 但显然旧俗未改,数年后(至元年间)监察御史乌克逊良桢上言:"国俗父母死无忧制。夫纲常皆出于天而不可变,议法之吏乃言国人不拘此例,国人(指蒙古人)、诸国人(指色目人)不必守纲常也。名曰优之,实则陷之。……请下礼官有司及右科进士在朝者会议,自天子至于庶人皆从礼制。"③到至正十五年(1355年),儒学教授郑昈也上言:"蒙古乃国家本族,宜教之以礼。而犹循本俗,不行三年之丧,恐贻笑后世。必宜改革,绳以礼法。"结果没有回音,"不报"。④ 元立国不足百年而亡,原因固然很多,但固守旧俗而不与汉文化融通,不能得汉族士大夫之心,恐怕是一个重大的失误。而是否行三年之丧,则是与汉文化融通的重要标志之一。

二、元代守丧法述略

元代的汉族官吏仍行三年之丧,朝廷也仍颁夺情起复诏书,法律上也对不遵守丧制度的行为规定了具体的处罚,民间也仍有庐墓三年、不饮酒食肉甚至不与妻妾见面的笃行守丧的大孝子,只是人数较唐宋少

---

① 引自《读礼通考》卷一一〇。
② 《元史·顺帝纪》。
③ 《元史·乌克逊良桢传》。
④ 《元史·顺帝纪》。

得多了。据《元史·刑法志》，元代法律规定："诸职官父母亡匿丧、纵宴乐，遇国哀私家设音乐，并罢不叙。"又规定："诸职官亲死不奔丧，杖六十七，降先职二等，杂职叙；未终丧赴官，笞四十七，降一等，终制日叙；若有罪诈称亲丧，杖八十七，除名不叙；亲久没称始死，笞五十七，解见（现）任，杂职叙；凡不丁父母忧者，罪与不奔丧同。"都是关于官吏的守丧行为约束及其违制处罚。

有趣的是，元律中还有如下与守丧有关的规定："诸官吏私罪被逮，无问已招未招，瞿父母大故者，听其奔赴丁忧，终制日追问。公罪并矜恕之。诸职官受赃丁忧，终制日究问。"①这段律文大约是元英宗至治三年（1323年）颁布的《大元通制·断例》的一部分，属于元代中期。规定官吏犯私罪（私罪指与公务无关之犯罪，如抢劫、强奸、杀人、监守自盗等，多属故意犯罪，量刑重于公罪）被逮捕审问期间遇父母丧，不论是否招供，允许奔丧守制，守丧期满后再审理该案；官吏如犯公罪（公罪指与公务相关之犯罪，如渎职等）在审理期间遇父母丧，允许奔丧并且不追究所犯公罪之责任；官吏如犯收受贿赂罪，等同于私罪处理。

以上可见元代法律上关于守丧制度的规定不同于唐宋律处主要为：第一，只适用于汉族（汉人与南人）；第二，只适用于官吏；第三，基本只适用于父母丧；第四，违制处罚远较唐宋律为轻。

第五节 明清时期——守丧法之复苏

一、明清律中守丧法之调整

明初守丧仍沿元俗，据《明太祖实录》："洪武元年（1368年）十二月

---

① 《元史·刑法志》。

辛未，监察御史高原侃言：'京师人民循习元氏旧俗，凡有丧葬，设宴会亲友，作乐娱尸，惟较酒肴厚薄，无哀戚之情。流俗之坏至此，甚非所以为治。且京师者，天下之本，万民之所则，一事非礼，则海内之人转相视效，况送终，礼之大者，不可不谨，乞禁止以原风化。'上是其言，乃诏中书省，令礼官定官民丧服之制。"①此后明代丧服制度（包括守丧制度）逐步恢复唐宋时礼法，集中体现在《明律》与《明会典》中。

明初在制定法律时，考虑到时代、民俗的发展演变，考虑到守丧之法的操作可能性，试图在唐宋法律基础上作某些调整，这就导致《明律》守丧法条文的较大修改。明、清律同（《大清律例》律文同《明律》，不同在于所增附之例文），以下一并叙述。

(一)匿丧

《明律》："凡闻父母（若嫡孙承重，与父母同）及夫之丧，匿不举哀者，杖六十，徒一年。"唐宋律为"流二千里"，明代处罚大为减轻。"若闻期亲尊长丧，匿不举哀者，杖八十"，也较唐宋律"徒一年"为轻。另外，唐宋律中匿期亲卑幼及大功以下亲丧皆有处罚（杖一百至笞四十），《明律》删除。

父母去世后多长时间不举哀以匿丧论罪呢？明清例文规定："其父母丧，计原籍程途，每千里限五十日，过限匿不举哀，不离职役者，俱发边外为民。"②比方说，父母在二千里外的原籍去世，该官吏在父母去世后一百天内必须举哀并解职，否则以匿丧罪除官发边外为民。

(二)居丧释服从吉

《明律》："若丧制未终（父母、夫丧），释服从吉，杖八十。"而唐宋律则为徒刑三年，可见明代量刑大为减轻。《明律》期亲尊长丧"丧制未

---

① 《日知录集释·日知录之余》卷四"丧制"引。
② 《大清律例通考》卷一七"礼律仪制"。

终,释服从吉,杖六十",唐宋律则为杖一百。另外,唐宋律中居期亲卑幼及大功以下亲丧未满期而释服从吉均有处罚(杖九十至笞三十),《明律》皆删除。

清人张文嘉说:"今多有为嫁娶庆贺诸事冒禁忘哀,释服从吉者,而且公然于简帖之中直书'从吉'二字,因而华服,悖典礼,蔑王章,肆行无忌,真可痛哭流涕矣!"①

(三)居丧作乐

《明律》"居父母、夫丧忘哀作乐,杖八十"。与唐宋律不同者,一是量刑减轻(唐宋律为徒三年),二是删去唐宋律居期亲丧以下作乐处罚(杖八十至笞四十),三是删除居父母、夫丧"杂戏"处罚(徒一年)之内容。

由于唐以来崇尚佛、道的影响,民间丧事请和尚、道士做佛事、道场的相当普遍,儒学家们当然认为这与礼教守丧废乐的精神直接相违背,因此宋初已有禁止设斋作醮的诏令。② 明清律礼律中正式规定:"其居丧之家修斋设醮……家长杖八十,僧、道同罪还俗。"

清时乡规民约中也有类似内容,黄佐《乡礼》:"凡丧事不得用乐,及送殡用鼓吹、杂剧、纸幡、纸鬼等物,违者罪之。"③

(四)居丧参与筵宴

《明律》对居父母、夫丧"参与筵宴"之处罚与居丧作乐、释服从吉之处罚同,为杖八十。较唐宋律"杖刑一百"为轻。《明世宗实录》记嘉靖九年(1530年)左都御史汪鋐上言:"居丧之家作乐饮酒,实灭弃礼法,合无在京在外通行。御史督同有司严加禁治,庶几浮费可省,风俗可淳。"黄佐《乡礼》也云:"凡居丧孝子不许易凶为吉,赴他人酒席。乡俗

---

① 《读礼通考》卷一一五引。
② 《燕翼诒谋录》卷三。
③ 《读礼通考》卷一一五引。

有旬七会,及葬,有山头等酒会,皆深为害义。犯者有罪。"清徐乾学也叹息道:"古人居丧,既葬之后始食疏食,既练之后始食菜果,未有饮酒而食肉者。彼于酒肉犹不忍食,而况参预筵燕乎?屡朝之定律非不森严,世之能秉礼而怀刑者谁也?古礼既不知遵,而国宪又不知畏,人心之澌灭将何时而正乎?"①

(五)删除居丧生子条

唐宋律居父母丧生子,处徒刑一年。明初在修《孝慈录》时,朱元璋指出:"古不近人情而太过者有之——禁令服内勿生子,朕览书度意,实非万古不易之法。若果依前式,人民则生理罢焉。"②后修《明律》时便删除了"居丧生子"处罚之条文。

《读礼通考》卷一一五引明人周锡曰:"近年江东有朝士服内生子,反诬其妻与外人通,其妻自缢死。湖南有老儒服内生子,乃(将子)沈(沉)之江中,遂绝嗣。此皆不知本朝无服内之禁。"可见古代律令之变革,庶民百姓知之甚少。

(六)居父母丧别籍异财

唐宋律凡居父母丧未满二十七月,兄弟分户析产,处徒刑一年。《明律》:"若居父母丧而兄弟别立户籍、分异财产者,杖八十。"也较唐宋律处罚为轻。此条《明律》原注:"须期亲以上尊长告乃坐。"这就进一步限制了告诉人之范围。至清顺治初年,注内又增:"或奉遗命,不在此律。"也就是说如是父母遗嘱同意的,不在处罚范围。

(七)诈称父母丧

《明律》规定,如父母活着而诈称有丧,或父母早已亡故而诈称新丧者,皆与匿丧罪同,处杖六十、徒一年。与唐宋律有关条文不同处在于:

---

① 《读礼通考》卷一一五引。
② 《御制孝慈录·序》。

第一,仅限于父母丧,而唐宋律则包括五服内缌麻以上亲;第二,量刑减轻,唐宋律诈称父母、夫死徒刑三年,父母、夫已亡诈称新丧处徒刑一年半。

《明律》又规定,官吏父母死,应丁忧而诈称期亲丧不丁忧(解官)者,杖一百,罢职役不叙。而唐宋律量刑为徒刑二年半。

明清例文中规定:"文职官吏人等,若将远年亡故父母,诈作新丧者,问发为民。若父母见在,诈称死亡者,发边外独石(长城要隘之一,在今河北沽源县)等处充军。"[①]又较律文处罚为重,但主要针对文官。

(八)居丧嫁娶

《明律》对居丧嫁娶之处罚包括身自嫁娶、为人主婚两种情况(无为人媒合之处罚)。凡居父母、夫丧身自嫁娶,杖一百(唐宋律徒三年)。如男子娶妾或女子嫁人为妾,杖八十(唐宋律徒一年半)。对方共为婚姻之家(亲家)如知情,家长笞五十(娶妾笞三十)。并强制离婚。居期亲尊长丧而嫁娶,杖八十(唐宋律杖一百),不必离异;娶妾则不处罚。居期亲卑幼丧嫁娶不处罚(唐宋律杖八十)。凡居父母、舅姑、夫丧而为应嫁娶人主婚者,杖八十(唐宋律父母丧杖一百,夫丧杖八十,舅姑丧未规定处罚,为明律所增)。

清人顾湄《吴下丧礼辨》称:"今人反以送死为缓,唯以借亲为急。父母死未即入棺,乃禁家人举哀,弃亲丧之礼,而讲合卺之仪。此异类所不忍为,而世俗乐为之,虽衣冠之族间亦有之,不以为非,何哉?"世俗为了逃避居丧期间不得嫁娶的禁律,隐匿亲人死亡的消息而先行嫁娶,甚至士大夫中也有这种情况。"法之不行,自上犯之",实际上皇室也有公然违律嫁娶之举。《明世宗实录》记嘉靖二年(1523年)七月,明世宗之姊永福长公主出嫁,当时孝惠皇太后去世还不满一年,"尚未小祥",

---

① 《大清律例通考》卷一七"礼律仪制"。

给事中安磐等上言极力劝阻,但明世宗"不听"。

(九)居父母丧从仕

《明律》:"若丧制未终,冒哀从仕者,杖八十(亦罢职)。"唐宋律将居丧求仕分为"释服求仕"与"冒哀求仕"两类,分别处徒刑三年与一年。《明律》则合为"冒哀从仕"。据《明史·选举志》:"明制,生员丁父母忧者不许赴乡试,及提学官科、岁二试;举人丁父母忧者不许赴会试;其监生及儒士丁忧者亦不许赴试。"《大清律例》乾隆五年(1740年)增修例:"凡文武生员及举贡监生,遇本生父母之丧,期年内不许应岁、科两考及乡、会二试。其童生亦不许应府、州、县及院试。有隐匿不报、蒙混干进者,事发,照匿丧例治罪。"这是指为人后者为本生父母服丧期年内禁试,可以想见为父母丧二十七月内也如此禁试。

以上可见《明律》在守丧法律上之调整主要在于:第一,删除"居丧生子"条。第二,减轻量刑幅度,较唐宋律减刑幅度大致在二至七等之间。第三,缩小有关的亲属范围,除个别涉及期亲尊长外,均限制在父母、夫的范围。

二、明清守丧实践

由于明清时理学思想的倡导,守丧制度被认为合于"天理"而再次复兴。史籍记载的守丧循礼之人不绝于书,寝苫枕块、不食荤酒、负土筑坟、庐墓终丧、植树成林等屡获旌表,哀毁骨立甚至毁卒之人也时有所闻。《明史·孝友传》记鄞县人虞谨守母丧"远其内(妻),非祭不相接,非病不入问,如此者十五年"。夫妻间十五年形同路人,不知其母在九泉之下作何感想。

但从守丧的主流导向来看,真正守礼之人只是凤毛麟角。由于明清商业经济发展的影响,社会的习俗风气更为自由化,守丧行为上的违礼违律现象随处可见。法律禁止已较唐宋松弛,法律条文只是起到宣传与警示作用，司法上并不认真加以追究。明代民间初丧或出殡，就经常有"扮戏唱词，名为伴丧，修斋设醮，鼓乐前导，及设荤酣饮"的现象。① 清康熙二十二年（1683 年）左都御史徐元文奏疏中也提到：近来士大夫中居丧婚娶、丧中听乐、匿丧恋职、吉服游玩等现象比比皆是，希望能严行申饬。② 难怪崔述感叹说：近世的居丧，只不过丁父母忧时穿穿丧服而已。而遇期亲、大功亲之丧，几乎和常人没有什么区别，饮食、居处、宴会、庆贺、看戏等一切如常。只有父母之丧，偶尔有一两个略像点样子。如果真有三年不饮酒吃肉、不与妻妾同房的，就要书之史册，以为美谈了，可见"此等事至近代（清中期）已为绝无仅有之事。甚矣，风俗之日敝也"。③ 这简直有点挽歌的味道了。

三、明清官吏守丧解职制度

明清时期维护守丧制度的重心在于坚持官吏的守丧解职制度：

（一）关于丁忧程序

明清丁忧只限于父母及承重祖父母（即父先于祖父母去世，长孙为祖父母承重），期亲丧服不许奔丧及守制。

明初允许百官闻丧不必等批准即可去官奔丧。至洪武二十六年（1393 年）始规定："凡内外官吏人等例合丁忧者，务要经由本部京官具奏，关给内府孝字号勘合，吏典人等札付应天府给引照回，在外官吏人等移文知会所在官司给引回还。"④ 必须等批准后方能奔丧，因此官吏丁忧往往不得见父母遗容，甚至来不及参加殡葬。

守丧丧期的计算，从闻丧日算起，至二十七月服满，不计闰月。丧

---

① 《明代律例汇编》，台北商务印书馆 1979 年版，第 610 页。
② 《读礼通考》卷一○八。
③ 《五服异同汇考》卷三。
④ 《读礼通考》卷一○八引《明会典》。

期内还要"取具官吏里邻人等结罪文状回报",①即取得原籍地方官及邻里关于该官吏父母确系死亡的证明(如伪证重罚)回报有关部门,以防止诈称父母丧。二十七月服满后立即起程赴任,"若有过期不行,文移催取到部,果无事故在家迁延者,皆送法司问罪"。②

文职官丁忧期间,俸禄以半俸发给。

(二)关于丁忧限制

明代规定武官及某些特殊官职不得丁忧解职。"明制,武官遭父母丧,不许解任奔赴"。嘉靖十六年(1537年)七月,四川道侍御史苏术上疏认为应该允许武臣丁忧持服,明世宗降旨:"武职无守制例,系祖宗成宪,(苏)术不谙法制,辄欲变更,本宜逮治,姑从轻降一级,调外任。"将苏术贬黜为滦州判官。③ 另外明代受限制的官职有钦天监官,"凡钦天监官,洪武十九年(1386年)令不守制,后许奔丧三个月";有匠官,"凡匠官丁忧者奔丧二十七日,赴部送监办事"。④

明初以来,衍圣公(孔子嫡系后裔,秩一品)"凡遇父母之丧,不行丁忧,即请承袭,与军职同"。明穆宗隆庆元年(1567年)吏部主事郭谏臣上疏:"鲁为上世秉礼义之国,而孔子又万世礼义之宗,今国家特世封为衍圣公,秩以一品者,正以圣人后为能守礼以表率天下之人耳。不使其子孙守三年之制,其何以责天下?乞许遵制丁忧,一如文臣。"于是"下廷臣议复,许照文臣终制起复,从之"。⑤ 从此孔子后裔也服三年丧。

(三)关于夺情起复

明初以来,大臣丁父母忧而朝廷夺情起复者比比皆是,朝廷吏部稽

---

① 《读礼通考》卷一〇八引《明会典》。
② 《读礼通考》卷一〇八引《明会典》。
③ 《明世宗实录》。
④ 《读礼通考》卷一〇八。
⑤ 《读礼通考》卷一〇八。

勋司专设有"起复科"。明代宗时规定外官不许夺情,但京官未禁。明英宗正统十二年(1447年)"令内外大小官员丁忧者不许保奏夺情起复"。景泰四年(1453年)吏科都给事中林聪又上疏要求京官不得夺情,代宗"嘉纳"。① 明英宗天顺年间,给事中乔毅奏请革除夺情,"至是始著为令,皆终三年制,虽间有夺情起复者,实出自朝廷勉留,非复前时之滥"。② 此后虽也有夺情起复,往往本人推辞,言官疏谏。如明宪宗成化二年(1466年)大学士李贤丁父忧,诏夺情起复,罗伦疏谏;成化十六年大学士刘吉丁父忧,诏起复视事,陈音劝辞。

也有朝廷虽诏起复,但本人恳辞坚决,终于服满三年的。最著名者为明武宗时内阁首辅杨廷和,正德九年(1514年)丁父忧,诏既葬夺服,杨廷和三次上疏恳辞,武宗才勉强应允。杨廷和的《恳乞终制疏》很有代表性,录之如下:

> 近日猥承圣眷,特命内官监左少监秦用赐臣玺书,趣臣还朝,臣具疏恳辞,未蒙俞允。赐以温淳之诏,假以忠勤之褒,奉诵再三,且感且泣。窃念臣一身自蚤岁以至今日,特受眷知,臣一家自先世以及后人,俱登仕籍,在国家有世臣之义,在臣子为不世之逢。虽樗栎之才不堪为用,而犬马之报恒切于心。前日亲奉玺书,既曰"葬毕即来供职,毋得故违";近日再承批答,又曰"特差敕使守取,以慰人望"。肃肃严命,荡荡厚恩,臣虽至愚,感切心肺。本欲随同敕使,即日就道;但念人生大伦,唯君与父。君臣之义固无所逃,而父子之恩终不可解。三年之爱,人子至情;三年之丧,古人中制。臣前疏所谓"亲丧不能自尽不可以为子,礼义或有少愆不可以范俗"者,此臣之志也,亦礼之经也。况臣之浅劣,自知甚明。羸瘠之

---

① 《读礼通考》卷一一〇引《吾学编》。
② 《读礼通考》卷一〇九。

躯,遽难驱于道路;哀毁之状,亦有觍于班行。陛下之所以召臣者,将以用之也,若出而心安志定,有益于时,勉强一出可也。出而无所建明,徒冒荣宠,不惟无补于风化,又或有累于圣朝,陛下亦将焉用之哉?伏望圣慈特赐矜悯,许终三年之制,以遂匹夫之情,愚臣幸甚,私门幸甚。①

杨廷和终丧之举,在士大夫公论中备受推崇。相反,在守丧问题上丢尽了脸面的,则是明神宗时的内阁首辅张居正。据《明神宗实录》,万历五年(1577年)十月,张居正闻父卒,虽然装模作样地上表乞归,实际意不欲奔丧守制,其党羽工部尚书李幼孜、大学士吕调阳等遂倡夺情之议。张居正之夺情较以往不同的是,不仅不想守丧三年,甚至连奔丧也想免去,较通常的既葬夺服更进了一步。正好此时天文观察又有星变之忌,于是人言汹汹,引发了公愤,编修吴中行、检讨赵用贤等相继论奏以为不可。张居正大怒,用杖笞、削籍、谪戍、罢归等各种手段镇压反对派。最终张居正留在南京,未去奔丧守制。自汉代以来,士大夫阶层一直将守丧与否看作是品评人品的重要标准,以至明清之际仍有人叹息:"张居正以不守制损其勋名。"明末,赵用贤之孙编修赵士春也在上疏中称:"臣祖先臣用贤当张居正蔑伦起复,特慷慨建言,为邹元标诸臣倡,几毙杖下。腊其败肉(将因杖打而腐败之肉腌起来),以示子孙。"②

第六节　关于守丧制度的思考

儒家的礼制是对文明社会人欲泛滥的担忧与限制,表达了儒家的禁欲主义理念,守丧制度与守丧法律是这一理念的极端化表现。守丧

---

① 引自《读礼通考》卷一一二。
② 《读礼通考》卷一一二。

期间要克制的几乎是人的一切自然欲望：权力欲（解官、禁考）、金钱欲（几乎没有经济收入）、性欲（禁止发生任何性行为）、美食欲（禁止饮酒吃肉）、娱乐欲（禁止作乐、博戏）、安居欲（倚庐寝苫枕块）等。但是两千多年来无论是以礼制方式还是以法制方式，中国人在实际的守丧行为方面并没有多大的改善，无论道学家如何推进道德整风，无论统治者如何修订守丧法律，真正较为普及做到的亦只有为父母守丧的百日卒哭、既葬除服而已，三年居丧尚不能普及，更遑论期丧、功丧。可以说从汉晋到明清，在守丧法律上绕了一个大圈，最终又回到原点。也就是说，道德的法律化并不能改变人性的善恶，无论如何教化与惩治，两千多年来的人性并无多大的变化。

如果要说变化，那就是人性变得更加伪善。由于统治集团对守丧行为的过分重视与强调，甚至将其作为品评人物、选拔官吏的基本标准，这就必然造就出大批的伪君子与沽名钓誉之徒。历代表旌的孝子中，大约有半数左右与其守丧行为上居礼、过礼的突出表现有关。有了这样的名声，就取得了被推荐为官的重要资格（如汉以后之"举孝廉"），还可以免征徭役、赋税。有如此的实惠，就不难解释古代社会中孝子辈出的现象了。古人云："举孝廉，父别居"，就是对此类伪君子的绝妙讽刺。东汉中期时，青州有个叫赵宣的平民，葬亲后居墓道中守丧二十余年，一时传为美谈，乡邑称孝，州郡礼请。但新任太守陈蕃一查访，发现赵宣的五个子女都是在守丧期间所生，陈蕃怒而办其罪。[①] 历代隐士中借居丧而扬名，待价而沽之人亦并不鲜见。更有甚者，还有以此而掩窃国之心的，如汉平帝崩，王莽擅定"天下吏六百石以上皆服丧三年"，借此举而进一步提高其忠孝名声，可是未几即"居摄践祚"，成了"摄皇

---

① 《后汉书·陈蕃传》。

帝"。① 这些只是后来败露的例子,而历代借守丧以沽名钓誉、终未败露之人,还不知有多少。

统治者一方面以守丧法律来约制官吏,以抬高官吏在民众中的道德典范形象,另一方面又考虑到绝大部分官吏其实并不愿意真正实施守丧,于是就创立了冠冕堂皇的"夺情起复"与"公除"制度,成为高级官吏与皇室成员逃避守丧的合法规避术。大凡奔丧守制的官吏,在葬卒哭之后就等着皇帝下诏"夺情起复",好不容易等到夺服诏书下达,却又要装模作样地推辞再三,因为不如此就不被时人看重。而事实上据清人徐乾学统计,从西汉至明末,史志中记载的真正能不顾皇帝下诏"夺服"仍坚持服满三年的官员总共不到30人。② 唐宋时期"百日起复"已成为规矩,明清时夺情限制稍严,就有居丧官吏四处请托保奏,时人称为"钻营起复"。朝中官吏对保奏起复往往一片附和声,以为自己将来居丧留条后路。偶然出现群起攻之而不同意起复的,往往是出于政治斗争的需要,如南宋史嵩之事件和明代张居正事件。

两千多年来统治集团对守丧行为的高调宣传对于性格真诚之人的危害却是毁灭性的。对上层官吏而言,自己并不打算真正去实施,却高调去动员民众与基层官吏,因此守丧制度真正的牺牲品都是普通民众与低级官吏。譬如古代风俗最为淳厚的南朝,居丧至孝尽礼有记录者36人,因居丧过于哀伤、毁瘠过礼而亡者10人,这些人的孝行感天动地,思想愚昧真诚,可以称之为崇高的愚昧者,而其中没有一个是高级官吏。宋代以后在守丧行为方面几乎没有毁瘠而亡之例,但愚昧依旧。

概而言之,守丧法律是中国古代道德法律化的主要表现形式之一,导致了道德的形式化与法律的等级化、立法的模糊化与司法的随意化,

---

① 《汉书·王莽传》。
② 引自《读礼通考》卷一一二。

其在思想上的最大负面效应就是扩张了人性的伪善,助长了社会尤其是官场的虚浮风气。

尾　声

　　五服制度在先秦至汉初，大致属于儒家学者的理论化阶段，汉以后为统治集团所接受而进入礼制阶段，魏晋以后则进入礼制与法制的并存阶段。以五服制度为代表的中国古代社会繁杂的等级制架构，是封建中央集权制下传统农业社会的必然产物。近代以来随着西方资产阶级平等思想的输入、民权运动的兴起，传统的封建等级制架构趋向解体。五服制度的终结标志，是1911年1月（宣统二年十二月）清政府正式颁布的《大清新刑律》。在这部中国近代效仿西方而制定的最早的专门刑法典中，原《大清律例》中"准五服制罪"的原则、守丧制度的律条、规定五服服饰的"丧服总图"等均被清除殆尽，五服制度在刑法上之效力就此终结。

　　民国北京政府时期，大理院在1914年公布的两个判例中规定：鉴于民法法典尚未颁布，前清现行律中的有关民事各条仍应认为继续有效。前清现行律即指《大清现行刑律》，颁布于1910年5月，是作为《大清新刑律》颁行前的过渡性法典，由大清律例删修而成，其重要变化之一就是规定民事案件不再科刑。北京政府宣布的前清现行律中民事有效部分包括服制图、服制（二者实为一事，前者以表列形式，后者以叙述形式）、名例、户役、田宅、婚姻、犯奸、斗殴、钱债以及户部则例中的户口、田赋。[①] 可见北京政府时期在民事案件的审理中服叙尊卑的等级

---

① 参见张国福：《中华民国法制简史》，北京大学出版社1986年版。

仍为有效。

  清末在制定《大清新刑律》的同时，已着手民法典的起草，于1911年(宣统三年)拟成《大清民律草案》，是为近代第一部民法草案，但未及颁布，辛亥革命即已爆发。北京政府时期一方面确认前清现行律中民事各条之效力，一方面继续修订民律草案，1915年(民国四年)拟成民律第二次草案(亲属编)，1925年、1926年(民国十四年、十五年)拟成民律第三次草案，但均未正式颁行。1929年、1930年(民国十八年、十九年)南京国民政府分四次正式公布《中华民国民法》，是中国历史上第一部正式民法典。在这部民法中，丧服制度的痕迹基本消除，亲等计算也正式采用罗马法亲等计算，而不再采用期亲、大功、小功、缌麻等传统法律中的亲等语汇。至此，五服制度在法律上的痕迹被完全清除。

  两千多年前，孔子及其弟子所创立的"五服"制度，无疑是适应中国古代宗法农业社会的一个天才的构思。一个存在了两千年的制度，必有它的合理之处；同样，一个两千年不变的制度，必有它的谬误之处。正如十九世纪法国哲学家皮埃尔·勒鲁所说："我们能够如此大胆地对于古代最伟大的天才提出批评，足见人类是进步了。正如人们常说的那样，我们是站在这些巨人肩膀上的矮子，纵然他们目光犀利，我们的视野却比他们更远，能够看到他们所看不到的东西。"[①]

[①] 〔法〕皮埃尔·勒鲁：《论平等》第四章，商务印书馆"汉译世界学术名著丛书"1988年版。

附录一 《仪礼·丧服》经、传、记文

(依据中华书局《十三经注疏》影印本,并由笔者标点并分段节)

一

　　丧服。斩衰裳,苴绖、杖、绞带,冠绳缨,菅屦者。[传曰]斩者何?不缉也。苴绖者,麻之有蕡者也。苴绖大搹,左本在下,去五分一以为带。齐衰之绖,斩衰之带也,去五分一以为带。大功之绖,齐衰之带也,去五分一以为带。小功之绖,大功之带也,去五分一以为带。缌麻之绖,小功之带也,去五分一以为带。苴杖,竹也;削杖,桐也。杖各齐其心,皆下本。杖者何?爵也。无爵而杖者何?担主也。非主而杖者何?辅病也。童子何以不杖?不能病也。妇人何以不杖?亦不能病也。绞带者,绳带也。冠绳缨,条属右缝,冠六升,外毕,锻而勿灰。衰三升。菅屦者,菅,菲也,外纳。居倚庐,寝苫枕块,哭昼夜无时。歠粥,朝一溢米,夕一溢米,寝不说(通"脱")绖带。既虞,翦屏柱楣,寝有席,食疏食水饮,朝一哭、夕一哭而已。既练,舍外寝,始食菜果,饭素食,哭无时。

　　父。[传曰]为父何以斩衰也?父至尊也。

　　诸侯为天子。[传曰]天子至尊也。

　　君。[传曰]君至尊也。

　　父为长子。[传曰]何以三年也?正体于上,又乃将所传重也。庶子不得为长子三年,不继祖也。

为人后者。[传曰]何以三年也？受重者必以重服服之。何如而可为之后？同宗则可为之后。何如而可以为人后？支子可也。为所后者之祖、父、母、妻，妻之父、母、昆弟，昆弟之子，若子。

妻为夫。[传曰]夫至尊也。

妾为君。[传曰]君至尊也。

女子子在室为父，布总、箭笄、髽、衰，三年。[传曰]总六升，长六寸。箭笄长尺，吉笄尺二寸。

子嫁反在父之室，为父三年。

公士大夫之众臣，为其君布带、绳屦。[传曰]公卿大夫室老、士，贵臣，其余皆众臣也。君，谓有地者也。众臣杖，不以即位。近臣，君服斯服矣。绳屦者，绳菲也。

二

疏衰裳，齐，牡麻绖，冠布缨，削杖，布带，疏屦，三年者。[传曰]齐者何？缉也。牡麻者，枲麻也，牡麻绖右本在上。冠者，沽功也。疏屦者，藨蒯之菲也。

父卒则为母。

继母如母。[传曰]继母何以如母？继母之配父，与因母同，故孝子不敢殊也。

慈母如母。[传曰]慈母者何也？[传曰]妾之无子者，妾子之无母者，父命妾曰："女以为子。"命子曰："女以为母。"若是，则生养之，终其身如母，死则丧之三年如母，贵父之命也。

母为长子。[传曰]何以三年也？父之所不降，母亦不敢降也。

疏衰裳，齐，牡麻绖，冠布缨，削杖，布带，疏屦，期者。[传曰]问者曰：何冠也？曰：齐衰、大功，冠其受也；缌麻、小功，冠其衰也。带缘各视其冠。

父在为母。[传曰]何以期也？屈也。至尊在，不敢伸其私尊也。父必三年然后娶，达子之志也。

妻。[传曰]为妻何以期也？妻至亲也。

出妻之子为母。[传曰]出妻之子为母期，则为外祖父母无服。[传曰]绝族无施服，亲者属。出妻之子为父后者，则为出母无服。[传曰]与尊者为一体，不敢服其私亲也。

父卒继母嫁，从，为之服，报。[传曰]何以期也？贵终也。

不杖，麻屦者。

祖父母。[传曰]何以期也？至尊也。

世父母，叔父母。[传曰]世父、叔父何以期也？与尊者一体也。然则昆弟之子何以亦期也？旁尊也，不足以加尊焉，故报之也。父子一体也，夫妻一体也，昆弟一体也。故父子首足也，夫妻胖合也，昆弟四体也，故昆弟之义无分。然而有分者，则辟子之私也。子不私其父，则不成为子。故有东宫，有西宫，有南宫，有北宫，异居而同财。有余则归之宗，不足则资之宗。世母、叔母何以亦期也？以名服也。

大夫之嫡子为妻。[传曰]何以期也？父之所不降，子亦不敢降也。何以不杖也？父在则为妻不杖。

昆弟。

为众子。

昆弟之子。[传曰]何以期也？报之也。

大夫之庶子为嫡昆弟。[传曰]何以期也？父之所不降，子亦不敢降也。

嫡孙。[传曰]何以期也？不敢降其嫡也。有嫡子者无嫡孙，孙妇亦如之。

为人后者为其父母，报。[传曰]何以期也？不贰斩也。何以不贰斩也？持重于大宗者,降其小宗也。为人后者孰后？后大宗也。曷为后大宗？大宗者,尊之统也。禽兽知母而不知父。野人曰:父母何筭焉。都邑之士则知尊祢矣,大夫及学士则知尊祖矣,诸侯及其大祖,天子及其始祖之所自出。尊者尊统上,卑者尊统下。大宗者,尊之统也;大宗者,收族者也;不可以绝。故族人以支子后大宗也,嫡子不得后大宗。

女子子适人者为其父母、昆弟之为父后者。[传曰]为父何以期也？妇人不贰斩也。妇人不贰斩者何也？妇人有三从之义,无专用之道,故未嫁从父,既嫁从夫,夫死从子。故父者,子之天也;夫者,妻之天也。妇人不贰斩者,犹曰不贰天也,妇人不能贰尊也。为昆弟之为父后者何以亦期也？妇人虽在外,必有归宗,曰小宗,故服期也。

继父同居者。[传曰]何以期也？[传曰]夫死,妻稚子幼,子无大功之亲,与之适人。而所适者亦无大功之亲,所适者以其货财为之筑宫庙,岁时使之祀焉,妻不敢与焉,若是则继父之道也。同居则服齐衰期,异居则服齐衰三月。必尝同居,然后为异居。未尝同居,则不为异居。

为夫之君。[传曰]何以期也？从服也。

姑、姊妹、女子子适人无主者,姑、姊妹报。[传曰]无主者,谓其无祭主者也。何以期也？为其无祭主故也。

为君之父母、妻、长子、祖父母。[传曰]何以期也？从服也。父母、长子,君服斩;妻则小君也;父卒然后为祖后者服斩。

妾为女君。[传曰]何以期也？妾之事女君,与妇之事舅姑等。

妇为舅姑。[传曰]何以期也？从服也。

夫之昆弟之子。[传曰]何以期也？报之也。

公妾、大夫之妾为其子。[传曰]何以期也？妾不得体君,为其子得遂也。

女子子为祖父母。[传曰]何以期也？不敢降其祖也。

大夫之子为世父母、叔父母、子、昆弟、昆弟之子，姑、姊妹、女子子无主者，为大夫命妇者。唯子不报。〔传曰〕大夫者，其男子之为大夫者也。命妇者，其妇人之为大夫妻者也。无主者，命妇之无祭主者也。何以言唯子不报也？女子子适人者，为其父母期，故言不报也，言其余皆报也。何以期也？父之所不降，子亦不敢降也。大夫曷为不降命妇也？夫尊于朝，妻贵于室矣。

大夫为祖父母、嫡孙为士者。〔传曰〕何以期也？大夫不敢降其祖与嫡也。

公妾以及士妾为其父母。〔传曰〕何以期也？妾不得体君，得为其父母遂也。

疏衰裳，齐，牡麻绖，无受者。

寄公为所寓。〔传曰〕寄公者何也？失地之君也。何以为所寓服齐衰三月也？言与民同也。

丈夫、妇人为宗子、宗子之母妻。〔传曰〕何以服齐衰三月也？尊祖也。尊祖故敬宗，敬宗者，尊祖之义也。宗子之母在，则不为宗子之妻服也。

为旧君、君之母妻。〔传曰〕为旧君者，孰谓也？仕焉而已者也。何以服齐衰三月也？言与民同也。君之母、妻，则小君也。

庶人为国君。

大夫在外，其妻、长子为旧国君。〔传曰〕何以服齐衰三月也？妻，言与民同也；长子，言未去也。

继父不同居者。

曾祖父母。〔传曰〕何以齐衰三月也？小功者，兄弟之服也，不敢以兄弟之服服至尊也。

大夫为宗子。〔传曰〕何以服齐衰三月也？大夫不敢降其宗也。

旧君。〔传曰〕大夫为旧君何以服齐衰三月也？大夫去，君扫其宗庙，故服齐衰三月也，言与民同也。何大夫之谓乎？言其以道去君，而犹未绝也。

曾祖父母为士者，如众人。[传曰]何以齐衰三月也？大夫不敢降其祖也。

女子子嫁者、未嫁者为曾祖父母。[传曰]嫁者，其嫁于大夫者也。未嫁者，其成人而未嫁者也。何以服齐衰三月？不敢降其祖也。

三

大功布衰裳，牡麻绖，无受者。

子、女子子之长殇、中殇。[传曰]何以大功也？未成人也。何以无受也？丧成人者其文缛，丧未成人者其文不缛。故殇之绖不樛垂，盖未成人也。年十九至十六为长殇，十五至十二为中殇，十一至八岁为下殇，不满八岁以下皆为无服之殇。无服之殇以日易月，以日易月之殇，殇而无服。故子生三月则父名之，死则哭之，未名则不哭也。

叔父之长殇、中殇。姑、姊妹之长殇、中殇。昆弟之长殇、中殇。夫之昆弟之子、女子子之长殇、中殇。嫡孙之长殇、中殇。大夫之庶子为嫡昆弟之长殇、中殇。公为嫡子之长殇、中殇。大夫为嫡子之长殇、中殇。

其长殇皆九月，缨绖。其中殇七月，不缨绖。

大功布衰裳，牡麻绖，缨，布带，三月受以小功衰，即葛，九月者。[传曰]大功布九升，小功布十一升。

姑、姊妹、女子子适人者。[传曰]何以大功也？出也。

从父昆弟。

为人后者为其昆弟。[传曰]何以大功也？为人后者，降其昆弟也。

庶子。

嫡妇。[传曰]何以大功也？不降其嫡也。

女子子适人者为众昆弟。

姪丈夫、妇人，报。[传曰]姪者何也？谓吾姑者，吾谓之姪。

夫之祖父母、世父母、叔父母。[传曰]何以大功也？从服也。夫之昆弟何以无服也？其夫属乎父道者，妻皆母道也。其夫属乎子道者，妻皆妇道也。谓弟之妻妇者，是嫂亦可谓之母乎？故名者，人治之大者也，可无慎乎？

大夫为世父母、叔父母、子、昆弟、昆弟之子为士者。[传曰]何以大功也？尊不同也。尊同则得服其亲服。

公之庶昆弟、大夫之庶子为母、妻、昆弟。[传曰]何以大功也？先君余尊之所压，不得过大功也。大夫之庶子，则从乎大夫而降也。父之所不降，子亦不敢降也。

皆为其从父昆弟之为大夫者。

为夫之昆弟之妇人子适人者。

大夫之妾为君之庶子。

女子子嫁者、未嫁者为世父母、叔父母、姑、姊妹。[传曰]嫁者，其嫁于大夫者也。未嫁者，成人而未嫁者也。何以大功也？妾为君之党服，得与女君同。下言为世父母、叔父母、姑、姊妹者，谓妾自服其私亲也。

大夫、大夫之妻、大夫之子、公之昆弟为姑、姊妹、女子子嫁于大夫者。君为姑、姊妹、女子子嫁于国君者。[传曰]何以大功也？尊同也，尊同则得服其亲服。诸侯之子称公子，公子不得称先君；公子之子称公孙，公孙不得祖诸侯——此自卑别于尊者也。若公子之子孙有封为国君者，则世世祖是人也，不祖公子——此自尊别于卑者也。是故始封之君不臣诸父、昆弟，封君之子不臣诸父而臣昆弟，封君之孙尽臣诸父、昆弟。故君之所为服，子亦不敢不服也；君之所不服，子亦不敢服也。

四

缌衰裳,牡麻绖,既葬除之者。[传曰]缌衰者何？以小功之缌也。

诸侯之大夫为天子。[传曰]何以缌衰也？诸侯之大夫以时接见乎天子。

五

小功布衰裳,澡麻带、绖,五月者。

叔父之下殇。嫡孙之下殇。昆弟之下殇。大夫庶子为嫡昆弟之下殇。为姑、姊妹、女子子之下殇。为人后者为其昆弟、从父昆弟之长殇。[传曰]问者曰："中殇何以不见也？"大功之殇中从上,小功之殇中从下。

为夫之叔父之长殇。昆弟之子、女子子、夫之昆弟之子、女子子之下殇。为侄、庶孙丈夫、妇人之长殇。大夫、公之昆弟、大夫之子为其昆弟、庶子、姑、姊妹、女子子之长殇。大夫之妾为庶子之长殇。

小功布衰裳,牡麻绖,即葛,五月者。

从祖祖父母、从祖父母,报。从祖昆弟。从父姊妹。孙适人者。为人后者为其姊妹适人者。

为外祖父母。[传曰]何以小功也？以尊加也。

从母,丈夫、妇人报。[传曰]何以小功也？以名加也。外亲之服皆缌也。

夫之姑、姊妹。

娣姒妇,报。[传曰]娣姒妇者,弟长也。何以小功也？以为相与居室中,则生小功之亲焉。

大夫、大夫之子、公之昆弟为从父昆弟、庶孙、姑、姊妹、女子子适士者。

大夫之妾为庶子适人者。

庶妇。

君母之父母、从母。[传曰]何以小功也？君母在，则不敢不从服；君母不在，则不服。

君子子为庶母慈己者。[传曰]君子子者，贵人之子也。为庶母何以小功也？以慈己加也。

六

缌麻，三月者。[传曰]缌者，十五升抽其半，有事其缕、无事其布曰缌。

族曾祖父母、族祖父母、族父母、族昆弟。

庶孙之妇。庶孙之中殇。

从祖姑、姊妹适人者，报。从祖父、从祖昆弟之长殇。

外孙。

从父昆弟、侄之下殇。夫之叔父之中殇、下殇。从母之长殇，报。

庶子为父后者为其母。[传曰]何以缌也？[传曰]与尊者为一体，不敢服其私亲。然则何以服缌也？有死于宫中者，则为之三月不举祭，因是以服缌也。

士为庶母。[传曰]何以缌也？以名服也。大夫以上为庶母无服。

贵臣、贵妾。[传曰]何以缌也？以其贵也。

乳母。[传曰]何以缌也？以名服也。

从父昆弟之子。

曾孙。

父之姑。

从母昆弟。[传曰]何以缌也？以名服也。

甥。[传曰]甥者何也？谓吾舅者，吾谓之甥。何以缌也？报之也。

壻。[传曰]何以缌？报之也。

妻之父母。[传曰]何以缌？从服也。

姑之子。[传曰]何以缌？报之也。

舅。[传曰]何以缌？从服也。

舅之子。[传曰]何以缌？从服也。

夫之姑、姊妹之长殇。夫之诸祖父母，报。

君母之昆弟。[传曰]何以缌？从服也。

从父昆弟之子之长殇。昆弟之孙之长殇。

为夫之从父昆弟之妻。[传曰]何以缌也？以为相与同室，则生缌之亲焉。长殇、中殇降一等，下殇降二等。齐衰之殇中从上，大功之殇中从下。

七

[记]

公子为其母，练冠，麻，麻衣縓缘；为其妻，縓冠，葛绖带，麻衣縓缘。皆既葬除之。[传曰]何以不在五服之中也？君之所不服，子亦不敢服也。君之所为服，子亦不敢不服也。

大夫、公之昆弟、大夫之子于兄弟降一等。

为人后者于兄弟降一等，报。于所为后之兄弟之子，若子。

兄弟皆在他邦，加一等。不及知父母，与兄弟居，加一等。[传曰]何如则可谓之兄弟？[传曰]小功以下为兄弟。

朋友皆在他邦，袒免，归则已。

朋友麻。

君之所为兄弟服,室老降一等。

夫之所为兄弟服,妻降一等。

庶子为后者,为其外祖父母、从母、舅无服;不为后,如邦人。

宗子孤为殇,大功衰、小功衰皆三月,亲则月算如邦人。

改葬,缌。

童子唯当室缌。[传曰]不当室则无缌服也。

凡妾为私兄弟如邦人。

大夫吊于命妇,锡衰;命妇吊于大夫,亦锡衰。[传曰]锡者何也?麻之有锡者也。锡者,十五升抽其半。无事其缕,有事其布曰锡。

女子子适人者为其父母,妇为舅姑,恶笄有首以髽。卒哭,子折笄首以笄,布总。[传曰]笄有首者,恶笄之有首也。恶笄者,栉笄也。折笄首者,折吉笄之首也。吉笄者,象笄也。何以言子折笄首而不言妇?终之也。

妾为女君、君之长子,恶笄有首,布总。

凡衰外削幅,裳内削幅,幅三袧。

若齐,裳内衰外。

负广出于适寸。

适博四寸,出于衰。

衰长六寸,博四寸。

衣带下尺。

衽二尺有五寸。

袂属幅。

衣二尺有二寸。

祛尺二寸。

衰三升、三升有半。其冠六升。以其冠为受,受冠七升。

齐衰四升,其冠七升。以其冠为受,受冠八升。

缌衰四升有半,其冠八升。

大功八升若九升。

小功十升若十一升。

附录二　笔者相关论文四篇

［论文一］　宗祧继承论

宗祧继承制度是中国传统法律制度的重要组成部分，宗祧继承观念也是儒家思想的理论基石之一。在儒家尚实致用的理性主义传统中，宗教精神极为缺乏，庶几仅限于家庭对于祖先的崇拜，反映在礼法实体中，就是宗祧继承制度。对于宗祧继承的概念，学术界包括法制史学界在内，始终未有明确的界定，历来的中国法制史著论中，有认为"宗祧继承即嫡长继承"[①]者，甚而至于认为"宗祧继承……源于宗法制度的嫡长继承制"[②]。因此，对于宗祧继承的源流、演变、法律适用以及与嫡长继承之区别等，均有做进一步探索、研究的必要，以期对于宗祧继承有一个客观、全面的了解。

一、"宗祧"正源

"宗祧"一词，起源于先秦宗庙制度。宗庙在先秦时，是贵族供奉、祭祀祖先牌位的地方。据《礼记·祭法》及汉郑玄注、唐孔颖达疏：西周天子共立七庙，准确地说是五庙二祧。五庙即考（父）庙、王考（祖）庙、

[①]　《中国法制史纲》，浙江人民出版社1986年版，第112页。
[②]　《中国法律制度史》，同济大学出版社1986年版，第119页。

皇考(曾祖)庙、显考(高祖)庙、祖考(始祖,即后稷,也称大祖、太祖)庙;二祧即文王庙、武王庙。七庙中,父、祖、曾祖、高祖四庙称四亲庙。四亲庙只是祖先死后冥路上必经的四个客栈,一旦后死者挤上来,先死者就要被挤出去。始祖庙与二祧庙则有固定的祭祀对象,即后稷与文、武二王,此三庙也是最终寄藏被挤出四亲庙的祖先神主(牌位)之所。后稷以后、文王以前之先公神主寄藏于始祖庙,武王以后之先王神主被挤出四亲庙后则按昭穆辈行分别寄藏于文、武二祧庙。① 二祧是天子宗庙之特例,约在西周穆王、共王时,文王、武王先后被挤出四亲庙,二王神主本应迁藏入始祖庙,但由于二王开国之功德,故特留二庙,称祧而不称庙,专祀文、武二王。孔颖达疏云:"(二王)本应迁入例,特为功德而留,故谓之祧。"可见祧专祀功德之主,非指始祖,祧也是宗庙制度中后起之制。所以郑玄注明确说:"天子有二祧,诸侯无祧。"这就是说,有祧无祧是天子宗庙与诸侯宗庙的一大区别。因此可以说,"宗祧"一词的最初含义仅指天子宗庙而言,也借指天子血统。

郑玄在《礼记·祭法》注中称"天子有二祧,诸侯无祧。"但在《仪礼·聘礼》注中却云:"迁主所在曰祧。周礼天子七庙,文武为祧;诸侯五庙,则祧始祖也。是亦庙也言祧者,祧尊而庙亲。"这就是说,凡寄藏被挤出四亲庙以外的祖先神主(即迁主,也称毁庙之主)之所都可称祧,诸侯以始祖庙(诸侯五庙为:始祖庙、高祖庙、曾祖庙、祖庙、父庙)寄藏迁主,于是诸侯始祖庙也可称祧。既然如此,天子始祖庙即后稷庙也可称祧,天子应是三祧,为何止称"二祧"? 唐时,孔颖达已看出这一问题,但无法解释郑玄的这一矛盾。清胡培翚在《礼仪正义·聘礼》中打了个圆场,认为西周本为三祧,因为"以后稷庙称太庙,故止二祧也。"但这一解释总显牵强。

---

① 《周礼·春官·守祧》郑玄注。

其实郑玄的两种解释都不错,只是时代不同,前者指西周时期,后者指春秋时期,这就是礼法制度与称谓的"因时损益"的一面。西周人重德,一改夏商宗庙制度而特为文王、武王两位功德之主留庙不毁,又因为二王的建国功德实际已超越了其始祖后稷,故又专门起了个"祧"的名称。郑玄注:"祧之言超也,超上去意也。"[①]而诸侯是分封的,非由功德而立,所以宗庙也就没有"祧"。"祧"成为天子宗庙之特制。由于西周历代天子之地位不能超越于二王,故在迁出四亲庙后其神主均寄藏于文武二祧,祧之实际地位逐渐高于始祖庙,始祖庙反而被冷落了。这样一来,"祧"成为实际上的始祖,"祧"也就具备了"功德"加"始祖"的双重含义。春秋时期,诸侯势力渐盛,天子权制下移,诸侯争霸天下,各各以图一统。其野心表现在宗庙称谓上,就是诸侯对其始祖也开始僭称为"祧","宗祧"一词成为"宗庙"的代名词。《左传》一书,言"祧"凡两处(见襄公九年、昭公元年条),言"宗祧"凡七处(见襄公二十三年、二十六年、昭公四年、七年、二十年、三十一年、哀公二十三年条),多为诸侯宗庙之代称,就是这个道理。甚至连在西周时只有立亲庙资格而无立始祖庙资格的卿大夫这时也将"祧'作为祖先的代名词了。《左传》昭公元年:"其敢爱丰氏之祧。"杜预注:"祧,远祖庙。"孔颖达疏云:"此公孙段(丰氏)是穆公之孙子丰之子,其家唯有子丰之庙,君若特赐,或得立穆公之庙耳,其家无远祖庙也。杜(预)言远祖庙者,顺传文且据正法言之。"可见当时"祧"之称谓已不据正法了。《左传》襄公九年注:"诸侯以始祖之庙为祧。"《后汉书·祭祀志》注:"一世为祧。"这些记载都反映了这一后起概念。

"宗祧"一词始于《左传》,但其后在前四书(《史记》、《汉书》、《后汉书》、《三国志》)中,未见再出(据原哈佛燕京学社引得编纂处编印之前

---

① 《礼记·祭法》注。

四书《引得》),或与秦以后之强化中央集权、削抑藩权有关。"祧"之成为宗庙、祖先祭祀之泛称,凡夫俗子之皆可侈言"宗祧",也许是六朝甚至唐宋以后之事了。

二、宗祧继承的理论基础——血食观念

吕思勉先生曾经指出:"中国人所以必欲立后,盖出于'不孝有三,无后为大'之说。古人所以为此说,则以其谓鬼犹求食之故。"[①]可谓一语中的。远古的中国人是相信灵魂不灭的,人死了以后成鬼,从天子至庶民都是一样的。《礼记·祭法》云:"山林、川谷、丘陵能出云,为风雨,见怪物,皆曰神。……其万物死者皆曰折,人死曰鬼,此五代(指黄帝、尧舜、禹、汤、周)之所不变也。"古人认为肉体已灭的鬼仍然有饮食的欲望,"鬼犹求食",所以需要人间的子孙定时杀牲取血,通过祭祀方式来供养,这就叫血食。《汉书·高帝纪》注:"祭者尚血腥,故曰血食也。"血食祭祀的方式即是杀生之后,"以血滴于地而祭之"[②]。古人对祭神、祭鬼的方式区分得很清楚:祭神如昊天上帝、日月星辰、风师、雨师等皆以禋祀、实柴、槱燎的方式,都是积柴而焚祭物,盖因烟气上升可招来神灵;祭地、祭山林川泽则用狸沈(狸,埋也;沈,沉也)祭物的方式,以直接达于神灵;祭祖先则以牲血滴于地[③],因鬼魂的主要活动场所在地下,血渗于地则可招致鬼魂,同时牲血又隐含血统之意,只招那些与祭者有血统关系的鬼魂来享用祭物。笔者相信远古时期最早的血祭可能是祭者刺己血滴地以招祖先,以后才演化为以牲血滴地的。

血食祭祀的一个基本原则,是血食必须要与死者有血统关系的男系男性子孙来提供,否则鬼魂是不能享用的。古训"神不歆(享食)非

---

① 吕思勉:《中国制度史》第八章《宗族》。
② 林尹:《周礼今注今译》卷五注采金鹗说。
③ 《周礼·春官·大宗伯》。

类，民不祀非族"，①就是这个意思。如果血统关系一旦中断（即无男系继承人），死去的祖先享用不到血食，就会变成"馁鬼"。春秋时楚国令尹子文见其侄子越椒有熊虎之状、豺狼之声，认为其将来必有"狼子野心"，对若敖氏宗族不利。子文想除掉子越椒，但遭到其（弟子越椒之父）子良的拒绝。子文临终遗憾的对族人说："鬼犹求食，若敖氏之鬼，不其馁而？"后若敖氏宗族果因子越椒反叛而被楚王所灭。② 后人因以"若敖氏之鬼"或"若敖鬼馁"来比喻绝嗣。如果以异姓为后，也等于自灭其嗣，故鄫子以外孙为后，《春秋》书"莒人灭鄫"。③

鬼魂对血食的需要如果得不到满足，就可能成为"厉鬼"而害人。郑国伯有（良宵）反叛被杀，不应立其后祀，据说有人梦见伯有之鬼魂披戴盔甲而来，扬言要杀死驷带与公孙段。后二人果死，人心大惶。于是，子产为安抚民心，立良止为伯有之后，并封大夫，使伯有之鬼魂有享用祭祀之所。此后伯有之鬼魂果然消匿。有人问子产为何替反叛之人立后，子产说："鬼有所归，乃不为厉，吾为之归也。"④所以在古人看来，血食的延续真是死人活人、天上人间的头等大事。因此孟子言："不孝有三，无后为大"；《通典》卷九也云："三千之罪，无后为重。"

儒家继承古代传统，宣扬血食祭祀的重要，只是将其作为维系家族制度的一种手段，而不是为了宣传鬼神迷信。相对而言，墨家倒是竭力宣扬鬼神迷信的，只要见《墨子·明鬼篇下》即可明白，但其也是为了达到天下不乱的目的，也着力于现世精神。孔子不语怪力乱神，血食祭祀可以说是儒家理性主义传统中的唯一缺口。所以，对于鬼魂在地下究竟是如何生活的，儒家从不愿深究，也不承认鬼神对现世生活的干预作

---

① 《左传》僖公十年。
② 《左传》宣公四年。
③ 《公羊传》襄公六年。
④ 《左传》昭公七年。

用。《左传》记载了伯有为厉一事,还遭到后人的抨击,杜预认为:"左氏以此令后世信其然,废仁义而祈福于鬼神,此大乱之道也。"[①]至于地狱之说与来世投胎之说,则是释教东传及道家成为宗教以后的事了。

在血食观念的基础上,衍生出了宗祧继承制度。宗祧继承即是以祭祀祖先为目的的男系宗统的继承。一般说来,无论男子或女子死后均可享受子孙的血食祭祀,但由于血食的提供者只限于男系男性子孙,所以宗祧继承也仅限止在男系男性的范围,女子不能参与祭祀,也就丧失了宗祧继承权。无疑地,以血食观念为理论基础的宗祧继承制度主要作用之一就是确立了男子在人间社会中的统治地位。

先秦以来偶有"巫儿"之俗,由女主祭。《汉书·地理志下》载齐襄公时"令国中民家长女不得嫁,名曰'巫儿',为家主祠。嫁者不利其家,民至今以为俗。"《左传》哀公六年注也云:"齐妇人首祭事。"即巫儿主祭之事。但这个别地区的风俗毕竟敌不过强大的正统血食观念,汉以后其俗渐亡,史不继书。

三、宗祧继承的形式流变——从大宗祧到小宗祧

由于政治制度的变异,历代宗祧继承的形式也有所不同。西周宗法制下的宗祧继承采取嫡长主祭、大宗立后的形式,以嫡长子为宗族血祀的正统继承人,代代相承,称为"大宗",也叫"宗子",嫡长子以外均称为"小宗"。一个宗族中,宗子只有一人,而小宗无数,小宗之嫡长子,至五世迁宗以后才成为宗子。宗子之责任,在于祭祖、敬宗、收族。宗子握有主持祭祀主权,小宗则只能陪祭。祖先之血食只仰赖于宗子,故小宗无子不需立嗣,《公羊传》庄公二十四年解诂:"小宗无子则绝。"小宗死后只要祔祭于宗庙,称为"祔食",不必担心死后的血食问题。但宗子

[①] 《春秋左传集解》昭公七年疏。

主祭,是血食的提供者,故宗子必须有继承人,如宗子无子,则以小宗之庶子过继给宗子。《仪礼·丧服》传云:"大宗者,尊之统也,大宗者,收族者也,不可以绝。故族人以支子后大宗也。"即使小宗只有一个儿子,也要过继给大宗为后,即汉石渠议所谓"族无庶子,则当绝父以后大宗"①是也。小宗绝后只不过断绝了日后五世迁宗、另立祖庙的可能,血食仍不会绝。但宗子断不能绝后,因为宗子是宗族存亡、血食存亡的标志。所以在先秦宗祧制度中,只有大宗立后,而无小宗立后,我们姑且称之为"大宗祧制"。黄宗羲曰:"古来宗法,有大宗,有小宗,余子无后者祔祭于宗子之庙,大宗不可绝,故族人以支子后大宗。非大宗而立后者,古未有也。今一人必求一继者,世俗之瞽说也。""一人一继"即小宗祧,黄说未看到大宗祧向小宗祧过渡的必然性,故斥之为"瞽说"。在先秦世卿世禄制下,保证了宗子拥有稳固的政治世袭地位与爵禄收入;在宗族同产制下,又保证了宗子拥有支配宗族财产的权力。《仪礼·丧服》云:"异居而同财,有余则归之宗,不足则资之宗。"这就使宗子的祭祖、收族得到了不可动摇的政治地位与取之不竭的经济来源的保证。由此也可见,大宗祧制只有在祭权、政权、财权三位一体的大气候下才有可能得以实现与巩固。

官僚政治的形成,导致宗祧继承的形式由嫡长主祭、大宗立后的大宗祧制向家自为祭、人皆立后的小宗祧制转化。秦汉以后,一方面由于历经战乱,宗系荡然,分不清谁是小宗,谁是宗子,所谓"汉家求三代之后弗得"②(《史记》中姓与氏不分的情况也反映了这个问题)。小宗一旦无后,则死后不知何处可以"祔食"。另一方面,由于废除了世卿世禄制,宗子失去了世袭政治地位与爵邑收入,所以即使知道谁是宗子,其

---

① 《通典》卷九六"总论为人后议"。
② 《通典》卷九六引晋范汪《祭典》。

也无力收族,主祭之事当然也无从谈起。大宗无力主祭,小宗也就失去了"祔食"的依靠,如果没有儿子,死后的血食必须自己生前早为谋划,于是小宗无子也开始立嗣。同时,由于宗族同产制瓦解,分居风气普及,也使无子之家必须考虑死后的财产继承问题。这样一来,人人无子都可以立后,家家祭祖都可以自为。秦汉以后这种家自为祭、人皆立后的形式解决了西周大宗祧制瓦解以后的血食提供与财产继承问题。我们可以称之为"小宗祧制"。

在"大宗祧制"下,长兄即大宗无子,可以立弟之子为后,反之则绝无弟立兄之子为后之事;而在"小宗祧制"下,人人无子均可立后,于是就出现了弟立兄子为嗣之事。反过来说,有弟立兄子为嗣之事,也就证实了"小宗祧"的存在。如《后汉书·儒林列传》记,伏氏兄弟三人,老大未显达,老二伏湛位至司徒,老三伏黯位至光禄勋,伏黯无子,立长兄之子伏恭为后。① 伏恭后位至司空。

甚至还有立异姓为嗣之事。刘备生子刘禅之前,曾养外甥寇封为嗣,改刘姓,事见《三国志·蜀志·刘封传》;吴国朱治无子,征得孙策同意,以外甥施然为嗣,改朱姓,事见《三国志·吴志·朱然传》。立异姓为嗣说明小宗祧制盛行后,人皆立嗣已成为风气,如无兄弟之子或同姓之子,往往立姊妹之子即外甥为嗣。这就将男系男性的继承扩大到女系男性的继承,锋芒直逼宗祧继承的理论基础——血食观念,关系到宗祧继承制的存亡,故唐以后对异姓为嗣法律上严禁之。

四、宗祧继承的法律保障——立嗣制度

宗祧继承的目的,是要解决死后的血食祭祀,这在多子家庭中,无论是嫡长主祭还是轮流当祭,都不影响实质问题,只是血食提供渠道改

---

① 《后汉书·儒林列传·伏恭传》,《太平御览》卷五一二。

变而已。所以,宗祧继承的关键所在,始终是无子立嗣问题,所谓无子立嗣,即指自身未能生育儿子而立他人之子为自己的宗祧继承人,也称立后。嗣子和养子同为收养之子,秦汉以后在财产继承上也少有区别,但前者为宗祧继承人,负责养父母的老来奉侍与死后的血食祭祀;后者则只承担养老义务。故嗣子在礼法上也称"为人后者",其养父母也称"所后父母",以区别于普通养子与养父母的关系。由于血食祭祀必须男性,所以不仅未能生育者需要立嗣,有女无子之家也要立嗣。

秦汉以后虽然小宗无子者皆可立嗣,但受血食观念的影响,法律上(特别是唐代以后之法律)对立嗣范围有严格的限制:

首先,必须同姓同宗方能立嗣。历代法律中严禁立异姓为嗣,如《唐律·户婚律》规定:"即养异姓男者,徒一年;与者,笞五十。"不仅禁止收养异姓男子,而且将己子给与异姓为子者也要处罚。《疏议》曰:"异姓之男,本非族类。"正是"神不歆非类,民不祀非族"论的翻版,认为死去的人无法享用异姓人的祭祀供奉。由于女子本不能承嗣,所以养异姓女法律上并不干预。另外出于人道主义的考虑,古代法律上允许收养3岁以下的异姓弃儿(宋以后凡3岁以下抱养亦可),并改从养父之姓。这种从小收养之子,感情上容易融通,几同亲生,其养父母往往不愿再另立嗣子。唐宋法律对此采取不干预态度,遇到养父已亡而族人与其异姓养子争继夺产之事,官府也往往尊重死者本人的意愿。这一点,体现了中国传统法律通达的一面,"人情到处便是法"。如南宋时人丁一之无子,生前抱养了异姓王安未满3岁的儿子为后,丁一之死后,其弟丁用之告到官府,想以自己的儿子去顶替其兄的养子以承继家产。法官赵庸斋判决:"一之生前抱养,与亲生同,而一之既自有子,用之不得干预。"[①]明清时由于竭力维护宗族利益,防止外姓乱宗,法律上

---

① 《明公书判清明集》卷八"生前乞养"条,中华书局1987年版。

虽允许收养3岁以下之异姓之子，"但不得以无子遂立为嗣"[①]这就断了异姓为后之路。因此，明清时无子之家虽已收养异姓养子，仍需另立一同姓同宗嗣子以延续香火，否则死后只要族人告官，仍须立继。

其次，同姓同宗中只能以昭穆相当者为嗣。《唐律·户婚律》疏议引《户令》云："无子者，听养同宗于昭穆相当者。"昭穆即辈分，立嗣子必须在同宗诸侄辈中选择，立嗣孙必须在同宗诸孙辈中选择。昭穆相当是儒家人伦之大要，绝不允许混淆的。在诸侄辈中究竟选择谁为嗣子？从血食观念言，当然以血缘关系愈近者祭祀效果愈佳，因此兄弟之子自然成为第一继承顺序，习俗上也以兄弟之子为嗣子者最为普遍。故古代兄弟之子也称"犹子"，犹如己子之意。但考虑到感情和睦等因素，法律中一般并不强制规定立嗣顺序。如《清律·户律》"立嫡子违法条例"一方面规定："先尽同父周亲，次及大功、小功、缌麻，如俱无，方许择立远房及同姓为嗣。"同时又网开一面，"无子立嗣，若应继之人平日先有嫌隙，则于昭穆相当宗族内择贤择爱，听从其便"；"其或择立贤能及所亲爱者，若于昭穆伦序不失，不许宗族指以次序告争"，[②]实际仍然是允许立嗣者在同宗诸侄辈中自由选择（"立爱"），以避免因立嗣导致家族内部矛盾的激化。

第三，嗣子年龄不得大于养父。如南宋《隆兴敕》规定："其生前所养，须小于所养父之年龄。"可见主要限于生前立嗣，死后由族人立继或无此限。

第四，他人之独子不得为嗣。这是为了保证人各有祀，防止祭祀系统的紊乱。南宋人张清有田二亩，死后无子，其侄张七四伪冒曾过房与张清为嗣，以图田产。经查实，张七四本生父只生张七四一人，实为嫡

[①] 《明律·户律》，《清律》同。
[②] 《吾学录》卷二十。

子。法官吴恕斋依法"为人后者不以嫡",判此田照绝户条法没官。①《清明集》卷七也有"不可以一人而为两家之后别行选立"条。明清时期由于法律严禁以异姓养子为嗣,又规定独子不得为两家之后,一旦遇宗族人丁不旺,近亲无多丁,远房无支子,确无昭穆相当者可立的情况,宗祧继承、死后血食就成了无法解决的难题。故清乾隆四十年"特旨允以独子兼祧"②,允许兄弟两人共以一子为后,其本质殆在救异姓不得乱宗之穷。其后习俗上就出现了一子双娶嫡室即两房各为之娶一嫡妻之事,而妻所生之子再分承两房宗祧。

实际生活中在立嗣问题上往往会出现许多特殊情况,律条不能包罗净尽,只能依赖法官的推理。譬如父在子亡,是否应为子立嗣的问题,历代判例一般认为未成年未婚之子死亡不宜立嗣,但如果民间私下立嗣,官府也不主动干预,只有在因此而酿成纠纷时,官府才依此推理判决。③ 至《清律·户律》"立嫡子违法条例"对此始有较为详尽的规定,规定父在子亡,"其寻常殀亡未婚之人不得概为立嗣",只有"虽未娶而因出兵阵亡者"才能为之立后;如所亡是独子,属于应立嗣者,但宗族内无昭穆相当者可为之后,也可先为其父立嗣,待嗣子生孙后再为独子立后;如所亡独子未婚,不应立嗣,但宗族中无昭穆相当之人可为其父立嗣,亦准为未婚之独子立后。④ 法官有时也以立嗣、夺嗣作为主持公理、惩罚罪人的一种手段。如明代崇祯年间,宁波府平民吴学礼丧独子吴应凤,立侄吴应龙为嗣,应凤之妻王氏青年守寡,又无子嗣,受吴应龙之欺虐而自缢身亡。宁波府推官李清认为吴学礼不为子、媳立嗣而为己立嗣不大近人情,王氏又因受吴应龙虐待而死,故判以吴应龙之子为

---

① 《明公书判清明集》卷六"陆地归之官以息争竞"条。
② 《清史稿·礼志十二》。
③ 《明公书判清明集》卷七"下殇无立继之理"条。
④ 《吾学录》卷二十。

应凤、王氏之嗣子,以奉其祀。这道判书等于绝了吴应龙之后,以示惩戒。①

古代立嗣因立嗣决定人之不同,可以分为生前立嗣与死后立嗣。生前立嗣即男子生前亲自选立嗣子。死后立嗣又可分为立继和命继,"立继者谓夫亡而妻在,其绝则其立也当从其妻。命继者谓夫妻俱亡,则其命也当惟近亲尊长。"②夫亡未立嗣,则立继"从其妻",他人包括公婆均不得强行干预。夫妻俱亡,则由父母、祖父母命继;如无祖父母、父母,则由近亲尊长命继。③但至清代寡妇立继已无选择权了。《清例》规定:"妇人夫亡无子守志者,合承夫分,须凭族长择昭穆相当以继嗣。"④无论生前立嗣还是死后立嗣,均须写立文书,"当官除附,备榜县门"⑤,立嗣才为合法。所谓除附,即改变所立人的户籍。乡民无知,往往有立嗣而不除附者,但历经多年,宗姓皆知,已成既成事实,官府也不加追究,一旦造成立嗣纠纷,官府一般也据公正而承认既成事实。这也是儒家化法律"情礼重于法"固有特征的体现。

历代法律虽有立嗣之各种限制规定,但并无强人立嗣之法,《唐律疏议·户婚律》所引《户令》:"无子者,听养同宗于昭穆相当者。"《清例》也云:"无子者,许令同宗昭穆相当之侄承继。"⑥既曰"听养"、"许令",非强人之意显明,立嗣不立嗣,皆应出于自愿。《宋刑统·户婚律》"户绝资产"条准引唐《丧葬令》:"诸身丧户绝者,所有部曲、客女、奴婢、店宅、资财,并令近亲转易货卖,将营葬事及量营功德之外,余财并与女。无女均入以次近亲,无亲戚者官为检校。若亡人在日,自有遗嘱处分,

---

① 《折狱新语》卷二"虐节事"条。
② 《明公书判清明集》卷八"命继与立继不同"条。
③ 《明公书判清明集》卷七"双立母命之子与同宗之子"条。
④ 《清律·户律》"立嫡子违法条例"。
⑤ 《明公书判清明集》卷八"已立昭穆相当人而同亲妄诉"条。
⑥ 《吾学录》卷二十。

证验分明者,不用此令。"可见唐宋时期即使有近亲,也不必非要立嗣,近亲自然也不能来争嗣,近亲代为处理丧事后,余财仍然传之亲女。至清代后期,遂有强人立后之《例》,上引"立嫡子违法条例":"妇人夫亡无子守志者,合承夫分,须凭族长择昭穆相当之人继嗣。"另"男女婚姻条例":"招婿养老者,仍立同宗继者一人,承奉祭祀,家产均分。如未立继身死,从族长依例议之。"从这两条看,无子必须立后,并将财产留与嗣子,即使有亲女并招婿养老,亦只能保家产之半。天下不近情理之事,于斯为甚。

古代一般情况下虽不强制立嗣,但立嗣关系一旦成立,法律上为维护宗祧继承起见,着力于保护立嗣者之利益,被立者的利益往往被忽视。唐宋法律《户婚律》"养子"条均规定:"诸养子,所养父母无子而舍去者,徒二年。若自生子及本生无子,欲还者,听之。"《疏议》曰:"依《户令》,无子者听养同宗于昭穆相当者。既蒙收养而辄舍去,徒二年。若所养父母自生子,及本生父母无子欲还本生者,并听。即两家并皆无子,去住亦任其情。若养处自生子,及虽无子不愿留养,欲遣还本生者,任其所养父母。"这里的"养子",显然是指嗣子。一旦立嗣关系成立后,欲去欲留,主要决定于养父母之意愿。本生父母只有在自己无子为后时,才能领回己子。嗣子私自终止收养关系,法律上严予处罚。法律上虽不准嗣子单意终止收养关系,但对嗣子之继承权却妥加保护,不许旁人染指,已如上述。即使立嗣者在立嗣以后又生子,只要不遣回原立子,可与亲生子均分家产。①

五、宗祧继承与嫡长继承之比较

学者著述中往往将宗祧继承与嫡长继承混为一谈,实则两者有明

---

① 《清律·户律》"立嫡违法条例"。

显之区别，有必要加以比较论证：

第一，两者是实质与方式之不同。宗祧继承具有明确的继承标的即血食祭祀，因此，宗祧继承要解决的是继承实质问题，宗祧继承与政治继承（身份继承）、财产继承构成中国古代继承的三大实质内容。嫡长继承所要解决的是继承方式问题，即继承人之顺序。正由于两者是实质与方式之不同，因此有时呈现交叉状态，宗祧继承既可以采取嫡长继承、嫡长主祭的方式，如西周，也可以如后世采取各房轮祭的方式。而嫡长继承既可以作为宗祧继承的一种选择方式，也可以作为政治继承与财产继承的选择方式，当然，宗祧、政治、财产三大继承内容也可以均不采取嫡长继承的方式。

第二，两者之目的与重心不同。宗祧继承之目的是为了防止血食之失坠，其重心在于无子立嗣；嫡长继承之目的是为了防止子孙争竞，其重心在多子中立嫡。即使同样解决继承顺序问题，嫡长继承重在解决多子情况下的立嫡顺序，宗祧继承则重在解决无子情况下的立嗣顺序。

第三，两者之理论基础不同。宗祧继承之理论基础是血食观念，已如上述。血食观念源于何时虽不可考，但认为其与父系统治的确立大致同步则大概不能算武断。嫡长继承的理论基础是嫡庶观念，嫡庶之制产生于西周。"商人无嫡庶之制"[①]，王国维以后，学术界已有定说。因此，认为血食观念产生在前而嫡庶观念产生在后（通俗点说，即男女不平等在前而兄弟不平等在后），应该是没有疑义的。

第四，两者之发展沿革不同。秦汉以后血食观念依旧，故法律上无子立嗣之规定独详；嫡庶观念淡化，故立嫡之法几付阙如。嫡庶观念的淡化是与长子地位的下降成正比的。秦汉以后，在宗祧继承方面，由于

[①] 王国维：《观堂集林》卷一〇《殷周制度论》，中华书局 1959 年版。

家自为祭、小宗立后,长子已无主祭特权;在财产继承方面,由于诸子均分制的实施,长子与诸弟的财产继承权已几近完全平等;在政治继承方面,嫡长继承仅限于极少数有国者立储,有爵者承袭。唐宋律中仅"立嫡违法"与"非正嫡诈承袭"两条与嫡长继承有关,且均是指贵族袭爵而言,故一般官吏与平民之家除存留嫡长名分外,无所谓立嫡不立嫡。再从服制上看,先秦时由于嫡长承重,《仪礼·丧服》中原有小宗为大宗服齐衰三月,父母为长子服斩衰三年的规定;秦汉以后,"世无宗子之法"①,故汉时宗子法已废,晋初庾纯云:"未闻今代为宗子服齐衰者。"②父母为长子之服虽礼典中仍有规定,但实际上秦汉以后已"不复行此礼"③,至明代初年正式改为长子之服同于众子。④ 嫡庶观念、嫡长继承确已日趋淡化。而血食观念、宗祧继承在秦汉以后仍盛行不衰,《史记·陈胜传》云:"高祖时为胜置守冢于砀,至今血食。"《后汉书·邓骘传》载朱宠疏:"宜收还冢次,宠数遗孤,奉承血祀,以谢亡灵。"曹操建安七年令:"为存者立庙,使祀其先人,魂而有灵,吾百年之后何恨哉!"⑤再从制度上看,后世律令中有大量关于立嗣的条文,一如上文所述。可见,整个封建社会中血食观念、宗祧继承制度未见淡化,甚至反而有日趋强化的势头。

作者补记:

本文第一部分"宗祧正源"最后称:"'祧'之成为宗庙、祖先祭祀之泛称,凡夫俗子之皆可侈言'宗祧',也许是六朝甚至唐宋以后之事了。"

---

① 《读礼通考》卷五。
② 《通典》卷八八。
③ 《魏书·礼志四》。
④ 《孝慈录》。
⑤ 《三国志·魏书·武帝纪》。

本次重印，笔者全面查阅了电子版二十五史，前四书确未出现"宗祧"一词，《晋书》出现3处，《宋书》出现2处（均为抄《晋书》），《南齐书》出现1处，《梁书》出现2处，陈书出现3处，《北齐书》出现1处，《魏书》、《周书》、《南史》、《北史》均无。《隋书》出现1处，《旧唐书》出现16处，《新唐书》出现2处，《旧五代史》出现13处，《宋史》出现5处，《元史》出现3处，《新元史》出现1处，《辽史》、《金史》均无。《明史》出现4处，《清史稿》出现4处。从以上二十五史中出现的61处"宗祧"一词的内容看，基本可以断定，清代以前，"宗祧"一词只是社稷、国祚、帝王宗庙与血统的代名词。明确用"宗祧"一词表示平民的祭祀与血统只是在清代，据《清史稿·礼志十二》："道光九年，礼臣增议两祧服制：以独子之分承两房宗祧者，各为父母服斩衰三年。"又《清史稿·金顺传》记同治、光绪年间新疆都统金顺之妻托莫洛氏言："太夫人老矣，宁能涉万里？吾义不得独行。且彼处有姬侍，宗祧不坠，吾又何求！"可见臣民可以用"宗祧"一词始于清代后期。此后"宗祧继承"泛指自古以来以祭祀祖先为目的的男系宗统的继承。

[论文二］ "礼"与"亲亲、尊尊"原则

（本文据笔者讲演录音整理）

一、什么是"礼"？

我们这里虽然讲的是周礼，但是实际上里面的内容在封建社会也是同样适用的。"礼"是中国传统法律的核心问题，打个不太确切的比方，大概就相当于我们今天的宪法这样一个地位。法律的制定不能违背"礼"的原则。所以"礼"在古代社会是非常重要的东西，可以说，不懂礼，也就不懂古代的法。

我们可以看到很多书都是讲古代的"礼"的,但是,这些书洋洋洒洒写了很多,但是真正给出一个确切定义的不多,有的越讲越糊涂。因为"礼"本身确实是一个比较复杂的问题。到底什么叫"礼"?如果我们要给它下个定义的话,我想用六个字基本可以概括,那就是"宗法等级名分",是划分人们的尊卑贵贱的准则和依据。这六个字中,它的核心就是等级,礼就是一种等级。"礼"用来干什么呢?就是用来稳定社会的、巩固秩序的。我们今天讲和谐讲稳定,古人也讲和谐、也讲稳定,这在中国几千年都是一致的。但是它们的基础不同,我们今天是在平等基础上的稳定与和谐。古代社会呢,是公开主张不平等,认为不平等和等级制度是上天安排的,是符合自然规律的,每一个人的权利义务不同,每一个人都在自己的范围之内活动,不越出这个规范,那么这个社会就非常稳定,这个社会才能和谐。所以古今理念不同、基础不同,但是目标是一样的,都要达到稳定与和谐,而且这种等级制度在中国古代社会可以说确实起到了稳定社会的作用。我们不要以为只有讲平等才能和谐,公开讲不平等也能达到和谐,只要人们认为这种不平等是合理的、可以接受的,而"礼"就是宣传社会不平等的合理性的。怕就怕表面讲平等,实际不平等,那就很难和谐了。

　　古代的"等级"制度包括两种差别。一种是政治等级的差别,比方上面有周天子,下面有诸侯王、卿大夫、士、庶民百姓、奴隶那么多的等级。而且大等级里面还有若干小等级,比如说诸侯这个等级里面还有公、侯、伯、子、男一系列不同的爵位,可以说中国古代的等级是不厌其烦,有的时候我们觉得很烦琐的东西,它实际上都是用来巩固这样一种等级的观念。还有一种差别就是血缘等级的差别。我们今天血缘关系的等级是根据罗马法的等级来的,中国古代也有亲属关系等级,是根据宗法血缘关系的标准来的。宗法血缘关系等级和我们今天所讲的亲属血缘关系有什么不同呢?比方说按照今天的标准的话,父亲和母亲都是血亲一亲等,但在中国古代,父亲是一亲等,母亲是二亲等。另外,我们今天的标准,祖父母和外祖父母都是血亲二亲等,但是在中国古代,祖父母是二亲等,外祖父母是四亲等。我们今天,叔叔、伯伯和舅舅都是血亲三亲等,但在中国古代,叔叔、伯伯是二亲等,舅舅是五亲等,我们可以看到这里面贯穿了一个什么原则呢?男女不平等的原则。父亲方面的亲属和母亲方面的亲属就是不平等。这种原则,当然不仅仅是男女方面不平等,还有其他方面的原则——比如嫡庶不平等、尊卑不平等、贵贱不平等,等等。我们把这样的原则统称叫做"宗法"原则,宗法原则中最有中国特色的就是讲嫡庶系统的法则。西方只讲长幼,不讲嫡庶;中国是先讲嫡庶,后讲长幼。嫡是主干,庶是枝干;主干只有一条,枝干有无数条。政治等级上,依据嫡庶分配政治权力,就是分封制;血缘等级上,依据嫡庶区分大宗、小宗,小宗绝对服从大宗。

另外,"宗法等级名分"中的"名分"是指什么?名分和等级可以说差不多是同义词,但是等级指的是一种制度,名分指的是每一个人在社会当中的地位,根据这个等级制度,你的地位是什么,你在这个社会当中就应该享有什么样的权利,应该尽什么样的义务和责任,每一个人的权利和义务都不一样,这就是名分。在西周社会的时候,这个名分是不变的,你生下来是什么,就是什么,等到你死的那天,你的名分还是这个。但是后来到了封建社会这个名分是可以变的。比方说,隋唐以后有了科举制度,你原来只是一个农民的儿子,但是通过发奋读书以后,你考上进士了,考上状元了,那么你的名分就变了,你就跻入统治集团里面了,所以封建社会这个名分是可以变的。这就是我们今天所说的机会平等。但是,西周时期这个名分是不能变的。这个名分,确定每一个人的权利和义务的名分,对于稳定社会是非常重要的,古人的认识就是这样的。中国古代的儒家还有法家,都是非常重视名分的。战国时期有一个著名学者叫慎到,他讲过一个故事,叫"百人逐兔",来说明名分的重要性。慎到讲：野外有一只野兔在那里跑，后面有一百个人追，为什么只有一只野兔，却有一百个人追呢？因为这只野兔的名分没有定，谁抓到这只野兔，这只野兔就归谁。因此，虽然只有一只野兔，却有一百个人追。在名分不确定的情况下，即使思想品德非常高尚的人，也有可能加入到追逐名分的队伍里面去。所以名分不确定，天下必定大乱。但是反过来，慎到讲：在一个市场上，一个摊贩面前，放了一百只野兔，经过的人头也不回就过去了，是大家都不想要这些野兔吗？不是的。而是这些野兔的名分已经定了，它就是属于这个摊贩的。你想要这些野兔，可以，你拿钱来买，你拿货物来换。你如果不声不响就把野兔拿走了，这个叫偷，这个叫抢，法律上就要给予严惩。所以，一旦名分已经确定，而且在法律严格保护这个名分的情况下，即使思想品德非常恶劣的人，也不敢随便破坏这个名分。所以名分一旦确定，社会就稳定下来，这个就是名分的重要性。每一个人都有名分，你在什么样的地位，你就有什么样不同的权利义务。我们今天讲"人人生而平等"，人一生下来权利义务都是一样的，但是在古代你生下来就是不一样，每一个人都是不同的，你在什么地位你就有什么样的权利，你如果越过了你的权利范围，享受了你不该享受的东西，法律上称为"僭越"罪就要严惩。

礼，最初的时候并没有等级。"礼"可以说在原始社会已经产生。最初的礼就是用来祭祀天地鬼神的，所以是一种祭祀仪式。在甲骨文和青铜器铭文里面，"礼"是这样写的——"豊"，后来文字规范以后就写成这样的"豊"，我们再看这个"礼"字，这是后来的，因为它是祭祀仪式，跟祭祀有关系，就加了个"示"字旁。这个"豊"我们可以看到，它这底下的"豆"，指的是一种青铜器，用来祭祀用的。这个"豆"上面放了一个盘子，盘子里头放了两块玉，这个"王"字和"玉"字是通用的。放这两块玉干什么呢？就是用来祭祀天地鬼神的。在原始社会的时候，可以说这个"礼"人人都可以用,没有等级差别,你可以祭祀天地鬼神,我也可以祭祀天地鬼神,人人可以通天的。但是国家产生以后,统治者就不允许这样做了。我们在《尚书·吕刑》里面可以看到,夏朝的时候颁布了一个命令,四个字:"绝地天通。"什么意思呢?这个"地"是地上的人,"天"就是天上的鬼神,禁止地上的人随随便便去祭祀天上的鬼神,与天上的鬼神相通。也就是说你可以祭祀什么,不可以祭祀什么,都由法律来加以规定,不能随便祭祀。所以从夏朝开始,祭祀仪式就分出等级了,比方说,祭祀天和地,那只有天子才行,其他人都不行。你一个诸侯王,只能祭祀你管辖范围内的山川,比如说上海的诸侯——当然那个时候没有上海的诸侯——你只能祭祀黄浦江,祭祀苏州河,祭祀佘山、天马山,这个都可以,但是你不能祭祀泰山,不能祭祀黄河,因为不在你管辖范围之内。再往下,卿大夫连山川也不能祭祀,卿大夫只能祭祀祖先,往下的每一个级别都只能祭祀祖先。但祭祀祖先也是不一样的,中国古代祭祀祖先都有庙,这个庙,今天是寺庙,是和尚待的地方,但是在东汉以前,中国没有寺庙,最初的庙,指的是宗庙,是祭祀祖先的地方,唐宋以后把这个庙叫做祠堂。这个庙是一个独立的建筑,跟你住的那个房子不在一起的,你的级别越高,这个建筑就越多。比方说周天子,他就可以有七个庙祭祀自己的祖先,父亲一个庙,祖父一个庙,曾祖一个庙,高祖一个庙,然后周武王一个庙,周文王一个庙,再加上远祖统一的一个庙,所以加起来一共有七个庙。高祖以上、武王以下的祖先,就按照昭穆辈分分别跻身在文王、武王庙享受祭祀,文王以上、远祖以下的祖先就跻身在远祖庙里享受祭祀。天子是七个庙,诸侯王有五个庙,卿大夫只有三个庙,最低级别的贵族——士只有一个庙,一个独立的建筑,就是所有的祖先都要挤在一起。但是这还算是有庙的,庶民百姓还没有这个庙,庶民百姓没有庙但并不是说不能祭祀祖先,庶民百姓祭祀祖先就是在家里墙壁上挖一个洞,里面放上牌位,这个叫做龛,就在家里面祭祀。所以从祭祀仪式中可以看到,这个礼分出等级来了。但是,夏朝和商朝,这个分出等级的礼基本上还是局限在祭祀仪式这个范围,没有扩大到其他方面。到西周初年,统治者尤其是周公,很敏锐地感觉到礼里面所包含的等级制的原则是非常有用的,因此周公就把礼的原则——等级制的原则给它抽象出来了,然后把它扩大到社会生活的各个方面。这样一来,礼的范围无所不包,社会生活的各个方面都用礼来加以规定。所以,"礼"——这个时候完整的、系统的一套社会规范就出来了。这就是礼的产生和发展。

二、关于"五礼"

礼到底有多少？西周以来的礼到底有多少？谁也没有去统计过,因为礼处在一个变动的情况下,有的礼过一段时间不适用了,就取消了,过一段时间,新的礼又产生出来,所以很难统计。而且古人对数字也不是很感兴趣,我们可以看到古书里面记载的"经礼三百"、"曲礼三千",那都只是一个虚数,古人讲到数字的地方,我们千万不要当真。因为中国人对数字向来不是很敏感的,这些统计都是稀里糊涂的。那么,一个一个具体的礼到底有多少？古人自有古人聪明的地方,不管有多少礼,把它分为五大类,所有的礼都可以归到这五大类里面。这个五大类礼就叫做"五礼"。

"五礼",就是吉礼、凶礼、宾礼、军礼、嘉礼。这个"五礼"里面,第一个是吉礼。什么叫吉礼？吉礼就是礼的最初的形式,就是祭祀之礼。虽然后来礼的范围大大扩大了,扩大为五个方面,但是古人仍然把祭祀之礼放在第一位,"五礼莫重于祭",认为这个祭祀是最重要的。祭祀之礼里面充满了等级,就像我们上面讲的,天子可以祭祀天地,诸侯只能祭祀管辖的山川,然后各个等级祭祀祖先,庙数各不相同。

五礼第二个是凶礼。凶礼也就是丧葬之礼。我们今天讲"丧葬"是一个词,人死了以后要丧葬,但在古文当中,丧和葬是两回事情。丧指的是活人的义务等级,葬指的是死人的待遇等级。这个等级怎么样区分?先来看"葬",人死了以后享受什么样的待遇是不一样的,与其生前的名分地位有关系。所以死了以后穿什么样的衣服当然是不一样的,等级不同,衣服也不同。另外睡的棺材也不一样,等级高的,里面是一个棺,外面再套一个,里面叫棺,外面叫椁,是一层套一层,有的时候可以套三四层。然后挖一个坑把棺椁埋下去,埋下去以后坟头有多高,也是有等级的,平民百姓的坟头不能超过4尺高。这个4尺不是我们今天的尺,我们丈量用的尺子,从古代到现代,是越来越长的。今天的尺是根据公尺来的,1公尺等于3尺,清朝的时候那个1尺大概相当于我们今天的9寸,西周时候的尺那就更短了。最早的尺就是一个手掌伸开来,从大拇指尖到无名指尖的距离,这个就是1尺。所以我们看"尺"这个字实际就是一个手掌手指伸开来的象形,这就是"尺"字。最初的1尺大概就是今天六七寸左右,根据考古发现来看,周代的1尺相当于今天的0.23米。因此4尺就是相当于1米不到,也就是说平民的坟头不能超过1米高。地位越高,坟头就可以越高,坟头高了,底面积也就大了。到天子这一级别,它就没有限制了,所以秦始皇皇陵的面积就非常之大了。这些都是葬的等级。另外,像陵墓前的石人、石马等等都有等级。还有就是随葬品,人死了以后,跟着死者埋到地底下的就是随葬品,古代叫明器,我们今天叫冥器。普通老百姓弄一些粗瓷大碗就是随葬品了,有地位的贵族就不一样,天子就更不同了,地位越高,随葬品的规格就越高,形状也越大,越精巧。比方说,秦始皇的兵马俑这么多、这么大、这么精美,我们称之为世界第八大奇迹了,那么多兵马俑,用两个字就可以概括了——就是秦始皇的"明器"。我们今天实行火葬,这个明器好像是没有了,但是中国人是很会动脑筋的,即使是火葬也会有明器。比如遗体是在炉子里面烧掉的,那些家属却在外面烧那些明器。

以前的明器是埋到地底下，现在的明器是纸扎的，竹子做的框架。死者生前住的只是十平方米的房子，死后他的家属就为他烧一栋"别墅"。死者生前可能从来没舍得打过"的"，死后就给他烧一辆"轿车"，过去都是烧桑塔纳，现在都是烧宝马了。过去烧的那个纸扎的电视机都是很厚的逐行扫描的电视机，现在的电视机越烧越薄了，因为现在的电视机都变成液晶呀、等离子了，都不一样了。这是"葬"的等级。

再看"丧"的等级，所谓丧的等级，指的是以活着的人与死者关系的远近亲疏来确定这些亲属应该尽什么样的守丧义务，这个等级是一种义务等级。关系越近，守丧义务就越重；关系越疏远，守丧义务就越轻。五服之内都有守丧义务，五服之外就没有守丧义务。最近的关系是什么呢？当然是父子关系。父亲死了，儿子要尽什么样的守丧义务呢？守孝三年的义务。在三年里面，根据《礼记》里面记载，父亲刚去世，头三天是不能吃饭的，说明心里哀痛吃不下，当然，你要是吃得下这就有问题了。三天以后只能喝粥，喝粥要喝一年，一年以后才能吃干饭。整个三年里面不能喝酒、不能吃肉，只能吃蔬菜。蔬菜还不能吃新鲜的，因为你会因此想到父亲生前很喜欢吃这个新鲜的蔬菜，如今一个人独享就不忍心了，所以新鲜蔬菜也要放两天，放到不新鲜了再吃。三年里面，夫妻不能住在一起，要在房子外面，搭一个小草棚，孝子就住在那里面，底下垫上草，上面盖上草，不能用什么褥子、被子之类的。枕头必须是石头的或木头的，不能像我们今天的木棉、丝绸枕头呀，什么四孔、七孔呀，这个都不行。总之，怎么不舒服怎么来，才算是尽了孝道。三年里面还不能洗澡，弄得人不像人，鬼不像鬼，这个才是真正尽孝！三年里面不能参加任何娱乐活动。像这种守丧的义务，为父亲是三年，全国老百姓为皇帝则要守三天的孝，这三天里面也是取消一切娱乐活动，这个就是国丧啊。这些礼教的规定，后来很多都写进法律里面去了。但是，法律跟礼教并不完全一样，礼教着重于从道德的自我约束角度来讲的,而法律则着重于外部监督机制。比方说,不准喝酒吃肉,这是一种道德约束,但是,你偷偷吃块肉,偷偷喝杯酒,谁也不知道。而法律上则规定你不准参加宴会,参加宴会大家都看到,这样产生的社会影响就非常恶劣。另外,夫妻不能住在一起,但是住在一起,别人也不知道,而法律则规定三年里面不能生儿育女,生儿育女是看得到的,是可以监督的。所以道德是强调自律的,法律是强调执行的可行性的。另外法律里头也讲道理,不是说父亲去世了,过了两个月,儿子出世了,就要被处罚,不是的。父亲死后刚两个月儿子就出世了,一推算,怀孕是在父亲去世之前,这是不处罚的。反过来,三年守孝期满了,你丧服也脱掉了,但是仅仅过了两个月,你儿子生出来了,一推算,是守孝期内怀了孕的,这个法律要加以严惩!这是"丧"的等级。

三是宾礼,也就是宾客之礼,所谓宾客之礼,就是人与人来往的礼,相互来往的等级。下级见上级怎么见,臣民见天子怎么样三跪九叩,都是宾客之礼。当然这个宾客之礼主要适用于贵族之间,百姓不需要这些礼,百姓每天光着脚下地干活,等回来以后根本顾不上这些礼,所以宾礼主要用于贵族。

四是军礼,军礼就是军旅之礼,军队里面上下级之间的等级规范,军队的纪律。

最后一个是嘉礼。简单来讲就是喜庆的礼仪,具体来讲主要有这两种:冠、婚之礼。这里简单谈一下"冠"。什么叫"冠"呢?"冠"就是成年礼,西周的时候规定,男子二十、女子十五,都要举行成年礼,这种成年礼的仪式对我们今天也有影响。比如,上海有些高中对这个很重视的,年满18岁以后把学生拉到陈毅广场、人民广场进行宣誓,表明你成年了,要对家庭、要对社会尽更大的义务了。中国是一个义务本位的社会,所以你的义务增加了,一定会告诉你,比如说举行这样一个成年礼通知你;但是你的权利增加了,一般是没人告诉你的。古代的时候男女在成年之前头发都是散披着的,到了冠礼的时候,头发就束起来了,男子的头发束在头顶,用一根簪子固定住,然后在头发上再套上一顶小帽,我们看古人画的屈原像,他在头上就有这样一顶小帽,这顶小帽套在头发上再用一根簪子固定,所以男子头上有两根簪子。那么女子的头发呢,束在脑后,用一根簪子就可以固定了,女子是没有小帽的,所以女子的冠礼实际上不叫冠礼,它有一个专门的名称叫"笄"礼,这个笄就是指固定头发那个簪子。冠礼实际也是一种象征,表明男女到了适婚年龄,可以进行婚配了。所以一个男孩子看中一个女孩子,首先要看清楚这个女孩子的头发是散披的还是束起来的,如果她头发散披着,那就要耐心等几年再说了。

三、"亲亲"原则与九族、三党

礼的基本原则是什么呢?就是"亲亲、尊尊"。什么叫礼的基本原则呢?这五大类的礼有成千上万条,但是任何一条礼里面,都有一个基本原则,就是等级制原则。这种等级制的原则,它不是体现了"亲亲"原则,就一定是体现了"尊尊"的原则,绝无例外。也就是说古代的等级制,它基本上就是这样的两条原则——"亲亲、尊尊"的原则,任何一条礼总是体现其中一条原则或同时体现两条原则。所谓"亲亲"原则,就是具有宗法血缘关系的人之间的等级。所谓"亲亲",第一个"亲"是动词,第二个"亲"是名词,就是亲其所亲,亲近你所应该亲近的。"尊尊"也是这样,尊重你所应该尊重的。"亲亲"原则反映了宗法血缘关系的等级,"尊尊"原则反映了政治方关系的等级。"亲亲"的核心就是"孝","尊尊"的核心就是"忠"。"孝"和"忠"的关系,按照古人的说法就是"移孝于忠",也就是说"孝"最终要服从于"忠"的。孔子有一段话,讲到"孝"和"忠"的关系,孔子说:一个人在家里如果对父母是非常孝顺的,对兄弟是非常友爱的,这样的人,跑到社会上对他的上司一定是恭恭敬敬的,对上司恭恭敬敬的人,你叫他去造反,这种事情还从来没有听说过。这里头就说明了"孝"和"忠"之间这样一种关系。

亲亲是亲属关系中的等级制原则,我们首先当然要搞清楚亲属关系,我们看《礼记·丧服小记》里面就讲到什么叫"亲亲",它有这样一段话说:"亲亲以三为五,以五为九,上杀,下杀,旁杀,而亲毕矣。"这里讲了一个亲属范围,我们不要误解这个"杀"字,不是说上面杀、下面杀、旁边杀,亲属就杀光了,不是这个意思。这个"杀"是到此为止的意思,到九为止,"杀"也就是刹住的意思。这段话这样看是看不懂的,我们画一个简单的图表来说明一下中国古代亲属关系到底怎么样(图见下页)。

我们看,这个□是你自己,我们知道任何亲属关系都是以自己为中心的,上面的○是你的父母,下面的○是你的子女,这样一个关系就是"三"的关系。

这个"三"的关系是最亲的关系,以"三"为基础然后上下扩展,父母上去是祖父母,子女下来是孙子女,这样一个关系就是"五"的关系。"五"的关系比"三"的关系稍微远了一点,但是比"九"的关系还是要近。那么以"五"为基础,再向上下扩展,祖父母上去是曾祖父母,曾祖父母再上去是高祖父母。孙子女下来是曾孙,曾孙再下来就是玄孙。这样从上到下一共是九代,"上杀、下杀"就是上面到高祖,下面到玄孙,就是这样一个范围。实际上你一生当中如果上下九代都能看到已经非常了不起了,这已经是一个人生命的极限。你生出来的时候能够看到高祖,到你死的时候能够看到玄孙,那不得了。这不是四代同堂,而是五代同堂! 这样一个关系,就是直系亲属。我们现在有些人填表搞不清楚什么叫直系亲属,兄弟姊妹呀、叔叔伯伯呀都填上去了,其实不然,直系亲属就是这样一条线,也就是上到你的父母、曾祖父母、高祖父母,下到玄孙,这个才是直系,其他一概不是直系,兄弟姊妹不是直系。

另外,"旁杀","旁"就是旁系亲属。旁系亲属也是"以三为五,以五

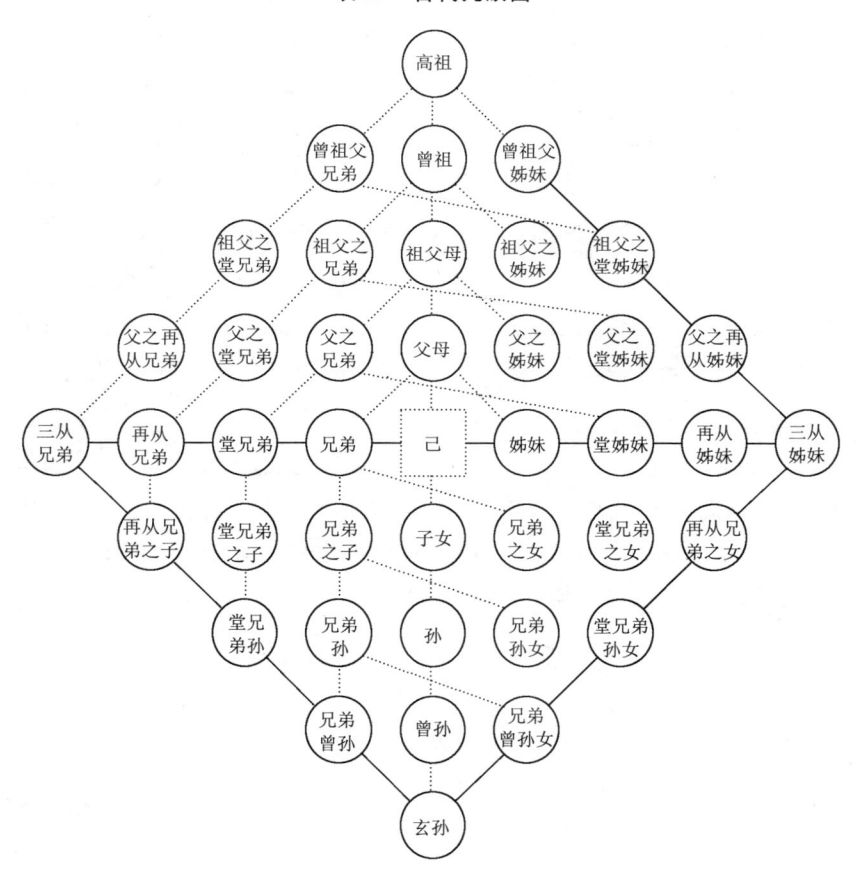

表 17　古代九族图

```
                              高祖
                               │
                    曾祖父──┬──曾祖父
                    兄弟    曾祖   姊妹
                     │     │     │
              祖父之─┬─祖父之─┬─祖父母─┬─祖父之─┬─祖父之
              堂兄弟   兄弟        姊妹    堂姊妹
                │    │    │    │    │
         父之再─┬─父之─┬─父之─┬─父母─┬─父之─┬─父之─┬─父之再
         从兄弟  堂兄弟  兄弟        姊妹  堂姊妹  从姊妹
           │    │    │    │    │    │    │
    三从─┬─再从─┬─堂兄弟─┬─兄弟─┬─己─┬─姊妹─┬─堂姊妹─┬─再从─┬─三从
    兄弟  兄弟              兄弟        姊妹  姊妹
           │    │    │    │    │    │    │
         再从─┬─堂兄弟─┬─兄弟─┬─子女─┬─兄弟─┬─堂兄弟─┬─再从兄
         弟之子  之子   之子        之女   之女   弟之女
                │    │    │    │    │
              堂兄─┬─兄弟─┬─孙─┬─兄弟─┬─堂兄
              弟孙   孙            孙女   弟孙女
                     │    │    │
                   兄弟─┬─曾孙─┬─兄弟
                   曾孙         曾孙女
                           │
                          玄孙
```

"……"虚线表示直接血缘关系，为避免图示太乱，未标出九族内旁系男性之配偶。

为九"。我们看图表，左边是你的兄弟，右边是你的姊妹，这个就是"三"的关系，你的同胞兄弟姊妹，也就是最亲的旁系亲属。以"三"为基础往左右扩展，兄弟过来是堂兄弟，姊妹过来是堂姊妹，这就是"五"的关系。以"五"为基础再往外扩展，堂兄弟古代也叫从兄弟，"从"读音是 zòng，也就是仅次于的意思。从兄弟过来就是再从兄弟,再从兄弟过来,古代叫三从兄弟,也叫族兄弟。那么右边是堂姊妹,堂姊妹也叫从姊妹,从姊妹过去就是再从姊妹、三从姊妹。到三从兄弟、三从姊妹为止,这个就是旁杀,我们看这样从左到右数一数也是"九"。到此为止,只是一个"十"字线,但是亲属关系并不仅是这样一个十字线,而是要把四个端点连接起来,组成一个菱形图,在这个范围之内的,都是你的亲属。这个菱形图里面都是填满的,我们看左上角,你的上面是你的父母,但是你母亲的亲属不在这张表上,这里边都是父亲方面的亲属。和你父亲平行线上的亲属,是你父亲的堂兄弟、你父亲的再从兄弟。好,到此为止,你父亲的三从兄弟不是你的亲属,每升一格,亲属范围缩进去一个。这是你的祖父母,左边是祖父的兄弟、祖父的堂兄弟,到此为止,祖父的再从兄弟、三从兄弟都不算你的亲属,又缩进去一个。再看曾祖父母,曾祖父的兄弟是你的亲属,其他曾祖父的从兄弟、再从兄弟、三从兄弟都不是你的亲属。这些人是不是你曾祖父的亲属呢?是的,但不是你的亲属。到高祖父母,高祖父的兄弟也不是你的亲属,一点点缩进去。菱形图的左下角的亲属也是如此,你兄弟、兄弟的子女、兄弟的孙子女、兄弟的曾孙,都是你的亲属,但是兄弟的玄孙不算你的亲属。图表的右边呢,都是女性,比方说,你父亲的姊妹,就是你的姑妈了,你父亲的堂姊妹、父亲的再从姊妹都是这样,但父亲的三从姊妹就不在表内。这张图表我们可以看到,它上下为九,左右为九,这就是我们通常所讲的"九族"!我们知道中国古代的刑罚里面有灭九族,所谓灭九族就是把这个范围里面的亲属全都杀掉。这样一张图表就是宗族的九族图,古代一般讲亲属关系就全在这一张图表里了。那么宗族和九族的范围哪个大呢?当然是宗族大。九族因人而异,每一个人的九族都是不一样的,但九族一定包括在宗族里面。在古代法律上,九族以外的宗族成员虽然广义上亦可称为亲属,但在法律上一般已没有意义了。另外,我们不要以为图表中一个圈圈是一个人,一个圈圈有时候是好几个人,甚至是几十个人,比方说一个圈圈代表你堂兄弟,实际上有十几二十个堂兄弟都是可能的,所以这范围非常大。上面所说的这个九族,它所体现的亲属关系是你父亲方面的亲属关系,不包括母亲的,所以九族还有一个名称叫做"父党"。在我们今天来讲父亲方面的亲属和母亲方面的亲属是平等的,但是古代不是的。古代主要就是"父党","父党"的亲属在你全部的亲属当中占了大约90%至95%的比例,占绝对优势。

除了"父党"以外当然还有"母党","母党"的亲属远没有"父党"那么广,不必画图,扳着指头就可以数得过来的。母亲方面的亲属只有三层关系是属于你的亲属:第一层就是母亲的父母,也就是外公、外婆;第二层,就是母亲的兄弟姊妹,也就是舅舅、姨妈;第三层就是舅舅、姨妈的子女,也就是表兄弟姊妹。就这样三层关系,除此以外都不是亲属。也就是说,你的舅舅是你的亲属,但是舅妈不是亲属;你的姨妈是你的亲属,但是姨父不是亲属;你的表兄弟姊妹是你的亲属,但是表兄弟姊妹的配偶及其他们的子女不是你的亲属。比如说你的表姊是你的亲属,但是表姊夫不是你的亲属,表侄女、表外甥也不是亲属。当然这里的亲属是严格五服范围内的亲属,也就是古代法律意义上的亲属,不是广义范围内的亲属。可见"母党"的范围非常简单。另外顺带谈一下表兄弟姊妹这个关系,我们知道,亲属当中表兄弟姊妹的关系不外乎这样几种:一个是舅舅的子女,我们叫舅表兄弟姊妹,还有一个是姨妈的子女,我们叫姨表兄弟姊妹,再有一个是姑妈的子女,就叫姑表兄弟姊妹。表兄弟姊妹就是这三个方面,统称叫"中表"。我们看《红楼梦》里面,贾宝玉和薛宝钗、林黛玉之间的关系,这三个"表"的关系都串起来了。贾宝玉的父亲和林黛玉的母亲是兄妹,林黛玉称贾宝玉的父亲为舅舅,这样,贾宝玉就是林黛玉的舅表兄。那么,贾宝玉称林黛玉的母亲什么呢?称姑妈,所以林黛玉就是贾宝玉的姑表妹。那么贾宝玉和薛宝钗之间，他们的母亲是姊妹，因此，他和薛宝钗之间，就是互为姨表姊弟。所以这三个关系都在一起了。以上是讲的"母党"。

一个人在成年以后要结婚，结婚以后要产生另外一个关系，就是姻亲关系，这个就是"妻党"或者"夫党"。对女子来讲，"夫党"的范围非常大，因为中国古代的女子"出嫁从夫"，所以凡是丈夫九族的亲属都是妻子的亲属。但是，对丈夫来讲，妻子方面的亲属非常之小，小到只有两个人，就是岳父母，其他大舅子、小姨子一概不是亲属，所以这个范围非常小。中国古代亲属范围就在这三个亲属范围之内，"父党"、"母党"、"妻党"，统称"三党"。

那么三党之外还有没有亲属呢？极个别有的。比方说，父亲去世了，母亲改嫁，母亲改嫁到继父那里去，那么这个继父就是你三党之外的亲属，三党里面没有继父的位置，哪个党也不是。继母包括在父党里面，但是继父不包括在里面。继父算是哪一等亲属要看具体情况。比方说，孩子很小，需要人抚养，母亲带着一起到继父家里去，那么这个继父对这个孩子有抚养之恩，在中国古代，这个继父就是二等亲。如果孩子已经大了，没有必要跟着母亲去了，就留在宗族里面，母亲自己改嫁了，那么儿子与继父之间没有抚养关系，儿子与继父之间就是五等亲，这里面差别很大。这是一些例外情况，除了继父，还有养母、出母、乳母等，古代统称"三父八母"。但是一般情况下"三党"都已经包括了。

那么这些亲属关系在法律上怎么样体现出来呢？古代的亲属关系在法律上的作用，远比我们今天大得多，不仅体现在民法上，也体现在行政法上，更重要的是体现在刑法上。我们可以看到，中国古代的亲属关系，任何两个人站在一起，都不是平等的。你跟你的任何一个亲属站在一起，都有尊卑关系。看这张九族表，在你之上的亲属，都是你的长辈，你跟他们打官司，他们是尊，你是卑，所以你肯定吃亏。在你下面的亲属，都是你的小辈，你跟小辈打官司，你是尊，他们是卑，所以你肯定占便宜。和你在一条横线上的亲属，都是你的同辈叔伯兄弟姊妹，但也有尊卑，哥哥姐姐是尊，弟弟妹妹是卑。所以古代任何两个亲属站在一起，一定有尊卑关系，一定是不平等的。在法律上，亲属之间相互侵犯，尊犯卑与卑犯尊的处罚是完全不同的。所以古代法官的一个基本功，就是要背熟这张九族图表，审案时首先要搞清的不是案情，而是诉讼双方有没有亲属关系？如果有，又是什么样的亲属关系？谁是尊？谁是卑？否则就无法断案。一般来说，尊长侵犯卑幼，都比一般人处罚要轻，而且关系越近处罚越轻；反过来，卑幼侵犯尊长，都比一般人处罚要重，而且关系越近处罚越重。比如父子关系，这是最近的关系，也是亲属相犯在定罪量刑上差别最大的。父亲侵犯儿子，打儿子、骂儿子，法律上一律不加以干预，这是父亲的权力，除非你把儿子打残废了，打死了，法律才加以干预，而且要完全没有道理地打死儿子才会干预。比如儿子老是偷东西，为害乡里，父亲愤怒之下把儿子杀死了，这叫大义灭亲。如果父亲叫儿子去偷东西，儿子不愿去，父亲把儿子杀死了，这当然是要受处罚的，但最高量刑不超过两年徒刑。但儿子如果侵犯父亲，那就不得了了，不要说杀死父亲——中国古代法律上从来不说杀死父亲处以什么刑，因为不忍心这么写，最多只是写谋杀，图谋杀害。而且儿子侵犯父亲，往往等不到谋杀这么严重，早已被处以死刑了。儿子骂父亲、打父亲，都要严厉处罚，当然这里有一个前提，就是必须父亲亲自去告，旁人不能管这个闲事。只要父母亲自去告，一告一个准，而且在一定的量刑范围内，父母有选择权：认为打一顿教训一下就可以了，那就打一百杖；认为几年不想见到这个儿子，那就判处几年徒刑；认为从此断绝父子关系，那就流放。还有这样的规定：父亲在外面杀了人，儿子有义务将父亲藏起来，官府要来抓父亲，儿子要赶紧给父亲通风报信，帮助父亲转移，这样父亲即使被抓住了，儿子不用承担任何刑事责任。相反，如果儿子认为父亲杀了人，要大义灭亲，向官府告发父亲，那么儿子首先被处以死刑,而父亲因为儿子告发等同于父亲自首,父亲可以减刑一等。这些法律看起来很奇怪甚至矛盾,但却是符合封建统治的整体利益的。

四、"尊尊"原则与政治等级

我们再来看"尊尊"原则及其等级制内涵。

"尊尊"就是尊其所尊,是政治等级的尊卑原则,这种政治等级主要体现在等级不同,你所享受的待遇也不同。西周的政治等级自上而下有天子、诸侯、卿大夫、士、庶民、奴隶,这是大的等级,每一个大的等级又可划分为若干小的等级,如诸侯就可划分为公、侯、伯、子、男的小等级。每一个大、小等级所享受的待遇都是不同的。比方说,穿的衣服不同,这个我们很清楚。再比方说,封地不同,周天子是溥天之下莫非王土,天下土地的所有权都是天子的,而诸侯王只有使用权而没有所有权,每一个诸侯根据他的爵位的高低——公、侯、伯、子、男——他的封地就不一样。另外各个等级住的房子也都不同,天子的房子是最高的,其他的诸侯王以及下面等级的房子的高度都不能超过天子的高度。中国古代只有一样东西是超过皇宫的,那就是寺庙的塔,因为塔是供奉佛祖的,佛祖的地位比人间的天子的地位要高,所以塔可以高过皇宫,其他的都不能比皇宫高。如果要高的话,只有皇宫造得很高,然后大家一起相应高就是了。但是我们知道,中国的建筑都是木结构的,不像西方,我们到雅典去看卫城,这些古建筑都是石结构的,它都是石头造的房子。所以中国的房子都不耐久,我们现在能够找到宋代的房子,那就不得了呢,唐代的建筑能有一两套就不错了,再往前的全都塌掉了。所以,我们现在最多只能是考古发现房子的基础在那里,但是上面建筑都没有了。还有,各个等级的房子不一样,房子的台阶也不一样,天子的台阶是最高的,一般人的台阶不能高过天子。还有房子屋檐旁边的翘角,角翘得多高也是不一样的。再比方说出门坐马车,《礼记》里面就规定,天子出门坐八匹马拉的大车,诸侯王坐六匹马拉的,卿大夫是四匹马的,最低一级贵族——士可以两匹马,平民百姓最多一匹马,你实在拉不动,套头牛当然是可以的。这个都是分等级的。另外像一些娱乐活动,音乐、舞蹈也都有等级。比方说乐器,什么样的等级可以享受什么样的乐器,这都是不一样的,我们知道古代有一种乐器叫编钟,这种编钟就只有诸侯王才能享用的,其他等级不能用。所以我们发掘春秋时期的墓葬的话,如果看到墓葬里面有一套编钟,毫无疑问这一定是诸侯王的,其他等级不能用。但是,战国时期就不能确定了,战国时期僭越的很多,明明没有达到这个级别,他也用,也是有的。另外,像舞蹈也不一样,我们知道,孔子有一句名言,"是可忍,孰不可忍?"这句话出自《论语》,有一篇叫做《八佾》的,八佾什么意思呢? 就是八八六十四个人的方阵舞蹈,这种舞蹈只有天子才能看,诸侯只能看六六三十六个人的舞蹈,卿大夫只能看四四十六个人的舞蹈,最低级的贵族士只能看四个人的舞蹈,百姓是不能看这类舞蹈。八佾之舞只有天子才能看的,但是到了春秋时期,周天子已经管不住各地诸侯了,那些诸侯力量强大了,也想享受一下原来只有天子才能享受的待遇,想"过把瘾"了,于是有的诸侯王也开始看起八八六十四个人的八佾之舞了。孔子听说这种事情之后,非常气愤,他说:"这种事情如果能够容忍,那么还有什么事情不能容忍呢?"

以上是我们介绍的周礼,其实并不局限于周代,后世的形式虽有变化,礼的原则却是一致的。

[论文三] 西汉石渠阁会议考论

西汉宣帝时期的石渠阁会议作为古代经学史上的一个大事件,一直受到经学界与史学界的重视,近年来也开始受到法制史学界的注意。但论者往往只是将石渠阁会议作为经学史上的一个过程一笔带过,而少有学者将会议本身为对象作专题研究。本文拟对石渠阁会议的成因、地点、时间与次数、参加人员、讨论成果、对后世的影响等作一番较为系统的考证,力图廓清学术界长期以来在这一问题上的疑云。考证不精、笔力不胜之处,尚祈教正。

一、石渠阁会议的成因

历来的学者谈到石渠阁会议的成因,往往是从经学发展的必然趋势去分析,而很少注意到其中的偶然性因素。从现存史料分析,笔者以为汉宣帝召开石渠阁会议的直接目的有二:一是振兴鲁学,特别是立《穀梁春秋》学博士;二是讨论丧服学的内容。而这两个目的都与宣帝的身世有关,也就是说石渠阁会议的成因中,偶然性占主导。

汉宣帝其实并不是个热衷于儒学或经学的帝王。据《汉书·宣帝纪》,汉宣帝刘询是武帝曾孙,卫太子刘据之孙,史皇孙刘进之子,本名刘病已。宣帝出生仅数月,就遇到"巫蛊"案件,武帝宠臣江充诬告太子刘据,太子被逼造反。这场空前的皇室内部残杀的结果,宣帝的曾祖母皇后卫子夫、祖父卫太子刘据、祖母史良娣、生父史皇孙刘进、生母王夫人皆遇害,宣帝虽在襁褓就已身陷囹圄。幸亏廷尉监丙吉的暗中保护才得以生存下来,后遇大赦,送至祖母史良娣娘家抚养。宣帝长大后娶了宫廷染织署官吏(暴室啬夫)许广汉的女儿为妻(即许皇后),没有受过系统的贵族化教育,只"受《诗》于东海澓中翁"[①],倒是"喜游侠,斗鸡

---

① 《汉书·宣帝纪》记其在即位前,只是"受《诗》于东海澓中翁",无其他教育记录。但元平元年霍光在请立刘询为帝的奏议中却称其"师受《诗》、《论语》、《孝经》",可能是应政治需要的夸大之词。

走马,具知闾里奸邪,吏治得失",而且"好神仙方术"①。即位后,太子刘奭(即汉元帝)"柔仁好儒,见宣帝所用多文法吏,以刑名绳下",于是在一次宴会中劝宣帝说:"陛下持刑太深,宜用儒生。"宣帝当时就变了脸色说:"汉家自有制度,本以霸王道杂之,奈何纯任德教,用周政乎?且俗儒不达时宜,好是古非今,使人眩于名实,不知所守,何足委任?"并叹息道:"乱我家者,太子也!"从此疏远太子,②其至想废太子而立"好法律"的淮阳宪王。③ 可见宣帝并不好儒,也不用儒。

宣帝即位后,急于为父、祖平反,当年就下诏为冤死的祖父母、父母议定谥号,置园邑祠祭。最后定谥生父史皇孙曰悼,生母王夫人曰悼后,比诸侯王园,置奉邑三百家;祖父卫太子曰戾④,置奉邑二百家,祖母史良娣曰戾夫人。又"闻卫太子好《穀梁春秋》",⑤于是开始培养穀梁学的工作。因为穀梁学原本出于鲁国,公羊学出于齐国,于是宣帝第一步先是找了几个鲁人(丞相韦贤、长信少府夏侯胜、侍中乐陵侯史高)征询对公羊学和穀梁学的看法,这些人当然认为穀梁比公羊好,应该振兴穀梁学。但当时懂得穀梁学的极少,只有蔡千秋、周庆、丁姓以及已逝的穀梁学元老瑕丘江公的孙子(江公孙)等寥寥数人,不成气候。宣帝的第二步就是召见蔡千秋,"与公羊家并说,上善穀梁说"⑥,于是提拔蔡千秋的官职,并选拔郎十人随其专学穀梁。这一培养工作继续了

---

① 《汉书·刘向传》。
② 《汉书·元帝纪》。
③ 《资治通鉴》汉纪十九甘露元年条。
④ 考虑到卫太子虽被江充冤枉,但毕竟有违戾武帝的行为,为维护武帝的形象,故曰戾。
⑤ 据《汉书·儒林传》,武帝尊公羊学,诏卫太子受《公羊春秋》,太子通公羊学后,又私下向瑕丘江公学《穀梁春秋》,并认为穀梁优于公羊。
⑥ 《汉书·儒林传》。这句话很有意思,就是说宣帝让穀梁学与公羊学的学者在一起各自宣讲自己学说的优点,最后宣帝总结说他认为还是穀梁学好一些。这样公羊学的学者只能怪自己没有讲好,没有能说服皇帝,而不能怪宣帝偏袒穀梁学。这大概就是民主集中制了。

十余年①,其间蔡千秋死,以江公的孙子继任,江公孙死,以周庆、丁姓继任,从元康中至甘露元年,才大致完成这一人才培养的使命。有了人才就好办了,于是宣帝的第三步就是在甘露元年(前53年)召集了四名公羊学博士和四名穀梁学者(显然是从那十名郎中选的),以名儒太子太傅萧望之作主持人(但萧显然偏向穀梁学),并派使者作监议者以示公正,准备了三十多个问题进行辩论,"平公羊、穀梁同异,各以经处是非"。但穀梁学者准备了十几年,公羊学者显然临时通知,缺乏准备,因此"公羊家多不见从,愿请内侍郎许广,使者亦并内穀梁家中郎王亥,各五人"。公羊家临时动议请来实力派许广,穀梁家也增加了王亥,看来宣帝是很重视程序公正的。辩论的结果是早在意料之中的,"望之等十一人各以经谊对,多从穀梁。由是穀梁之学大盛"②。宣帝的第四步就是在甘露三年的经学会议上正式立穀梁学博士(其实之前江公孙为第一个穀梁学博士,但其死后直至甘露三年前未再立,见下文注),这已是水到渠成之事了。振兴穀梁学完全是汉宣帝故意之举,一是稍可告慰祖父卫太子生前之愿,二是稍泄对曾祖父武帝是非不分、黑白颠倒之不满。难得的是宣帝用十余年时间耐心地不露声色地做了这么一件事,充分显示了其韬略雄才。这是一场政治干预学术的胜利,但武帝立公羊学博士又何尝不是如此?

宣帝的即位则与丧服制度有关。元平元年(前74年)昭帝刘弗陵崩,年仅二十二岁,无子。昭帝本为武帝幼子,上有五兄,其死时武帝六男中仅余广陵王刘胥,本可继昭帝为帝,但刘胥除力能扛鼎外一无是处,"好倡乐逸游,……动作无法度"③,霍光等只能放弃刘胥而改迎昌邑王刘贺,刘贺为昭帝之侄,是昭帝兄昌邑哀王刘髆之子,年龄却大昭

---

① 《汉书·儒林传》称:"自元康中始讲,至甘露元年,积十余岁,皆明习。"
② 《汉书·儒林传》。
③ 《汉书·武五子传》。

帝三四岁。大将军霍光以太后名义发玺书,令刘贺速赴长安为昭帝丧主,主持丧礼。刘贺带了大批昌邑故臣随从,一路上喧哗扰民,买鸡捉鸭,并以衣车载地方美女,凡住宿,就命随从带女子入所居舍。即位后,常私下买鸡肉、猪肉吃,甚至与昌邑的随从官吏偷吃祭祀用的美酒与三牲,引昌邑乐人在宫廷内击鼓歌舞。最不可容忍的是,即位二十七天,就与昭帝宫女(名蒙)淫乱,并威胁管理后宫的掖庭令不许泄露,否则腰斩。因此刘贺即位不到一月就被霍光、田延年等奏请太后废黜其皇帝位,这在中国历史上是绝无仅有的。霍光等所奏刘贺的主要罪状就是居丧"亡悲哀之心",严重违背了居丧礼制与法制,主要罪行就是:一、居丧奸淫,二、居丧作乐,三、居丧饮酒食肉。① 而对诸侯王的这些行为,武帝时就开始严惩②,而不像有些学者所认为的将刘贺"出买鸡豚以食"等"这些鸡毛蒜皮的小事都罗织起来,构成其被废的罪状",是霍光对刘贺不满的政治陷害。③

由于昌邑王的意外被废以及丙吉的推荐,十八岁的长于民间的刘病已极为偶然地登上了皇位,在辈分上,他是昭帝的长兄之孙即侄孙,而年龄上仅比昭帝小四岁。他对刘贺被废的理由一定是印象深刻、终生难忘的,他对导致自己登基的丧服礼制即使不顶礼膜拜,也一定是要发扬光大的,以证明刘贺被废与自己登基的双重合法性。而石渠阁会议就是要达到这样的目的。

---

① 以上参见《汉书·霍光传》、《汉书·武五子传》。
② 如《汉书·高惠高后文功臣表》记,武帝元鼎元年,隆虑侯陈融、陈季须兄弟(均为文帝外孙)为母(即文帝长女、馆陶长公主刘嫖)居丧期间奸淫(实际是与妻妾同房)并兄弟争财,服罪自杀。《汉书·景十三王传》记,元鼎三年,常山王刘勃(景帝孙)在为父居丧期间奸淫、饮酒作乐,废徙房陵。
③ 参见林剑鸣:《秦汉史》,上海人民出版社 2003 年版,第 458 页。

二、石渠阁会议的提法及地点

古文中"会议"一词,一般作动词用,是"会同审议"的意思,如蔡邕《独断》:"其有疑事,公卿百官会议。"[①]近代以来一般作名词用,是指"有组织有领导地商议事情的集会"[②]。因此古代没有"石渠阁会议"的提法,而是直称"石渠"、"石渠阁"、"汉石渠"或"石渠故事"。参加石渠阁会议的讨论,称为"论石渠";石渠阁会议讨论的记录,则叫"石渠论"或"石渠议"。

学者引用最多的与石渠阁会议有关的两条史料都没有明确说会议地点是在石渠阁。《汉书·儒林传》称:

> 至甘露元年,……乃召五经名儒太子太傅萧望之等大议殿中,平《公羊》、《穀梁》异同,各以经处是非。时公羊博士严彭祖,侍郎申輓、伊推、宋显,穀梁议郎尹更始、待诏刘向、周庆、丁姓并论。公羊家多不见从,愿请内侍郎许广,使者亦并内穀梁家中郎王亥,各五人,议三十余事。望之等十一人各以经谊对,多从穀梁,由是穀梁之学大盛,庆、姓皆为博士。

又《汉书·宣帝纪》曰:

> 甘露三年,诏诸儒讲五经同异,太子太傅萧望之等平奏其议,上亲称制临决焉。乃立《梁丘易》、大小《夏侯尚书》、《穀梁春秋》博士。

这两条史料,一条说"大议殿中",一条未说明地点,都没有提到石渠阁。至于后世认定经学会议地点为石渠阁,笔者以为主要原因有五:

一是在《儒林传》及刘向等传中,分别有十三人均被提到"论石渠",

---

① 《独断》卷之上,《汉魏丛书》本。
② 《现代汉语词典》,第566页。

在《刘向传》中更明确提到"讲论五经于石渠"。而这十三人均为宣帝时的官吏兼经学家。

二是《汉书·艺文志》中提到东汉时仍留存的汉宣帝时五部"石渠论"的书目,共155篇:

《尚书议奏》四十二篇,宣帝时石渠论

《礼议奏》三十八篇,石渠

《春秋议奏》三十九篇,石渠论

《论语议奏》十八篇,石渠论

《五经杂议》十八篇,石渠论

三是《汉书·韦贤传》记:

玄成受诏,与太子太傅萧望之及五经诸儒杂论同异于石渠阁,条奏其对。

虽未提到时间,但人物与程序基本与《汉书·宣帝纪》相合。

四是唐人杜佑《通典·礼典》中尚保留了十一条《礼议奏》的内容,每一条起始都称"汉石渠礼议",并提到宣帝、萧太傅(望之)、闻人通汉、戴圣、韦元(玄)成等人名。

五是《后汉书》中的几条记载。《后汉书·章帝纪》载建初四年(公元79年):

于是下太常,将、大夫、博士、议郎、郎官及诸生、诸儒会白虎观,讲议五经同异,使五官中郎将魏应承制问,侍中淳于恭奏,帝亲称制临决,如孝宣甘露石渠故事,作《白虎议奏》。①

《后汉书·杨终传》:

终又言:"宣帝博征群儒,论定五经于石渠阁。方今天下少事,学者得成其业,而章句之徒,破坏大体。宜如石渠故事,永为后世

---

① 《后汉书·魏应传》记载同。

则。"于是诏诸儒于白虎观论考同异焉。

《后汉书·儒林列传》：

> 建初中，大会诸儒于白虎观，考详同异，连月乃罢。肃宗亲临称制，如石渠故事，顾命史臣，著为《通义》。

《后汉书·翟酺传》记安帝时翟酺上言：

> 而孝宣论六经于石渠，学者滋盛，弟子万数。

这几条记载都明确提到宣帝时的石渠阁会议，而且其中的某人"承制问"、某人"奏"、"帝亲称制临决"的程序特征完全与《汉书·宣帝纪》甘露三年会议同。

以上五方面原因，证据是很有力的，因此至少可以说，宣帝甘露三年的那次经学会议的地点是在石渠阁，应该是没有疑义的。

石渠阁，位于长安城未央宫的北面，据《三辅黄图》卷六："石渠阁，萧何造，其下礲石为渠，以导水，若今御沟，因为阁名，所藏入关所得秦之书籍。"① 可见石渠阁是汉初所造的国家图书馆，其下以石砌水渠，主要功能是防火。正如明代初年将全国的黄册、鱼鳞图册藏于玄武湖湖心岛上一般。汉宣帝时在国家图书馆举行研究经学的学术讨论会，确实是很合适的地点。

三、石渠阁会议的时间与次数

关于石渠阁会议的时间与确切次数，古今学术界没有过统一的定论。一般认为甘露三年才是真正的石渠阁会议，对甘露元年"大议殿中"那次算不算石渠阁会议则有不同的看法。

《汉书》两处记载最大的疑问在于：对如此重要的两次会议，《儒林传》与《宣帝纪》竟然各只记一次，而对另一次都只字未提。因此有的学

---

① [汉]佚名撰，见《四库全书·史部地理类》。

者认为此两次实为一次,"甘露元年"乃是《儒林传》误记或误抄所致。清人钱大昭、近人钱穆均持这一观点,如钱穆指出:"石渠议据《宣纪》在甘露三年,此(指《儒林传》)云甘露元年,误也。"① 可是钱穆并没有说明这一结论的理由。如果两次实为一次,那么这两次会议应有诸多相同之处,但实际却异多于同:如甘露元年是"平《公羊》、《穀梁》异同",甘露三年则是"讲五经同异";甘露元年是有名有姓的萧望之等十一人参加,甘露三年则只提到萧望之;甘露元年宣帝未参加(如参加绝不会不载),甘露三年则宣帝"亲称制临决"。因此笔者认为这两次会议是不能以模糊的"误也"的理由误判为一次的。

有的学者则认为《汉书》没有记错,经学讨论会应召开过两次,但认为甘露三年才是真正的石渠阁会议。如华友根《西汉礼学新论》一书就明确提出:"汉宣帝时期,召开了二次儒家经典讨论会。第一次是关于《穀梁春秋》与《公羊春秋》异同的辩论。甘露元年,汉宣帝召集萧望之等大议殿中。……第二次是甘露三年,由宣帝亲自主持召开的,由太子太傅萧望之等14人参加的,讲论五经同异的石渠阁会议。"②

但东汉时人似乎并不这样认为,如《后汉书·陈元传》载陈元建武初上书:

> 孝宣皇帝在人间时,闻卫太子好《穀梁》,于是独学之。及即位,为石渠论而《穀梁》氏兴,至今与《公羊》并存。

从前引《汉书·儒林传》可以知道,使"《穀梁》氏兴"的正是甘露元年"大议殿中"那次。下文我们也会谈到,其实甘露三年并没有讨论《春秋》的条件(参加者中只有刘向一人精《穀梁春秋》,《公羊春秋》学者无一人参加)。因此"为石渠论而《穀梁》氏兴",应该是指的甘露元年

---

① 钱穆:《刘向歆父子年谱》"甘露三年"条,载《两汉经学今古文平议》,商务印书馆2001年版,第24页。

② 华友根:《西汉礼学新论》,上海社会科学院出版社1998年版,第123页。

的那次。

笔者不同意二钱的观点,至于《儒林传》与《宣帝纪》的疑问,也许是班彪、班固父子分别修纪、传所致。华有根的结论据史料而作,本也不错,但据笔者所查,其实不止二次。因此关于石渠阁会议的次数,笔者持广义上的多次说与狭义上的一次说。

所谓广义上的多次说,是指宣帝时的经学讨论实际曾举行过多次,时间长达十多年,远不止甘露年间的两次,地点多在石渠阁,也包括不在石渠阁的殿中等地方。如元代龚端礼《五服图解》引佚书《礼制》云:

> 元康二年(前 64 年),西汉宣帝登石渠阁集群臣讲论丧服。帝问曰:"古宗枝图列九族,世俗难晓。"谏大夫王章①奏曰:"臣详古之法律,其间多是王言,事罕通俗,似非精议不克备知。臣观《广雅》,云昔日巴蜀有咮、邢二姓之家,养鸡之始甚众,大高三尺,名曰鹍鸡,自一至九取阳极之数,每种鸡雏名曰蜀子雏,各笼罩养,大小不相乌杂。臣今当以鸡笼为图,晓之于世。"奏毕,即划其图。帝曰:"朕见之歘如也。"故以《礼制》书中有此图也。②

这是一次讨论丧服制度的专门会议,而甘露元年则是一次讨论《春秋》的专门会议。谈到宣帝时的经学会议,不能只提甘露三年而不提之前的一系列专门会议,二者是不能割裂的整体。

所谓狭义上的一次说,是指严格意义上的"石渠阁会议"只有甘露三年的一次(从白虎观会议"连月乃罢"的记载来看,甘露三年会议这

---

① 据《汉书·王章传》:"王章字仲卿,泰山巨平人也。少以文学为官,稍迁至谏大夫,在朝廷名敢直言。"成帝时因弹劾王凤专权而下狱死。宣帝身边多为鲁人,王章也是鲁人。

② [元]龚端礼:《五服图解·鸡笼图源》,宛委别藏影钞元至治本。书中并载"鸡笼之图",图右上角有"汉制"二字,左下角有"谏大夫王章划"六字。从内容看,实为最早的九族五服图。其义、其图之朴质巧思,笔者以为是很难伪造的。

"一次"的实际时间也应该在月余左右)。这次会议与以往的不同处在于：其一，以往会议多为一经、一礼、一制的专门会议，这次则是"讲论五经"的总结大会。其二，以往都是广泛讨论，这次则由专人(梁丘临)设置问题，会前作了充分的准备。其三，以往皇帝可参加可不参加，这次宣帝不仅亲自参加，还"称制临决"，对经学问题作最终裁判。其四，会后正式增立多门经学博士。其五，会后整理发布会议纪要五经"议奏"，也为以往所无，显示了这次会议的严肃性与权威性。以上特点中，"帝亲称制临决"最为重要，表明政治权威与经学权威一体化的形成(下文称"石渠阁会议"凡未加说明者，均指狭义即甘露三年会议言)。

四、石渠阁会议参加人员

甘露三年石渠阁会议的参加人员，也有15人说与23人说两种。《宣帝纪》没有记载甘露三年参加的人数，只提到萧望之和宣帝二人，而根据纪传可考的另有13人。因此华友根认为甘露三年"参加这次在石渠阁召开的辩论五经异同的有14人，如加上汉宣帝为15人"。[①] 清人钱大昭则认为甘露元年是三年之误，因此将甘露元年"大议殿中"的11人与三年的14人(不计宣帝)相加，除去重复者(萧望之、刘向)2人，认为"其可考者二十三人"[②]，但笔者认为钱氏的看法是错误的：其一，甘露元年并不是三年之误，上文已说明；其二，甘露元年11人除萧望之、刘向外，只有严彭祖有传可考，但也没有提到其参加了石渠阁会议，而甘露三年参加石渠阁会议的14人均有传可考。

因此15人说是接近于史实的。但还有一个问题：除15人外，是否还有其他人参加？据《通典·礼典六十三》引："汉《石渠礼议》：萧太傅

[①] 华友根：《西汉礼学新论》，上海社会科学院出版社1998年版，第126页。
[②] [清]钱大昭：《两汉书辨疑》，引自王先谦：《汉书补注》，转引自钱穆：《刘向歆父子年谱》"甘露三年"条，载《两汉经学今古文平议》，商务印书馆2001年版，第25页。

云：……宣帝制曰：……郑志、赵商问：主丧者不除，且以今言之……。或答云：……假葬法后代巧伪，反可以难礼乎？"①根据文中"石渠礼议"和"宣帝制曰"，可以肯定是甘露三年的会议纪要《礼议奏》的内容，郑志、赵商二人虽不见于《汉书》，身份不明，但一定参加了会议，从其提问的木讷和萧望之答复的轻慢，可见此二人既非高官，亦非经学家。可以这样说，除宣帝外，甘露三年的石渠阁会议有 14 位经学家参加，另外可能还有一些如郑志、赵商一类的列席与旁听的人员，而且偶尔也可发表意见。

以下是正式参加石渠阁会议讨论的 14 位经学家简介：

萧望之，兰陵人，为"五经名儒"，曾向后仓学《齐诗》，向夏侯胜学《论语》、《礼服》(《仪礼·丧服》的简称)，②仓、胜都是当时的一流学者。宣帝时望之任太子太傅，"以《论语》、《礼服》授太子"③。班固赞曰："望之堂堂，折而不桡，身为儒宗，有辅佐之能，近古社稷臣也。"可以说是经学知识比较全面的"五经名儒"，官位又高，因此其作经学会议的主持人与组织者确是比较合适的。但令人费解的是，《萧望之传》对其参与石渠阁会议只字未提。④

梁丘临，东莱人，精《梁丘易》，时为黄门郎，其父梁丘贺是《梁丘易》学的创始人。梁丘临"甘露中，奉使问诸儒于石渠"⑤，其身份是奉皇帝诏命设计议题者，类同于白虎观会议时的魏应，也应该是石渠阁会议的组织者之一。

---

① 引自《通典·礼典六十三·凶礼二十五》"久丧不葬服议"条。
② 《汉书·夏侯胜传》称胜"善说《礼服》"。
③ 《汉书·萧望之传》。
④ 《萧望之传》洋洋二千余字，对其参加主持殿中会议与石渠阁会议之事却一字未提。而《孟卿传》提到戴圣、闻人通汉，均仅十余字，却都提到二人"论石渠"。其间的矛盾之处，也许是班彪、班固父子分别撰写《汉书》各传的缘故。
⑤ 《汉书·梁丘贺传》。

施雠,沛人,《施易》学博士,[①]"为博士,甘露中,与五经诸儒杂论同异于石渠阁"[②]。

欧阳地余,千乘人,《欧阳尚书》学博士,"为博士,论石渠"[③]。

林尊,济南人,《欧阳尚书》学博士,"为博士,论石渠"[④]。

周堪,齐人,精《大夏侯(胜)尚书》,时为译官令,"论于石渠,经为最高,后为太子少傅"[⑤]。

张山拊,扶风人,精《小夏侯(建)尚书》,"事小夏侯建,为博士,论石渠,至少府"[⑥]。

假仓,陈留人,精《小夏侯尚书》,时"以谒者论石渠,至胶东相"[⑦]。

韦玄成,鲁国人,其父"韦贤治《诗》,事大江公(指瑕丘江公)及许生,又治《礼》,至丞相。传子玄成",因此韦玄成既精《鲁诗》,也通《礼》,时"以淮阳中尉论石渠,后亦至丞相"[⑧]。而根据下引《通典·礼典》的记载,韦玄成确实也精通《礼》。韦玄成在石渠阁会议中的任务是"条奏其对",是会议中最活跃的人物之一。

张长安,山阳人,时为《鲁诗》博士,"论石渠,至淮阳中尉"[⑨]。

薛广德,沛人,时为《鲁诗》博士,"论石渠,迁谏大夫,代贡禹为长信少府、御史大夫"[⑩]。

[①] 《汉书·丁宽传》:"(田)王孙授施雠、孟喜、梁丘贺,由是《易》有施、孟、梁丘之学。"《施易》授博士在《梁丘易》前。
[②] 《汉书·施雠传》。
[③] 《汉书·欧阳生传》,《欧阳尚书》在其祖父欧阳高时已授博士。
[④] 《汉书·林尊传》。
[⑤] 《汉书·周堪传》。
[⑥] 《汉书·张山拊传》,可见《小夏侯尚书》在甘露三年前已立博士。
[⑦] 《汉书·张山拊传》。
[⑧] 《汉书·申公传》。《通典》避唐玄宗讳,作"韦元成"。
[⑨] 《汉书·王式传》。
[⑩] 《汉书·薛广德传》。

戴圣,梁人,其堂叔戴德为《大戴礼》创始人,圣为《小戴礼》创始人,时"以博士论石渠,至九江太守"①。

闻人通汉,沛人,与戴德、戴圣同受业于后仓,精《礼》学,时"以太子舍人论石渠,至中山中尉"②。

刘向,汉宗室,刘邦同父异母弟楚元王刘交之后,精《穀梁春秋》,时为待诏,"会初立《穀梁春秋》,征更生(刘向本名更生)受《穀梁》,讲论五经于石渠,复拜为郎中给事黄门,迁散骑谏大夫给事中"③。"初立《穀梁春秋》"应该是在元康年间④。根据下文《通典·礼典》的记载,刘向也精通《礼》学。

以上14人参加石渠阁会议均明确可考,而且"五经"门类齐全:萧望之、韦玄成、张长安、薛广德4人通《诗》,欧阳地余、林尊、周堪、张山拊、假仓5人通《尚书》,萧望之、戴圣、闻人通汉、韦玄成、刘向5人通《礼》,梁丘临、施雠2人通《易》,刘向1人通《春秋》。除《春秋》外,其余四经均可有学派之辩:《易》有梁丘、施氏之辩;《尚书》有欧阳、大小夏侯之辩;《诗》有齐学、鲁学之辩,鲁学又有韦氏、张氏之别;⑤至于《礼》,闻人通汉、戴圣受业于后仓,萧望之受《礼服》于夏侯胜,韦玄成受业于韦贤,也各有术业专攻。这里最大的问题在于,《春秋》仅刘向一人通晓,

---

① 《汉书·孟卿传》。
② 《汉书·孟卿传》。
③ 《汉书·刘向传》。
④ 关于《穀梁春秋》学立博士的时间,一般认为在石渠阁会议后或模糊称"汉宣帝时"。笔者认为是在宣帝元康年间,江公孙为第一个穀梁学博士。据《汉书·儒林传·瑕丘江公传》:"瑕丘江公受《穀梁春秋》及《诗》于鲁申公,传子至孙为博士。……会千秋病死,征江公孙为博士。"刘向就是在这时"以故谏大夫通达待诏,受穀梁",因此说"会初立《穀梁春秋》"。其后"江博士复死,乃征周庆、丁姓待诏保宫,使卒授十人",可见周庆、丁姓当时并未授博士。甘露元年殿中会议时,周、丁的身份也只是"待诏",直至殿中会议后,"由是穀梁之学大盛,庆、姓皆为博士"。至于石渠阁会议后"乃立《梁丘易》、大小《夏侯尚书》、《穀梁春秋》博士",其中穀梁学博士、小夏侯尚书学博士只是追认和增员而已。
⑤ 《汉书·儒林传》:"由是《鲁诗》有韦氏学","由是《鲁诗》有张、唐、楮氏之学"。

如何辩论？如果石渠阁会议上《春秋》没有辩论，那么《汉书·艺文志》中何来"《春秋议奏》三十九篇，石渠论"的记载？笔者认为，比较合理的解释就是：《春秋》在石渠阁会议中确实没有辩论，或者只是由刘向作总说明而已，而《春秋议奏》实际是殿中会议的辩论记录，只是汇总于石渠阁会议，以成五经之数。在这个意义上，可以说殿中会议也是"石渠阁会议"的一个组成部分。

从以上甘露三年石渠阁会议成员记载可以看出：

第一，参加会议的五经学者诗、书、礼、易、春秋学派门类齐全，会后凡参加会议的学派除已有的外，都被立为博士，如梁丘《易》、大夏侯《尚书》等。可见会议的结果都是被事先安排的，并非学术讨论优胜劣汰的结果。秦汉以来，中国从来就没有朝廷安排下的自由学术讨论。

第二，参加石渠阁会议在当时是一种荣耀，影响及于后世，以至于班彪、班固父子在百年后写作《汉书》时仍要在参加者的传记中特别注明"论石渠"。而在《后汉书》中，对东汉章帝时同样著名的经学讨论会白虎观会议的参加者却没有给予如此的重视与彰显。

第三，石渠阁会议的参加者会后大多迁升官职，可见朝廷对经学家的重视，也可见以升官褒奖学者，以政治操控学术，汉代以来已然。

五、石渠阁会议的成果

与石渠阁会议的目的相关，石渠阁会议的直接成果有二：一是新立或扩充了一批经学博士；二是发布了石渠阁会议的讨论纪要，统称《石渠议》。

汉宣帝即位后及石渠阁会议所立的博士，均与鲁学有关。《穀梁春秋》本为鲁学，上文已经提到。大、小夏侯即夏侯胜、夏侯建也为鲁人[①]，

---

① 《汉书·夏侯胜传》称其族父"夏侯始昌，鲁人也"。

因此大、小《夏侯尚书》也为鲁学。梁丘贺、临父子虽是齐人①，但由于"及秦禁学，《易》为筮卜之书，独不禁，故传受者不绝也"②，因此《易》学并无齐、鲁之分，而且《易》学本传自鲁，《汉书·儒林传》称："自鲁商瞿子木受《易》孔子，以授鲁桥庇子庸。……"

宣帝之所以钟情鲁学，笔者认为与其身世中的鲁人情结有关：

其一，宣帝祖父卫太子"好《穀梁春秋》"，《穀梁春秋》本是鲁学，可以说是宣帝的家学渊源。宣帝在民间时犹"独学之"。

其二，宣帝祖母史良娣是鲁人③，宣帝遭难后长期生活在祖母娘家，必对鲁文化及鲁人有好感。

其三，宣帝的大恩人丙吉是鲁人，《汉书·丙吉传》称："丙吉字少卿，鲁国人也。治律令，为鲁狱史。"

其四，宣帝的唯一学历是"受《诗》于东海澓中翁"，汉时东海郡郡治在今山东郯县，正属鲁文化圈内，因此澓中翁也是鲁人。宣帝所学之诗当然为《鲁诗》，故石渠阁会议所邀请的《诗》学专家韦玄成、张长安、薛广德皆为《鲁诗》博士。

石渠阁会议"讲论五经"，但《汉书·艺文志》的记录却缺《易议奏》和《诗议奏》，而多了《五经杂议》与《论语议奏》，也许易、诗的讨论汇总在《五经杂议》中，也可能东汉时已经佚失。不论何种结果，至少说明易、诗不是石渠阁会议讨论的重心。加之上文已说明《春秋》其实未在石渠阁讨论，《春秋议奏》实际是殿中会议的追记，那么石渠阁会议的重心就在尚书、礼、论语了。论语本不属经，之后也未列入经，议奏也只有18篇，因此可以说会议真正的讨论重心在《尚书》与《仪礼》这两部经。《书议奏》与《礼议奏》今均已不存，只有《后汉书·舆服志》梁刘昭注、

---

① 《汉书·梁丘贺传》："梁丘贺字长翁，琅邪诸人也。"
② 《汉书·儒林传》。
③ 《汉书·外戚传》："卫太子史良娣，宣帝祖母也，……史良娣家本鲁国。"

《毛诗正义》与《礼记正义》的唐孔颖达疏中各保存了1条《礼议奏》的内容,唐杜佑《通典·礼典》保存了《礼议奏》的11条内容,称为"石渠论"、"石渠礼"、"石渠议"或"石渠礼议"。由于这些史料的零落与佶屈聱牙,历来学者未予注意与释解。但笔者以为从这些史料中还是可以看出一些问题的,现抄录如下(文中标点由笔者所加),并作简要释解:

1.《后汉书·舆服志下》(梁)刘昭注引:

《石渠论》:"玄冠朝服。戴圣曰:玄冠,委貌也。朝服布上素下,缁帛带,素韦韠。"①

此节应是讨论《仪礼》首篇《士冠礼》首句"筮于庙门,主人玄冠朝服,缁带素韠",很可能是石渠《礼议奏》的起首内容。戴圣解释说,玄冠是与东汉的委貌冠相似的略带赤色的黑色礼帽,朝服就是上身黑衣、下身白裳的礼服,腰束黑色帛带,下系白色熟牛皮所制的蔽膝。都是在朝见君主、卜筮等较庄重场合所穿的服装。此属嘉礼中之冠礼。

2.《毛诗正义》卷十七孔颖达疏引:

《石渠论》云:"周公祭天用太公为尸,是用异姓也。"②

此节属吉礼,即祭祀之礼。尸是先秦时代表死者或神接受祭祀的活人,据传祭祀时死者灵魂或神会依附于尸。后世不用尸,而代之以神主(牌位)、画像。为尸之人必须比祭祀者低一辈或一级,如子祭父必以孙为尸,天子祭神则以大臣为尸。祭祖必以同姓为尸,祭神则可以异姓为尸。此引《石渠论》即说明这一道理。

3.《礼记正义》卷十二孔颖达疏引:

《石渠论》、《白虎通》云:"周以后稷、文武特七庙。"③

此节亦属吉礼。周代天子共立七庙以祭祀祖先,从上至下为祖考庙(祭

---

① 今中华书局标点本《后汉书》作"石渠论玄冠朝服",标点误。
② 《十三经注疏》,中华书局1980年版,第536页。
③ 《十三经注疏》,中华书局1980年版,第1335页。

祀后稷,也称大祖庙)、文王庙、武王庙、显考庙(祭祀高祖)、皇考庙(祭祀曾祖)、王考庙(祭祀祖父)、考庙(祭祀父)。显考庙、皇考庙、王考庙、考庙称为四亲庙,四亲庙只是死后冥路上必经的四个临时客栈,一旦后死者挤上来,先死者就要被挤出去,因此均为应迁之庙。祖考庙即始祖庙,文王、武王庙为二祧庙,此三庙为不迁之庙,凡后稷之后、文王以前之先公神主皆迁藏于祖考庙,而武王以后之先王神主则按昭穆辈行分别迁藏于文王或武王庙。西周以前只有祖考庙是不迁之庙,二祧庙是周代之特例,特为纪念文王、武王之功德而设,因此《石渠论》称"特七庙"。

4.《通典》卷七十三:

汉《石渠礼议》:"(问)曰:'《经》云:宗子孤为殇,言孤何也?'闻人通汉曰:'孤者,师傅[①]曰,因殇而见孤也,男子二十冠而不为殇,亦不为孤,故因殇而见之。'戴圣曰:'凡为宗子者,无父乃得为宗子,然为人后者,父虽在得为宗子,故称孤。'圣又问通汉曰:'因殇而见孤,冠则不为孤者。《曲礼》曰:孤子当室冠,衣不纯采。此孤而言冠,何也?'对曰:'孝子未曾忘亲,有父母、无父母,衣服则异。《记》曰:父母存,冠衣不纯素;父母殁,冠衣不纯采。故言孤。言孤者,别衣冠也。'圣又曰:'然则子无父母,年且百岁,犹称孤不断,何也?'通汉曰:'二十而冠不为孤,父母之丧,年虽老犹称孤。'"[②]

此节属嘉礼中之冠礼。根据周代礼制,男子二十岁行冠礼为成年,二十岁以前夭折称为殇,殇者不为立后,祔祭于祖庙而已。此处讨论《仪礼·丧服》云"宗子孤为殇"一语,宗子为何称"孤",有说因夭折而称孤,有说因父母之丧而称孤,有说因父母殁孝子衣冠不同而称孤。清人徐乾学

---

① 指其师后仓。
② 《通典·礼三十三·嘉十八》"继宗子议"条。

说:"秦汉以后,世无宗子之法。"① 由于战国秦以来以小家庭为基础的小宗法制取代了西周的大宗法制,因此才会出现西汉人已对宗子的称呼如此陌生的局面。

5.《通典》卷七十七:

> 汉《石渠议》:"(问)曰:'乡请射,告主人乐,不告者何也?'戴圣曰:'请射告主人者,宾主俱当射也。夫乐,主所以乐宾也,故不告于主人也。'宣帝甘露三年三月,黄门侍郎临(原注:失其姓也)②奏:'《经》曰乡射合乐,大射不乐。何也?'戴圣曰:'乡射至而合乐者,质也;大射,人君之礼仪多,故不合乐也。'闻人通汉曰:'乡射合乐者,人礼也,所以合和百姓也;大射不合乐者,诸侯之礼也。'韦元成曰:'乡射礼所以合乐□□③人本无乐,岁时所以合和百姓,以同其意也。至诸侯,当有乐。《传》曰:诸侯不释悬。明用无时也,君臣朝廷固当有之矣,不必须合乐而后合,故不云合乐也。'公卿以元成议是。"④

此节属军礼中之射礼,涉及天子、诸侯大射、乡射之事。讨论大射不合乐、乡射必须合乐的原因。值得注意的是,文中特意标明"宣帝甘露三年三月,黄门侍郎临奏",更说明石渠阁会议不是一时、一天、一月,甚至不是一年的会议。

6.《通典》卷八十一:

> 《石渠礼》:"(问)曰:'诸侯之大夫为天子、大夫之臣为国君服何?'戴圣对曰:'诸侯之大夫为天子当缌缞,既葬除之,以时接见于天子,故既葬除之。大夫之臣无接见之义,不当为国君也。'闻人通

---

① 徐乾学:《读礼通考》卷五。
② 此"黄门侍郎临"应为梁丘临。
③ 此处今本《通典》缺二字,疑为"者,乡"二字。
④ 《通典·礼三十七·军二》"天子诸侯大射乡射"条。

汉对曰：'大夫之臣，陪臣也，未闻其为国君也。'又问：'庶人尚有服大夫臣食禄反无服，何也？'闻人通汉对曰：'《记》云：仕于家，出乡不与士齿。是庶人在官也，当从庶人之为国君三月服。'制曰：'从庶人服是也。'又问曰：'诸侯大夫以时接见天子，故服。今诸侯大夫臣亦有时接见于诸侯不？'圣对曰：'诸侯大夫臣无接见诸侯义。诸侯有时使臣奉贺，乃非常也，不得为接见；至于大夫有年献于君，君不见，亦非接见也。'侍郎臣临（即梁丘临），待诏闻人通汉等皆以为有接见义。"①

此节属凶礼，以下各条也皆为凶礼。西周以来礼制，传统上分为吉礼、凶礼、宾礼、军礼、嘉礼五大类。《周礼》中将凶礼分解为丧、荒、吊、袷、恤五个方面，都是指诸侯国之间遇天灾人祸相互哀悼、慰问及救助之事。秦汉以后邦国消失，荒、吊、袷、恤逐步合并为中央统一的振抚灾荒之事，原有的礼制功能单一化了。而涉及宗族血统的丧礼则日趋复杂完备，以至于后世礼典内容中所谓凶礼几乎全为丧礼，如《通典》所记唐以前凶礼均为丧礼，因此习惯上"丧礼"也就成了"凶礼"的代名词。丧礼主要包括丧服制度、丧祭制度、墓葬制度三大类：丧服制度是规定中国古代亲属关系的等级规范，是丧礼的核心内容，具体又可分解为服饰、服叙（即五服）、守丧三大规范；丧祭制度是指丧期内之祭祀，具体又可分解为丧祭与吉祭二大规范（丧祭指百日卒哭内之祭祀如三虞祭，吉祭指卒哭后至丧期期满前之祭祀如大祥祭，与吉礼之祭祀不同）；墓葬制度也可分解为葬式与墓式二大规范。

此节讨论诸侯之大夫为天子、大夫之臣为国君的服制，属于凶礼——丧礼——丧服制度——服叙规范。《仪礼·丧服》"繐衰"篇："诸侯之大夫为天子。传曰：何以繐衰也？诸侯之大夫以时接见乎天子。"

---

① 《通典·礼四十一·凶三》"诸侯及公卿大夫为天子服议"条。

因此石渠阁会议中对诸侯之大夫为天子服缌衰没有异议,有异议的是经典中所没有规定的"大夫之臣为国君(诸侯)"有无服制,而讨论的焦点在大夫之臣有无接见于诸侯之义。戴圣认为没有,因此不应制服;闻人通汉、梁丘临等认为有,应相当庶人为国君服齐衰三月。宣帝制同意闻人通汉的意见。从"侍郎臣临"的语气看,此节应是梁丘临向宣帝的汇报辞。

7.《通典》卷八十三:

> 汉《石渠议》:"闻人通汉问云:'《记》曰,君赴于他国之君曰不禄,夫人曰寡,小君不禄,大夫、士或言卒、死。皆不能明。'戴圣对曰:'君死未葬曰不禄,既葬曰薨。'又问:'尸服,卒者之上服,士曰不禄,言卒,何也?'圣又曰:'夫尸者,所以象神也,其言卒而不言不禄者,通贵贱尸之义也。'通汉对曰:'尸,象神也,故服其服,士曰不禄者,讳辞也,孝子讳死曰卒。'"①

此节讨论国君与大夫、士初丧称谓的统一,属凶礼——丧礼——丧祭制度。

8.《通典》卷八十九:

> 汉《石渠议》:"问:'父卒母嫁,为之何服?'萧太傅云:'当服周②,为父后则不服。'韦元成以为:'父殁则母无出义,王者不为无义制礼,若服周,则是子贬母也,故不制服也。'宣帝诏曰:'妇人不养舅姑,不奉祭祀,下不慈子,是自绝也,故圣人不为制服,明子无出母之义,元成议是也。'"《石渠礼议》:"又问:'夫死,妻稚子幼,与之适人,子后何服?'韦元成对:'与出妻子同,服周。'或议以为:'子

---

① 《通典·礼四十三·凶五》"初丧"条。
② "周"即"期",也即齐衰,《通典》避唐玄宗李隆基讳("期"、"基"音同字近),改"期"为"周"。

无绝母,应三年。'"①

此节讨论子为嫁母服,属凶礼——丧礼——丧服制度——服叙规范。《仪礼·丧服》"齐衰"篇:"父卒继母嫁,从,为之服,报。"即父亲去世后继母改嫁,继子年幼随继母嫁,为继母服齐衰。但经典无父死生母改嫁,子为改嫁生母何服的规定。萧望之认为应该比附经典中关于"子为出母(即生母被父休出)"的规定,为嫁母服齐衰,而嫡长子为嫁母不服。但韦玄成认为把嫁母等同于出母,是"子贬母",是不符经义的,因此子为嫁母不服。宣帝同意韦玄成的意见。但对于父死母嫁、子幼随嫁的情况,韦玄成认为子应为嫁母服齐衰杖期,也有人认为应服齐衰三年,才符合经典"父卒为母三年"的规定。

9.《通典》卷九十:

汉《石渠礼议》:"戴圣曰:'大夫在外者,三谏不从而去,君不绝其禄位,使其嫡子奉其宗庙。言长子者,重长子也,承宗庙宜以长子为文(原注:嫡妻之长子也)。'萧太傅曰:'长子者,先祖之遗体也,大夫在外,不得亲祭,故以重者为文。'宣帝制曰:'以在,故曰长子。'"②

此节是解释《仪礼·丧服》中"大夫在外,其妻、长子为旧国君齐缞三月"条,属凶礼——丧礼——丧服制度——服叙规范,但重点是讨论何为"大夫在外"?大家意见基本一致,认为是与国君意见不合而流亡在外者,国君则使其嫡长子继承爵禄,君臣之间都恩义未绝。国君薨,该大夫之嫡长子本就为臣,应为国君服,因流亡之父还在,故称长子。

10.《通典》卷九十二:

汉《石渠礼议》:"戴圣对曰:'君子子为庶母慈己者。大夫之嫡

---

① 《通典·礼四十九·凶十一》"父卒为嫁母服"条。
② 《通典·礼五十·凶十二》"齐缞三月"条。

妻之子养于贵妾,大夫不服贱妾,慈己则缌服也。其不言大夫之子而称君子者,君子犹大夫也。'"①

此节是讨论《仪礼·丧服》中"君子子为庶母慈己者小功"、"为贵妾缌"的内容,属凶礼——丧礼——丧服制度——服叙规范。君即国君,君子即大夫,君子子或大夫之子即士,庶母即父之妾,贵妾即妾之有子者,贱妾即妾之无子者。戴圣认为庶母慈己者是指抚养大夫嫡子的妾,嫡子为其服小功;而且由于抚养了嫡子,该妾之身份也由贱妾变成了贵妾,其死后大夫也为其服缌。

11.《通典》卷九十二:

> 汉《石渠礼议》:"问曰:'大夫降乳母邪?'闻人通汉对曰:'乳母所以不降者,报义之服,故不降也。则始封之君及大夫皆降乳母。'"②

此节讨论《仪礼·丧服》中"为乳母缌"的内容有无例外,属凶礼——丧礼——丧服制度——服叙规范。闻人通汉认为大夫以上应为乳母降服(因缌麻为最低服,故实际即大夫以上不为乳母服)。这就是后世经学家归纳的"大夫旁亲绝缌"原则,即旁亲政治地位低于大夫时,大夫为旁亲降一等服,闻人通汉认为乳母等同于旁亲。

12.《通典》卷九十六:

> 汉《石渠议》:"(问曰:)'大宗无后,族无庶子,己有一嫡子,当绝父祀以后大宗不?'戴圣云:'大宗不可绝,言嫡子不为后者,不得先庶耳。族无庶子,则当绝父祀以后大宗。'闻人通汉云:'大宗有绝,子不绝其父。'宣帝制曰:'圣议是也。'"③

此节讨论大宗无后立嗣问题,《仪礼·丧服》传云:"大宗者,尊之统也;

---

① 《通典·礼五十二·凶十四》"小功成人服五月"条。
② 《通典·礼五十二·凶十四》"缌麻成人服三月"条。
③ 《通典·礼五十六·凶十八》"总论为人后议"条。

大宗者，收族者也，不可以绝。故族人以支子后大宗也。"因立嗣事关大宗死后的丧祭问题，应属凶礼——丧礼——丧祭制度。

一个宗族中，大宗只有一人，而小宗无数，大宗之责任在于祭祖、敬宗、收族，故大宗不可绝。如大宗无子，则以小宗之庶子过继给大宗。而小宗之嫡长子，当继承父祀，将来五世迁宗以后也成为大宗。石渠阁会议争论的焦点，在经典没有讲到的大宗无后、小宗又无庶子的情况下，要不要以小宗之唯一的嫡子过继给大宗而自己绝后？戴圣认为，小宗可绝而大宗绝不可绝，小宗应以先庶后嫡的顺序过继给大宗。闻人通汉则认为，宁可大宗绝后，小宗也不能子绝父祀。宣帝同意戴圣的意见。

13.《通典》卷九十九：

> 汉《石渠礼议》："(问)曰：'《经》云：大夫之子为姑、姊妹、女子子无主后者为大夫命妇者，唯子不报。何？'戴圣以为：'唯子不报者，言命妇不得降，故以大夫之子为文。'"唯子不报者，言犹断周，不得申其服也。宣帝制曰："为父母周是也。"①

此节解释《仪礼·丧服》中有关大夫之子为命妇无主后者的服叙，属凶礼——丧礼——丧服制度——服叙规范。大夫之嫡子为已出嫁的姑、姊妹、女子子(即女儿)有命妇身份者服大功(无命妇身份服小功)，为其中无主后者(夫死无子，死后无主丧者)因怜恤加服一等为期服。根据"旁亲无不报"的原则，姑、姊妹也为大夫之嫡子加服期服。但女儿出嫁后本就为父母降服期服，父为女加服期服后，女不得回报而为父加服至斩衰，仍为父服期服，因此说"唯子不报"。也就是戴圣说的："唯子不报者，言犹断周(期)，不得申其服也。"宣帝也听明白了"唯子不报"的意思，因此"制曰：为父母周是也"。

---

① 《通典·礼五十九·凶二十一》"为姑、姊妹、女子子无主后者服议"条。

14.《通典》卷一百三：

> 汉《石渠礼议》："萧太傅云：'以麻终月数者，以其未葬，除无文节，故不变其服为稍轻也。已除丧服未葬者，皆至葬反服，庶人为国君亦如之。'宣帝制曰：'会葬服丧衣是也。'或问萧太傅：'久而不葬，唯主丧者不除，今则过十年不葬，主丧者除否？'答云：'所谓主丧者，独谓子耳，虽过期不葬，子义不可以除。'郑志、赵商问：'主丧者不除，且以今言之，人去邦、族，假葬异国，礼不大备，要亦有反旧土之意，三年阕矣，可得除否？明为改葬缌之例乎？为久不葬也？'或答云：'葬者，送亡之终，假葬法后代巧伪，反可以难礼乎？'"①

此节讨论久丧不葬的服制，涉及凶礼——丧礼——丧服制度——服饰与守丧规范。《礼记·丧服小记》云："久而不葬者，唯主丧者不除，其余以麻终月数者，除丧则已。"这是《仪礼·丧服》所没有谈到的特殊情况。在石渠阁会议前，大戴（戴德）已著《丧服变除》，"变"指重服改为轻服，在服丧期限内逐步递减丧服服饰之等级，《仪礼·丧服》中称为"受服"。服丧期内不改轻服，以原成服时服饰一服到底，称为"无受"。"除"指服丧期满除去丧服。丧服有一原则，即未葬不得变服，因此丧服中之变服都是在三月既葬卒哭祭之后。《礼记·丧服小记》中所阐述的，就是在久丧不葬的特殊情况下，主丧者（死者之子）不得变服，即使服丧期满也不得除去丧服，所谓"唯主丧者不除"；其余服丧者也不得变服，但服丧期满可以除服，所谓"以麻终月数者，除丧则已"。萧望之在此节就是解释《丧服小记》的这一意思，只是补充认为已除服者至葬时应临时服丧，庶人为国君亦应如此。宣帝同意这一"至葬反服"的补充。② 但旁听的

---

① 《通典·礼六十三·凶二十五》"久丧不葬服议"条。
② 庶人为国君齐衰三月，但国君一般七月而葬，因此均须至葬反服。

郑志、赵商二人提出"假葬"问题来发问：如果有人死在异国，将来也准备回归家乡故土安葬，但死者之子为了规避久丧不除，先将死者在异国假葬，这样三年丧期满后能否除服？将来迁葬是否按改葬之例只服缌麻三月即可？还是按照久丧不葬的规定不得除服？萧望之对这一问题很不屑：礼是祖先制定发乎心的，而假葬是效法后世伪君子小聪明、钻空子的，怎么可以用这种问题来刁难礼呢？

以上所引石渠阁会议《礼议奏》14条内容，笔者认为反映了以下问题：

其一，石渠阁会议是经学流派的第一次大规模正面交锋，《石渠议奏》是历史上第一部经学流派的书面辩论记录。石渠阁会议之后，真正的经学才形成。

其二，14条中绝大部分内容是关于如何准确地解读经典，而不是创新，石渠阁会议的这一特点决定了此后至唐一千年间经学的基本走向。

其三，14条中6条丧礼内容有"宣帝制（诏）曰"的字样，政治干预学术，学术的政治化倾向开始形成。

其四，14条内容中吉礼2条、嘉礼2条、军礼1条、凶礼9条，可见《礼议奏》的内容重心在凶礼。凶礼9条中，丧服制度占7条。而唐杜佑《通典》200卷中，礼典占半数为100卷，其中凶礼为34卷，而凶礼中丧服制度不下于30卷，占整部《通典》的1/7。可见从石渠阁会议至《通典》问世800余年间均极重礼，而困扰汉唐君臣及士大夫的最大礼制难题就是丧服制度。此是历史上第一次如此大规模地讨论丧服，也使丧服成为此后经学最重要内容之一。

六、石渠阁会议对后世政治法律的影响

石渠阁会议对后世的最大影响有二，一是经学的政治化，二是丧服的法律化，从而形成了中国古代法律制度家族主义化的特征。丧服本属经学范畴，经学与法律本无联系，而政治与法律则有着天然的联系，但经学政治化以后，经学与法律就有了直接的联系。可以说，石渠阁会议以后，经学就是中国的政治学。

上文已经提到汉宣帝召开石渠阁会议的直接目的有二：一是立穀梁学博士，二是研究丧服制度。石渠阁会议以后，穀梁学并未如宣帝预期那样有大的发展，①但经学的政治化确实从此形成。关于经学的政治化已有不少学者谈到，本文从略。这里要补充的一点是，石渠阁会议所造成的将学派之争上升到政治攻伐的倾向与日俱增，我们现在虽然没有直接的证据证明石渠阁会议有党同伐异的现象，但从宣帝的过度偏袒穀梁学及会议参加人员的鲁学一边倒倾向已见端倪。这一点，刘向之子、西汉著名学者刘歆就已指出，石渠阁会议是"党同门，妒道真"②。南朝宋人范晔在其所著《后汉书·党锢列传》中也指出：

> 自武帝以后，崇尚儒学，怀经协术，所在雾会，至有石渠分争之论，党同伐异之说，守文之徒，盛于时矣。

唐李贤注则进一步说明：

> 宣帝时集诸儒于石渠阁，讲论六艺。召五经名儒太子太傅萧望之等大议殿中，平《公羊》、《穀梁》同异，同已者朋党之，异已者攻伐之。

但丧服法律化问题则未引起过注意。中国古代法律家族主义化特征的问题最早在清末立法改革时提出，如果笔者记忆不误的话，最早采用"家族主义"这一术语的是1910年杨度在资政院的著名演说《国家主义还是家族主义》，此后瞿同祖先生在《中国法律与中国社会》一书中也

---

① 穀梁学没有大的发展的原因，笔者认为主要有二：一是穀梁学始终没有产生像董仲舒那样的经学大师，二是公羊学已经基本满足了今文经学的要求。

② 《后汉书·党锢列传》唐李贤注。

指出中国传统法律有两大基本特征：家族主义法与特权法。特权法中外都有，因此传统法律中最具有中国特色的就是家族主义法。这一特色的形成与石渠阁会议密不可分。

家族主义法指国家法律中强调家族连带责任与维护家族等级制的规范，前者用于打击家族势力，法律上具体表现为族刑连坐；后者用于维护家族尊卑关系，法律上具体表现为亲属相犯准五服制罪。相比较而言，后者更能体现家族主义法的特征。中国古代家族主义法的发展大致可划分为四个时期：

先秦时期的家族主义法仅限于强调家族连带责任，具体表现为族刑的普遍适用。因为春秋战国时期各国的中央集权制已基本建立，豪门大族成为中央王权集中的最大障碍，因此族刑得到普遍确立。

秦汉时期的家族主义法除继续强调家族连带责任外，增入了维护小家庭尊卑关系的内容。反映了这一时期流行的小家庭制已成为统一的中央集权制的基础。

魏晋南北朝时期是家族主义法的全面发展时期，这一时期大家族出现回潮趋势，其与国家的关系由对抗转向联合，在法律上家族连带责任的范围逐步向家庭范围压缩，而维护家庭尊卑关系的内容则向家族范围扩展，"准五服制罪"的原则正式确立，其重心由族刑连坐逐步向亲属相犯转移。

隋唐至明清时期是家族主义法的成熟时期，《唐律疏议》502条中约有1/3条文（154条）涉及家族主义法，其中9/10属于维护家族尊卑关系，而家族连带责任的条文不及1/10。说明了家族主义法重心的转移。

再来看研究丧服与家族主义法的关系。丧服制度是规定古代亲属尊卑亲疏关系的等级规范，在只强调家族连带责任的时代，法律上的亲属只是一个整体（如三族、五族、父党、母党之类），不需要区分个体，不需要了解个体与个体之间的尊卑亲疏关系。因此在国家利益与家族利益相对抗时期，统治者是不需要研究丧服的，《仪礼·丧服》只是某些先知先觉者的作品。在强调家族连带责任与维护小家庭尊卑关系的秦汉时期，也不需要研究丧服，因为小家庭的亲属关系极为简单。可以说家族主义法发展的前两个时期研究丧服并不是必须的。

据两汉书记载，宣帝时期发布过三条与维护亲属尊卑有关的法令：一是地节四年（前66年）下诏："自今子首匿父母、妻匿夫、孙匿大父母、皆勿坐。其父母匿子、夫匿妻、大父母匿孙，罪殊死，皆上请廷尉以闻。"①二是同年二月宣帝诏曰："自今诸有大父母、父母丧者勿繇事，使得收敛送终，尽其子道。"②三是《后汉书·陈忠传》引"孝宣皇帝旧令：人从军屯及给事县官者，大父母死，未满三月皆勿繇，令得葬送。"此三条法令的亲属均只涉及小家庭范围，而且与亲属相犯无关，发布的时间也基本在研究丧服以前的地节年间。石渠阁会议以后，宣帝直至东汉的帝王也未发布过与小家庭之外的亲属关系有关的法令，白虎观会议虽模拟石渠阁，但从《白虎通德论》来看，只有寥寥数百字涉及丧服，甚至不及上述《石渠礼议》的残存文字，而且从内容看，只谈到三年丧的理论与守丧规范，根本未触及亲属关系。从学者看，西汉时期懂得丧服的都集中在宣帝时期：后仓、大小戴、庆普、夏侯胜、萧望之、闻人通汉、韦玄成、刘向、王章等，之后直至东汉末年才有马融、郑玄、王肃等专注丧服。这些都说明丧服研究在宣帝时的兴起完全是帝王的个人兴趣，而不是社会发展所推动。

但《石渠礼议》确实开了研究丧服及朝廷干预丧服的先河。《仪礼》一书，至宣帝时才"立于学官"③，由私门传授转向王官之学，而其重心

---

① 《汉书·宣帝纪》。
② 《汉书·宣帝纪》。
③ 《汉书·儒林传》。

《丧服》篇也被独立出来而形成《礼服》之学,夏侯胜"善说《礼服》",大戴作《丧服变除》,萧望之因通《礼服》而为太子太傅,都是最早的丧服学专家。而这一切的原因,就是宣帝因即位而崇敬丧服,政治与学术合拍,学术应政治之运而生,学者因仕途而选择学术,最终导致石渠阁会议的召开。正因为这种偶然性的促成,故宣帝死后,丧服学沉寂几近200年之久,正如《后汉书·儒林传》所称:"中兴已后,亦有大、小戴博士,虽相传不绝,然未有显于儒林者。"

虽然不显,毕竟不绝,偶然性也会产生较大的影响。东汉以来,以官僚士大夫为核心的宗族群体——士族渐趋形成,至魏晋又进一步演变为世系垄断政治权力的世族,宗族势力的扩张与稳固导致丧服学的复兴。马融第一个将《丧服》经、传合编,其中就包含了石渠阁会议的成果。郑玄全面撰写丧服学专著,包括《丧服经传注》、《丧服纪注》、《丧服谱注》、《丧服变除》等。魏晋南北朝时期,丧服学热潮全面形成:首先,丧服学专著形成热潮。据《隋书·经籍志》,载礼类书共211部,其中丧服类专著为65部,几近1/3。而且作者多为当时的著名学者,如王肃、杜预、贺循、刘德明、葛洪、袁宪、陈铨、裴松之、庾蔚之、雷次宗、刘道拔、何佟之等。所谓"《丧服》一卷,卷不盈握,而争说纷然"[①]。其次,丧服讲学形成热潮。如雷次宗、沈麟士、庾蔚之等均曾招徒讲学,从学者常在"数十百人";刘宋元嘉末年,雷次宗曾被"征诣京师,为筑室于钟山西岩下,谓之'招隐馆',使为皇太子、诸王讲《丧服经》"[②];北魏孝文帝也曾在清徽堂亲自为群臣讲论《丧服》。[③] 正如章太炎所指出:"《仪礼·丧服》是当时所实用的,从汉末至唐,研究的人很多并且很精。"[④]再次,

---

① 《晋书·礼志中》。
② 《宋书·雷次宗传》。
③ 《魏书·彭城王传》。
④ 章太炎:《国学概论》第二章。

丧服审议制度形成。石渠阁会议时宣帝定制,已开朝廷定夺丧服之先例;魏晋以来"准五服制罪",丧服等级已成为严肃的国家制度,凡有疑问的丧服,皇室与诸侯王由太常寺议定,必要时皇帝制诏定夺;①太常寺礼官所议之服如违背经典或权威经学,则将受到夺俸、杖督等处罚;②地方上吏、民丧服有疑,则由长官府议定,长官定夺。③魏晋南北朝丧服学的发展,为隋唐社会的稳定与法律的发展奠定了重要的基础,正如徐世昌《唐明律合编序》所说:"三礼丧服之学盛于唐初,故《唐律》一准于礼而得古今之平。""盛于唐初"一语,正说明丧服学的基础是在魏晋南北朝奠定的。

总之,宣帝本不热衷经学,而因即位的偶然性而崇尚丧服,因替祖父翻案而振兴穀梁学,因身世感恩而光大鲁学,这一系列偶然因素的综合最终导向石渠阁会议的召开,而并非当时社会与学术之必需。如果认为历史都是由必然性构成的,貌似唯物主义,其实是宿命论。因某个关键人物的性格与经历而改变历史走向的例子,几千年来屡见不鲜。

---

① 如《晋书·礼志中》载:"(西晋)咸宁二年,安平穆王薨,无嗣,以母弟敦上继献王后。移太常问应何服。""(东晋)升平四年,故太宰武陵王所生母丧,表求齐衰三年。诏:依昔乐安王故事,制大功九月。"又《梁书·儒林传》:"(天监七年)安成太妃陈氏薨,江州刺史安成王秀、荆州刺史始兴王憺并以慈母表解职。诏不许,还摄本任。"

② 如《南史·江谧传》载:"(刘宋)太始四年,江夏王义恭第十五女卒,年十九,未笄。礼官议从成人服,诸王服大功。左丞孙夐重奏:'《礼记》:女子十五而笄。郑玄云:应年许嫁者也,其未许嫁者则二十而笄。射慈云:十九犹为殇。礼官违越经典,于理无据。'太常以下结免赎论,谧坐杖督五十,夺劳百日。"

③ 如《通典·礼五十九·凶二十一》"为姑、姊妹、女子子无主后者服议"条载:"东晋征西庾亮府仓曹参军王群从父姊丧,无主、后,继子俄而又卒。群以为:'姑姊妹无主、后者反归服,《经》虽不及从,设教必自亲始,以《经》言则宜不降,以《记》论例在加服,又与此姊同在他邦,无余亲,情所不忍,准《经》不降,不亦可乎?'通咨府王及僚宋详断。……庾亮答曰:'存没礼终,而丧其嗣,此之无后,虽复可哀,然非复本宗之所知矣,故不得以小功之末,以亡者丧后,而反服大功也。'"又《晋书·礼志中》:"咸康二年,零陵李繁姊先适南平郡陈诜为妻,产四子。而遭贼,于贼请活贼命,贼略将姊去。诜更娶严氏,生三子。繁后得姊消息,往迎,还诜,诜籍注领二妻。及李亡,诜疑制服,以事言征西大将军庾亮府平议。……亮从愆期议定。"

偶然性也能深刻影响历史，经学研究、丧服研究虽然在石渠阁会议200年后才走向高潮，但石渠阁会议不乏开先河之功，从《通典·礼典》也可以看到，后世阐论经学，常以石渠议论为渊薮。可以说，汉末至唐的经学无论在研究形式、内容重心、权力干预等方面都深受石渠模式的影响。

[论文四] 律学两大流派与唐律渊源

唐律的渊源可远溯至两汉魏晋南北朝。程树德先生在1921年撰定的《后魏律考序》(后收入《九朝律考》)中就已指出："自晋氏而后，律分南北二支：南朝之律，至陈并于隋，而其祀遽斩；北朝则自魏及唐，统系相承，迄于明清，犹守旧制。……然则唐宋以来相沿之律，皆属北系。"此观点可以称之为"北支独进说"，中国法制史学界对唐律渊源的探索至今仍奉程树德80多年前的这一观点为圭臬。陈寅恪先生1940年撰《隋唐制度渊源略论稿》一书，其中《刑律》一章对程树德的这一观点提出质疑，归纳起来有两点：第一，程树德所说北朝承袭汉律传统、而晋律传统为南朝所沿至陈而斩的观点是错误的，北魏太和修律已吸收魏晋因子，正始修律进一步吸收了南朝前期宋、齐的成果，因此陈寅恪认为："司马氏以东汉末年之儒学大族创建晋室，统制中国，其所制定之刑律尤为儒家化，既为南朝历代所因袭，北魏改律，复采用之，辗转嬗蜕，经由(北)齐隋，以至于唐，实为华夏刑律不祧之正统。"第二，如果有人认为隋唐刑律"颇采南朝后期之发展"也即吸收梁、陈之成果，也是错误的。也就是说，北魏正始修律以后，南支对北支再没有影响。陈寅恪的观点可以称之为"北采南律说"，这个观点应该说比程树德的"北支独进说"更为全面周到。但这两个观点都有一个共同的地方，就是唐律是直接从北支而来的，就算其中有魏晋和南朝宋齐的影响，也是先被北支的北魏律吸收,而后通过(北)齐隋影响于唐律,换言之,唐律并未主动吸收南支的影响。

笔者以为程、陈的观点是值得商榷的,问题的关键在于两位学者对法律继承的理解侧重于法律体例与篇章结构,而未充分注意法律精神与内容的继承。笔者认为唐律对北南两支均有直接的继承,这个观点,姑且可以称之为"北南并源说"。

程树德的《九朝律考》提到很多"律家",所谓汉律家、晋律家、魏律家、宋律家、陈律家、后魏律家、北齐律家、周律家;陈寅恪也偶尔提到"律家",如江左"律家之学术不越张、杜之范围"。程树德所说"律家"范围较广,有立法者、司法者、著论者;陈寅恪所说"律家"主要指立法者。律学,是对法律注释讲解的学问;律学家,是注释讲解法律的人;律家,最初指世代精习法律之家,后即指律学家。战国以来,李悝、商鞅、吴起、韩非、李斯都可以称为律家或律学家;西汉初年的萧何、叔孙通、张苍、廷尉吴公、张叔、晁错也可称为律家或律学家。可以说,董仲舒以前的律学家,不管是立法者、司法者或理论家,都有一个共同的特点,即推崇法家思想。

笔者认为,董仲舒以后,律学家分为两大流派:一为章句家,一为刑名家。这是陈寅恪和程树德都未充分注意的问题。在汉武帝立五经博士以后,就有一种解释经典的学问,称为"章句"。所谓章句,章指经典文章,句指句读,本意指文章中休止和停顿之处,借指读懂经文。如《汉书·艺文志》就记载有:易经章句施、孟、梁丘氏各二篇,尚书欧阳章句三十一卷,尚书大、小夏侯章句各二十九卷,公羊章句三十八篇,谷梁章句三十三篇。而解释儒家以外的著作,就没有以"章句"为名的,可见"章句"是专门解释儒家经典的学问,董仲舒的《春秋繁露》其实也可以称为"公羊董氏章句"。律学章句则始于董仲舒的春秋决狱,《汉书·艺文志》所载"公羊董仲舒治狱十六篇"就是一种律学章句,用儒家经典来解释与指导法律。但西汉的章句家中除个别如董仲舒者,还很少有关心法律与研究法律的。当时关心法律的叫"刑名家",多为直接参与司法工作的官吏,有的也有著作传世,如杜周、杜延年父子就有大杜律、小杜律;有的是司法兼立法者,如张汤、赵禹。较为有名的还有于定国、韩安国、路温舒、黄霸、丙吉、弘恭等。刑名家秉承的实际上是先秦以来的法家精神,整个西汉,虽有春秋决狱,但毕竟作用有限,只在解决某些重大疑难案件中起作用,因此在解释法律上,刑名家占主导地位。

东汉时期特别是中后期,由于倡导儒学大环境的影响,儒家章句家关心法律问题的越来越多,律学章句的篇幅大幅度增加,著名的有叔孙宣、郭令卿、马融、郑玄等十多人,《晋书·刑法志》称:"叔孙宣、郭令卿、马融、郑玄诸儒章句十有余家,家数十万言。凡断罪所当由用者,合二万六千二百七十二条,七百七十三万二千二百余言,言数益繁,览者益难。"每人的章句有几十万字,与司法实践直接相关的加在一起就有七八百万字,无所适从。曹魏明帝时,"天子于是下诏,但用郑氏章句,不得杂用余家"。可见东汉中后期及曹魏时期在解释法律上,章句家占主导地位。

章句家和刑名家比较,大体上,章句家秉承儒家思想,注重立法理论建设,着力于法律内容的儒家化,主张刑罚偏轻,强调刑罚的教育功能;刑名家秉承法家思想,注重司法实践效果,着力于法律体例与术语解释的精确性,主张刑罚偏重,强调刑罚的惩罚功能。但也并不尽然,比如大杜律深文周纳,小杜律则较为宽平,东汉时期的刑名家多习小杜律,显然也受到章句家的影响。

西晋初年颁布《晋律》后,章句家和刑名家都积极进行注释以推行各自的主张,最终张斐和杜预的注释被选中,并综合为《张杜律》进行颁布,与《晋律》具有同等的法律效力。《张杜律》是刑名家与章句家的第一次综合,其中张斐是司法官吏,代表刑名家立场;杜预是行政、军事官吏兼儒家学者，代表章句家立场。因此西晋的"律学"包括章句家与刑名家两大流派，是儒家法律思想和法家法律思想的综合成果。《张杜律》是律学的最高成就的代表作，而且从西晋到南朝，在中国历史上实行了300年之久，影响是非常大的。

南北朝的律学分别走上不同的道路，简而言之，是北朝走刑名章句而南朝独走章句。据《魏书》记载，还在十六国时期的拓跋珪天兴元年（398年）诏三公郎中王德与吏部尚书崔宏定律令；北朝时拓跋焘神䴥四年（431年）诏崔宏之子司徒崔浩改定律令；拓跋焘太平真君六年（445年）诏诸疑狱付中书，以经义量决，而具体主持其事的是时在中书的高允；接着又命高允和胡方回等共定律令。王德与胡方回都是精通律学的刑名家，而崔宏、崔浩父子为中原汉人士族，高允则精通春秋公羊，均为章句家。孝文帝元宏太和年间两次修律，第一次参与者有高允、高闾等中原儒士，是为章句家；第二次修律有李冲、源怀，是为刑名家。宣武帝元恪正始年间修律，主事者刘芳、常景。刘芳为南朝士族、当世儒宗，是为章句家；常景为律学博士出身，曹魏以来之律学博士多为刑名家。正始律未成而刘芳卒，最后常景总其成，正始律刑名家影响大于章句家可见。参与东魏麟趾格修定的渤海封隆之、参与北齐律修定的封子绘父子世传律学，为刑名家无疑。总而言之，北朝刑名、章句二家并用，而刑名家之作用优于章句家。

南朝沿袭晋律，因循守成，少有新创，礼学昌盛而律学衰微。南朝无汉魏以来的律学世家，也是律学衰微的重要原因，南朝人自己也看出了这个问题，《南齐书·崔祖思传》云："（齐高帝时祖思奏：）汉来治律，子孙并世其业，聚徒讲授至数百人，故张、于二氏絜誉文、宣之世，陈、郭两族流称武、明之朝，决狱无冤，庆昌支裔，槐衮相袭，蝉紫传辉。今廷尉律生乃令史门户，族非咸弘，庭缺于训，刑之不措，抑此之由。"这里所说的"子孙并世其业"的法律世家，显指刑名家而言；"张、于二氏"是指张释之、于定国;"陈、郭两族"是指陈宠、郭躬二族;"聚徒讲授至数百人"则指郭躬;都是世任司法官吏之家。南朝无刑名世家,刑名之学衰,但章句之学却盛,但主要不是律学章句,而是礼学章句。这一点对唐律的影响至关重要,而为以往研究唐律的学者所未注意。

徐世昌《唐明律合编序》明确指出:"三礼丧服之学盛于唐初,故唐律一准乎礼而得古今之平。"这个论断是很有眼光的,既点出唐律"得古今之平"的独特地位,又指出这一地位的成因是"三礼丧服之学"的兴盛,"唐初"一语,正说明其基础是在之前的六朝时期。我们知道,唐代的法律形式,唐律的体例、篇章结构甚至法律术语基本都来自北齐律与隋律,本身几无创新,唯一独创的,就是"得古今之平"。这一点,古代无第二部律可与唐律争锋。而唐律能"得古今之平",更多地得益于南朝的三礼丧服章句,尤其是丧服章句。据笔者统计,《唐律疏议》502条中,直接以丧服服叙等级(期亲、大功、小功、缌麻、袒免)表述者达81条,加上虽不以服叙等级表述但涉及亲属关系而量刑不同者,共为154条,也就是说,《唐律疏议》中涉及家族主义法的条文占全律总条数的31%。目前还没有证据表明北支律已经有了如此完备的家族主义法。

据《隋书·经籍志》统计,礼部存书与亡书共211部,2186卷,其中研究周官礼的著作14部,仪礼著作4部,丧服学著作71部,礼记与杂礼著作122部,丧服学著作在礼部类中占到1/3的比例。71部丧服学著作中,除去无朝代可考的27部,余下44部中,东汉5部,三国2部,晋13部,其余24部均为南朝人所撰,包括刘宋的裴松之、雷次宗、蔡超宗、刘道拔、庾蔚之、费沈,南齐的田僧绍、司马瓛、楼幼瑜、刘瓛、沈麟士、王俭、王逸,南梁的贺瑒、何佟之、裴子野,南陈的皇侃、谢峤、袁宪等,没有一部是北朝人写的。因此,说《唐律疏议》的家族主义法条文主要是受到两晋及南朝丧服学章句的影响,是并不夸张的。

综合两汉魏晋南北朝两大律学流派与法律的关系,凡刑名家占主导,往往用刑深刻,不注意刑罚的教育功能;凡章句家占主导,往往体例乱而刑名杂,用刑标准不一。而晋律、北魏律、唐律制定时期都是二者相互制约,优势互补,因此刑罚宽平而体例完备。儒法结合,正是历代统治者总结的稳定和谐之道。

参考书目

《尚书正义》,十三经注疏本。
《周礼注疏》,十三经注疏本。
《仪礼注疏》,十三经注疏本。
《礼记正义》,十三经注疏本。
《春秋公羊传注疏》,十三经注疏本。
《春秋左传集解》,四部丛刊本。
《墨子》,诸子集成本。
《二十五史》,上海古籍出版社、上海书店1986年版。
《睡虎地秦墓竹简》,文物出版社1978年版。
[汉]《氾胜之书》,玉函山房辑佚书本。
[北魏]贾思勰:《齐民要术》,四库全书本。
[汉]《白虎通义》,四库全书本。
[唐]杜佑:《通典》。
《唐律疏议》,中华书局点校本。
《唐会要》,丛书集成初编本。
[宋]司马光:《书仪》,四库全书本。
[宋]朱熹:《家礼》,四库全书本。
《宋刑统》,中华书局点校本。
《资治通鉴》。
[宋]聂崇义:《新定三礼图》,上海古籍出版社影印本。
[宋]李焘:《续资治通鉴长编》,上海古籍出版社影印本。
[宋]《政和五礼》,四库全书本。
[宋]《太平御览》。
《名公书判清明集》,中华书局点校本。
[元]龚端礼:《五服图解》,宛委别藏影钞元至治本。

[元]敖继公:《仪礼集说》,四库全书本。
《大元圣政国朝典章》,诵芬室丛刊初编本。
[元]徐元瑞:《吏学指南》,浙江古籍出版社点校本。
[元]马端临:《文献通考》。
《明实录》。
《御制孝慈录》,上海涵芬楼影印明万历《纪录汇编》本。
《明会典》,四库全书本。
[明]刘绩:《三礼图》,四库全书本。
[清]徐乾学:《读礼通考》,四库全书本。
[清]薛允升:《唐明律合编》。
[清]吴坛:《大清律例通考》,中国政法大学出版社校注本。
[清]吴荣光:《吾学录初编》,四部备要本。
[清]胡培翚:《仪礼正义》,四部备要本。
[清]雷鐏、雷淇:《古经服纬》,丛书集成初编本。
[清]段玉裁:《说文解字注》。
[清]崔述:《崔东壁遗书》。
[唐]段成式:《酉阳杂俎》。
[宋]周密:《齐东野语》。
[宋]王闢之:《渑水燕谈录》。
[宋]王栐:《燕翼诒谋录》。
[清]顾炎武:《日知录》,上海古籍出版社影印本。
[清]赵翼:《廿二史劄记》,中华书局校正本。
[清]沈垚:《落帆楼文集》。
章太炎:《国学概论》。
陈寅恪:《隋唐制度渊源略论稿》。
程树德:《九朝律考》。
杨天宇:《仪礼译注》。
瞿同祖:《中国法律与中国社会》,中华书局1981年版。
梁方仲:《中国历代户口、田地、田赋统计》,上海人民出版社1980年版。
吴淑生、田自秉:《中国染织史》,上海人民出版社1986年版。
沈文倬:《汉简"服传"考》,《文史》第24、25辑,中华书局1985年版。

后　记　一

　　研究这一课题的想法,萌生于20世纪80年代中期。当时我在华东政法学院讲授"中国法制史"课程中,感到对西晋以来法制史中"准五服制罪"问题很难讲清,祖国大陆与台湾地区法制史学界、历史学界的论著以及我所知的日本汉学界的论著,对此问题均语焉不详,少则数十字,多则数百字,匆匆过场,令人失望。继而我又发现丧服制度与传统法律制度、家族制度、政治制度等方面的关系均极为密切,在古代礼与法两大领域中均占有极重要的地位,如《通典》200卷中,丧服制度竟占30卷之多;二十五史中的历代礼仪志,丧服制度的内容几乎都占有相当的比重;《唐律疏议》502条,涉及丧服服叙、守丧制度的条文竟达1/3左右;明清律中的相关条文也触目皆是。这样一个课题,我以为对历史学、法制史学、社会史学都不是无足轻重的,不少有识见的前辈学者也认为这是了解古代家庭与社会的重要窗口,但本世纪以来却无人撰写过一部专门著作。于是我认为这是一个有价值的课题,可以搞出一个初步成果。

　　我知道这一工作是耗时费力的,但事实上比预想的更为艰难。一是资料的浩繁。古代典籍中有关丧服制度的论著现存即在百部以上,仅翻查《仪礼正义》与《读礼通考》,即耗费我一年多的业余时间。二是领域的宽广。如要了解丧服麻布的质地,须要研究古代染织史的发展;要了解历代守丧制度的实践,则要阅览历代孝子烈女的传记。三是语言的古奥。古丧服史料中佶屈聱牙之处俯拾即是,不仅文义深奥,而且读音古涩,常常为了一个字词的释义,现存工具书中遍查无着,数日数月不知所从。四是经、史失调。古人研究丧服制度,几乎均从经学的角度着力,繁琐细碎、枯燥雷同,而关于丧服制度历史演变的资料,则稀见记载,经、史比例严重失调。以上这些困难,加上自己懒散的习性,时断时续,以致使这一课题的研究延续了十年之久。在研究的过程中,我也将一些局部的成果整理成论文发表在《史林》、《经学丛刊》(台湾)等杂志及论文集中,如《中国古代守丧之制述论》、《中国古代丧服服叙制度源流考辨》、《先秦至两汉家族主义法渊源》、《魏晋南北朝"准五服制罪"原则之确立与家族主义法》等,这些研究心得也大部分被融入本书。

我知道不少读者(尤其是知识分子读者)购书喜欢先阅"后记",我自己也是如此,以便从该书的撰述过程及特点中了解该书的价值。故在这里简要介绍本书的特点如下:第一,就笔者所知,本书是首次运用现代语言、现代方法系统研究中国传统丧服制度史的专门著作。正因为是首次,因此错谬漏误之处一定不少,诚恳希望读者诸君、学者方家教正。第二,本书尝试将传统五礼、凶礼、丧礼、丧服制度的关系作一明确的界分与阐述。第三,本书一改传统丧服制度研究中一锅煮的局面,将丧服制度内容明确划分为丧服服饰制度、丧服服叙制度、守丧制度三大系统并分类叙述,以使研究的思路更为条理明晰。这样的划分是否准确,抑或有所遗漏,还请读者指教。第四,本书从政治结构、家族形态等传统社会文化的大背景来阐释丧服制度产生、发展与演变的成因,并说明了丧服制度的大变革与传统社会大动荡之间的联系。第五,本书着重从法律文化的角度阐述了丧服制度在等级制社会中的支柱作用,详尽论证了丧服制度与法律制度的相互影响。第六,本书在内容深入、细节详尽之基础上,力求语言浅达而不俗,使读者无阅读上之困难。书中所附约70幅图表可与文字相互参证,加深理解。文中稀见字及异音字均注拼音,以有助于阅读。书首目录达四级标题,并附图、表目录,以方便读者之查寻。

  本书之出版,与华东政法学院院长曹建明教授、副院长何勤华教授之关心及上海人民出版社第二图书编辑部主任刘益民副编审之支持是分不开的,在此一并表示诚挚的谢意。

丁凌华
1999 年 5 月 10 日

后 记 二

　　本书是笔者在上海人民出版社2000年1月版《中国丧服制度史》一书基础上的修订版。原书出版后,得到学术界同仁的肯定,尤其是前辈学者的鼓励,北京大学蒲坚教授来信认为此书"很有价值",中国儒学与法律文化研究会会长陈鹏生教授以研究会专款购入百余本此书,分别寄赠内地、台湾地区、香港地区及日本相关专业的知名学者,并亲自为拙著撰写推荐信:"丁凌华教授历十年之艰辛,默默耕耘,潜心探索,终于使《中国丧服制度史》一书得以问世,这是中国法文化研究领域一部具有开创性的成果。"这些德高望重的前辈学人的勖勉,至今令笔者感怀。原书出版已有十余年,实体与网上的书店均已难觅,笔者当初购进的二百余藏本也已赠送殆尽,面对友人、同仁的索赠及学生的自费复印,每每愧疚不已。终于放下手头杂事,决定出一个修订版。

　　本次修订的内容主要为以下几方面:

　　一、书名改为《五服制度与传统法律》。这一修改主要是听取了商务印书馆法律编辑室主任王兰萍编审的意见,认为原书名中"丧服制度"一词虽为中国古代亲属等级制度的通用名,但易使当代读者误解为丧葬制度史的著作,故建议改书名。作者也颇有同感,原书出版十二年来,虽在专业学界圈内有一定影响,但在非专业读者中确实常有此类误解发生,故在征得王兰萍编审的意见后改为现书名。"五服制度"虽为"丧服制度"的晚起名,但至迟在秦汉时期已经流行,此后两名互通,少有歧义。现书名中加上"传统法律"一词,也易使读者理解本书的学术范畴。

二、本书内容的修订。书名改了,章节名、目录及文中表述自然也要相应修改,这类修改达上千处之多,但对修改后可能引起歧义的仍保留原表述,有不少地方是经反复推敲的。原书出版者上海人民出版社的出版质量是颇受学者赞誉的,但文字、标点、注释等亦不免百密一疏之处,这次凡笔者发现的,也一并作了修正,大约有几十处。原书是十二年前出版的,笔者搜集的资料与观点也有了新的发展,鉴于原书的体例和笔者目前的精力所限,不能作大规模的修补增订,但在体例与文字允许及可能的情况下,仍做了一些补正,大约也有上百处之多。期望将来身能由己、时能有闲之际,再来作较大规模的增补,尤其是宋元以后浩如烟海的相关典籍,更需要坐着冷板凳慢慢梳理。对中国几千年等级制度的认识,也需要在与西方自文艺复兴、启蒙运动以来先贤哲人平等理念的相互沟通中得以提升。

三、增补了若干篇笔者的相关论文。这次修订,在本书附录中增补了4篇在原书出版后笔者陆续撰写的相关论文,供读者参考。需要预先致歉的是,这些论文中有个别内容、资料与本书正文有所重合,本也打算作一些删节,但考虑到其与正文表述并不完全一致,而且万一删节时思虑不到,有可能致文义难通、逻辑有亏,因此仍决定保持原貌。

还有一点需要说明的是,本书的第一章详尽叙述五服服饰的礼制等级及其源流演变,从著作的系统性而言虽不能省略,但与传统法律的关系确实不大,读者如觉得这一章沉闷繁琐,尽可以跳过去,在绪论后直接阅读二、三、四章的内容,除了个别专用名词术语外,并不影响对于亲属法制的理解。

本书的出版,必须首先感谢笔者所在单位华东政法大学的何勤华校长,没有他作为一个同行学者的理解及作为行政领导的鼎力支持,这个修订版亦只能搁浅。还要感谢商务印书馆的王兰萍编审与吴婧编辑，感谢她们以出版业者的专业眼光所提出的精辟见解与合理建议，当然更要感谢她们为本书及时出版所付出的辛勤劳作。也要感谢我的研究生张蕾，主动积极地承担本书的复印、装订，减轻了笔者的杂务负担。

最后还要感谢我的妻子曹文娟女士，感谢她在退休后一方面仍要忙于单位的返聘工作，另方面承担了全家所有的家务，同时每每还成为我产量不高的浅陋之作的第一读者与审稿人，时时能以其专业角度提供有用的意见。过去弱冠而立，总觉得夫妻互助是分内自然，视作品中感谢家人之语为肉麻。如今已过知命耳顺，才知感恩与肉麻的不同，所以也要添上一笔，聊表区区之心。

笔者资质浅陋鲁钝，虽已尽力，但书中挂一漏万、笔力不逮之处，定不能免，故不胜惴惴，期待读者方家不吝匡正。

丁凌华

2012 年 8 月 12 日写于沪上半半居